All NEW SMART

미드영어가 무지무지 쉬워진다

E&C

All New SMART
미드영어가 무지무지 쉬워진다!

2022년 3월 16일 인쇄
2022년 3월 23일 발행(개정판 포함 12쇄)

발 행 인   Chris Suh
발 행 처   **MENT◎RS**
　　　　　경기도 성남시 분당구 분당로 53번길 12 313-1
　　　　　TEL 031-604-0025 **FAX** 031-696-5221
　　　　　www.mentors.co.kr
　　　　　blog.naver.com/mentorsbook

등록일자   2005년 7월 27일
등록번호   제 2009-000027호
I S B N   979-11-91055-09-2
가　격   19,600원

Preface

_영어공부에 미드만한게 없다!

"세상이 많이 변하고 있다"고 말하기에는 세상은 이미 너무 많이 변해버렸다. 영어학습의 경향도 지난 10여년에 걸쳐 눈에 띄게 많은 변화를 보였다. 최근의 미드영어에 대한 열기 또한 그런 변화 중의 하나로, 가장 영어다운 영어를 알고 싶은, 즉 영어의 깊은 속살을 만져보고 싶은 우리의 성숙한 욕망에 다름 아니다. 최근 영어학습의 키워드는 '실용성'이다. 급속한 변화와 이에 적응해야 한다는 절박감 속에 우린 지금 당장 생존에 직결되는 영어회화에 집중한다. 영어회화에서도 또한 부쩍 현장성을 중요시하게 되었는데, 이는 조기영어교육 및 어학연수 등을 통해 미국과 현지영어에 노출이 많아진 데 기인한 현상이다. 국내영어와 미국에서 만난 현지영어 간의 상이함에 English Shock을 경험하게 되고, 자연 실제 사용하는 현지영어를 찾게 된 것이다.

_미드 자막봐도 몰라

국경없는 세상을 만든 인터넷의 영향으로 현지영어에 대한 관심은 급기야 미국의 안방까지 파고들었다. 미드영어의 유행은 결국 현지영어에 대한 갈망과 동반자 관계에 있다. 그러나 미드영어의 가장 큰 문제는 '어렵다'는 것이다. 영어를 제2외국어로 배우는 사람으로서 미국 일상의 삶과 언어가 그대로 녹아있는 미드영어를 100% 즐긴다는 건 거의 불가능해 보인다. 언어감각, 미국문화 뿐만 아니라 다양한 회화표현에도 능숙해야 하기 때문이다. 인터넷 카페의 등장, 스터디 모임 결성, 그리고 유명학원들의 미드강의 등은 바로 이런 어려움을 극복하려는 공동노력의 모습들이다.

_『미드가 무지무지 쉬워진다』!

본서 『미드기본표현 1000개만 알면 미드가 무지무지 쉬워진다』 또한 그런 현상 중의 하나로, 미드를 처음 접하는 혹은 몇번 시도해봤으나 난해함 때문에 흥미를 잃어가는 분들을 위해 기획 출간되었다. 『미드가 무지무지 쉬워진다』에서는, 미드에 자주 등장하는 표현 1,000여개(메인 엔트리 351개 + Get More 650여개)를 엄선하여 독자들이 미드영어에 좀더 가까이 다가갈 수 있는 길을 열고자 한다. 유사의미별로 전체를 351개로 분류하여, 351개의 표현만 암기하면 1,000개의 표현이 자동연상되도록 꾸며 학습 효율성을 배가시켰다. 또한 351개 표현을 난이도와 사용빈도에 따라 3단계로 구분하여 영어초보자도 단계적으로 미드를 접할 수 있도록 했을 뿐만 아니라 미드영어가 현지영어의 표본이라는 점에서 중요 표현의 경우에는 영영해설을 달아 정확한 의미를 캐취하도록 했다.

_미드, 시작이 반이다

이 책 한권으로 미드를 다 이해할 수 있다는 거짓말은 하지 않겠다. 방대한 미드영어를 책 한권으로 정복한다는 건 애시당초 불가능하기 때문이다. 다만 미드로 공부를 하려다 모르는 표현이 너무 많아 어쩔 수 없이 포기하려는 사람들이 미드에 자주 나오는 기본표현 1000개 정도를 달달 외우고 나서 미드의 재미를 느끼기 시작하기를 바랄 뿐이다. 미드의 재미는 중독성이 강해 한번 재미를 붙이고 나면 가속도가 붙고 그럼 미드재미와 함께 영어실력이 쑥쑥 늘어나는 자신을 발견하게 될 것이다.

특징 및 구성

◇ 미드에 자주 등장하는 기본표현들을 총정리하였다.
◇ 1000개의 표현을 비슷한 의미별로 351개 항목으로 밀도있게 재구성하여
◇ 351개 항목만 학습해도 1000개 이상의 표현을 습득할 수 있게 된다.
◇ 어려운 표현은 네이티브가 영어로 설명하여 감각적으로 이해할 수 있게 하였다.
◇ 모든 예문은 현장감있는 네이티브의 원음으로 들을 수 있어 미드에 친숙해진다.

Section 1 : 미드 초보자를 위한 미드영어 첫걸음

Chapter 1 ● 미드 필수구문:
　　　　미드에 자주 등장하는 회화구문으로, 한번 외워두면 다양하게 응용할 수 있는 회화문장 생성기이다. 이런 구문들은
　　　　미드에 수차례 등장하기 때문에 미드 속청속해(速聽速解)를 가능하게 해준다.

Chapter 2 ● 미드 필수표현:
　　　　이번에는 미드에 자주 나오는 숙어들을 모았다. Chapter 1의 미드 필수구문과 더불어 미드의 내용을 바로 듣고 바
　　　　로 이해하는 데 큰 도우미 역할을 할 것이다.

Chapter 3 ● 미드 Tips:
　　　　미드에는 이제껏 우리가 배워온 정형화된 문장 뿐만 아니라 가장 미국적인 일상이 담긴 미드 특유의 캐주얼한 표현
　　　　들이 수없이 등장하게 된다. 이는 우리가 미드를 낯설고 어렵게 느끼는 원인 중의 하나. 여기서 정리하는 팁을 통해
　　　　그네들의 일상을 좀더 이해하게 되고, 더 나아가 미드의 맛과 재미를 만끽하게 될 것이다.

Section 2 : 미드가 무지무지 쉬워지는 미드기본표현 총정리

Level 1 ● 꼭 미드만이 아니라 가장 기본적인 일상생활 영어의 기초가 되는 표현들을 정리하는 시간. Got a minute, Why
　　　　not?, Are you serious? 등 이미 잘 알려진 표현들을 모아 미드를 보고 듣는 데 꼭 필요한 기본기를 다지도록 꾸
　　　　며져 있다.

Level 2 ● Level 1의 기본표현들에서 한단계 올라서서, 많이 그리고 자주 부딪히는 표현이지만 볼 때마다 의미가 알쏭달쏭한
　　　　표현들만을 집중적으로 살펴본다. I got it, Cut it out!, I'm totally burned out, I'm with you 등 여기 있는 표현
　　　　까지 숙지하고 나면 더이상 미드가 낯설지만은 않게 된다.

Level 3 ● 본격적인 미드 표현들을 정리해보는 자리. There you go, You're telling me!, It sucks!, I am bummed out,
　　　　Tell me about it!, Be my guest, Now you're talking, That rings a bell, You heard me 등 단어는 쉬운데
　　　　전혀 의미를 캐취하기 힘든 「가장 빠다 냄새가 물씬 풍기는 표현」을 모아놓았다. 이 표현들을 다 익히고 나면 안들
　　　　리던 미드가 들리고 내용도 모르면서 무작정 따라 웃는 비극(?)은 없게 될 것이다.

Index
　　　　Section 2의 351개 기본 엔트리 뿐만 아니라 Get More까지 약 1,000개의 표현을 알파벳 순서로 정리하여 원하
　　　　는 표현들을 한눈에 찾기 쉽도록 꾸몄다.

『미드기본표현』 학습법

1.미드 Tips (Section 1 Chapter 3):

미드 특유의 표현방식들 중 핵심적인 사항들을 한데 모아 표현 학습을 뛰어넘어 미드영어 전반을 이해하는 데 큰 도움을 준다.

2. Mike Says (Section 2):

이 책을 감수한 Mike McCarthy 선생님의 생생한 현장 강의식 영영해설로 표현의 의미를 더욱 확실하고 명확하게 이해할 수 있다.

3. Check It Out at~

해당 표현이 실제 미드인 *Friends*와 *Sex & the City, Desperate Housewives, Breaking Bad, Game of Thrones, Modern Family, Big Bang Theory* 등에서 어떻게 사용되었는가를 장면설명과 함께 다루어 줌으로써 책속에만 있는 죽은 표현이 아닌 실제 살아있는 영어표현임을 확인할 수 있다.

4. Index:

메인 엔트리 351개와 Get More 650여개를 총망라해 알파벳 순서로 일목요연하게 정리하였다. 검색기능 뿐만 아니라 표현만 집중적으로 모아 공부하려는 이들에게도 도움이 될 수 있다.

미드 빈출표현 351개를 우리말과 함께 보여준다.

전체 351개 미드표현을 Level별로 순차적으로 표시.

메인 미드표현을 이용한 dialogue 2개를 우리말 번역과 함께 다룬다.

메인표현과 유사하거나 관련있는 표현을 추가로 학습한다.

미드족이 가장 즐겨보는 *Friends*나 *Sex & the City*, 그리고 *Desperate Housewives*를 통해 해당표현이 어떤 상황에서 어떻게 쓰였나 확인하는 자리.

메인표현의 의미와 용법 등을 간단명료하게 정리해본다.

Native의 클리어한 영어설명으로 표현의 의미를 한층 더 명확히 파악해 본다.

메인이나 Get More의 표현들과 관련있는 표현들을 한데 모아 모아, 가능한 한 많은 미드 빈출표현을 한꺼번에 암기하는 일석이조의 효과를 노린다.

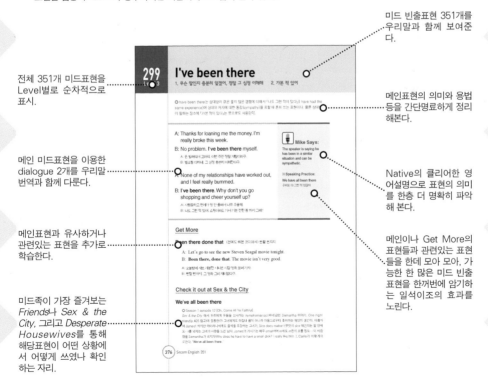

Contents

SECTION

1

미드 초보자를 위한

미드영어 첫걸음

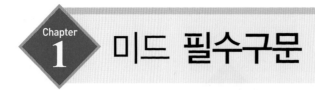

How would you like + N[to + V] ~ ? ···할래요?

How would you like some coffee? 커피 좀 드실래요?

How would you like to get together? 만날래?

I'd say 말하자면 ···이죠, 아마 ···일걸요 [자신의 의견을 조심스럽게 말할 때 서두에 붙이는 표현]

I'd say that you should take a break.

내 생각엔 너 좀 쉬어야 할 것 같아.

It's a known fact that S + V ···은 다들 아는 사실이잖아

It's a known fact that women love babies, all right?

여자들이 아기를 좋아한다는 건 다들 아는 사실이잖아, 그렇지?

Let's go get sth ···를 가지러 가자 [Let's go to get ~ 혹은 Let's go and get ~에서 to나 and를 생략한 표현]

All right, come on, let's go get your coat. 좋아, 자, 네 코트 가지러 가자.

Suppose[Supposing] S + V 만약 ···이라면 [있음직한 행동이나 상황을 가정해볼 때]

▶ 참고표현 : Suppose [Supposing] I do 한다면 어쩔건데, 내가 하겠다고 하면 (의문문의 억양이 아님)

　　　　　　 Suppose [Supposing] I don't 내가 안하겠다고 하면, 안한다고 하면 어쩔건데

Kate, suppose one of your lotto tickets win.

케이트, 네 로또복권 중 하나가 당첨된다고 생각해봐.

That's why S + V 그게 ···한 이유야

A: You can't live off your parents your whole life.

B: I know that. That's why I was getting married.

A: 평생 부모에게 의지해 살아갈 순 없어.

B: 나도 알아. 그래서 내가 결혼하려고 했던 거야.

Why can't we just + V? 그냥 ···만 하면 안되나?

Why can't we just get some pizzas and get some beers and have fun?

그냥 피자를 좀 먹고 맥주를 마시면서 즐기면 안될까?

Why don't you + V? ···하는 게 어때?, 그러지 않을래?

Why don't you just get a roommate? 룸메이트를 구해보는 게 어때?

You don't know ~ 넌 모를 거야 [자신이 말하는 내용이나 자신이 느끼는 감정 등을 강조]

▶ 참고표현 : You have no idea ~

You don't know how much I missed you when we were living in different cities.

우리 둘이 다른 도시에 떨어져 살 때 내가 널 얼마나 그리워했는지 넌 모를 거야.

I'd (just) like to say (that) ~ 그러니까 내 말은

▶ 비슷한 표현 : What I'm trying to say is (that) ~

▶ 참고표현 : I'm not saying (that) ~

I'd just like to say that it did take a lot of courage for Carrie to come here tonight.
그러니까 내 말은, 캐리가 오늘 밤 이리로 온 건 굉장히 용기를 내서 한 일이란 얘기지.

I'm not saying that I don't want to have a baby, I'm just saying maybe we could wait a little while.
아기 갖기를 원치 않는다는 게 아냐. 그저 좀더 있다가 가질 수도 있겠단 얘기야.

All I'm saying is (that) ~ 내가 하고 싶은 얘기는 …뿐이야

All I'm saying is don't judge Robin before you get to know him, all right?
내가 하고 싶은 얘기는, 로빈을 잘 알게 되기도 전에 걔를 판단하려 들지 말라는 것뿐이야, 알겠어?

That's like saying (that) ~ 이를테면 …란 말이지? 〔상대방이 한 말의 진의를 확인하고자 할 때 쓰는 말로 Do you mean ~ ?, Are you saying ~ ?의 뉘앙스를 담고 있다〕

That's like saying you don't want to work.
그 얘긴 일하기 싫단 말이지? (=Are you saying you don't want to work?)

All you need is ~ 너한테 필요한 건 …뿐이야

▶ 활용 표현 : All I want is ~ 내가 원하는 건 …뿐이야

All you need is a woman who likes you and you'll be set.
너한테 필요한 건 너를 좋아해주고 너와 결혼해서 정착할 여자 뿐이야.

I wouldn't say ~ …라고 할 수는 없지

I wouldn't say that she is fat, but if she lost some weight, she would be attractive.
그 여자가 뚱뚱하다고 할 수는 없지만, 살을 좀 뺀다면 좀 더 매력적이겠지.

I would have to say~ (제 생각을 말씀드리자면) …라고 해야겠네요 〔자신의 생각·의견 등을 말할 때〕

▶ 참고표현 : I have to say ~ (솔직히) …라고 해야겠네요 (frankly speaking의 뉘앙스)

Well, I would have to say that it's a... it's a tragic love story.
글쎄요, 제 생각에 그건, 저, 비극적인 사랑 이야기인 것 같네요.

I have to say you really impressed me today.
이 말은 해야겠구나. 넌 오늘 정말 인상적이었어.

Tell me why S + V …한 이유를 말해봐

Tell me why you did this again.
왜 이런 짓을 또다시 저질렀는지, 이유를 말해봐.

Tell me S + V …라고 해줘(= Please tell me...), 제발 …이기를 〔정말 그렇게 되었으면 좋겠다는 소망을 피력하거나 믿기 힘든 이야기를 들었을 때〕

A: I see a woman with him. / B: Tell me it's his mother!
A: 그 남자가 어떤 여자랑 있는 게 보여. / B: 제발 그 사람 어머니였으면!

Don't tell me S + V …라고는 하지 마, 설마 …는 아니겠지

Don't tell me you just forgot to pick her up.
설마 걜 데려오는 걸 잊은 건 아니겠지.

I can't tell you how much S + V 얼마나 …한지 모르겠어

I can't tell you how much respect I have for you not going to that stupid audition.
그 바보같은 오디션에 가지 않다니, 내가 얼마나 널 존경하는지 몰라.

I was told (that) ~ …라고 들었는데

I was told that he would be here on time for the meeting, but he is late.
회의시간에 정확히 맞춰 온다고 들었는데 늦네.

I told you S + V 그것봐 내가 …라고 했잖아, 내가 …라고 했는데 〔내 말을 듣지 않다니!〕

I told you I should not wear this color. 그것봐, 난 이런 색깔 옷을 입으면 안된다고 했잖아.

I'm[We're] talking about 지금 …얘길 하고 있는 거잖아 〔딴 얘기 하지 말라는 의미로〕

Come on, we're talking about someone that you're going out with.
왜 이래, 지금 네가 데이트할 사람 얘기를 하고 있는 거잖아.

the way S + V …하는 방식

▶ 활용표현 : Is this the way S + V? 이런 식으로 …해요?

He wasn't invited because of the way he behaved at our engagement party.
그 사람은 초대 안했어. 우리 약혼식에서 그런 식으로 행동했잖아.

Is this the way you get girls to go out with you?
이런 식으로 여자들을 꼬셔서 데이트해요?

What makes you think (that) S + V? 어째서 …라고 생각하는 거야?

What makes you think we're gonna break up? 어째서 우리가 잘 안될 거라고 생각하는 거야?

(The) Next time S + V 다음 번에 …할 땐

Next time you snore, I'm rolling you over! 다음번에 또 코골면 밀쳐버릴거야!

Let's start with …부터 시작하자

So now let's start with your childhood. What was that like?
자 그럼 어린 시절부터 시작해볼까. 네 어린 시절은 어땠어?

Let's see if S + V …인지 두고보자구

Alright, let's see if you're as good in person as you are on paper.
좋아요. 당신이 서류에 쓰여있는 대로 유능한 사람인지 봅시다.

You don't want to + V …하지 마

You don't want to work for a guy like that. 그런 사람 밑에서 일하지 마.

You don't need to + V …할 필요는 없어

You don't need to bring a gift to the party. 이번 파티에 선물을 가져올 필요는 없어.

Can you tell me + N[혹은 명사절] ~? …를 말해줄래요?

Can you tell me who is there, please?
누구신지 말씀해주실래요? (전화로 상대편에게 혹은 문밖에 찾아온 사람에게 하는 말)

I should have told you about ~ …에 대해 말해줬어야 했는데 (그러지 못했다)

▶ 활용표현 : I should have told you (that) S + V

I probably should've told you about Ginger. She divorced a couple of months ago.

진저에 대해 너에게 말해줬어야 했는데. 진저는 두달 전에 이혼했어.

Do you happen to know + N[혹은 명사절] ? 혹시 …를 알아?

Do you happen to know what I'm supposed to say?

이런 경우에 내가 뭐라고 해야 하는 건지 혹시 알아?

I (just) need to know that ~ …는 꼭 알아야겠어

I just need to know that you're not gonna tell your sister.

네 여동생한테 비밀 지킬 건지 꼭 알아야겠어.

Do you want[need] me to + V ~ ? 내가 …해줄까?

Do you want me to stay? 내가 함께 있어줄까?

It says ~ …라고 적혀있어

A: What does your fortune cookie say? / B: It says that I should take risks today.

A: 포천 쿠키에 뭐라고 써있니? / B: 오늘 모험에 도전해보라는군.

There is only one way to + V …하려면 딱 한가지 방법 밖에 없어

There's only one way to resolve this. Run!

이 일의 해결방법은 하나밖에 없어. 도망쳐!

There is no way for sby to + V / There is no way that S + V 할 방법이 없어

I know there is no way I'm gonna get there in time.

내가 거기 제시간에 도착할 방법이 없다는 거 알아.

Isn't there any way S + V? …할 방도는 없니?

Isn't there any way we can keep this poor cat?

이 불쌍한 고양이를 계속 데리고 있을 방도는 없을까?

in a way that S + V …한 방식으로

I will wake you up in a way that's very popular these days.

요즘 아주 유행하는 방식으로 널 깨워줄게.

It turns out S + V / Sth turns out to be ~ 결국 …인 것으로 드러났어

I've been calling you, but it turns out I had the number wrong.

너한테 전화했었지. 그런데 결국 알고보니 내가 잘못 걸었던 거었어.

given + N / given (that) S + V …라고 가정하면

A: Given the traffic, they might be a little late.

B: I'll try them on the cell phone and see how long they'll be.

A : 교통을 감안하면 그들이 좀 늦을 것 같아.

B : 핸드폰으로 연락해보고 얼마나 늦을지 알아볼게.

Have you (ever) + p.p.? …해본 적 있니?

Have you ever had a boyfriend who was like your best friend?

남자친구가 친한 친구랑 닮았던 경험 있니?

How come S + V? 어째서 …인 거야?

How come you guys have never played poker with us?

너희들은 어째서 우리랑 포커게임을 하지 않는 거야?

I am afraid (that) ~ …이 걱정돼, …라서 유감이야

I'm afraid the situation is much worse than we expected.

유감이지만 상황이 우리가 예상했던 것보다 훨씬 안좋아.

I am sorry to say (that) ~ …를 말씀드리게 되어 죄송해요

I'm sorry to say that I have to fire a few of you.

여러분 중 몇 명을 해고해야 한다는 사실을 말씀드리게 되어 죄송합니다.

I (don't) feel like ~ing 난 …하고 싶(지 않)다

I don't feel like seeing her right now. Tell her I'm not in.

지금은 그 여잘 만나고 싶지 않아. 나 없다고 해.

I'm calling to + V …하려고 전화했어

I'm just calling to say that I really hope you can make it to the wedding.

당신이 결혼식에 와주길 진심으로 바란다는 얘길 하려고 전화했어요.

The last thing I want to do is + V 내가 가장 하기 싫은 일은 …라구

The last thing I want to do is to freak you out or make you feel uncomfortable.

널 깜짝 놀라게 하거나 불편하게 만드는 건 정말로 싫어.

You seem to + V …하는 것처럼 보인다, …인 것 같다

You guys seem to be having a good time.

너희들은 재미있는 시간을 보내고 있는 것 같구나.

Would you mind ~ing? …좀 해줄래요?

Would you mind taking a picture with us? 우리랑 사진 한 장 찍을래요?

Do you mind if ~? …해도 괜찮을까?

Do you mind if I turn the heat down? 온도 좀 낮춰도 될까?

I am not sure (if[that]) ~ …인지 아닌지 확신이 안 서

I just bought something. I'm not sure she's gonna like.

뭘 좀 샀는데 그 여자가 맘에 들어할지 모르겠어.

Let me + V 내가 …할게

Let me get you some coffee. 커피 갖다줄게.

Let's say (that) ~ ···라고 가정해 보자

Let's say I had slept with Mark. Would you be able to forgive me?

내가 마크하고 잤다고 가정해보자구. 그럼 넌 나를 용서할 수 있겠어?

That's exactly what S + V 그게 바로 ···라구

That's exactly what my dad used to say!

그게 바로 우리 아빠가 늘상 얘기하시던 거라구!

What do you say (if) ~? (···라면 그것에 대해) 어떻게 생각해?

What do you say we go take a walk, just us, not them?

우리 산책하러 가면 어때? 우리끼리만, 쟤네랑 다같이 말고.

What if ~? 만일 ···하면 어떻게 될까?

I mean, what if one of us wants to move out?

그러니까, 우리들 중 한 명이 이사 나가고 싶어하면 어떻게 될까?

It's time to + V ···할 때가 되었다

All right everybody! It's time to open the presents!

좋아 얘들아! 선물 열어볼 시간이다!

It would be nice to + V ···하면 참 좋겠다

▶ 활용표현 : It would be nice if S + V ~

I thought it would be nice to get to know him.

그 사람하고 친해지면 참 좋겠다고 생각했어.

Now that S + V 이제는 ···니까

Now that you're not with Luke, I'd really like to ask you out sometime.

이제 넌 루크하고 사귀지 않으니까, 언젠가 너에게 데이트 신청을 하고 싶어.

once S + V 일단 ···하면, ···하자마자 [once가 접속사로 쓰인 경우]

Once I started talking to her, she got all happy and wouldn't shut up.

일단 그 여자하고 얘기를 시작하기만 하면 그 여잔 완전히 도취되어서 입을 다물지 않는다구.

(just) in case S + V ···인 경우에 대비해서 [in case of + 명사의 형태로도 쓰이고, 단독으로 「만일에 대비해서」라는 의미로도 쓰인다]

Just in case she comes to the party, I prepared some vegetarian food.

그 여자가 파티에 올 경우를 대비해서 채식위주의 음식을 좀 준비했어.

Let's + V ···하자

Let's talk reality for a second. 잠시 현실에 대해 얘기해보자.

I would give anything to + V ···할 수만 있다면 뭐라도 내놓겠어

I would give anything to work for a famous designer.

유명 디자이너 밑에서 일할 수만 있다면 뭐라도 내놓겠다.

미드 필수표현

(It is) (right) off the top of my head 깊이 생각해보지 않고 바로, 감으로 대충, 즉석에서

Right off the top of my head, I'd say your plan won't succeed.

지금 막 드는 생각으로는 네 계획이 성공 못할 거 같아.

be in trouble 곤경에 처하다

Nothing is going to happen to you. You are not in that much trouble.

아무 일 없을 거야. 그다지 커다란 곤경에 빠진 건 아니라구.

be that as it may 그렇다 해도, 그 말이 사실이긴 해도 〔상대방의 말이 사실이라도 이미 일어난 일을 어쩔 수 없다는 뉘앙스〕

Be that as it may, do you think you could help us out right now?

그렇다곤 해도, 네가 지금 당장 우리를 도와줄 수 있다고 생각해?

come to think of it 생각해보니

You should get some rest. Come to think of it, you should take a day off.

너 좀 쉬어야겠다. 생각해보니까, 하루 휴가를 내는 게 좋겠어.

crank it up a notch 분발하다, 좀더 열심히 하다 〔시동을 걸어(crank) 기계를 움직이는 데서 착안한 표현으로, crank sth up은 「양을 늘리거나 강도를 강화하다」라는 뜻이고, notch는 「등급」, 「단계」, 「점수」 등을 의미〕

What do you say we crank it up a notch? 우리 좀더 분발하는 게 어때?

for your information 참고삼아 말하자면, 알아두는 편이 좋을 것 같아서 〔글로 쓸 때는 FYI로 줄여쓰기도 한다〕

A: I have been looking all over for you. / B: For your information, I was doing my homework.

A: 널 여기저기 찾아다녔다구. / B: 참고로 말하자면 난 숙제하고 있었어.

go out of one's way 각별히 애쓰다 〔반드시 해야 할 일이 아니었는데도 특별히 신경썼다는 뉘앙스〕

He goes out of his way to help me. 그 사람은 날 돕기위해 애를 많이 쓰지.

high and dry 어려운 처지에 빠져, 고립무원의 상태인 〔in a helpless situation의 의미로, 주로 leave high and dry의 형태로 쓰인다〕

I don't want to leave you high and dry. 도와줄 사람 하나 없는 가운데 널 내버려두고 싶지 않아.

in other words 다시 말하면, 그러니까 그 말은

She's quitting tomorrow. In other words, she won't be returning to this job.

그 여잔 내일 그만둘거야. 다시 말하면 그 여자가 다시 출근하지 않을 거라는 말이지.

kick sby's ass 혼구멍을 내주다 〔ass(엉덩이)라는 단어에서 이미 눈치챘겠지만 아무에게나 쓰면 안되는 무례한 언사〕

Cut it out Morgan! I hate to have to save your life and kick your ass in the same day!

그만해, 모건! 하루 동안 한번은 널 구해줘야 하고 한번은 널 혼내줘야 한다니 싫다구!

on the other hand 한편으로는, 반대로

I could quit, but on the other hand, I might continue working here.

직장을 그만둘 수도 있겠지만 반대로 여기 계속 근무할지도 몰라.

say something about …이 ~에 대해 뭔가 말해주지 않냐? 〔주어가 about 이하의 사실을 드러내준다, 실감하게 해준 다는 의미〕

Doesn't my marriage proposal say something about how much I love you?

내가 결혼하자고 프로포즈한 게 내가 널 얼마나 사랑하는지에 대해 뭔가 말해주지 않아?

something about + N …에 관한 얘기야, …랑 관련된 일이야 〔정확한 언급을 피하고 싶을 때나 긴 대답의 서두로 사 용된다〕

My first night in the city, he mentioned something about asking me out, but nothing ever happened.

이 도시로 온 첫날 밤에 그 사람이 데이트 신청이랑 관련된 얘기를 했는데 그 뒤로 아무 일 없었어.

something like that 그런 거, 그 비슷한 거

Now that is the third time someone has said something like that to me today.

오늘 누가 나한테 그런 비슷한 얘기 한 게 이번이 세 번째야.

to begin with 우선 첫째로

To begin with, I want to talk to you about our relationship.

우선, 우리 관계에 대해 얘기하고 싶어.

to top it (all) off 게다가

After dinner, he got drunk, and to top it off, he wanted to fight the restaurant's manager.

저녁 먹고 나서 그 사람은 술에 곤드레가 되더니, 거기다 식당 지배인하고 싸우려 들더라구.

if it helps 그게 도움이 된다면, 그렇게 해서 네가 편해진다면

If it helps, I can loan you money until you get paid.

그렇게 해서 도움이 된다면 내가 너한테 돈을 빌려줄 수 있어.

be out of sby's league 능력 밖이다, 힘에 부친다

I think he's a little out of your league. 그 남자는 너한테 좀 버거운 것 같아.

tell specifically 구체적으로 말하다

▶ 참고표현 : be (more) specific (좀더) 구체화시키다

A: Go to the store and get me something. / B: Would you please be more specific?

A: 가게에 가서 뭐 좀 사다 줘. / B: 좀더 구체적으로 얘기해줄래?

never, ever + V 절대로 〔그러면 안된다고 거듭 강조하는 표현〕

OK, you've got to promise that you'll never, ever tell Ken that I told you.

좋아, 너 절대로 켄한테 내가 말해줬다는 얘기 하지 않겠다고 약속해야 돼.

talk dirty to sby …에게 야한 이야기를 하다

If you can't talk dirty to me, how're you going to talk dirty to her?

나한테 야한 얘기를 할 수 없다면 그 여자한테는 어떻게 하려고 그래?

tell the truth 사실대로 말하다

Tell me the truth. You're gonna propose to her tonight, aren't you?

사실대로 말해봐. 너 오늘밤에 걔한테 청혼할 거지, 그렇지?

talk sby into ~ing 설득하여 …하게 하다

He didn't want to go to the nightclub, but his co-workers talked him into it.

그 사람은 나이트클럽에 가고 싶어하지 않았는데 동료들이 설득해서 데려갔어.

not in a good way 안좋은 쪽으로, 안좋은 의미로

I think Debbie is an unusual woman, and not in a good way.

데비는 참 독특한 여자같아. 안좋은 의미로.

on my way over here 여기로 오는 도중에

On my way over here, I stepped in some gum.

여기로 오는 도중에 껌을 밟았지 뭐야.

that way (앞에서 말한 내용 등을 받아) 그런 식으로

I'm glad you feel that way. 그렇게 생각한다니 기뻐.

the way we were 예전 그대로

▶ 비슷한 표현들 : the way it was, the way they were...

I just want things back. Y'know, the way they were.

난 그저 일들을 되돌려놓고 싶을 뿐이야. 그러니까, 예전 그대로.

way 훨씬 (부사, 전치사 등을 강조하는 말로 쓰인다)

I'm sorry. It's obviously way too early for us having that conversation.

미안해. 우린 그런 얘길 나누기엔 분명히 너무나 일러.

get out of the[sby's] way (방해가 되지 않도록) 피하다, 비키다

Just get out of my way and stop moping. 저리 비켜. 걸레질 그만 하고.

get in the way 방해되다

I just came here to observe. Let me know if I get in the way.

난 그냥 참관하러 온 것 뿐이니까 방해가 되면 말해줘요.

the other way 다른 방식(으로), 다른 방향(으로)

Why don't you think about it the other way?

그 문제에 대해 다른 방향으로 생각해보는 건 어때?

the other way around (상황 등이) 다른 방향으로, 반대로

Actually, I was kinda hoping it would be the other way around.

실은 다른 방향으로 일이 풀리기를 좀 바랬었어.

either way 양쪽으로, 어느 쪽으로나

Hey, look, you're in trouble either way!

이거 봐, 넌 어느 쪽으로든 곤란한 상황이라구!

all the way 내내, 여러가지로 〔기간, 상황 등을 강조하는 말〕

I got on the subway, and it was at night, and I rode it all the way to Brooklyn.

전철을 탔지, 밤이었고, 내내 그걸 타고 브룩클린까지 왔어.

find a way to + V …할 방도를 찾다(= figure out a way to + V)

Well, just figure out a way to talk him out of it.

걜 설득해서 그걸 못하게 만들 방도를 찾아봐.

take sth the wrong way …을 오해하다, 잘못 받아들이다

Um, don't take this the wrong way, but your place kinda has a weird smell.

음, 오해하진 마, 너희 집에서 이상한 냄새가 좀 나.

keep A away from B A를 B에서 떨어뜨려두다, (B가 사물일 경우에만) A가 B를 못하게 하다

Just keep him away from me. 그냥 그 사람이 내게 접근 못하게만 해줘.

have[get] the courage[guts, nerve] to + V …할 용기가〔배짱이〕 있다

▶ 참고표현 : work up the courage to + V

A: Have you worked up the courage to ask her out? B: I'm still too afraid.

A: 용기를 내서 그 여자에게 데이트 신청을 해보지 그래? B: 난 아직도 너무 두려운 걸.

keep an eye on sby[sth] …를 감시하다, 계속 지켜보다

A: I want you right here where I can keep an eye on you.

B: You're gonna keep an eye on us?

A: 여기 있었으면 좋겠어. 내가 지켜볼 수 있는 곳에.

B: 우릴 계속 감시하려고?

keep up with …에 뒤떨어지지 않다, 따라잡다

I'd like to travel with a laptop so I can keep up with e-mail.

여행갈 때 노트북을 챙겨 가고 싶어, 이메일을 계속 확인할 수 있게.

keep in mind 마음에 새기다, 명심하다

Just keep in mind we haven't enough time.

시간이 충분하지 않다는 것, 명심하세요.

make it on one's own 남의 도움을 받지 않고 스스로 해내다 〔make it은 「성공하다」라는 뜻〕

You'll never make it on your own. 넌 혼자 힘으로는 해내지 못할 거야.

make a day of it 유쾌한 하루를 보내다

You have to join us on the boat. Karen'll pack a lunch, we'll make a day of it.

너도 우리랑 보트 타자. 캐런이 도시락을 싸올 거구, 즐거운 하루를 보내게 될 거야.

wear[do] makeup 화장하다

▶ 참고표현 : take off makeup 화장을 지우다

Are you wearing makeup? Interesting. I haven't seen a guy wearing makeup.

너 지금 화장하고 있는 거야? 재밌네. 남자가 화장하는 거 본 적 없는데.

make up 꾸미다, 조작하다, 화해하다

I'll make up a schedule and make sure you stick to it.

내가 계획표를 짜고 반드시 네가 그 계획을 충실히 지킬 수 있도록 만들게.

make sure (that) ~ 반드시 …하다

You make sure nobody leaves. I'll be back. 아무도 못가게 하라구. 곧 돌아올테니.

make the call 결정하다

▶ 참고표현 : make a phone call / make some calls 전화를 걸다

Because you are the manager, you'll have to make the call on this project.

당신이 관리자이니까 이 건에 대해 결정을 내려야 해요.

make a mess 어지르다, 망쳐놓다

A: I'm afraid I've made a mess here on your desk. / B: Oh, don't worry. Messy is its normal state.

A: 제가 이 책상을 어질러놓은 거 같아요. / B: 어, 괜찮아요. 지저분한 게 정상이거든요.

make fun of …을 놀리다

Maybe your resolution is to not make fun of your friends.

네 새해결심이라면 친구들을 놀리지 않겠다는 거겠지 뭐.

make up for (안좋은 일 등에 대해) 보상하다, 벌충하다

I'm sorry I overreacted. I just wanna make up for it by taking you out shopping.

과민반응해서 미안해. 널 데리고 쇼핑하러 나가서 네 맘을 좀 풀어주고 싶어.

make something happen 일을 벌이다, 새로 시작하다

I think that the new manager is going to make something happen at our office.

새로 온 매니저가 우리 사무실에서 무슨 일을 벌이고 있는 것 같은데.

make up one's mind 결심하다

Finally, he will make up his mind and call her.

결국엔 그 사람도 결심을 하고 그 여자에게 전화하겠지.

make one's way to 1. (뒤에 장소가 와서) …로 가다　2. 애써 나아가다, 성공하다 [어려움을 극복한다는 뉘앙스]

I've gotta make my way to his place. 그 사람 집으로 가야겠어.

make a move 움직이다, 행동을 취하다

If you want to buy that house, you'll have to make a move on it soon.

그 집을 사고 싶다면 어서 행동을 취해야 할 걸요.

make oneself + N …을 직접 만들다

You can make yourself some dinner and she won't know the difference!

저녁식사를 네가 직접 만들 순 있겠지만 걘 그게 사다놓은 거랑 뭐가 다른지 모를걸!

turn on / be turned on 성적인 흥미가 생기다

▶ 참고표현 : **turn off** 성적인 흥미를 잃다

I was more turned on by the delivery guy than by Jim! 짐보다는 차라리 그 배달부에게 더 끌렸어.

might as well + V / may as well + V 그러는 게 좋겠어, …하는 편이 낫겠어 〔가벼운 명령으로도 쓰인다〕

You might as well bring me my book. It's on the counter in your apartment.
내 책을 갖다주는 게 어떠니. 그거 너네집 현관에 있더라.

catch up on 밀린 것을 하다

I had a lot of work to catch up on. 밀린 일이 아주 많아.

catch on 간파하다, 붙잡다

I guess I should have caught on when my wife started going to the dentist four or five times a week.
지금 생각해보니 아내가 일주일에 너댓번씩 치과에 다니기 시작할 때 알아챘어야 했는데 말이야.

catch the movie[TV shows, etc.] 놓치지 않고 영화〔TV 프로 등〕를 보다

All right honey, we'd better go if we wanna catch that movie.
좋아 자기야, 그 영화 놓치지 않고 보고 싶으면 이제 가야돼.

get caught ~ing …하다 들키다

Did you hear that Ann got caught smoking by her father yesterday?
앤이 어제 담배 피우다 아버지한테 들켰다는 얘기 들었어?

get[be] caught in (곤란한 상황 등)에 처하다

They got caught in the big rainstorm. 걔네들은 큰 폭풍우를 만났던 거야.

be stuck 1. 꼼짝달싹 못하다   2. …하는 데 푹 빠져있다 (~ing)

▶ 참고표현 : be stuck in (곤란한 상황 등을) 빠져나갈 수 없다, 꼼짝달싹 못하다

Sorry I'm late, I was stuck at work. 늦어서 미안해. 일하느라 나올 수 없었어.
I got stuck in traffic for three and a half hours on the way to my cottage.
오두막에 가는 길에 3시간 반 동안이나 교통체증에 시달렸어.

end up ~ing / end up with (의도하지는 않았지만) 결국 …이 되다

▶ 또다른 활용형: end up + 부사 / end up like ~

I ended up telling her everything. 결국 걔한테 모두 다 말했어.
We're gonna end up together. 우린 결국 함께 있게 될 거야.
I'll end up like my mom. 난 결국 우리 엄마처럼 되겠지.

throw a party 파티를 열다

You have to throw a party for May.
네가 메이를 위해서 파티를 열어줘야 해.

get[have] the feeling that ~ …한 기분이 들어

I kinda got the feeling that she was sort of... coming on to me.
그 여자가 좀… 나한테 접근하는 듯한 기분이 살짝 들었어.

get it on (with sby) 즐기다, 성적으로 놀다

She's in the bedroom, getting it on with Mr. Big.
그 여잔 빅하고 한창 즐기는 중이라구.

get there[here] 그곳〔여기〕에 도착하다

Call me when you get there. Okay?

거기 도착하면 나한테 전화해. 알았지?

get (a) hold of …을 빌리다, 알아내다, 찾아내다

▶ 참고표현 : get[grab] hold of …을 잡다

How could someone get a hold of your credit card number?

어떻게 다른 사람이 네 신용카드 번호를 알아낼 수 있겠어?

get + 형용사 …해지다

He's gonna start getting aggressive and violent.

그 사람은 점점 공격적이고 폭력적이 되어가기 시작할 거야.

get married 결혼하다

▶ 참고표현 : get divorced 이혼하다

Don't you think he's a little young to get married?

걔가 결혼하기엔 좀 어리다고 생각하지 않니?

get past 벗어나다, 넘어가다

I wanna get past this, I don't wanna be afraid of the commitment thing.

난 여기서 벗어나고 싶어. 결혼에 관련된 일로 겁내기 싫다구.

get + 사람 1. 해치우다, 압도하다   2. 얻다, …와 특별한 관계가 되다

▶ 참고표현 : Do you get me? 이해하다

You'll never get me. 넌 절대 날 못이겨.

That's why you won't get Brittney.

그래서 네가 브리트니랑 사귈 수가 없는 거야.

get out of + N[~ing] 하기 싫은 일을 성공적으로 하지 않다, 피하다

▶ 참고표현 : get sby out of + N[~ing] …를 하지 않도록 해주다

I think he is trying to get out of his commitment to marry you.

걔가 너랑 결혼 약속을 하지 않으려고 하는 것 같아.

There are some people who just always try to get out of paying.

돈을 내지 않으려고 항상 애쓰는 사람들이 있다니까.

get in on (이미 다른 사람들이 시작한 것에) 끼다, 참석하다

Hmm... Smells good. Hey, can I get in on that? Because I'm kinda hungry myself.

음… 냄새 좋은데. 야, 나도 껴도 될까? 배가 좀 고파서 말이야.

get through (작업 등을) 마치다, (어려운 시기 등을) 넘기다

▶ 참고표현 : get through to sby …와 연락이 되다

Couldn't you guys get through a day without arguing?

너넨 말다툼을 하지 않고는 하루도 넘길 수가 없는 거니?

I need to get through to the boss with some urgent information.

긴급 정보가 있어서 사장님과 통화해야겠어요.

get back at sby / get sby back 앙갚음하다

I am telling you that she is using you to get back at me!
그 여잔 나한테 앙갚음하려고 널 이용하는 거라니까!

get over (어려움 등을) 이겨내다, 슬픔 등을 잊다

You're just gonna have to get over it. 이 일을 극복해야 할 거야.

get along (with sby) (…와) 사이좋게 지내다

I had no idea they weren't getting along. 걔네들이 사이좋게 지내지 못할 줄은 몰랐어.

get some sleep 잠을 좀 자다

I need to get some sleep. 난 잠을 좀 자야겠어.

get dressed 옷을 입다 [정장이든 캐주얼이든, 어떤 옷에도 해당되는 표현]

A: We have 8:00 reservations at the restaurant.
B: Wow, that's in like 20 minutes. You'd better get dressed.
A: 식당 8시로 예약했어. B: 이야, 20분 남았잖아. 너 옷 입어야겠다.

get sby sth …에게 주려고 ~를 사오다[가져오다]

Let's get her a gift in that shop. 저 가게에서 걔한테 줄 선물을 좀 사다주자.

get sby ~ing[to + V] …가 ~하도록 만들다

He got you thinking this was a great idea.
그 사람이 널 그렇게 만든 거야, 이게 좋은 생각이라고 생각하게끔.

get off 자리를 뜨다(leave a place)

What time do you get off? 몇시에 가?

go off (with sby) (…의 곁을) 떠나다

You guys are all gonna go off and get married, and I'm gonna end up alone.
너희들은 모두 내 곁을 떠나 결혼하고 난 결국 홀로 남겠지.

go through 경험하다

When Julie and I broke up, I went through the same thing.
줄리하고 내가 헤어졌을 때 나도 똑같은 일을 겪었어.

go along with sth[sby] 1. (목적어가 사물일 때) 받아들이고 따르다   2. (목적어가 sby, idea일 때) 동의하다

I didn't want to go along with it. 난 받아들이고 싶지 않았어.

go away 자리를 뜨다(leave), (휴가 등으로) 멀리 놀러가다

Molly told me that she plans to go away during her summer vacation.
몰리는 여름휴가 때 멀리 놀러갈 거래.

go in for 1. …에 흥미를 갖기 시작하다, 몰두하다   2. 의사에게 진단받다

He really goes in for the *Friends* sitcom. 걘 정말 시트콤 『프렌즈』에 재미들렸어.
On Tuesday I'll go in for some work on my sore tooth. 화요일에는 쑤시는 이를 치료받으러 갈 거야.

go with …와 어울리다, 조화되다

This clock doesn't go with any of the stuff in my room.

이 시계는 내 방에 있는 물건들 중 어느 것하고도 어울리지 않는다구.

come off well 잘 되다

▶ 활용표현 : come off better / come off best / come off worst

Your speech came off well with the members of the audience.

네 연설이 청중들에게 먹혀들어갔어.

come up with 고안해내다, 따라잡다

Wow! It took you all night to come up with that plan?!

우와! 그 계획을 짜내는 데 하룻밤 꼬박 걸렸다구?!

come over 들르다, 오다

Do you guys wanna come over tomorrow? I'll make pasta.

너네들 내일 들를래? 내가 파스타 요리 해줄게.

fall apart 1. 산산조각나다   2. (사람이 주어인 경우) 혼란스러워지다

He fell apart and started drinking heavily after his divorce.

그 사람은 이혼 후로 실의에 빠져 술을 많이 마시기 시작했어.

fall in love with …와 사랑에 빠지다

When do you think you fell in love with your wife?

부인하고는 언제부터 사랑에 빠지게 된 것 같아요?

fall off 떨어지다, 양 · 정도 등이 줄어들다

A: How did you break your leg? / B: I fell off my bicycle.

A: 어쩌다가 다리가 부러진거야? / B: 자전거 타다가 넘어졌어.

check sth[sby] out (흥미를 끄는 사람이나 물건을) 보다(look at someone or something because they are interesting or attractive), …을 확인하다

I wasn't checking her out. I'm into fashion, I was looking at her skirt.

저 여잘 쳐다본 게 아냐. 난 패션에 관심 많잖아. 저 여자 치마를 보고 있었던 거라구.

double check 다시 한번 확인하다 [명사형은 double-check]

Uh, listen I gotta double check our tickets. Who got what?

어, 있지, 티켓을 다시 한번 확인해야겠어. 누가 뭘 갖고 있지?

give birth 아이를 낳다

Actually, giving birth to three babies isn't that different from giving birth to one.

사실 아이 셋을 낳는 건 아이 하나를 낳는 거랑 다를 게 없죠.

give sby a call …에게 전화하다

When you find out the results, please give me a call.

결과가 나오면 전화해줘라.

work out 1. (계획 등이) 잘 되어가다 2. 문제 등이 풀리다〔풀다〕 3. 운동하다

Oh. I'm sorry it didn't work out. 죄송해요. 일이 잘 안됐어요.

work on …에 관한 일을 하다

She is sitting on the couch alone, working on a crossword puzzle.

걘 지금 혼자 소파에 앉아서 크로스워드 퍼즐 풀고 있어.

work 작동하다, 효과가 있다

The phone is working! Why isn't she calling me back?

전화는 잘 되는데! 그럼 왜 그 여자가 전화를 안해주지?

look like 마치 …처럼 보인다, …인 것 같다

Do I look like a guy who doesn't want to get married?

내가 결혼하고 싶어하지 않는 남자처럼 보여?

all the time 언제나, 줄곧

Kevin and I used to play together all the time in grade school.

케빈하고 나는 초등학교 때 언제나 함께 놀았지.

make time to + V / for + N …할 시간을 내다

I tell you what, from now on, we will make time to hang out with each other.

있잖아, 지금부터는 서로 함께 있을 시간을 내보자.

one at a time 한번에 하나씩

You have a lot of problems, but you need to learn to take on one thing at a time.

여러가지 문제가 있지만, 한번에 하나씩 처리할 줄 알아야 해.

be on call (언제든 …할 수 있도록) 대기하고 있다 〔주로 의사, 상담원 등의 경우〕

I gotta go. I'm on call tonight. See you later. 난 가야해. 오늘 밤에 대기해야 하거든. 나중에 봐.

as of + 날짜 …일부로, …일 현재

As of this moment, I will never have to deal with demanding customers again. 'Cause I just quit.

지금 이 순간부터 다시는 까다로운 손님들을 상대할 필요가 없을 거야. 나 방금 그만뒀거든.

let go (of) (쥐고 있던 것을) 놓다, 걱정 등을 멈추다

Although it had been ten years since the divorce, I couldn't let go of my feelings for her.

이혼한 지 십년이 지났는데도 아내에 대한 사랑을 멈출 수가 없었죠.

put together 한데 모으다, 조립하다

Jimmy and Chris are coming over tonight to help me put together my new furniture.

지미하고 크리스가 오늘 밤에 와서 날 도와 새 가구를 조립할 거야.

drop by 들르다

A father can't drop by to see his daughter on her birthday?

아버지란 사람이 딸 생일에 딸 얼굴 보러 들르지도 못하나?

as far as sby be concerned …의 생각으로는

▶ 참고표현 : as far as sth be concerned …에 관한 한

As far as I'm concerned, there is nothing that stupid guy can do right.
내 생각으론 저 멍청한 남자가 제대로 할 수 있는 거라곤 아무 것도 없어요.

as a matter of fact 사실은

As a matter of fact, when I started dating Judy, I was unemployed.
사실은 내가 주디랑 사귀기 시작했을 때 난 직업이 없었죠.

have a blast (with sby) (…와) 신나게 즐기다(enjoyed very much)

I had such a blast with Tim the other night.
요전날 밤에 팀하고 굉장히 신나게 놀았어.

have trouble ~ing[with + N] …에 어려움을 겪다

I'm having trouble sleeping at night, lately.
요즘, 밤에 잠을 자는 데 애를 먹고 있어.

in the nick of time 아슬아슬한 때에, 겨우 늦지 않게

He got to the presentation just in the nick of time.
그 사람, 프리젠테이션에 아슬아슬하게 도착했다니까.

settle down 자리를 잡다, (결혼 등으로) 정착하다, 한곳에 머물러 살다

Look, I think it's time for you to settle down.
이거봐, 넌 결혼해서 한 곳에 정착해야 할 때가 온 것 같아.

turn into …이 되다

If Jack doesn't stop eating all of the time, he'll turn into a fat person.
잭이 시도 때도 없이 먹는 걸 그만두지 않는다면 뚱보가 될 걸.

turn + 나이 …살이 되다

When I turned 50, I got a Porsche. 내 나이 50이 되었을 때 난 포르셰 자동차를 손에 넣었지.

turn down 거절하다

I just had to turn down a job catering a funeral for sixty people.
난 장례식에서 60명 분의 음식을 준비해주는 일을 거절해야만 했어.

teach sby a lesson …에게 단단히 이르다, 하면 안된다는 것을 똑똑히 가르쳐주다

I'm gonna go down there and teach that guy a lesson.
내가 가서 저 자식에게 한수 단단히 가르쳐주겠어.

look forward to + N …를 기대하다

I'm really looking forward to Saturday night's party! 토요일 밤의 파티가 정말 기대돼!

in no time 즉시

I'll have my car back in no time. 내 차를 즉시 되찾아야겠어.

put on 옷을 입다

You put this on, you're good to go. 이거 입어, 나가게.

as it is 현재 상태에서, 이 상태로는

The company wants to give raises, but as it is, there is not enough money.
회사 측에서는 월급을 올려드리고 싶지만 현재로서는 자금이 충분하지 않습니다.

up for grabs 쉽게 얻을 수 있는(freely available)

At the auction, many antiques will be up for grabs.
그 경매에는 쉽게 얻을 수 있는 골동품들이 많을 겁니다.

be up to sth[~ing] …을 감당하다

Oh, he's really shy. I don't think he's up to meeting everyone yet.
아, 그 사람은 정말 수줍음이 많아. 아직 너희 모두를 만나는 걸 감당할 수 없을 것 같아.

in my opinion[view] 내 생각으로는

In my opinion, you need a better job.
내 생각으로 넌 좀더 나은 일자리를 구해야 해.

head off to + N …로 향해 가다

Let's head off to the new bar on our street. 우리 동네에 새로 생긴 술집으로 가자구.

lose one's mind 이성을 잃다

I'm going to lose my mind if I have to continue doing this.
이 일을 계속 해야 한다면 난 미쳐버릴 거야.

feel so bad[good] 기분이 나쁘다[좋다]

Now I don't feel so bad about beating you. 널 이기니 기분이 그리 나쁘지 않네.

put A before B B보다 A를 중요시하다

If I were you, I would put my career before men. 내가 너라면 남자보다 일을 중요시하겠어.

put sth behind you 나쁜 기억 등을 잊어버리다

I'm going to see him so I can put all of those feelings behind me.
이런 기분을 모두 잊어버릴 수 있도록 그 사람을 만나러 갈래.

sth on the table (제안 등을) 검토중인

I'm going to be honest with you and put my offer on the table.
솔직하게 얘기할테니까 내 제안을 한번 검토해보시라구요.

give sby credit …를 칭찬하다, 인정해주다

▶ 참고표현 : take credit oneself for …을 자기의 공적으로 돌리다

Come on, let's give him a little credit for being honest.
그러지 마, 걔가 솔직하다는 점은 좀 인정해주자구.
I'd like to take the credit myself for this victory, but it's Mike's.
이번 승리를 제 공으로 돌리고 싶지만, 실은 마이크 덕분이죠.

play hard to get 관심없는 척하다

I'm trying to play hard to get. Oh, he's looking over here. Say something funny.

나 관심 없는 척하려고 해. 어머, 그 사람이 이쪽을 보잖아. 뭐 재밌는 얘기 좀 해봐.

put through 전화를 연결시켜주다, 바꿔주다

Hold on a moment. I'll put you through to someone who is responsible for it.

잠시만요. 그 일의 책임자를 바꿔드리죠.

out of the blue 갑작스럽게

I know this is out of the blue but uh, I'm getting married tomorrow.

갑작스럽다는 건 알지만, 어, 나 내일 결혼해.

let one's guard (down) 긴장을 늦추다 , 방심하다.

You know... you let your guard down, you start to really care about someone.

있잖니, 그렇게 곤두세우지 말고 누군가를 진심으로 좋아해봐.

show[teach] sby a thing or two about …에 대해 한수 가르쳐주다 (give a really good [impressed] lesson about something)

We showed them a thing or two about softball.

우리가 걔네들한테 소프트볼에 대해 한수 가르쳐줬지.

be even 공평하다

You buy me a soda and we are even. 음료수 사주세요. 그럼 공평하죠.

all over again 다시 한번, 새로이

Sweetheart, just give me another chance. We'll start all over again.

자기야, 한번 더 기회를 줘. 처음부터 다시 시작하는 거야.

to name a few 몇개만 조목조목 따져보면, 그밖에도 다른 것이 많지만 〔몇가지 항목들을 나열한 후 「그밖에도 다른 것들이 많이 있다」는 의미로 뒤에 붙이는 표현이다〕

The leading carmakers are BMW, Mercedes, and Volvo, to name a few.

업계를 주도하는 자동차 생산업체로는, BMW, 메르세데스, 볼보 등이 있지.

throw caution to the wind 간땡이가 붓다, 앞으로의 위험·문제점 등을 무시해 버리다

You quit your job? Hey, you've thrown caution to the wind.

직장을 때려쳤다구? 야, 너 간땡이가 부었구나.

catch[take, throw] sby off guard …를 놀라게 하다

You just caught me off guard! 방심하고 있을 때 당했네!, 이거 전혀 예상하지 못한 일인걸!

ask for trouble 사서 고생하다

Don't tell her about it. It's like asking for trouble.

그 여자에겐 입도 뻥긋 하지 마. 괜히 긁어 부스럼 만드는 거라구.

be happy with[about] …에 만족하다

He said that he's happy with my work. 그 사람은 제가 일하는 게 아주 만족스럽다고 하더군요.

be mad at sby …에게 화가 나 있다

I'm still mad at you for not telling me.

나한테 말해주지 않은 것 때문에 나 아직 화 나 있어.

take back 말실수 등을 인정하다, 다시 주워담다

How could you call my ex-girlfriend a slut? Take that back!

너 어떻게 내 옛날 여자친구를 헤픈 여자라고 할 수 있냐? 취소해!

while you're at it 그거 하는 김에

Fill it up with unleaded gas and while you're at it, take a look under the hood and check the oil.

무연가솔린으로 가득 채우고, 하는 김에 엔진부분과 오일을 점검해줘요.

as usual 여느 때처럼

They're hanging around at the mall, as usual.

걔네는 언제나처럼 쇼핑몰에서 어슬렁거리고 있어.

show up 나타나다

I just wanted to tell you that I was really hurt when you didn't show up the other day.

며칠 전에 당신이 보이지 않아서 정말 가슴아팠다는 얘길 하고 싶었어요.

would rather …하는 편이 좋다

You'd rather be with your family. It's Christmas Eve.

가족들하고 같이 있는 게 좋을 거야. 크리스마스 이브잖아.

in the middle of nowhere 멀리 떨어진 곳에

Why don't we get away to an island that is quiet and in the middle of nowhere?

조용한 외딴 섬으로 여행가는 건 어때?

out of it (몹시 피곤하거나 하여) 정신이 맑지 않은

Hey, look at Jeff. He seems kinda out of it. 야, 제프 좀 봐. 좀 멍해보여.

have something in common 공통점이 있다, 얘기가 잘 통한다

All I'm saying is... I don't think that Duncun and Kelly have anything in common.

내 말은… 던컨하고 켈리는 공통점이 하나도 없는 것 같다는 얘길 하고 싶은 것뿐이야.

in my defense 내 변호를 하자면, 변명하자면

I know I acted badly, but in my defense, I was drunk.

내가 못되게 굴었다는 거 알아. 하지만 내 변호를 하자면 난 취했었다구.

~ is my middle name …라면 자신있어, …하면 나잖아

I can handle this. "Handle" is my middle name. 그건 내가 처리할 수 있어. "처리"하면 나잖아.

grab + 음식 음식을 재빨리 먹다, 요기하다

Let's grab some lunch at that restaurant around the corner first. They have great burgers.

요 모퉁이에 있는 식당에 가서 얼른 점심부터 해치우자. 그 집 버거가 맛있잖아.

talk sby up …를 (말로) 치켜세워주다

Please talk her up so that your boss gives her a job.

너희 사장님이 걔를 채용하도록 걔 칭찬을 좀 해줘.

beat the traffic 교통혼잡을 피하다

You'll have to leave early if you want to beat the traffic on Friday.

금요일에 교통혼잡을 피하려면 일찍 출발해야 할 걸.

beat the price 가격을 낮추다

That supermarket promises to beat the prices of all other stores.

그 수퍼마켓에서는 다른 어떤 곳보다도 싸게 판다고 장담하더라구.

have your work cut out (for you) 어려운[벅찬] 일을 맡다

You might have your work cut out for you. 아무래도 네겐 벅찬 일을 맡은 것 같군.

be[get] ahead of …보다 앞서다, 능가하다

I need to get ahead of the other competitors.

다른 경쟁자들을 앞질러야 해.

ahead of time 약속시간보다 빠르게

If you can't come, let me know ahead of time. 올 수 없게 되면 미리 알려줘.

be bound to + V 꼭 …하게 마련이다, …하기 십상이다

Linda is bound to be mad when she sees how her favorite dress was stained.

자기가 제일 아끼는 옷이 얼룩진 걸 보면 린다는 십중팔구 무지 화낼텐데.

be written all over sby's face 얼굴에 다 쓰여있다

I can see you're lying. It's written all over your face.

너 지금 거짓말 하고 있는 거 알아. 얼굴에 다 쓰여있다구.

hands down 쉽게(=easily), 명백히

▶ 활용표현 : win hands down 낙승을 거두다

Billy would have won hands down, if he hadn't gotten cold.

감기만 안걸렸어도 빌리가 쉽게 이겼을텐데.

beat sby over the head with sth …에게 ~에 관해서 똑같은 소리를 되풀이하다

I understand your argument, so don't beat me over the head with it.

너희들이 뭘 가지고 실랑이하는 건지 알겠으니 계속 똑같은 소리 하지 마.

put our heads together 머리를 맞대고 의논하다

I'm thinking, if we put our heads together, we can break them up.

내 생각에 우리가 머리를 맞대고 의논하면 걔네들을 갈라놓을 수 있을 것 같아.

have a soft spot for …를 좋아한다, …에 약하다

Girls have a soft spot for love stories. 여자들은 사랑 이야기에 약하죠.

on a short notice (미리 알려주지 않고) 갑작스럽게, 급하게

    Thank you so much for coming on such a short notice.

    이렇게 갑작스럽게 찾아와주시니 감사하기 그지없군요. (비꼬는 말)

from scratch 맨손으로, 아무 것도 없는 데서, 무(無)에서

    I'm gonna be starting a career from scratch.

    난 밑바닥에서부터 경력을 쌓기 시작하게 될 거야.

be (just) around the corner 바로 가까이에 있다, 임박했다

    The changing room is around the corner on your left.

    탈의실은 모퉁이를 돌아 왼편에 있습니다.

get technical 전문용어를 쓰다

    We are not experts, so please don't get technical with your explanation.

    우린 전문가가 아니니까 설명할 때 전문용어를 쓰지 말라구.

good for nothing 아무 짝에도 쓸모없는

    This old good for nothing computer breaks down too often.

    이 아무 짝에도 쓸모없는 고물 컴퓨터는 너무 자주 고장난단 말이야.

mixed up 머릿속이 혼란스러운

    Tell her she doesn't want to get mixed up with me.

    그 여자에게 나 때문에 혼란스러워하지 말라고 해줘.

know better than to + V ···할 정도로 그렇게 어리석진 않다 [to 부정사 대신에 명사를 써도 된다]

    Teddy knows better than to do that again by now.

    테디도 이젠 또다시 그런 짓을 할 정도로 어리석진 않아.

speaking of + 특정 단어 ···에 대해서 얘기하자면, ···라니 말인데

    ▶ 참고표현 : **speak for sby** ···에 대한 감정 · 의견 등을 말하다

    Speaking of together, how about we send out a holiday card this year?

    함께라니 말인데, 올해엔 크리스마스 카드를 보내는 게 어때?

chip in 갹출하다, (돈, 도움 등을) 모아서 주다 (= pitch in)

    Let's chip in to buy her dinner tonight.

    돈을 조금씩 모아서 오늘 밤에 걔한테 저녁을 사주자.

미드 **Tips**

Tip 1 발음나는대로 표기법

going to나 want to를 발음나는대로 표기하는 gonna나 wanna가 확고히 자리잡은 것처럼, 바쁜 세상 그냥 발음나는대로 적으려는 경향, 즉 축약되고 변형되는 발음들이 표기에까지 영향을 미치는 현상이 더욱 가속화되고 있다.

[1] 발음 약한 건 줄여

~in' : ~ing	ya / y' : you	'em : them
'er : her	d' : do	'Scuse : Excuse
EZ : easy	b'cause / 'cause / cuz / coz : because	

> **'Cause**, I don't want her to go through what I went through with Carl.
> 왜냐면 내가 칼하고 사귀면서 겪은 일을 걔가 겪게 하고 싶지는 않으니까.
> He is smart and funny, **d'you** ever think that about him? 걘 똑똑하고 재밌잖아. 그런 생각해본 적 없니?
> What's **goin'** on? 무슨 일이야?
> Look at **'em**, look at how happy they are. 재들을 봐. 얼마나 행복해하고 있는지 보라구.

[2] 두 단어를 한 단어처럼 섞어

C'mon : come on	C'mere : Come here	y'know : you know
Doncha ~ ? : Don't you?	ain't : am not (or is not)	d'know / dunno : don't know
Cya : See you, See ya	Lemme : Let me	gimme : give me
hafta : have to	gotta : got to	gonna : going to
wanna : want to	musta : must have	coulda : could have
sorta : sort of	kinda : kind of	outta : out of

> **C'mon**, you're going out with the guy! 이러지마. 너 그 남자랑 데이트할 거면서!
> **I dunno**, maybe it's because you're really sarcastic. 모르지. 네가 너무 냉소적이라서 그럴 수도 있구.
> **Cya** Mike! 또봐. 마이크!
> I **wanna** see! **Lemme** see! **Lemme** see! 나도 보고 싶어! 보여줘! 보여줘!
> We've **gotta** get something to eat. 우린 뭘 좀 먹어야겠어.
> Well, **y'know**, I **sorta** did a stupid thing last night. 음. 있잖아. 내가 어젯밤에 좀 멍청한 짓을 저질렀어.

[3] 세 단어도 붙여

Whaddya~? : What did you~?	Whatcha : What are you~?
Whaddaya~? : What do you~? 혹은 What are you~?	

> Let's go out for a lunch break, **whaddya** say? 잠깐 멈추고 점심먹으러 나가는 거야. 어때?

Tip 2 말꺼내기

우리도 어색함을 피하거나 상대방의 주의를 끌 목적으로, 본론을 말하기 전에 「저」, 「저기」, 「음」 등 별 의미없는 말로 시작을 하듯, 영어에서도 그런 표현들을 찾아볼 수 있다. 대부분 별 의미없이 하는 말이니 굳이 해석을 안해도 되는 경우도 있다.

Look, ~ 이것봐

Look, I don't even know how I feel about him yet.

이것봐, 난 아직 내가 그 남자를 어떻게 생각하는지조차 모르겠다구.

Say, ~ 저기요, 있잖아

Say, how many more boxes would you have to sell in order to win?

자, 이기려면 몇상자나 더 팔아야 하는 거죠?

So, ~ 자, 그러니까 〔화제를 바꿀 때 외에도 본래의 의미대로 앞 얘기를 받아 「그래서」, 「따라서」라는 의미로도 쓰인다〕

So, you wanna get a hamburger or something?

자, 햄버거나 뭐 그런 거 먹을래?

I mean, ~ 그러니까, 내 말은 〔부연설명을 하고자 할 때 쓰이는 표현〕

I mean, there's really no easy way to say this.

내 말은, 이 얘기를 쉽게 꺼낼 방법은 전혀 없다는 거야.

See, ~ (또는 ~, see) 이것봐, 자 보라구 〔확인을 요구하는 표현〕

See, about a month ago, I wanted to hurt you. But now I don't anymore.

이것봐, 한달 쯤 전엔 너한테 상처를 주고 싶었어. 하지만 지금은 아니야.

그밖에...

Listen, ~ 들어봐

Well, ~ 저, 음

Hey, ~ 이봐

Now, ~ 자, 한데, 그런데

~, you know, ~ 있지, 음

~, like, ~ 그러니까, 음

What, ~ 뭐라고, 아니, 설마, 이런

Let's see, ~ 이것보라구

Let me think, ~ 생각 좀 해보자

Tip 3 감탄사 및 의성어

[1] 감탄사

(Oh, my) Gosh! 세상에!, 맙소사!	**Oh, my God!** 세상에!, 하나님 맙소사!
(Oh,) My 이런	**(Oh,) Boy** 1. 우와 2. 이런 맙소사 〔두려움, 나쁜 상황〕
For God's sake 제발!, 지독하네!, 너무하는구만!	**(Oh) Man!** 젠장, 저런
Shoot! 이런, 저런, 아이쿠	**(God) Damn it!** 젠장할! 〔상당히 무례한 표현〕
Darn (it)! 에잇!, 이런!	**For crying out loud** 아이쿠, 이런
(Oh,) Crap 이런!	**(Oh) My goodness** 어머나, 맙소사
Geez (혹은 Jeez), Gee whiz 세상에	**Holy shit [crap]!, My heavens!** 어머나, 세상에
Holy mother of God!!! 에그머니나!!	**Dear me!** 어머나, 아이고, 저런

God forbid! 그런 일이 일어나지 말기를 〔비슷한 표현: Heaven forbid!〕

God bless you! 감사하기도 하지! 〔누군가 재채기를 했을 때에도〕

I never! 1. 이런 모욕감은 처음이야   2. 그런 일이, 그런 이야기는 처음 들었어

What the...?, What the hell...? 도대체 뭐야? 〔몹시 못마땅하거나 수긍이 가지 않을 때 사용〕

> **Oh, gosh,** this is so weird. 세상에, 이건 정말 이상하다.
> **Oh my god!** Why is your house such a mess? 맙소사! 너네 집 왜 이렇게 엉망이야?
> **Oh, boy!** You got world series tickets. 이야! 너 월드시리즈 표 구했구나.
> **Boy,** you are really not a morning person. 이런, 넌 아침형 인간이 절대 아니구나.
> **For God's sake!** Can't you do anything without my help?
> 도대체 말이야! 넌 내 도움 없이는 아무 일도 못 하니?
> **Damnit!** How did you even call him? 제길! 어떻게 그 사람한테 전화까지 한 거냐구?
> **Darn it!** I forgot my money at home. 빌어먹을! 깜빡하고 돈을 집에 두고 왔네.

[2] 의성어

Whoops! / Oops! 앗 이런!, 아이쿠	**Uh-oh** 어머 이를 어째 〔앞 음절을 높게〕
Wow! 이야, 우와	**Huh** 허, 흥 〔의문, 놀람, 경멸, 무관심 등을 나타냄〕
blah blah blah 어쩌구저쩌구, 기타 등등	**Er** 저…, 어… 〔곤란한 얘기를 꺼내거나 망설일 때〕
Hmm 흠…	**Ugh** 어휴
Whoa! [wou] 상대방에게 진정하라는 의미로 하는 말	

> **Oops!** I just spilt coffee on my new dress.
> 아뿔싸! 새 옷에 커피를 쏟았어.
> **Uh-oh,** it's my boss! 이런, 사장님이잖아!
> **Wow!** This is a great place. 이야! 여기 정말 근사하다.
> **Blah, blah, blah.** All you do is complain about other people. Why don't you do your own work?
> 어쩌구 저쩌구. 자네는 하는 일이라곤 남들한테 불평하는 것 뿐이지. 자네 일이나 하지 그래?
> **Hmm,** that sounds interesting. I'd like to go. 흠, 재밌네요. 가보고 싶어요.

Tip 4 호칭

이름이나 닉네임 외에도 친근감을 나타내는, 혹은 사랑을 담뿍 담은 호칭을 간간이 사용해주면 사람과 사람 사이의 거리가 부쩍 가까워지는 법. 시트콤에서 확인해 볼 수 있는 친구들 사이의 혹은 연인들간의 호칭으로는 어떤 것들이 제일 많이 귀에 들어오는지 살펴보자.

[1] 친한 친구 사이거나 혹은 연인 사이에서

sweetheart, sweetie, honey, babe, (my) dear

> I'm not going anywhere, **sweetheart**. 나 아무데도 안가 자기야.
> Geez, we're gonna be late, **sweetie**... 이런, 우리 늦겠어, 자기야…
> **Honey**, there's something really important that I want to ask you.
> 여보, 뭣 좀 물어보고 싶은 게 있어. 정말로 중요한 거야.
> Is everything all right, **dear**? 얘야, 괜찮은 거냐?

[2] 남자친구들 사이에서 「어이!」, 「야!」 정도의 느낌

dude, buddy, bro, pal, man, guy (여자들끼리는 girl을 사용), **boy** (얘야 – 나이어린 손아랫사람에게)

> **Dude**, what are you doing? 야, 너 지금 뭐해?
> **Dude**, I wish you wouldn't do that. 야, 난 네가 그러지 말았으면 좋겠다.
> Listen, **buddy**, we're just looking out for you.
> 들어봐. 이 친구야, 우린 널 보살펴 주려는 것뿐이야.
> Hey **pal**, look who I brought. It's your old friend Harry O'Neil.
> 이봐 친구, 내가 누굴 데려왔게. 네 옛날 친구 해리 오닐이야.
> Good luck, **man**. 행운을 비네, 이 친구야.
> I kid you not, **man**. 농담 아냐, 이 친구야.

[3] 여러 명을 뭉뚱그려

(you) guys (얘들아 – 남녀 구분없이 사용하며, 손윗사람들을 향한 표현은 아님), **folks, everyone**

> Come on **you guys**, is this really necessary? 이러지 마, 얘들아. 이게 정말 필요해?
> This isn't the right room, sorry **folks**. 이 방이 아닌가보네, 미안해요 여러분.

Tip 5 사람을 묘사하는 표현들

[1] Mr. + 형용사〔명사 등〕…하신 분 〔여성에게는 Ms.를 사용〕

어떤 사람의 특징을 잡아 비아냥거릴 때나 유머러스한 별명으로 사용되며, 형용사나 명사, 때로는 문장까지도 Mr. 뒤에 붙일 수 있다.

Mr. Big Shot 유능하고 중요한 사람, 주로 성공한 사람이 잘난 척하거나 자신감이 지나친 경우를 비아냥 거릴 때

Mr. Happy "행복" 씨

Mr. I've Had Sex Four Times 네번이나 섹스하신 분

Ms. Hot Shot Chef 잘 나가는 요리사 나으리

> You really want to be **Mr. Big Shot**? 너 정말 거물나으리가 되고 싶어?
> I know I'm being **Mr. Inappropriate** today. 내가 오늘 부자연스럽게 굴고 있다는 거 알아
> **Mr. Scientist** has to get all technical! 대단한 과학자 양반이시니 전부 전문용어로 말씀하셔야지!
> All right, relax, **Mr. I've Had Sex Four Times**! 알았어 진정하라구, 네번이나 섹스하신 분!

[2] 괴짜들

loser 못난 놈, 인생의 낙오자, 형편없는 사람

lame-o 무능하고 쓸모없는 존재 〔형용사 + -o의 형태는 「…한 사람」을 의미하며 lame은 「시시한」, 「빈약한」, 「지루한」〕

weirdo 괴짜 〔역시 형용사 + -o의 형태로 weird는 「이상야릇한」, 「기묘한」이라는 뜻〕

kook 괴짜

nerd 공부벌레, 얼간이, 공부만 하거나 사교성이 부족한 사람

jerk 바보, 얼간이 〔머리가 나쁘다기 보다 세상 물정에 어둡고 말하는 사람의 맘에 들지 않는 사람에게 쓰는 말로, 비슷한 표현으로는 schmuck, slob 등이 있다〕

geek 멍청하고 좀 이상한 놈 〔cf. geeky 이상한, 괴짜같은〕

dingus 얼간이 〔cf. dingy 얼간이같은〕

dork 띨한 놈, 멍청한 놈 〔학생들이 많이 사용 / cf. dorky 멍청한〕

moron 바보

smirky 능글맞은 놈

You bastard! 나쁜 자식! 〔「사생아」라는 뜻에서 출발한 욕설로 주로 화가 머리끝까지 난 여성들이 남성에게 즐겨 사용〕

freak 괴상망측한 놈, 뭔가에 병적으로 집착하는 사람

creep 꼴보기 싫은 놈

wimp 겁쟁이, 소심한 사람

> She was really nice to me even though I'm such **a loser**.
> 내가 이렇게 못난 놈인데도 그 여자는 내게 정말 잘해줬어.
> **You bastard!** You ruined my life! 나쁜 놈! 네가 내 인생을 망쳤어!
> Are you saying he's a **geek**? 네 얘긴 그 남자가 피짜라는 거야?
> I'm stalking the wrong woman. I am such a **dingus**!
> 엉뚱한 여자를 스토킹했네. 이런 얼간이 같으니라구!
> You're such a **wimp**. Listen, if you don't ask her out, I will.
> 이런 소심한 녀석. 잘들어, 네가 안하면 내가 데이트 신청한다.

[3] 섹시한 여자 혹은 매춘부

knockout 끝내주게 예쁜 여자〔멋진 남자〕

babe 섹시하고 예쁜 여자〔여자를 친근하게 부르는 말이기도 하다〕

killer 죽여주는 여자, 매력적인 여자

chick 영계, 젊은 아가씨

hooker, whore, slut 성관계가 난잡한 여자, 매춘부

stud 호색한

bitch 나쁜년

> She's not a **knockout**. 그 여자가 끝내주게 예쁜 건 아니지.
> Did you see that **chick** that just came in?
> 야, 방금 들어온 그 여자애 봤니?
> I can't believe he's dating that **slut** in marketing!
> 그 사람이 마케팅 부서의 그 헤픈 여자랑 사귀다니 믿을 수가 없어!
> Almost every guy I know has had sex with Jill. What a **slut**!
> 내가 아는 남자들 거의 다 질하고 자봤어. 헤픈 것 같으니라구!
> Our boss is a real **stud**. We went out for drinks last night, and he picked up two women!
> 우리 사장은 정말 색골이야. 간밤에 술 마시러 갔는데, 여자를 2명이나 꼬시더라구!

[4] 연인 · 가족

better half 배우자나 애인을 완곡하게 표현한 것

ball and chain 아내 〔직역하면 「쇠공이 달린 족쇄」를 뜻함〕

ex 헤어진 옛 연인(ex-boyfriend, ex-girlfriend)이나 예전 배우자(ex-wife, ex-husband)를 줄인 말

> I would like to introduce you to my **better half**, Maria. 나의 반쪽, 내 아내 마리아를 소개할게.
> They tell me that I talk about my **ex** too much. 걔들 말로는 내가 옛애인 얘기를 너무 많이 한대.

[5] 그밖에

hip 최신 유행에 밝은 사람, 세련된 사람

buff …광, 뭔가 한 분야에 열중해 있어서 그 분야에 정통한 사람

sport 인생의 즐거움이자 위안이 되는 친구, 단짝 친구(chum), 또는 성격 좋은 사람

the life of the party 분위기 메이커, 활력소

roomie 룸메이트

old man 아버지, 남편, 직장상사 〔cf. old woman 어머니, 마누라, 잔소리꾼〕

moviegoer 영화팬

> He's a movie **buff**. 그 사람은 영화광이야.
> You're **the life of the party**. 넌 분위기 메이커야.
> I'm staying with you guys! We're gonna be **roomies**!
> 나 너네들이랑 같이 지낼래! 우린 룸메이트가 되는 거야!
> He's a real **moviegoer**. He goes at least three times a week.
> 그 사람은 정말 영화팬이야. 1주일에 적어도 3번은 영화관에 가지.

Tip 6 반어적 표현들

우리말에서도 "잘났다!"는 말이 문자그대로의 의미와는 정반대의 비아냥거림이 될 수 있듯, 영어에서도 문자 그대로의 의미에 반전을 가한 반어적 표현들을 꽤 찾아볼 수 있다.

Nice going! 잘한다, 잘해!
> **Nice going**. You ruined my whole day.
> 잘 한다. 나의 하루를 온통 망쳐놨어.

(That's) Great!, Wonderful!, Terrific! 거 자~알 됐군!
> Oh, **great**. It's starting to rain. That will make it easy to get a cab.
> 자~알 돼 가는군. 비가 오잖아. 택시 잡기가 쉽기도 하겠군.

Big deal! 별거 아니군!
> So what, he's a little older, **big deal**, I mean, he's important to me.
> 그래서 뭐가 어쨌다구. 그 남자 나이가 좀 많긴 하지만 별거 아니야, 내 말은 그 사람은 나한테 소중하니까 말이야.

so far, things are going great 지금까지는 정말 되는 일 없네요 [*Friends* 주제가 중에서]

Just my luck 내가 그렇지 뭐!
> **Just my luck!** The show's already over.
> 내가 그렇지 뭐! 공연이 벌써 끝났네.

I'll bet! 어련하시겠어!
> You saw a UFO hovering over your house last night? Yeah, **I'll bet**.
> 어젯밤에 너희 집 위에서 UFO가 맴도는 걸 봤다구? 그래, 어련하시겠어.

You're a genius[real hero] 똑똑하기도 하셔라, 잘났다
> You deleted all of the computer files? Oh, **you're a genius**.
> 컴퓨터 파일들을 모조리 지웠다고? 어유, 똑똑하기도 하셔라.

그밖에... (억양에 따라서 말 그대로의 의미가 되기도 한다)

Fine! 좋아, 그렇다면 나도 생각이 있어

You know what guys want 너 정말 남자들이 뭘 원하는지 아는구나! (뭘 원하는지 정말 모른다는 뜻)

Great job! 아주 자~알 했다!

Whatever! 뭐든 상관없어!

Let's watch the expert 저 잘난 놈 좀 보게

Tip 7 품사의 자유

품사에 대한 고정관념에서 벗어나 유연한 사고방식이 필요한 부분. 실생활영어에서는 각 단어별 품사 전이가 상당히 빈번한데 명사, 형용사, 부사로만 알고 있는 단어가 동사로 쓰이거나, 접속사나 동사가 명사로 쓰이는 경우도 종종 있다. 자 이제 몇가지 경우를 살펴보자.

border [명 → 동] border가 전치사 on과 함께 「거의 …라고 할 수 있다」라는 뜻의 동사로 사용되고 있다
You're not actually suggesting Helen Willick-Bunch-Geller? 'Cause I think that **borders on** child abuse. 정말 헬렌 윌릭-번치-겔러로 하자는 건 아니겠지? 그건 거의 아동학대 수준에 가까운 것 같잖아.

inch [명 → 동] 여기서 inch는 「조금씩 움직이다」라는 뜻의 동사
We are going to have to **inch** toward our goal of making the company more efficient.
우리는 좀 더 효율적인 회사로 만들겠다는 목표를 향해 조금씩 천천히 나아가야 할 것이다.

bite [동 → 명] 한입거리, 먹을 것
I can get a quick **bite** to eat, but then I have to come back up here. 금세 요기하고 이리로 돌아와야 한다구.

solid [형 → 부] 완전히, 가득히
Well you can't! We've booked **solid** for the next month! 안돼! 다음 달엔 예약이 꽉 차 있다구.

party [명 → 동] (파티에서) 신나게 놀다
Are you ready to **party**?! 신나게 즐길 준비됐죠?

shy [형 → 동] shy away from은 「…을 피하다」
I don't micro-manage. I don't **shy away from** delegating. 난 세세히 관리하지 않아요. 주저없이 위임을 하죠.

say [동 → 명] get a say in은 「…에 대해 말할 권리가 있다」
Does she **get a say** in this? 그 여자가 여기에 할말이 있을까?

walk [자동 → 타동] walk 다음에 목적어가 나오면 「…를 산책시키다, 걸어서 바래다 주다」라는 뜻의 타동사가 된다
You didn't have to **walk** me all the way back up here. 여기까지 나를 다시 바래다줄 필요는 없었어.

And More

명 → 동 base(…을 근거로 하다), book(예약하다), number(열거하다), ground(외출금지시키다), chip in(추렴하다), egg(부추기다)

형, 부 → 동 brave(…에 용감하게 맞서다), pale before(… 앞에 무색해지다, …보다 못해 보이다), down(…을 쭉 들이키다, 마시다), forward(앞으로 회송하다), back(후원하다, 지지하다), well up(생각 등이 치밀어 오르다)

동 → 명 on the go(계속하여, 끊임없이), have a say(말할 권리가 있다), do and don't(해야 할 일과 하지 말아야 할 일), a good buy(싸게 산 물건), bank run(예금 인출 쇄도 사태), will(의지)

접속사 → 명 worth sby's while(…할 가치가 있는, 보람이 있는), ifs and buts(변명, 구실), Not so many buts, please ('그러나'라고 말하지 말게), the hows and the whys(방법과 이유)

Tip 8 복합명사

편리함을 목표로 변화하는 「언어의 진화」를 볼 수 있는 곳. 일상영어에서는 동사구, 부사구, to부정사구, 심지어 절을, 다시 말해 자기가 말하려는 부분이 무엇이든지 간에 간단명료하게 하나의 형용사화 혹은 명사화하여 사용하는 것을 자주 목격할 수 있다. 앞뒤 상황을 모르면 이해하기가 무척 어려운 부분이다.

[1] 고정형

wannabe(추종자), **mother-to-be**(예비 엄마), **once-in-a-while event**(일생 일대의 사건), **all-you-can-eat restaurant**(뷔페 식당), **thank-you**(감사), **would-be actor**(배우 지망생)

I was just wondering about the **mother-to-be**.
예비 엄마에 대해 궁금하던 참이었어.

[2] 자유분방형

cry-for-help

And this from the **cry-for-help** department. Are you wearing makeup?
그리고 이건 도와달라고 애원하는 부서에서 왔군. 너 화장한 거니?

▶ Check it Out at Friends: Joey가 비정상적일 정도로 울긋불긋한 분장을 하고 나타나자 Chandler가 하는 말.

You're-not-up-to-this thing

Did he give you that whole "**You're-not-up-to-this**" **thing** again?
너희 아버지가 또 "넌 못견딜 거야"라는 태도를 취했단 말이야?

▶ Check it Out at Friends: 결혼식장에서 도망친 뒤 경제적 독립을 위해 발버둥치는 Rachel에게 아버지가 집으로 돌아오면 메르세데스 컨버터블을 사주겠다는 회유책을 썼다는 얘기를 듣고 Monica가 하는 말.

a ring toss situation

Ew, was Chandler naked? Sort of like a, like **a ring toss situation**?
어, 챈들러가 알몸이었니? 일종의, 일종의 고리 던지기 상황이었어?

▶ Check it Out at Friends: Joey를 찾아 Monica와 Chandler의 집에 왔다가 베이글이 엉뚱한 곳에 있는 것을 본 Rachel이 두 사람에게 베이글로 고리 던지기 게임을 하던 중이냐고 묻는 말.

women-having-sex-like-men

So you think it's really possible to pull off this whole **women-having-sex-like-men** thing?
그럼 넌 정말로 이렇게 여자가 남자처럼 섹스하기를 해내기가 가능하다고 생각하는 거야?

▶ Check it Out at Sex & the City: Sex & the City의 주된 테마로 Season 1 episode 1에서 4명의 주인공이 다루는 주제.

he's-coming-to-stop-me

I stood there and waited for the obligatory **he's-coming-to-stop-me** ten seconds.
나는 그 사람이 와서 나를 잡아주는 데 꼭 필요한 10초 동안 거기 서서 기다렸어.

▶ Check it Out at Sex & the City: Carrie가 Big과 싸운 후 문을 나서고 나서 와서 잡아주기를 기다렸다는 말.

not-very-well-endowed

Samantha's not satisfied with her **not-very-well-endowed** boyfriend.
사만다는 남자친구의 생기다 만 것에 불만이야.

▶ Check it Out at Sex & the City: 남자친구의 small dick으로 고생하는 Samantha 이야기.

Tip 9 여러가지 의미로 쓰이는 단어들

역시 고정관념을 깨는 부분. 이번엔 하나의 단어에 하나의 의미라는 단세포식 학습방법을 타파하고 각 단어가 일상생활에서 얼마나 자유롭게 다양한 의미로 쓰이는지 함께 감상해보기로 한다.

check 확인하다, 수표

fly 바지 지퍼

company 회사, 일행

advance 가불, 선불, 구애, 유혹

credit 자랑거리, 공로

history 사연, 병력, 다 끝난 일[사람]

party 일행, 공범(자), 한패

revealing 야한

literature 광고 책자, 안내 책자

warm 정답에 가까워진, 맞출 것 같은

item 인물

board 위원회, 컵보드, 보딩스쿨, 탑승하다

broad 여성 [남성들끼리 쓰는 속어]

contract 계약, 살인 청부 계약, 감염되다

delivery 배달, 출산

high (술이나 마약 등에) 취한

land 손에 넣다, 얻다

draw 무승부, 관심을 끄는 것, 인기 있는 것

lemon 불량품, 고철 덩어리

milk 정보를 캐내다, 착취하다

decent 버젓한, 고상한, 남 앞에 나설 정도로 옷을 다 입은

shy 부족한, 모자란

Why don't you just walk over to that **broad** and ask her out? 저 여자한테 가서 데이트 신청해보지 그래?

I really enjoyed your **company**. 함께 있어서 정말 즐거웠어요.

While he was traveling, he **contracted** yellow fever and died.
그 사람은 여행 중에 황열병에 걸려서 죽었다.

Do you think it would be possible to get a $100 **advance** on my salary?
월급에서 100달러 가불받을 수 있을까요?

She is going to classes to prepare for the **delivery**. 그 여자는 출산 준비를 위한 강좌에 다닐 거야.

You should give yourself **credit**. 네 공이라는 걸 인정하라구.

My dad thinks my brother has a problem with drugs. My brother has been getting **high**.
우리 아빠는 형이 마약에 중독되었다고 생각하셔. 형이 마약에 취해 있었거든.

Did you **land** the job with the overseas client? 그 해외 고객 일을 따낸 거야?

Hello. I made a reservation for a **party** of three at 9 pm.
안녕하세요. 저녁 9시에 3인석 예약해뒀는데요.

The show was a Broadway hit and became a large **draw** at the box office.
그 공연은 브로드웨이에서 대성공을 거뒀기 때문에 관람객들이 엄청나게 몰렸어.

My new car? Terrible. It's turned out to be a real **lemon**. 내 새차 말야? 끔찍해. 알고 보니 진짜 불량품이야.

Have you read the **literature** on our organization yet? 우리 회사에 대한 안내 책자는 읽어보셨어요?

You're getting **warmer**. Just a little to the left. 점점 가까워지고 있어. 조금만 더 왼쪽으로.

Wait, now wait a second. This isn't too **revealing**, is it? 잠깐. 잠깐만. 너무 야하지 않지, 그렇지?

Are you **decent**? (화장실에서) 들어가도 돼요?.

Joey, I'm a little **shy**. 조이, 나 좀 모자라.

▶ Check it Out at Friends: 포커 게임에서 판돈이 올라가자 Ross가 Joey에게 돈이 모자란다는 뜻으로 하는 말. 이에 대한 Joey의 반응은 마치 영어를 제 2외국어로 배우는 사람인 양 "That's ok, Ross, you can ask me, what?" 즉 「수줍어 하지 말고 이야기하라」는 것으로, Joey의 무식함(?)이 다시 한번 돋보이는 순간.

[1] thing

어떤 것을 대강 뭉뚱그려서 말할 때 쓸 수 있는 편리한 단어가 바로 thing이다. *Sex & the City*나 *Friends*를 보다보면 job thing, war thing, money thing, artist thing 같은 말이 많이 들리는데 이는 이미 앞에서 언급하였거나 혹은 다시 이야기 안해도 서로 알고 있는 상황을 얼버무려 지칭하는 말.

Mike Says : Sometimes when people can't express their ideas clearly, they use "thing" to simplify their speaking. It is easier than giving a long explanation of something. For example, if there was a special dinner given at my university, here are two ways I could express it.

(A) We have a formal dinner at the university's Memorial Hall tonight which begins at 7 p.m.

(B) We have a dinner thing at the university tonight.

Do you see how using "thing" in (B) omits details, but everything is still understandable? Both sentences are expressing the same basic idea. It's just a style choice.

Sometimes they come to class and say bonehead **things**, and we all laugh, of course.
걔들은 교실에 와서 얼간이들 얘기를 하는 경우가 많고, 그럼 물론 우린 모두 웃지.

I thought this whole revenge **thing** was gonna be fun. 이런 복수라는 게 재미있을 줄 알았지.

I've been dealing with that real estate **thing**. 전 부동산 관련 일들을 처리해왔습니다.

Check It Out at ~

Friends:

I'm gonna go get one of those **job things**. 그런 일거리를 하나 얻으러 갈 거야.

▶ Check it Out : Rachel이 먹고 살기 위해서는 직장을 다녀야 한다는 걸 말함.

We thought since Phoebe was staying over tonight, we'd have kinda like a slumber **party thing**.
우린 피비가 오늘밤에 머무르고 있으니까 밤새 수다나 떨면서 놀까 했지.

▶ Check it Out : 파티와 관련 있는 여러가지 것들을 함께 지칭.

She says Marcel's **humping thing's** not a phase. Apparently he's reached sexual maturity.
그 여자가 그러는데 마르셀 피스톤 짓은 지나가는 단계가 아니라 성적으로 완전히 성숙된 거래.

▶ Check it Out : 원숭이 Marcel이 아무거나 잡고 피스톤 짓하는 것을 지칭.

Sex & the City:

Tom was an out of work actor friend Charlotte had come to depend on to do the occasional **male things**.

탐은, 샬럿이 가끔씩 힘쓸 일이 생기면 부탁하는 한가한 배우 친구였어.

▶ Check it Out : 집이나 가전제품 수리 또는 무거운 물건 나르기 등 남자의 힘이 필요한 일들을 지칭함.

I don't really, to be honest, I just don't buy the whole **shrink thing**.

난 정말이지, 솔직히 말해서, 난 정신과 의사같은 건 하나도 안 믿어.

▶ Check it Out : 정신과 의사(shrink)가 하는 말이나 치료행위, 그로 인한 효과 등을 모두 믿지 않는다는 의미.

[2] ~, though

흔히 though는 「…이긴 하지만」이라는 뜻의 접속사로 주어와 동사 앞에 쓰이지만, 미드를 보다보면 말을 하다 말고 문장 중간에 혹은 할말 다 해놓고 문장 끝에다 though를 살짝 덧붙이는 걸 자주 들을 수 있다. 이렇게 문장 끝에 붙은 though는 「그래도」, 「그러나」의 의미.

I don't know. I'll find out **though**. 몰라. 그렇지만 알아보려구.

We had a great weekend hiking; it rained the whole time, **though**.

지난 주말에 우리는 등산가서 재밌게 보냈지. 내내 비가 오긴 했지만 말야.

I think you've been having a little problem with it. It's okay, **though**.

넌 그것 때문에 좀 힘든 것 같구나. 그래도 상관없지만 말야.

I'm very excited about the bachelor party **though**.

난 총각 파티 생각에 아주 흥분돼 죽겠어.

[3] like

우리말에서도 중간중간에 "에~, 그~, 뭐랄까~" 등을 특별한 의미없이 문장 중간 중간에 삽입하듯이, like는 특히 젊은 사람들이 별다른 의미가 없이 말하는 중간 중간에 사용하는 단어이다. 종종 강조하고 싶은 말 앞에 의도적으로 집어넣기도 한다.

Why don't you, **like**, ever realize the truth?

너 말야, 뭐랄까, 현실을 깨달아야 하지 않겠니?

You guys have, **like**, seen him in the meeting room, right?

너희들, 어, 회의실에서 그 남자 봤지, 그렇지?

You're **like** the most amazing girl I've ever dated. You're so smart and fun and crazy!

너처럼, 뭐랄까, 굉장한 여자랑 데이트 해보기는 처음이야. 넌 너무나 똑똑하고 재미있고 끝내줘.

Since always. It's like dating language. Y'know, **like** 'It's not you' means 'It is you'.

언제나 말야. 뭐랄까, 데이트 언어같은 거야. 알잖아, 에, '그건 네가 아니야' 라는 말이 '그거 너야' 라는 의미잖아.

▶ Check it Out at Friends: Phoebe가 데이트(?) 후 헤어질 때 들은 얘기, "We should do this again!"이 곧 "You will never see me naked" 라는 뜻의 반어적 말이라는 Monica의 해석에 Joey가 부연설명하는 내용.

[4] Party

party animal이라 불릴 정도로 파티를 좋아하는 영미인들. 그만큼 파티의 종류도 많고 파티와 관련된 표현들도 많다.

dinner party 정찬 파티

cocktail party 칵테일 파티

tea party 티 파티

office party 사무실에서 하는 파티

dance party 댄스 파티

costume party 특이한 복장을 차려입고 하는 파티

potluck party 참석자들이 음식을 분담해서 준비해오는 파티

slumber[pajama] party 파자마 차림으로 밤새 수다를 떨면서 노는 것

Christmas party 크리스마스 파티

birthday party 생일 파티

New Year's Eve party 송년 파티

Halloween party 할로윈 파티

graduation party 졸업 파티

engagement party 약혼 파티

housewarming 집들이

surprise party 깜짝 파티

baby shower 임산부의 친구들이 모여 곧 태어날 아기의 용품을 선물하는 행사

bridal shower 결혼을 앞둔 신부에게 친구들이 열어주는 파티로 생활 용품들을 주로 선물한다

bachelor[bachelorette] party 총각[처녀] 파티. 결혼을 앞둔 미혼 남성[여성]들이 마지막 자유를 만끽하는 자리

throw[have, got] a party 파티를 열다

break up a party 파티를 끝내다

party's over 파티는 끝났다

life of the party 파티에서 분위기를 띄우는 사람

파티를 좋아하는 사람들을 나타내는 말 : party wizard, party animal, partygoer, party person

Thank you. I'm going to rejoin my **dinner party**.
고마워요. 디너 파티에 다시 합류할게요.

We're going to a **New Year's Eve party**, right?
우리 송년 파티에 가는 거 맞지?

No one's ever **thrown** me **a surprise party** before!
나에게 깜짝 파티를 열어준 사람은 이제까지 아무도 없었어!

I need you to come to this **bachelor party** for my weird cousin Albert.
너희들이 내 피곽한 사촌 앨버트를 위한 이번 총각 파티에 와줘야겠어.

I'm gonna be okay, you don't have to **throw a party** for me.
난 괜찮아. 나에게 파티를 열어줄 필요없어.

You're gonna be a **party person**! Those guys rock the most!
넌 파티를 좋아하게 될 거야! 저 녀석들이 제일 잘 흔드는 걸!

[5] creep

구어에서는 creep이 동사로 「…를 거북하게 하다, 징그럽게 만들다」라는 뜻의 creep sby out의 형태로 자주 사용된다. 명사로는 「아니꼬운 사람, 재수없는 사람」을 지칭하며 또 복수형으로 써서 「섬뜩한 느낌」을 뜻하기도 한다. 「비굴한」, 「아니꼬운」, 「재수없는」이라는 뜻의 형용사형 creepy도 흔히 들을 수 있는 단어.

Mike Says : When you feel uncomfortable or disgusted by something, you can say "It creeps me out." People refer to a person that they dislike as a creep and say that "he or she is creepy."

I can't help it. He gives me the **creeps**.
어쩔 수 없어. 그 사람을 보면 섬뜩한 느낌이 든다구.

You hire a private eye, he follows her around a couple days, That's too **creepy**.
네가 고용한 사설탐정이란 사람이 이삼일 동안 그 여자를 따라 다녔어. 너무 역겹다구.

I don't want to hear you. Your voice **creeps** me **out**.
네 얘기 안 들을래. 네 목소리 때문에 짜증나.

That strange looking guy really **creeps** me **out**.
저 표정 이상한 놈 때문에 정말 불편해 죽겠어.

Check It Out at Friends

Oh my God. You guys! You gotta come see this! There's some **creep** out there with a telescope!
세상에. 얘들아! 와서 이것 좀 봐! 저쪽에 웬 재수없는 놈이 망원경을 가지고 있어!

It really **creeps** me **out** choosing other people's sex clothes.
다른 사람들의 속옷을 고르는 일은 정말이지 거북해.

This is the worst date ever. How could you set me up with this **creep**?
최악의 데이트야. 어떻게 나한테 이런 왕재수를 소개시켜줄 수 있니?

[6] phase

「단계, 국면」하면 얼핏 stage라는 단어가 떠오른다. 그러나 미 구어에서는 phase라는 단어을 즐겨 쓰는데, 일련의 과정 속 「단계」 및 「행동 양식」을 의미한다.

My sister is going through her Harlequin Romance **phase**.
우리 언니는 할리퀸 문고 속 연애 과정을 겪고 있다.

Check It Out at ~

Friends:

I'm glad you guys are past that little awkward **phase**.
그렇게 좀 어색한 단계를 넘겨서 다행이야.

Sex & the City:

I don't know. You look pretty gay to me. Come on, maybe it's just a **phase**.
글쎄. 내가 보기엔 넌 게이처럼 보여. 기운내라구. 아마도 이건 지나가는 단계일 뿐일 거야.

점점 속도가 지배하는 세상속에서 약어의 가치는 더욱 돋보인다. 여기서는 약어화되고 있는 일상적인 단어, 어휘, 어구들 몇 개를 살펴보며 그 용례를 알아보기로 한다.

ASAP: *as soon as possible*, immediately 즉시, 가능한 한 빨리

AKA: *also known as* (이 뒤에 별명이 나온다) …로 유명한, …로 불려지는

temp: *temp*orary (worker) 임시직

grad: *grad*uate 대학원

vet: *vet*erinarian / *vet*eran 수의사 / 퇴역군인

PIN: *p*ersonal *i*dentification *n*umber 개인 비밀번호

sec: *sec*ond 초

RSVP: *Respondez, s'il vous plait.* 불어로 「답장 바랍니다」. 주로 formal invitation에 쓴다.

FYI: *For your information* 참고로

BYOB: *Bring your own bottle* 음료(수) 지참

Stats: *Statistics* 통계

> I need these hangers separated **ASAP**.
> 이 옷걸이들을 가능한 빨리 분리해야 돼요.
>
> I really wish our company would hire less **temps** and consider bringing full timers on board.
> 우리 회사가 임시직 직원을 줄이고 정규직 직원들을 고용하는 방안을 고려했으면 정말 좋겠다.
>
> Well, We were in **grad** school together.
> 음, 우린 함께 대학원에 다녔어요.
>
> I have two bank cards, and they each have separate **PINs**.
> 난 은행 카드가 두 개인데, 비밀번호가 각각 달라.

[8] 미드에 자주 나오는 형용사

cool 멋진

fabulous 믿어지지 않는, 굉장한, 멋진

huge 굉장한

lousy 형편없는, 야비한

unbelievable 믿어지지 않는

spooky 으스스한

cute 예쁘고 귀여운, 성적 매력이 있는

gorgeous 여자가 매력적인, 음식이나 날씨가 훌륭한

ridiculous 우스꽝스러운

pathetic 한심한

amazing 놀라운

weird 이상야릇한, 기묘한

creepy 오싹하는, 불쾌한

terrible 끔찍한, 너무한

breezy 가벼운, 밝은, (사람이) 쾌활한

She has a crush on the new teacher because she thinks he's **cute**.

걘 그 새로운 선생님한테 반한 것 같애. 걘 그 선생님이 멋있다고 생각하거든.

She was **gorgeous**. Let's follow her and get her number.

저 여자 매력적인데. 따라 가서 전화번호 알아오자.

What an **amazing** dinner! We should come here more often.

저녁식사 끝내주는데! 우리 더 자주 여기 오자.

He is a **huge** fan of the Yankees.

그 사람은 양키즈 팀의 열성팬이야.

Well, many guys aren't **cool**. They only play video games and chat on the Internet. They have forgotten how to be **cool**.

뭐, 멋없는 남자들이 많지. 비디오 게임에다 인터넷 채팅만 하고 사니깐. 멋있는 게 뭔지를 모른다니까.

[9] 기타

❶ could use …가 필요하다, …이 있으면 좋겠다

I **could use** the money, it would give me time to write.

나한테 그 돈이 있으면 좋으련만. 그럼 글을 쓸 시간을 벌 수 있을텐데.

I mean, I mean, God, I **could use** a friend.

내 말은, 내 말은, 세상에, 나에겐 친구가 필요하다구.

Looks like you **could use** an extra hand.

너 일손이 더 필요한 거 같은데.

I think everybody **could use** a drink.

다들 한잔씩 해야겠는데.

❷ 숫자 + ish …정도 (-ish는 대략적인 숫자를 나타내는 접미사)

Let's have lunch around **one-ish**.

한시쯤에 점심 먹자.

He said he'd be here around **seven-ish**.

걔는 7시경에 오겠대.

I think I'll be done about **nine-ish**.

9시쯤엔 끝낼 수 있을 것 같아.

❸ slash(/) 단어 등을 구분할 때 쓰이는 사선(/). 보통 A/B라고 하면 「A이기도 하고 B이기도 하다」는 의미

I'll take you to a bookstore **slash** coffeeshop.

서점 겸 커피숍에 데려다줄게.

The new machine is a computer **slash** cell phone.

새로운 그 기계는 컴퓨터와 휴대폰을 겸하고 있다.

This is my husband **slash** business partner.

이 사람은 내 남편인 동시에 사업 파트너예요.

④ job one / Plan A 업무 일순위 /1번 계획안

Getting a loan from the bank is **plan A** for our business.
우리가 사업을 하려면 은행에서 대출을 받는 게 급선무이다.

Once we get married, **plan A** is to buy a house.
일단 결혼을 했으니 우리 집부터 장만해요.

For her, **plan A** is to get Brian fired.
그 여자에겐 브라이언을 해고하는 게 제일 급한 일이다.

⑤ Xerox place 복사실 (대표적인 복사기 상표 Xerox를 이용한 표현)

Hey, does anybody need anything copied? I'm going down to the **Xerox place**.
누구 복사해야 할 거 있어요? 나 지금 복사실에 가려고 하는데.

There are three new copiers at the **Xerox place**.
복사실에 복사기 3대가 새로 들어왔어.

You can use the **Xerox place** if you need to make copies of your report.
보고서를 복사하려면 복사실에 가서 하면 돼요.

SECTION

2

미드가 무지무지 쉬워지는

미드기본표현 총정리

- ◆ **Level 1** | 미드 초보자가 꼭 알아야 하는 미드 생기초표현
- ◆ **Level 2** | 미드를 즐길 수 있게 해주는 미드기본표현
- ◆ **Level 3** | 미드 냄새 팍팍 풍기는 미드족 필수표현

LEVEL ① 1

미드 초보자가 꼭 알아야 하는

미드 생기초표현

○ 이야기 도중 잠시 자리를 비우고자 할 때 「다시 오겠다」고 양해를 구하는 표현. 「빨리」 오겠다고 하려면 right을 넣어 (I'll) Be right back이라고 하거나, 혹은 back 뒤에 soon, in a sec(second), in a minute 등을 붙이면 된다.

A: Hey, do you have more beer?

B: Yeah, in the fridge. Let me go get some. **Be back soon**.

A: 야, 맥주 더 있냐?

B: 있어, 냉장고에. 내가 가서 좀 가져오지. 금방 갔다올게.

A: When do you think you'll return from the library?

B: I don't know exactly, but **I'll be back soon**.

A: 도서관에서 언제 돌아올 거니?

B: 정확히는 모르겠지만 금방 갔다올게.

>> **Speaking Practice:**

(I'll) Be back soon
곧 돌아올게

(I'll) Be right back
바로 올게

(I'll) Be back in a sec [second]
곧 돌아올게

(I'll) Be back in just a minute
금세 돌아올게

She'll be back any minute
그 여잔 곧 돌아올 거예요.

Get More

I'll be back 다녀 올게, 금방 올게

A: Are you going to be long?

B: No, **I'll be back** in a minute.

A: Take your time. It's not that busy.

A: 오래 걸리나요?

B: 아뇨, 금세 돌아올 거예요.

A: 여유있게 하세요. 그렇게 바쁜 일은 아니니까.

I'll be right with you (대화중 자리를 비우며) 잠시만, 곧 돌아올게

A: Can we get some service over here?

B: **I'll be right with you**, sir.

A: 이쪽 테이블 좀 봐주세요.

B: 곧 가겠습니다, 손님.

>> **Speaking Practice:** I'll be with you in a sec[minute] 곧 돌아올게

Got a minute?

시간돼?

○ 상대방에게 개인적으로 할 말이 있으니 잠깐 시간을 낼 수 있냐고 물어보는 표현. 주어(you)도 조동사(Do)도 과감하게 무시해버린 초간단 표현으로, 「잠깐 얘기 좀 할 수 있을까?」 정도의 뉘앙스.

A: **Got a minute?** I need to talk to you.

B: I'm really busy now. Can we talk during lunch?

A: 시간있어? 할 얘기가 있는데.
B: 지금 내가 정말 바쁘거든. 점심 먹으면서 할 수 있을까?

A: **Got a minute** to review the notes from the meeting?

B: Sure, let's go to my office and take a look at them.

A: 회의에서 나온 사항을 검토할 시간 있으세요?
B: 물론이죠. 내 사무실로 가서 한번 봅시다.

Get More

Do you have (some) time? 시간 있어요?

A: I need to talk to you. **Do you have some time?**
B: Sure. What's up?

A: 얘기 좀 하자. 시간 있어?
B: 그럼. 무슨 일인데?

Are you available? 시간돼?

A: I have to talk to you. **Are you available now?**
B: Oh, well, I'm afraid not right now. Can we talk after the meeting?

A: 할 말이 있어. 지금 시간 돼?
B: 어, 글쎄, 지금 당장은 안되는데. 회의 끝나고 얘기해도 될까?

Can I talk to you for a second?

잠깐 얘기 좀 할까?

⚬ 상대의 허가 내지는 동의를 구하는 조동사 can을 써서 「얘기 좀 하자」고 청하는 표현. 그냥 Can I talk to you?라고만 해도 되고, 그리 오래 걸리지 않는다는 의미로 뒤에 for a second[sec], for a minute 등의 표현들을 붙여줘도 된다.

A: Are you busy? **Can I talk to you for a second?**

B: Sure. What's the problem?

A: 바빠? 잠시 이야기 좀 나눌 수 있을까?
B: 그럼. 무슨 일인데?

A: You look worried. What's wrong?

B: I need your help. **Can I talk to you for a second?**

A: 걱정스러워 보이는데. 무슨 문제 있니?
B: 네 도움이 필요해. 잠깐 얘기 좀 할 수 있을까?

>> Speaking Practice:
Can I talk to you (for) a minute?
잠깐 얘기 좀 할까?

Get More

Can we talk? 얘기 좀 할까?

A: I have something important to tell you. **Can we talk?**
B: Sure. Let's go out and get a drink.

A: 너한테 중요한 할 말이 있는데. 얘기 좀 할까?
B: 그러지 뭐. 나가서 한 잔 하자.

>> **Speaking Practice:** Can we have a talk? 얘기 좀 할까?

Can I have a word (with you)? 잠깐 얘기 좀 할까?

A: Listen Andrew, there's a problem with your report. **Can I have a** quick **word with you?**
B: Sure, Steve. What's the matter with it?

A: 이봐 앤드류. 자네 보고서에 문제가 하나 있어. 얼른 몇 마디 나눌 수 있을까?
B: 예, 스티브 씨. 뭐가 문제인가요?

Let's talk

같이 이야기해보자

○ 어떤 문제에 대하여 같이 이야기를 나눠보고 해결책을 찾으려고 할 때 사용하는 표현. 문제가 어떤 건지 운을 좀 띄우고 싶으면 about sth의 형태를 뒤에 붙여 말하면 된다.

A: Hey, Eddie. Can you give me a minute?

B: Sure, Lisa, **let's talk**. What's on your mind?

> A: 야, 에디. 시간 좀 내줄 수 있니?
> B: 그럼, 리사, 얘기하자. 할 얘기란 게 뭔데?

A: You sounded pretty upset on the phone. What's up?

B: **Let's talk** about our wedding. I'm having second thoughts about it.

> A: 전화했을 때 무척 화가 난 것 같던데. 무슨 일이야?
> B: 우리 결혼에 대해 얘기 좀 하자. 우리 결혼, 다시 생각해 봐야겠어.

>> **Speaking Practice:**

Let's talk about it[you]
그 문제[너]에 대해 얘기해보자

Let's talk about our relationship
우리 관계에 대해 얘기해보자

Let's talk about snow
눈에 대해 얘기해보자

Let's talk (about) money
돈 얘기 좀 해보자

Let's talk (about) singing
노래부르는 얘기 좀 해보자

Get More

We need to talk (to you about that) 우리 얘기 좀 해야 할 것 같아

A: Mr. Brown, please come to my office. **We need to talk**.

B: Oh my God, I hope I'm not in trouble.

> A: 브라운 씨, 제 사무실로 좀 오세요. 얘기 좀 해야겠어요.
> B: 오, 이런. 무슨 문제가 있는 게 아니었으면 좋겠네요.

>> **Speaking Practice:** We have to talk 얘기 좀 하자
> I gotta talk to you 할 얘기가 있어

I want to talk to you (about that) 얘기 좀 하자고

A: Hey, did you see my sales report? I can't find it anywhere.

B: **I want to talk to you about that**. Um... I think I dumped it with the garbage, by mistake.

> A: 이봐, 내 판매보고서 못봤어? 다 찾아봐도 없네.
> B: 그 문제에 대해 얘기 좀 하자. 음… 내가 실수로 쓰레기하고 같이 버린 것 같아.

○ So + 동사(be, have, do) + 주어의 형태로, 상대방의 말을 받아 「…도 또한 그렇다」는 의미로 쓰이는 표현. 동사에 따라 So do I, So am I, So are we 등으로 다양하게 쓰일 수 있다.

A: I think that this apartment is really nice.

B: **So do I**. It's large and everything looks like it is new.

A: 난 이 아파트가 정말 좋아.
B: 나도 그래. 넓고, 모두 새것 같아.

A: In my spare time, I like to go to the gym and exercise.

B: **So do I**. Having a healthy body is very important.

A: 여유 시간에는 헬스클럽에 가서 운동을 하지.
B: 나도 그래. 건강이 중요하니까.

Get More

So am I 나도 그래

A: I am looking forward to my vacation this year.

B: **So am I**. I hope to take my wife and children to the Grand Canyon.

A: 올해 내 휴가가 기다려져.
B: 나도 그래. 난 아내와 아이들을 데리고 그랜드 캐년에 가고 싶어.

Same here 1. 나도 그래 〔상대방의 말에 공감〕   2. 나도 똑같은 걸로 〔식당 등에서〕

A: Spaghetti is one of my favorite foods to eat.

B: **Same here**. I eat at an Italian restaurant once a week.

A: 스파게티는 내가 가장 좋아하는 음식 중 하나야.
B: 나도 그래. 난 일주일에 한번씩 이탈리아 식당에서 식사를 하지.

Me neither

나도 안그래, 나도 아냐

⭕ 상대방의 부정적인 의견에 동의하는 표현. Neither + 동사 + 주어 형태를 이용하려면 상대방이 말한 문장의 동사 및 시제에 맞춰 써야 되는데 반해, Me neither는 모든 경우에 마음편히 사용할 수 있다는 편리한 장점이 있다.

A: I don't think that our team will be able to meet its deadline.

B: **Me neither**. There is not enough time.

A: 우리 팀이 마감시한을 맞출 수 없을 거라고 생각해.
B: 나도 그렇게 생각해. 시간이 부족하다구.

A: I like most movies, but I really don't like sci-fi films.

B: **Me neither**.

A: 난 영화라면 대부분 다 좋아하지만 공상과학영화는 정말 싫더라.
B: 나도 그런데.

Get More

Neither will I 나도 안그럴 거야

A: I won't be attending the meeting tomorrow afternoon.

B: **Neither will I**. I've got to go see a doctor.

A: 난 내일 오후 회의에 참석하지 못할 거야.
B: 나도 못가. 그 시간에 병원에 가봐야 해.

》**Speaking Practice:** Neither am I 나도 안그래
Neither can I 나도 못해

Neither did I 나도 안그랬어

A: I didn't break the copy machine.

B: **Neither did I**. Whoever did is going to be in trouble, though.

A: 이 복사기 내가 망가뜨린 거 아냐.
B: 나도 아냐. 하지만 누가 그랬건 그 사람은 이제 큰일났다.

》**Speaking Practice:** Neither do I 나도 안그래

I promise you!

정말이야

○ 자신의 말에 못미덥다는 반응을 보이는 상대에게 내 말이 사실임을 확신시키고자 할 때 사용하는 표현. 그냥 I promise라고만 해도 된다. 우리말로도 마찬가지겠지만 이런 말을 시도때도 없이 남발하는 사람은 좀… ^^;

A: How could you do something like that?

B: I won't do that again. **I promise you**.

A: How can I be sure?

> A: 어떻게 그럴 수가 있어?
> B: 다신 안그럴게. 약속해.
> A: 그걸 어떻게 믿어?

A: You spent all of our money gambling?
   I want a divorce.

B: It will never happen again, **I promise you**.

> A: 당신 도박하느라 우리 돈을 전부 다 쓴 거야? 나 이혼하고 싶어.
> B: 다신 이런 일이 없을 거야, 약속해.

Mike Says:

"I promise you" and "I promise" have the same meaning. "I promise you" may be a slightly stronger way to say this. It means "Believe me" or "Trust me."

>> **Speaking Practice:**

I promise
약속할게

Promise?
약속하는 거지?

Get More

I swear 맹세해 [I swear 단독으로 뿐만 아니라 I swear S + V, I swear to + V의 형태로도 사용]

A: It's not true. I never called you a bastard.

B: You did so. **I swear**.

> A: 아니야. 난 널 나쁜놈이라고 한 적 없어.
> B: 그랬다니까. 맹세해.

>> **Speaking Practice:** I swear to God[you] 하나님께[너에게] 맹세코

Check it out at Breaking Bad

I swear to Christ

○ Season 5 Episode 9

핸크는 드디어 월터가 하이젠버그라는 사실을 알게 된 후 둘이 처음 만나는 장면. 핸크가, 자기 목숨 건지려고 10명의 증인을 죽였고(You killed ten witnesses to save your sorry ass) 그리고 네가 요양원을 폭파했다고 비난하면서 Heisenberg, Heisenberg라 외친다. 거짓말하는 두 얼굴의 쓰레기 같은 놈이라(You lying tow-faced sack of shit)고 직격탄을 날린다. 월터는 지금 무슨 소리를 하는지 모르겠어(I don't know where this is coming from, Hank)라고 하지만 핸크는 맹세코 널 감옥에 집어넣겠다(**I swear to Christ**, I will put you under the jail)라고 다짐한다.

All right
1. 알았어   2. 알았어?   3. 좋아

◎ ① 「알았어」 하고 상대방의 의견이나 제안에 동의하고자 할 때, ② 말끝에 「알았어?」(~, all right?)라며 자기가 한 말을 상대방에게 확인시켜줄 때, ③ 「좋아 얘들아」 하면서 다른 얘기로 넘어가고자 할 때 사용하는 표현이다. 붙여서 간략하게 Alright으로 표기하기도 한다.

A: What are you doing after work? Let's meet to talk about the new project.
B: **All right**.

A: 퇴근 후에 뭐 할 거니? 만나서 새로운 프로젝트에 대해 얘기하자.
B: 좋아.

A: Go to the car and get the equipment. **All right?**
B: Okey-dokey!

A: 차에 가서 장비 좀 가져와. 알았어?
B: 알겠사와요!

>> **Speaking Practice:**

All right, I see
좋아 알았어

All right, I get it
좋아 알겠어

All right then
좋아 그럼

Get More

All right already! 좋아 알았다구!, 이제 그만해라! 〔상대방의 의견에 이미 동의했음을 다소 성급하게 말할 때〕

A: You're such a bum. When are you going to get a job?
B: **All right already!**

A: 이런 썩을 놈이 있나. 취직은 언제 할 거야?
B: 이제 그만 좀 하세요.

You're right 네말이 맞아 〔상대방의 말이나 의견이 맞다는 걸 직접적으로 인정할 때〕

A: Well, we should be careful with our household budget.
B: **You're right**. You never know when we'll need some extra money.

A: 저기, 우리 집 생활비에 신경을 써야 해.
B: 맞아. 언제 추가로 돈이 들게 될지 모르니까 말야.

>> **Speaking Practice:** I think you're right 네 말이 맞는 것 같아

That's right 맞아, 그래 〔상대방의 말이 맞거나 상대의 의견이나 제안에 동의한다고 할 때〕

A: So, you guys have been playing cards for four hours?

B: **That's right**, pal.

A: 그럼 너희들 네 시간째 카드게임을 하고 있는 거란 말야?

B: 맞아, 친구.

Sure 물론, 당연하지 〔상대방의 부탁에 대한 승낙 및 감사에 대한 답변 인사로도 사용된다〕

A: How would you like to go out for pizza?

B: **Sure**. What pizza restaurant do you prefer?

A: 나가서 피자 먹는 게 어떨까?

B: 좋지. 넌 어떤 피자가게가 좋아?

≫ **Speaking Practice:** Sure thing 물론이지, 그럼

Mike Says:

I'm all right(p.184): This means "I'm OK" or "I have no serious problems."

All right: This means the speaker is agreeing to something. It is similar to saying "Yes" or "OK."

That's all right(p.62): Usually this means "Don't worry about something." It can also mean the speaker is agreeing to something. It is important to pay attention to context with this phrase.

That's right: This means the speaker thinks something is correct. Usually it is used in conversations when one person agrees with another person's statement.

You're right: Very simply, this is to agree with someone.

That's all right

괜찮아, 됐어

⊙ 앞서 말한 것이 만족할 만해서 「받아들일 만하다」는 의미이다. 특히 상대방이 사과 및 감사 인사를 해올 경우, 이에 대한 답변으로도 많이 사용된다.

A: Oh, excuse me. I seem to have stepped on your foot.

B: **That's all right**. Don't let it bother you.

A: 어머, 미안해요. 제가 당신 발을 밟은 듯 하군요.
B: 괜찮아요. 신경쓰지 마세요.

A: I'm sorry I didn't get back to you sooner.

B: **That's all right**. I have been pretty busy as well.

A: 더 빨리 연락 못 줘서 미안해.
B: 괜찮아. 나도 그동안 꽤나 바빴는 걸 뭐.

>> Speaking Practice:
That's okay (with me)
괜찮아, 난 상관없어

Get More

That's fine with me   난 괜찮아

A: I can't believe I lost the game. I want a rematch.

B: Well, **that's fine with me**.

A: 내가 지다니 믿을 수가 없어. 다시 해.
B: 뭐, 난 좋아.

>> Speaking Practice: That's fine   괜찮아
That'll be fine   괜찮을 거야

(It) Suits me (fine)   난 좋아, 내 생각엔 괜찮은 것 같아 〔상대방의 제안이나 의견에 찬성하는 말〕

A: I heard you got a job with IBM. How do you like it?

B: **It suits me fine**.

A: 너 IBM에 취직했다고 들었어. 어때?
B: 나한테 딱이야.

>> Speaking Practice: It doesn't quite suit me   내가 원하는 거하고 달라, 그다지 썩 맘에 들지 않아

○ 뭔가 동의하고 인정한다는 의미에서 That's good의 강조형으로 볼 수 있다. 단, That's great는 종종 칭찬의 의미로도 쓰이는데, 이때는 Good for you(p.136 참조)와 같은 의미로 봐도 된다.

A: I got this dress at a sale in the department store.

B: **That's great**.

    A: 백화점에서 세일가격에 이 옷을 샀어.

    B: 잘했다.

A: She said that she wants to go out with me again.

B: **That's great**. I always thought you two made a cute couple.

    A: 그 여자가 나랑 또 데이트하고 싶다고 했어.

    B: 잘됐다. 난 늘 너희 두사람 잘 어울린다고 생각했어.

>> **Speaking Practice:**

That's cool
그거 좋군

That's wonderful
훌륭해

It gets two thumbs up
최고야

Get More

(That's, it's) Terrific! 끝내주네!

    A: We are planning to have a picnic on Saturday afternoon.

    B: **That's terrific!** I'll be finished working by then.

    A: 토요일 오후에 야유회를 갈 계획이에요.

    B: 끝내주네요! 그때까지 일을 끝내야겠어요.

That's really something 거 굉장하네

    A: What do you think about the score my son got on his SAT?

    B: **That's really something**. The kid must be a genius.

    A: 내 아들이 SAT에서 받은 성적이 어때?

    B: 정말 대단하군요. 아이가 천재인가 봐요.

How are you doing?

안녕?, 잘지냈어?

○ 상대방의 안부를 묻는 기본적인 인사말 중의 하나. How are you doing?에서 대개 are는 생략하고 How you doing? 혹은 How ya doin'? 정도로 잽싸게 말해버리므로 그 발음에 익숙치 않으면 무슨 말인지 못 알아듣기 쉽다.

A: Hey, Suzie, **how are you doing?** Nice weather, huh?

B: Hi! Yeah, we've had great weather today.

　A: 야, 수지, 안녕? 날씨 좋다, 그지?
　B: 안녕! 그래, 오늘 날씨 참 좋은데.

A: **How are you doing?**

B: I'm great. How's everything with you these days?

　A: 잘 지내?
　B: 좋아. 넌 요즈음 어때?

Get More

How are you?　잘 지내? (만났을 때 인사로, 혹은 상대방에게 괜찮냐고 물어볼 때)

A: Hello Aarron? It's Evelyn. **How are you?**

B: Great. I'm really happy that you called me.

　A: 안녕, 애론. 나 에블린이야. 잘 지내?
　B: 잘 지내. 전화해 줘서 너무 기뻐.

Check it out at Friends

How (are) you doing?

○ Season 4 episode 24

Joey의 작업(?)라인인 How're you doing?의 위력을 볼 수 있다. Ross와 Elizabeth의 런던 결혼식 전날 밤, Joey는 신부 들러리인 미모의 Felicity와 그만 일을 벌이고 만다(score; sleep with; go all the way; have sex with). 다음날, 간밤의 성전(性戰?)을 잊지못한 그녀는 Joey에게 끈적한 목소리로 뉴욕 얘길 좀더 해달라고 조르고(Talk New York to me again), 뉴욕식 억양의 은근한 "How you doin?" 한 마디에 그녀는 다시 화끈 달아오르는데…

What's happening?

어떻게 지내?, 잘 지내니?

○ 「일어나다」, 「발생하다」라는 동사 happen을 이용한 인사법. 다른 인사용 표현들과 마찬가지로 일반적이고 막연한 안부를 묻는 표현이다.

A: Yo Johnny, **what's happening?**

B: Not too much. I'm the same as I've always been.

A: 여어 자니, 별일 없고?

B: 특별한 일 없어. 항상 똑같지 뭐.

A: Bill, I'm glad you decided to join us. How are you?

B: Good, man. **What's happening?**

A: 우리랑 함께 하기로 했다니 기쁘다. 어떻게 지내?

B: 좋아, 친구. 어때?

》 Speaking Practice:

What's the story?
어떻게 지내?

How are you getting on?
어떻게 지내?

Get More

What's up? 어때? 〔상황에 따라 「무슨 일이야?」라는, 정보를 요구하는 질문이 되기도 한다〕

A: Hey, Eddie, **what's up?**

B: Not much.

A: 야, 에디, 어떻게 지내?

B: 그냥 그렇지 뭐.

What's new? 뭐 새로운 일 있어?

A: Hi, Alice. **What's new?**

B: Um... actually, I'm getting married next month.

A: 안녕, 앨리스. 뭐 새로운 일 있어?

B: 어… 실은 나 다음 달에 결혼해.

》 **Speaking Practice:** **What's new with you?** What's new?라는 질문에 대한 전형적인 답으로, 「그러는 넌 별일 있느냐?」는 의미

How's it going?
잘 지내?

◎ 여기서 go는 「가다」가 아니라 「일이 진행되다」(progress or develop in the stated way)라는 뜻. it은 막연히 사정이나 상황을 말하는 것으로 it 대신 everything이나 things를 대신 쓰기도 하고, 간단히 How goes it?이라 하기도 한다.

A: Have you met Ray before?

B: Yes, I have. **How's it going**, Ray?

    A: 너 레이 알지?
    B: 알지. 잘 지내지, 레이?

A: Hello there. **How's it going?**

B: Pretty good. How are you today?

    A: 안녕. 잘 지내?
    B: 아주 잘 지내. 넌 오늘 어떠니?

〉〉 **Speaking Practice:**
How's everything going?
다 잘 돼가?

How goes it (with you)?
어떻게 지내?

How's (it) with you?
요즘 어때?

How are you feeling?
기분 어때?

Get More

How's the[your] family? 가족들은 다 잘 지내죠?

A: Beth, you haven't been here in a long time. **How's the family?**

B: Good. My husband just got promoted.

A: 베스,.오랫동안 안보이던데. 가족들은 어떻게 지내?
B: 잘 지내. 남편이 승진했어.

〉〉 **Speaking Practice:** How's the wife[your kid]? 부인[애들]은 잘 지내나?
How's your day? 오늘 어땠어?

How's life[the world] treating you? 사는 건 어때? [life를 의인화한 표현]

A: Hello, Karen. **How's life treating you?**

B: Not so good. I've been feeling depressed since I lost my job.

A: 카렌, 안녕. 어떻게 지내?
B: 그럭저럭 지내지 뭐. 실직을 해서 기분이 우울해.

〉〉 **Speaking Practice:** How's trick(s)? 잘 지내나?

I must be going

그만 가봐야 될 것 같아요

> 조동사 must를 이용하여 상황이 여의치않아 가봐야하는 나의 사정을 토로하며 양해를 구하는 말이다. 상대방이 잡기에는 비교적 무리일 정도로 확실히 가겠다는 의사표시 표현.

A: Thank you for inviting me here. **I must be going**.

B: I'm glad we had the chance to spend some time together.

A: 초대해주셔서 감사합니다. 전 이만 가봐야겠어요.
B: 함께 시간을 보낼 수 있어서 즐거웠습니다.

A: Why do you have your coat on? Are you cold?

B: No, but **I must be going** before the subway closes.

A: 왜 코트를 입고 있니? 추워?
B: 아니, 근데 지하철 끊기기 전에 가봐야해서 말야.

>> **Speaking Practice:**
I think I'd better be going
저 그만 가봐야 될 것 같아요

Get More

It's time we should be going 그만 일어납시다, 우리도 이제 그만 갈까

A: **It's time we should be going**. We appreciate your hospitality.

B: No problem. You are welcome to come back any time.

A: 이제 가봐야겠어요. 대접 잘 받고 갑니다.
B: 별말씀을요. 언제라도 오시면 환영이에요.

See you later
나중에 봐

○ 헤어질 때 하는 인사말의 기본이다. See you later, alligator라고도 하는데 여기서 alligator는 later의 운을 맞춰 나온 단어로 특별한 의미는 없다.

A: Are you leaving the party Tracey?

B: Yes, I'm really tired. **See you later**.

A: 파티장에서 나갈 거니, 트레이시?
B: 응, 정말 피곤해서. 또 봐.

A: Good night everyone. **I'll see you guys later**.

B: OK John, we'll see you at the game tomorrow.

A: 잘 가 얘들아. 나중에 봐.
B: 그래 잔, 내일 경기에서 보자.

>> **Speaking Practice:**

(I'll) See you guys later
얘들아 나중에 봐

See you later, alligator
나중에 보자

See ya
또 봐

(I'll) Be seeing you
또 보자

See you around
또 보자

See you soon
또 보자

Get More

(I'll) See you then (약속 등을 잡고 나서) 그럼 그때 보자

A: Do you mind picking me up tomorrow? Around 8:00 in the morning.

B: Sure. **I'll see you then**.

A: 내일 나 좀 태워 줄 수 있겠니? 아침에 한 8시 쯤.
B: 물론이지. 그럼 그때 보자.

>> **Speaking Practice:** See you in the morning[tomorrow] 아침에[내일] 보자

Not if I see you first 그래 나중에 보자 [직역하면 「내가 먼저 보지 않는다면 만나지」 즉 「내가 먼저 보면 모른 척 할 거야」라는 의미로 (I'll) see you (later) 류의 인사를 문자 그대로 받아들여 맞받아치는 장난스런 인사. 작별인사에 대한 대꾸라는 것 외에 특별한 의미는 없다]

A: So long, Dave. I'll see you around sometime.

B: Oh no. **Not if I see you first**.

A: 잘가, 데이브. 언제 곧 또 보자.
B: 아 그래. 정말 나중에 보자.

○ 상대방에게 지금 하고 있는 행동을 멈추고 그 자리에 「꼼짝말고 있으라」고 하는 표현. 상대방이 말하는 도중에 「잠깐만」 하고 끼어들 때에도 사용할 수 있다.

A: I'm going downtown to do some shopping.

B: **Hold it!** You've spent enough money this week.

A: 시내에 가서 쇼핑 좀 하고 올게.

B: 잠깐! 당신 이번 주에 돈이라면 쓸만큼 썼잖아.

A: **Hold it!** What do you think you're doing?

B: Your boss told me to move this cabinet outside.

A: 잠시만요! 지금 무슨 짓 하는 거예요?

B: 댁의 상사가 이 캐비넷을 밖으로 옮기라고 했어요.

>> **Speaking Practice:**

Hold everything!

그대로 멈춰, 가만 있어

Wait up (a minute)!

잠깐, 기다려, 잠깐 거기서 기다려줘

Get More

Hold on (a second[a minute])! 잠깐만요!

A: Can you help me carry these boxes?

B: **Hold on a sec**. Let me get my gloves.

A: 이 상자들 나르는 것 좀 도와줄래?

B: 잠깐만. 장갑 좀 끼고.

Time (out)! 잠깐만!

A: I'm worried about you. Just tell me how you feel. Are you okay?

B: **Time out!** I'm really okay. All right? Please leave me alone for a while.

A: 네가 너무 걱정돼. 그냥 네 기분을 말해봐. 괜찮은 거야?

B: 잠깐! 나 정말 괜찮다구. 알았어? 제발 잠시 날 좀 내버려둬.

Anytime

1. 언제든지   2. 언제라도   3. 언제라도 (…할 준비가 돼 있어)

◯ 크게 세가지 경우에서 사용된다. ① 상대방으로 부터 초대 받았을 경우 「언제든지 좋다」는 의미로, ② 도와준 것 등에 대해 상대방이 감사하다는 말을 했을 때 You're welcome의 의미로 「언제라도 괜찮다」는 뜻으로, 또한 ③ 언제라도 할 수 있도록 「난 준비가 다 되어있음」을 나타내는 말로 쓰인다.

A: Can I give you a call later on this week?

B: **Anytime**. I'd be happy to have the chance to talk to you again.

A: 이번 주중에 전화드려도 될까요?
B: 언제라도요. 다시 얘기 나눌 기회가 생기면 좋겠어요.

A: Thanks for inviting me to your house for this meal.

B: **Anytime**.

A: 집으로 식사 초대 해주셔서 고맙습니다.
B: 언제든 오세요.

Check it out at Friends

accept *vs.* except

◯ Friends Season 2 episode 13

Rachel을 좋아하는 Ross가 수작(?)을 거는데, Rachel이 야무지게 "사귀는 일은 없을거야 "(We're never gonna happen)라고 못박으며 이 사실을 받아들이라고(Accept that) 하자 Ross는 accept를 except(…만 제외하고)라고 알아들은 체하며, "Except, except that what?"(어떤 경우는 예외인데?, 어떻게 하면 사귈건데?)이라고 능청을 떤다.

⊙ 기본적인 의미는 「긴장을 풀고 한 템포 줄이라」는 것. 한창 열받아 있는 사람에게 Take it easy하면 화를 가라앉히고 「진정하라」는 뜻이고, 헤어지면서 이 표현을 쓰면 「편히 잘 지내라」는 작별인사가 되기도 한다.

A: Did you see that guy? What an idiot!

B: Hey, **take it easy**. No need to become so angry while you're driving.

　A: 저놈 봤어? 이런 멍청이 같으니라구!
　B: 야, 진정해. 운전중에 그렇게 화낼 필요 뭐 있어.

A: Well, I'll see you later.

B: Okay, **take it easy**.

　A: 자 그럼, 다음에 보자.
　B: 그래, 잘 지내.

Get More

(Go) Get some rest　가서 좀 쉬어

A: You look very tired. **Go get some rest**.

B: Thanks. I'm exhausted after working all night.

A: 굉장히 피곤해 보이네. 가서 좀 쉬어.
B: 고마워. 밤샘 근무를 했더니 녹초야.

≫ **Speaking Practice:** I need some rest　좀 쉬어야겠어

I have to call in sick　오늘 결근한다고 전화해야겠어

A: I think I caught the flu. **I have to call in sick**.

B: That's a good idea. You should spend the day in bed.

A: 감기에 걸렸나봐. 아파서 못간다고 전화해야겠어.
B: 그렇게 해. 오늘 하루 누워서 푹 쉬어.

≫ **Speaking Practice:** I need to take a day off　하루 쉬었으면 합니다
　　　　　　　　　　　I need a day off　하루 쉬었으면 합니다
　　　　　　　　　　　He has a day off　그 사람은 오늘 하루 쉬어요

Be cool

진정해라

○ 여기서 cool은 「냉정한」, 「침착한」이라는 의미의 형용사. 무슨 일인지 안절부절 못하거나 열받아 씩씩거리고 있는 있는 사람에게 쓸 수 있는 표현이다. 한편 젊은이들 사이에서는 헤어질 때 인사로도 쓰인다. (p.109 참조)

A: Sometimes I feel like I could just kill Kevin.

B: **Be cool**. He's really not a bad guy.

    A: 가끔 케빈이 죽이고 싶을 정도로 미울 때가 있어.
    B: 진정해. 케빈이 그렇게 나쁜 놈은 아니야.

A: Oh my God. Look at that guy. Wow, isn't he cute? I think I might fall in love with him at first sight.

B: He's coming here. **Be cool**.

    A: 세상에. 저 남자 좀 봐. 어쩜, 멋있지 않냐? 나 첫눈에 반한 거 같아.
    B: 그 사람이 이리로 온다. 마음 좀 가라앉혀.

>> **Speaking Practice:**
Keep[Stay] cool
진정해

Get More

Cool it 진정해, 침착해

A: I really don't like her at all.

B: **Cool it**. You two need to be nice to each other.

A: 그 여잔 정말 좋아할래야 좋아할 수가 없다니까.
B: 진정해. 서로 좋게 대해야지.

Cool down 진정해

A: **Cool down**. You're acting too upset.

B: But he just insulted me in front of everyone.

A: 진정해. 너 지금 너무 흥분했어.
B: 하지만 저놈이 모두 앞에서 날 모욕했잖아.

>> **Speaking Practice:** Cool off 진정해

Calm down 진정해

A: Those bastards! When I catch them, I'll break their legs!

B: **Calm down**.

A: 저 자식들! 잡기만 하면 다리를 분질러 놓을거야!
B: 진정해.

Don't get mad (at me)! 열받지 말라고

A: I can't believe you didn't help me back there.

B: **Don't get mad**. I didn't want to intrude on your personal business.

A: 거기서 네가 나를 도와주지 않다니 그게 말이 돼!
B: 흥분하지 마. 네 개인적인 일에 끼어들고 싶지 않아서 그랬어.

Don't be upset! 화내지 말고

A: Please **don't be upset**. It could happen to anyone.

B: I'm not upset.

A: 화내지 마. 누구에게나 있을 수 있는 일이잖아.
B: 화 안났다니까.

Check it out at Friends

Calm down

⊙ Season 5 Episode 9

챈들러와 모니카는 조이에게만 그 관계를 들키고 남은 세 친구에게는 비밀로 하고 조이의 집에서 밀회를 즐긴다. 하지만 모니카의 집에서 챈들러의 팬티가 발견되고 조이가 비디오 카메라로 첫데이트 상대를 촬영하려고 하는 걸로 오해받고 급기야는 한 손엔 치킨, 다른 한손에 모니카의 나체 사진을 들고 감상하고 있는 장면을 레이첼에게 들킨다. 레이첼은 조이보고 가까이 오지 말라고 하고 나머지 친구들에게 조이가 자신들의 나체사진을 보고 있다(You get away from me!! You sick, sick, sick, sick-o!! Joey has got a secret peephole! Yes! He has a naked picture of Monica! He takes naked pictures of us! And then he eats chicken and looks at them!)라고 한다. 이때 피비는 다들 침착하고 조이에게 왜 그렇게 변태인지 설명할 기회를 주자(All right, wait! Just wait. **Everybody just calm down.** Okay? Let's give our friend Joey a chance to explain why he's such a big pervert!)고 하자 조이는 No! I am not a pervert! Okay?라고 부정한다.

Look out!

조심해!, 정신 차리라고!

○ 상대방에게 위험이 근접해있음을 경고할 때 사용하는 가장 대표적인 표현 중의 하나. 상대방에게 주의를 기울이라(pay attention)는 의미에서 하는 말이다.

A: **Look out!** The bus almost hit you!

B: Wow! I need to be more careful while I'm walking.

> A: 조심해! 버스에 거의 칠 뻔했잖아!
> B: 휴! 걸어다닐 땐 좀 더 조심해야겠다.

A: Hey, you're blocking the TV! **Look out!**

B: Oh, sorry.

> A: 야, TV를 가로막고 있잖아. 주의해야지!
> B: 어머 미안.

》**Speaking Practice:**

Look out for + N
…을 돌보다, 방심하지 않다

Heads up!
위험하니까 잘 보라구

Behind you!
조심해!

You be careful!
조심해!

Get More

Watch out! 조심해 (앞으로 일어날 일을 대비해서)

A: I didn't know there was a silent battle going on in the office.

B: Well, some people are causing problems. **Watch out.**

> A: 사무실 안에서 은밀한 전쟁이 벌어지고 있는 줄은 몰랐어.
> B: 뭐, 문제를 일으키는 사람들이 있긴 하지. 조심하라구.

Watch it! 조심해 (이미 저질러진 행동이 위험했을 수도 있다며)

A: Hey, **watch it!** You almost hit me with that box you're carrying.

B: I'm sorry. Would you mind moving out of my way?

> A: 이봐, 조심해! 나르고 있는 박스로 나를 칠 뻔했다구.
> B: 미안해. 길 좀 비켜줄래?

I am sorry to hear that

안됐네

○ 여기서는 「미안하다」라는 사과의 말이 아니라 「안됐다」, 「유감이다」라는 뜻으로, 「그것 참 안됐구나」, 「유감스럽게 됐구나」라는 의미. 좋지 않은 소식을 접했을 때 사용하는 전형적인 위로의 말.

A: I just got a call saying that my grandfather has died.

B: **I'm sorry to hear that**. Is there anything I can do for you?

A: 좀전에 우리 할아버지께서 돌아가셨다는 전화를 받았어.

B: 그것 참 안됐구나. 내가 해줄 수 있는 일 없니?

A: Apparently we won't get any bonus at work this year.

B: **I'm sorry to hear that**.

A: 듣자하니 올해는 보너스가 전혀 없을 거라면서.

B: 이를 어째.

Get More

I know just how you feel 어떤 심정인지 알겠어

A: These days I have a lot of stress about my salary.

B: **I know just how you feel**. There never seems to be enough money.

A: 요즘 월급 때문에 스트레스 엄청 받아.

B: 그 기분 이해해. 돈이란 늘 부족한 거 같아.

I know the feeling 그 심정 내 알지

A: I can't believe she lied to me.

B: Oh, **I know the feeling**.

A: 걔가 나한테 거짓말을 하다니 믿을 수가 없어.

B: 아, 그 심정 내 알지.

That's too bad

저런, 안됐네, 이를 어쩌나

○ 이 역시 위로의 말로, 상대방이 갑자기 실연을 당하거나 사고를 당했거나 혹은 이런저런 안 좋은 일을 당했을 때 유감스러움, 동정, 안타까움 등의 감정을 확실하게 표현하는 말이다.

A: My girlfriend broke up with me this weekend.

B: **That's too bad**. Let me buy you a drink after work.

A: 이번 주말에 여자친구랑 깨졌어.
B: 안됐다. 내가 퇴근 후 한잔 살게.

A: My best friend is in the hospital with cancer.

B: **That's too bad**.

A: 내 가장 친한 친구가 암으로 병원에 입원해 있어.
B: 정말 안됐다.

>> **Speaking Practice:**

What a pity!

그것 참 안됐구나

Get More

That hurts 그거 안됐네, 마음이 아프겠구나

A: Actually I divorced a month ago.

B: Oh, **that hurts**.

A: 실은 나 한달 전에 이혼했어.
B: 저런, 마음 아프겠구나.

What a shame! 안됐구나 [shame은 「유감스럽고 딱한 상황」을 뜻함]

A: Shoot! I can't go to the beach with you guys. I have to work!

B: **What a shame**.

A: 제길! 나 너희랑 같이 해변에 못가. 일하러 가야 한다구!
B: 안됐구나.

Get out of here!

1. 꺼져!, 나가봐!   2. 웃기지 마!

⚙ 보통 험악한 장면에서는 더 이상 얘기하고 싶지 않으니 「여기서 나가!」라는 말이지만, 말도 안되는 소리를 하는 사람에게 「웃기지마」(no kidding), 「내가 그 말을 믿을 것 같아?」(Don't expect me to believe that!) 라는 뜻으로도 쓰인다.

A: Why are you in my apartment? **Get out of here!**

B: OK, OK! Just don't call the police.

A: 네가 왜 내 아파트에 있는 거야? 썩 꺼져!
B: 알았어, 알았어! 경찰만 부르지 말라구.

>> **Speaking Practice:**
Get out of my face!
내 눈 앞에서 안보이게 사라져!

A: I never want to see you again! **Get out of here!**

B: Fine! This is the last time we'll meet.

A: 너 다시는 보고 싶지 않아. 꺼져!
B: 좋아! 우리 만나는 거 이번이 마지막이야.

A: I used to schedule my classes so I could watch you.

B: **Get out of here**... really?

A: 널 볼 수 있도록 수업시간표를 짰지.
B: 에이 말도 안돼… 정말이야?

Get More

Get lost! (그만 좀 괴롭히고) 꺼져라 (= Go away!, Stop bothering me!)

A: Can I hang around with you today?

B: No, I don't want you here. **Get lost!**

A: 오늘 너랑 같이 놀아도 될까?
B: 아니, 난 너 여기 있는 거 싫어. 꺼져!

I'm outta here

나 갈게

○ 여기(here)서부터 없어진다(be out of)는 의미로 「나 이제 갈게」, 「나 이제 간다」라는 뜻을 전달하는 표현이다. outta는 out of를 뜻하는데, 이는 발음나는대로 표기하는 현상 중의 하나.

A: This party sucks. **I'm outta here**.

B: Just wait a while longer. More people are coming.

A: 이 파티 정말 구리다. 나 갈래.
B: 좀만 더 기다려봐. 사람들이 더 올거야.

A: Would you like to try to do it again?

B: No way. **I'm outta here**.

A: 다시 한번 해볼래?
B: 아니, 난 갈래.

Mike Says:

"I'm outta here" and "I'm getting out of here," both mean "I'm leaving." Generally "I'm getting out of here" is used when someone is nervous or afraid and wants to run away.

》Speaking Practice:

I'm getting out of here
나 간다, 지금 나 갈건데

Let's get out of here
나가자, 여기서 빠져 나가자

Get More

I'm not here 나 여기 없는 거야

A: Charlie, your wife just called looking for you.

B: **I'm not here**. Tell her I left 15 minutes ago.

A: 찰리, 금방 부인이 전화해서 찾던데.
B: 나 여기 없는 거야. 15분 전에 나갔다고 해줘.

I'm gone 나 간다

A: Are you all finished up?

B: That's right. **I'm gone**.

A: 다 끝났어?
B: 응, 나 간다.

He's really my type

그 사람 내 타입이네

○ sby is (not) one's type은 우리가 잘 하는 말로 「저 사람 딱 내 타입이야」, 「내 타입이 아니야」에
해당되는 표현.

A: Have you seen that new guy in our French class?

B: Yes! **He's exactly my type!**

> A: 프랑스어 수업 때 새로 들어온 그 남자애 봤니?
> B: 그럼! 완전히 내 스타일이야.

A: How's it going with your new girlfriend?

B: We get along great. **She's really my type.**

> A: 새 여자친구랑은 어떻게 지내?
> B: 우리 아주 잘 지내. 걔 완전히 내 이상형이라구.

>> **Speaking Practice:**

What type of man[woman] do you like?
어떤 남자[여자]를 좋아해?

Get More

That's not my cup of tea 내 취향이 아냐 (사람, 사물 모두에게 쓸 수 있다)

A: Wow! That actor is very handsome. I wish I could date someone like him.

B: You do? Hmm... I think **he's not my cup of tea.**

> A: 이야! 저 배우 진짜 잘생겼다. 저런 사람하고 사귀어봤으면.
> B: 그래? 흠… 내 취향은 아닌 것 같다.

It isn't to my taste 내 취향이 아냐 (사람, 사물 모두에게 쓸 수 있다)

A: What did you get for your birthday?

B: Well, I got this hat, but I'm going to exchange it. **It isn't** exactly **to my taste.**

> A: 생일에 뭘 받았니?
> B: 음, 이 모자를 받았는데 바꾸려고 해. 별로 내가 좋아하는 스타일이 아니거든.

Look at this

이것 좀 봐

⊙ 구체적으로 뭔가 보여주면서 하는 말. 보여주는 게 뭔지 미리 말하려면 Look at this + N 형태를 이용한다. 좀 떨어진 곳에 있는 것을 보라고 할 때는 that을 이용한 Look at that(저것 좀 봐)을 사용한다.

A: **Look at this** antique vase.

B: Wow, that must be really old.

A: 이 골동품 도자기 좀 봐.
B: 이야, 굉장히 오래된 것 같구나.

A: Do you think he has been stealing money at work?

B: Yes, **look at this**. The accounts he added up are all wrong.

A: 그 사람이 공금을 훔쳤다고 생각해요?
B: 네, 이걸 좀 봐요. 그 사람이 합산한 금액들이 전부 잘못됐다구요.

Get More

By the way 참, 그런데, 참고로, 덧붙여서

A: **By the way**, I invited my boss to dinner tomorrow.

B: Really? We need to clean this place up.

A: 참 그런데, 우리 사장님을 내일 저녁식사에 초대했어.
B: 정말? 그럼 집을 치워야겠네.

Check it out at Friends

By the way

⊙ Season 8 Episode 3

로스가 레이첼에게 우리의 하룻밤은 재미있었고 열정적이었지만, 우린 친구사이로 남는게 더 낫지 않겠니?라고 하고, 무슨 말인지 이해가 가지 않는 레이첼은 정말이지 무슨 말이야?(Seriously. What?)라고 묻는다. 아직도 착각하고 있는 로스는 저 말이야(You know what?) 네가 원한다면 우리 한번 더 섹스할 수 있고(If you want to, we can do it one more time), 난 그래도 괜찮아라고 말하며 마침 지금 시간도 된다(In fact, I have some time right now)고 한다. 레이첼이 저 말이야(You know what?), 내가 얘기해도 될까?(Can I talk now?)라고 하고 어렵게 말을 꺼낸다. I'm pregnant. 이 말에 로스의 표정은 놀란 표정으로 정지되어 버리고 레이첼은 Ross?라고 불러보다 잡지를 들면서 너만 준비되면 말해(Whenever you're ready)라고 말하고 나서, 참 그리고 네가 아기의 아빠야(And you're the father **by the way**. But you got~)라고 말해버린다.

○ mind는 「꺼리다」, 「좋아하지 않다」라는 의미로, 이 표현은 부탁을 할 때, 특히 어렵고 거북한 부탁을 할 때 상대방에게 정중하고 예의바른 모습을 나타낼 수 있는 표현이다. 또한 어떤 제안에 대한 대답으로 동의의 의사 표시를 할 때도 사용할 수 있다.

A: **If you don't mind**, I'd like to ask you a few questions.

B: Sure, go ahead.

> A: 괜찮다면, 몇가지 물어보고 싶은 게 있는데.
> B: 괜찮지 그럼. 어서 말해봐.

A: We're going out to dinner now. Would you like to join us?

B: Sure, **if you don't mind**.

> A: 지금 저녁 먹으러 나갈 건데, 우리랑 같이 갈래?
> B: 그래, 너희만 괜찮다면.

>> **Speaking Practice:**

If it's okay with you
당신이 좋다면, 괜찮다면

Get More

If it's not too much trouble 수고스럽지 않다면

A: Would you like me to fix you some coffee?

B: **If it's not too much trouble**. That would be great.

A: 커피를 준비해 드릴까요?
B: 수고스럽지 않으시다면야, 좋죠.

If you'll excuse me 양해를 해주신다면

A: **If you'll excuse me**, I need to be getting home. I don't want my wife to worry.

B: Sure. Go ahead.

A: 괜찮으시다면 저는 집에 가야겠어요. 아내가 걱정할까봐서요.
B: 그러세요. 어서 가보세요.

If anything happens

무슨 일이 생기면

○ 「어떤 일이 벌어지다」(occur)라는 의미의 동사 happen을 이용하여 만약의 경우를 가정하는 표현으로, 「만약 무슨 일이라도 생기면」이란 의미.

A: Well, have a safe trip. **If anything happens** just call me on my cell phone.

B: Okay, I will.

A: 음, 조심해서 다녀와. 무슨 일 있으면 내 핸드폰으로 전화해 주고.
B: 알았어, 그럴게.

A: Your daughter is going to Africa, isn't she?

B: Yes. **If anything happens** to her there, I'd be really upset.

A: 자네 딸이 아프리카로 간다구?
B: 그래. 거기서 무슨 일이라도 생기면 나 정말 열받을 거야.

>> Speaking Practice:
if anything should happen
만약 무슨 일이라도 생긴다면

Get More

If (my) memory serves me correctly[right] 내 기억이 맞다면

A: Do you know what time that meeting is this afternoon?
B: **If memory serves me correctly**, I think it's at 4 o'clock.

A: 그 회의, 오늘 오후 몇시인지 알아?
B: 내 기억이 맞다면 4시인 것 같아.

If worse[worst] comes to worst 최악의 경우라 해도, 아무리 어려워도

A: What are we going to do if it rains during our picnic or something?
B: Well, **if worse comes to worst**, we'll just have the picnic inside.

A: 피크닉 가 있는 동안 비가 오기라도 하면 뭘 하지?
B: 음, 최악의 경우라 해도 실내에서 피크닉을 즐기지 뭐.

(Just) For fun

029
Level 1

그냥 재미로

○ 별다른 이유 없이(not for any other reason) 그냥 「장난삼아」, 「재미삼아」 한 번 해보는 거라는 의미. for the fun of it이라고도 하기도 한다.

A: So you have a date with Andrea?

B: It's not a date. It's **just for fun**.

≫ **Speaking Practice:**

For kicks

그냥 이유없이, 재미삼아

A: 그럼 너 앤드리아하고 데이트하는 거니?

B: 데이트 아니라니까. 그냥 재미로 만나는 거야.

A: Hey, what are you writing on the wall?

B: I'm putting our names down, **just for fun**.

A: Oh, don't be ridiculous.

A: 야, 벽에다 뭐 쓰는 거야?

B: 그냥 장난삼아 우리 이름을 적어놓는 거야.

A: 어휴, 바보같은 짓 좀 하지 마.

Get More

You're making fun of me? 너 지금 나 놀리냐?

A: Wow! You are a really smart girl.

B: **You're making fun of me?**

A: 우와아! 너 정말 똑똑하다.

B: 지금 나 놀리는 거지?

I'm fucking with you 널 놀리는 거야, 너한테 장난치는 거야 (상당히 무례한 표현)

A: You mean, he seems like my type? Are you kidding? He's gross!

B: **I'm just fucking with you**.

A: 그러니까 네 말은, 걔가 내 타입같단 말이야? 농담하나? 걘 밥맛이야!

B: 그냥 널 놀려먹어본 거야.

Let me ask you something

뭐 좀 물어볼게

○ 상대방에게 뭔가 물어볼 때 쓰는 대표적인 표현법. Let me ask you one thing, Let me ask you a question이라고 해도 된다.

A: **Let me ask you something**. Would it be okay with you if I set Rick up on a date?

B: Oh, what? With who?

A: 뭐 좀 물어볼게. 내가 릭한테 소개팅을 시켜줘도 너 괜찮겠어?

B: 어머, 뭐라구? 누굴 소개시켜 줄 건데?

A: **Let me ask you something**. Why do you keep calling my girlfriend? I told you to stop.

B: Because I want to.

A: 뭐 좀 물어보자. 너 왜 내 여자친구한테 계속 전화하는 거야? 내가 그러지 말랬잖아.

B: 그야 전화하고 싶으니까 하는 거지.

>> **Speaking Practice:**

Let me ask you a question
뭐 하나 물어보자

Let me ask you one thing
뭐 하나 물어보자

Get More

Can I (just) ask you a question? 질문 하나 해도 될까?

A: **Can I just ask you a question?**

B: Sure. Go ahead.

A: 뭐 하나 물어봐도 돼?

B: 그럼. 어서 말해봐.

I have[got, have got] a question for you 질문 있는데요

A: **I've got a question for you**.

B: Shoot.

A: 물어보고 싶은 게 있어.

B: 물어봐.

>> **Speaking Practice:** I do have a question for you 정말로 물어볼 게 있다구

○ set이 prepared 혹은 ready의 뜻을 가진 형용사로 쓰인 경우. 여행준비나 행사준비 등 준비가 필요한 여러 가지 상황에서 두루 사용할 수 있는 표현으로 I'm ready와 동일한 의미이다.

A: **I'm all set**. Is everybody ready to go to the beach?

B: We're ready! Let's go!

A: 난 준비 다 됐어. 다들 해변에 갈 준비됐어?

B: 준비됐어! 가자구!

A: How is it coming? Are you finished hooking up the Internet on my computer?

B: **All set**. Try it now.

A: 어떻게 돼가요? 인터넷 연결 끝났어요?

B: 다 됐어요. 이제 해보세요.

》 **Speaking Practice:**

I'm[We're] all set
난[우리] 준비 다 됐어

Get set[ready]!
준비해라!

All systems are go
준비완료

Get More

Are you ready to go? 갈 준비 다 됐어?

A: **Are you ready to go?**

B: Let me grab one more thing and I'll be ready.

A: 갈 준비 다 됐어?

B: 얼른 하나만 더 가져올게. 그럼 준비 다 돼.

》 **Speaking Practice:** We're ready 준비됐어요
All right, you ready? 좋아, 준비됐니?
Ready? 좋아, 준비됐니?
You guys ready? 너네들 준비된 거야?

Where am I?
여기가 어디죠?

○ 길을 잃었을 때 하는 우리말인 「여기가 어디야?」를 직역해서 Where is it?이라 하기 쉬운데, 영어로는 Where am I?가 맞다. 참고로 과거형인 Where was I? 혹은 Where were we?는 「내가 무슨 말을 하고 있었지?」, 「어디까지 말했더라?」 라는 뜻이니 헷갈리지 말것.

A: **Where am I?** This doesn't look familiar at all.

B: Can I help you? You seem to be lost. Where are you going?

A: 여기가 어디지? 영 못보던 곳인데.

B: 도와드릴까요? 길을 잃으신 것 같은데. 어디로 가시는 중이세요?

A: **Where are we?** I don't recognize this area.

B: I think we're in the northern part of the city.

A: 여기가 어디지? 어딘지 모르겠네.

B: 이 도시 북쪽 지역에 와있는 것 같아.

 Mike Says:

Where "am" I?: This usually indicates the speaker is lost and doesn't know his location.

Where "was" I? / Where "were" we?(p.385) : This usually indicates that the speaker got distracted and forgot what he was talking about. He is asking others to remind him of his topic.

Get More

I think I'm lost 길을 잃은 것 같아요

A: Could you tell me how to get to 5th Avenue? **I think I'm lost.**

B: Sure. Just go down that street and turn left.

A: 5번가로 가려면 어떻게 해야 하는지 알려주시겠어요? 길을 잃은 것 같아요.

B: 네, 저 길을 따라 죽 가다가 왼쪽으로 꺾어지면 돼요.

》》**Speaking Practice:** I got lost 길을 잃었어요
Are you lost? 길을 잃었나요?

I am a stranger here myself 여기가 초행길이라서요, 여기는 처음 와봐서요

A: Can you tell me how to get to the Turner Building?

B: Sorry. **I'm a stranger here myself.**

A: 터너 빌딩으로 어떻게 가는지 알려주시겠어요?

B: 죄송합니다. 저도 여긴 처음이라서요.

》》**Speaking Practice:** I'm not a local 이 지방 사람이 아니에요

You can count on me

나한테 맡겨

○ count는 「수를 세다」라는 뜻 외에도 「의지하다」라는 의미가 있어 You can count on me 하면 도움을 요청받거나, 무슨 힘든 일에 맞닥뜨렸을 때 자신감을 피력하고 상대에게 확신을 심어주는 표현이 된다.

A: Honey, will you always love me and never leave me?

B: **You can count on me**.

A: 자기야, 언제나 나를 사랑하고 절대 떠나지 않을 거지?
B: 나만 믿어.

A: Kline, I need you to talk to ACME, Inc. and get them to buy our new product.

B: **You can count on me**, sir.

A: 클라인, 자네가 애크미 주식회사 측과 얘기해서 우리 신상품을 사도록 좀 해보게.
B: 맡겨주십시오, 부장님.

>> **Speaking Practice:**

Leave it to me!
나한테 맡겨, 내가 할게

Let me handle it[this]
제가 처리하죠

Get More

Let me take care of it 나한테 맡겨

A: I can't find the time to make a dentist appointment.

B: **Let me take care of it** for you. You're too busy.

A: 치과에 전화 예약할 짬이 안나.
B: 나한테 맡겨. 넌 너무 바쁘잖아.

>> **Speaking Practice:** I'll take over now 이제 내가 책임지고 할게요

I can do that[it, this] 제가 할 수 있어요

A: Can you take this down to the post office?

B: Sure, **I can do that**.

A: 이걸 우체국에 갖다주겠어?
B: 그러지, 내게 맡겨.

>> **Speaking Practice:** I can do it better 제가 더 잘 할 수 있어요

Would you care to join us?

우리랑 같이 할래?

⊙ Would you care to ~ ?는 Would you like to ~ ?와 같은 의미로, Would you care to join us?라고 하면 「우리와 함께 할 의향이 있는지」 물어보는 표현.

A: I'm going to dinner with my friends tonight. **Would you care to join us?**

B: Yes. That would be nice.

   A: 오늘 저녁에 친구들하고 저녁 먹을건데. 너도 같이 갈래?
   B: 응. 좋지.

A: I can't believe I ran into you at this bar.

B: That's funny, isn't it? **Would you like to join us?**

   A: 이 술집에서 널 만나다니 놀라워.
   B: 재미있는걸. 그렇지? 우리랑 합석할래?

>> **Speaking Practice:**

(Would you) Care if I join you?
내가 껴도 괜찮을까요?

(Do you) Care if I join you?
내가 껴도 될까?

(Do you) Mind if I join you?
내가 껴도 될까?

May I join you?
내가 껴도 될까?

Get More

Are you in? 너도 할래?

A: We got some free tickets to the game tonight. **Are you in?**

B: Sure. Count me in.

A: 오늘 밤 경기를 볼 수 있는 공짜 티켓이 몇 장 있어. 너 갈래?
B: 물론이지. 끼워줘.

>> **Speaking Practice:** You are in 너도 하는 거야
You want in? 너도 낄래?
You game? 너도 할래?

Is that a yes or a no? 예스야, 노야?

A: We're going to a movie tonight. Do you want to go?

B: Hmm... It would be fun.

A: Well, **is that a yes or a no?**

A: 우리 오늘 밤에 영화 볼 건데. 같이 갈래?
B: 음… 재미있겠다.
A: 그래서, 같이 간다는 거야 안간다는 거야?

Hang on (a minute)

잠깐만요, 끊지말고 기다려요

● 전화통화시 상대방에게 「끊지말고 잠시만 기다려 달라」고 할 때 뿐만 아니라, 일반적으로 「기다려 달라」는 상황에서 자유롭게 사용해도 무방하다.

A: Come on. The bus is here.

B: **Hang on a minute**. I have to get my jacket.

> A: 어서 가자. 버스 왔잖니.
> B: 잠깐만. 재킷을 가져와야 해.

A: Pola, **hang on a second**. Ben wants to say something.

B: Hello. Pola? It's Ben.

> A: 폴라, 잠시만 끊지말고 기다려. 벤이 할 말 있대.
> B: 여보세요. 폴라? 나 벤이야.

>> Speaking Practice:
Hang on a moment[second]
잠시 (끊지 말고) 기다리세요

Get More

Wait a minute[second] 잠깐만요, 멈춰요, 기다려 주세요 〔전화에서나 일반 상황에서나 두루 쓸 수 있는 표현〕

A: Dinner is ready. Come and get it.

B: **Wait a minute**. The TV show is almost finished.

> A: 저녁식사 다 됐어요. 와서 드세요.
> B: 잠시만. 이 프로가 거의 끝나 가.

>> Speaking Practice: Just a minute 잠시만요
One moment, please 잠시만요

Could[Will, Can] you hold? 잠시 기다리세요 〔전화상에서만〕

A: Is Mr. Kincaid in?

B: He's on the other line. **Can you hold?**

> A: 킨케이드 씨 있나요?
> B: 다른 전화를 받고 계십니다. 기다려 주시겠어요?

Can I get you something?

뭐 좀 사다줄까?, 뭐 좀 갖다줄까?

○ 우리집을 방문한 손님에게 「뭐 좀 갖다드릴까요?」라고 묻거나, 혹은 친구를 남겨두고 잠깐 뭐 사러 가면서 「네 것도 뭐 좀 사다줄까?」하고 물어볼 때 쓸 수 있는 말이다. 술집이나 식당의 종업원에게서도 쉽게 들을 수 있는 말.

A: Well, I'm gonna get another espresso. **Can I get you something?**

B: Thanks. I'll have a cup of coffee and a muffin.

A: 음, 난 에스프레소 한 잔 더 마셔야겠다. 뭐 좀 사다줄까?
B: 고마워. 그럼 커피 한 잔하고 머핀 하나 먹을래.

A: **Can I get you some coffee?**

B: Yes. De-caff, please.

A: 커피 좀 갖다드릴까요?
B: 네, 카페인 없는 걸로요.

>> **Speaking Practice:**

Can I get you some coffee?
커피 좀 갖다줄까?

Can I get you anything?
내가 뭐 사다줄[갖다줄] 거라도 있어?

Can I get you another glass of wine?
와인 한 잔 더 갖다드릴까요?

Get More

What can I get for you? 뭘 갖다 드릴까요?

A: **What can I get for you?**

B: Could you bring me a napkin?

A: 무엇을 갖다 드릴까요?
B: 냅킨 좀 갖다줄래요?

>> **Speaking Practice:** What's your order? 뭘 주문하시겠습니까?
What would you like to order? 뭘 주문하시겠습니까?

◐ 가게 점원이나 식당종업원이 손님에게 하는 말로 가장 빈번하게 들을 수 있고, 그외에도 일상생활에서 도움이 필요한 사람에게 사용하면 된다.

A: **How may I help you?**

B: Is Mr. Smith in?

A: Yes. Have a seat and I'll get him for you.

A: 어떻게 도와드릴까요?
B: 스미스 씨 계신가요?
A: 네. 앉아계시면 제가 불러드리겠습니다.

A: **How may I help you?**

B: I was wondering if you have this sweater in extra large?

A: Sure. Right over here.

A: 어떻게 도와드릴까요?
B: 이 스웨터, X-라지 사이즈로 있나요?
A: 그럼요. 이쪽으로 오세요.

>> **Speaking Practice:**

How can I serve you?
어떻게 도와드릴까요?

How can I help you?
어떻게 도와드릴까요?

May I help you?
도와드릴까요?

Could I help you?
도와드릴까요?

Get More

What can I do for you? 뭘 도와드릴까요?

A: Is this the marketing department?

B: It sure is. **What can I do for you?**

A: 여기가 마케팅 부서인가요?
B: 그렇습니다. 무엇을 도와드릴까요?

Check it out at Game of Thrones

How can I help you?

◐ Season 4 Episode 4

조프리 왕은 독살당하고 티리온은 용의자로 감방에 잡혀있다. 형인 제이미가 감방에 와서 함께 얘기를 나누는 장면. 제이미는 내가 뭘 도와주면 되겠냐?(How can I help you?)라고 하고 티리온은 날 풀어주던가(Well, you could set me free)라고 하자 제이미는 You know I can'라고 답한다. 티리온은 그럼 달리 할 말이 없는데(Then there's really nothing else to say)라고 하자 제이미는 나더러 어쩌라는거야?(What do you want me to do?), 경비들을 죽이라고?, 너를 수레 뒤에 실어서 도시 밖으로 살짝 빼돌리라고?라고 답답한 상황을 토로한다.

Let's split (the bill)

나누어 내자

⊙ split의 뜻(나누다) 그대로 계산을 상대방과 조금씩 나눠서 한다는 의미. 소위 '더치페이'를 하자는 얘기다. 물론 Dutch pay라는 영어 표현은 없고, Let's go Dutch라고 하면 같은 의미가 된다.

A: **Let's split the bill**.

B: Okay. How much is it?

A: $18.50. Just give me $9 and we'll call it even.

A: 각자 내자.
B: 알았어. 얼마야?
A: 18달러 50센트. 9달러만 줘. 그러면 공평하지.

A: **Let's split the bill**.

B: That sounds like a good idea.

A: How much do I owe?

A: 각자 내자.
B: 좋은 생각이야.
A: 내가 얼마 내면 되지?

Get More

Let's go Dutch 자기가 먹은 건 자기가 내자

A: Here's the check. **Let's go Dutch**.

B: Go Dutch? The man is supposed to pay on a date!

A: 계산서 나왔네요. 더치페이 합시다.
B: 더치페이라구요? 데이트할 때는 남자가 계산하는 거라구요!

너한테 전화왔어

> 앞에 There's a가 생략된 형태. 굳이 phone call을 사용하지 않고 간단하게 Call for you 혹은 It's for you라고 해도 된다.

A: Is Tim in?

B: Yes, just a moment. Tim, **phone call for you!**

A: 팀 있어요?

B: 그래, 잠깐만. 팀, 전화왔다!

A: There's a **phone call for you**.

B: I'll take it in my office.

A: 전화왔어요.

B: 내 사무실에서 받을게요.

>> **Speaking Practice:**

You have a phone call
전화받아

There's a phone call for you
전화왔어

I have a call for you
전화왔어

You are wanted on the telephone
너한테 전화왔어

Get More

Some guy just called for you 방금 어떤 사람한테서 전화왔었어

A: **Some guy just called for you** while you were in the bathroom.

B: What did he say?

A: 네가 욕실에 있는 동안 어떤 남자한테 전화왔었어.

B: 그 남자가 뭐래?

Just have him call me 그냥 전화 좀 해달라고 해주세요

A: He's not here right now. Can I take a message?

B: Yes. **Just have him call me** when he gets home.

A: 지금 안계신데요. 메시지를 남겨드릴까요?

B: 네, 집에 오시면 전화해달라고 해주세요.

I have no idea
몰라

⭕ I don't know의 훌륭한 대용표현. 단독으로 쓰거나 자신이 모르는 내용을 뒤에 구체적으로 이어줄 수도 있다.

A: Do you know what I mean?

B: Actually, **I have no idea** what you are talking about.

A: 무슨 말인지 알겠어?
B: 실은 무슨 얘긴지 모르겠어.

A: What's the difference between sex and love?

B: **I have no idea**.

A: Sex relieves tension and love causes it.

A: 사랑과 섹스의 차이점이 뭐게?
B: 글쎄 모르겠는데.
A: 섹스는 긴장을 풀어주지만 사랑은 긴장을 하게 만들지.

>> **Speaking Practice:**
I have no idea what you just said
네가 무슨 말 하는지 전혀 모르겠어
I have no idea who Jim is
짐이 누군지 모르겠네

Get More

He doesn't (even) have a clue 걘 하나도 몰라

A: I feel terrible about Frank's situation.

B: Yeah, **he doesn't have a clue** that the boss is going to fire him today.

A: 프랭크의 처지가 딱해.
B: 그러게, 걘 사장이 오늘 자기를 해고할 거라는 걸 눈치도 못채고 있어.

I don't know about that 글쎄 〔상대의 의견에 명확한 의견이나 공감을 말하지 못할 때〕

A: I'll bet the Rangers will make it to the World Series this year.

B: **I don't know about that**.

A: 올해 레인저스 팀은 틀림없이 월드 시리즈에 진출할 거야.
B: 글쎄.

>> **Speaking Practice:** I'm not sure 잘 모르겠어

Talk to you soon

또 걸게, 다음에 통화하자

○ 전화를 끊을때 하는 말로 「다음에 다시 전화하겠다」는 뜻. 이외에도 전화를 끊을 때 하는 인사말로는 (It's) Good talking to you 등이 있다.

A: Well, I'd better get going. My wife is waiting on me for dinner.

B: Okay. See you later.

A: **Talk to you soon**.

A: 음, 이제 끊어야겠어. 내 아내가 저녁 차려놓고 기다리고 있어서.
B: 알았어. 나중에 보자구.
A: 전화할게.

A: I gotta go now, Brett. Let's try to keep in touch more.

B: Sounds good. **I'll talk to you soon**.

A: 이제 끊어야겠다, 브렛. 좀더 자주 연락하고 지내자.
B: 좋지. 전화할게.

>> Speaking Practice:
(I'll) Talk to you soon
또 걸게, 다음에 통화하자
Talk to you tomorrow
내일 통화하자

Get More

Give me a call 전화해

A: **Give me a call** if you want to do something this weekend.

B: Okay.

A: 이번 주말에 뭔가 하고 싶으면 나한테 전화해.
B: 알았어.

>> **Speaking Practice:** Give me a ring 전화해

Could I call you? 나중에 전화해도 될까요?

A: It was nice meeting you, Jack.

B: Nice meeting you too, Terry. **Could I call you** sometime?

A: 만나서 반가웠어요, 잭.
B: 저도요, 테리. 언제 한번 전화해도 되죠?

>> **Speaking Practice:** You called? 전화하셨어요?

Could I leave a message?

메모 좀 전해주세요

◉ 전화건 사람이 용건을 남길 때 쓰는 표현, 반대로 전화받는 사람이 「용건을 남기겠느냐?」고 물어 보는 표현은 Could I "take" a message?라고 하면 된다.

A: I'm sorry. Betty isn't in right now.

B: **Could I leave a message?**

A: 미안하지만 베티는 지금 없어요.

B: 메시지를 남길 수 있을까요?

A: He's not here.

B: **Could I leave a message?**

A: No problem. What is it?

A: 그 사람 여기 없어요.

B: 메시지를 남길 수 있을까요?

A: 그럼요. 어떤 메시지인데요?

>> **Speaking Practice:**

Please take a message

메모 좀 남겨주세요

Get More

Could[May] I take a message? 메시지를 전해드릴까요?

A: Laura is busy at the moment. **Could I take a message?**

B: Yes, tell her to call Brenda when she gets a chance.

A: 로라가 지금 바빠서요. 제게 메시지를 남기실래요?

B: 네, 시간 되면 브렌다에게 전화해달라고 해주세요.

You have the wrong number 전화 잘못 거셨어요

A: Is Jack Smith in?

B: **You have the wrong number**.

A: 잭 스미스 씨 있나요?

B: 전화 잘못 거셨네요.

Could I speak to sby?

··· 좀 바꿔주실래요?, ···랑 통화하고 싶은데요

⭕ 전화를 건 사람이 통화하고자 하는 사람을 찾을 경우 사용하는 대표적인 표현이다. could 대신 공손 조동사의 대표격인 may를 쓰거나 can을 써도 된다.

A: **Could I speak to** Chris, please?

B: This is Chris.

A: Chris, I'm calling to ask you for a favor.

> A: 크리스 좀 바꿔주세요.
> B: 나야.
> A: 크리스, 너한테 부탁할 게 있어서 전화했어.

A: Hello, can I help you?

B: Yes, **can I speak to** Ms. White?

> A: 여보세요, 도와드릴까요?
> B: 네, 화이트 씨와 통화할 수 있을까요?

>> **Speaking Practice:**

Can[May] I speak to sby?
···를 바꿔주시겠어요?

I'd like to speak to sby, please
···와 통화하고 싶은데요

Get More

Is sby there? ···씨 계세요?, ···씨와 통화하고 싶은데요

A: **Is Jerry there?**

B: Yes. Just a moment. I'll get him for you.

A: 제리 있어요?
B: 네. 잠깐만요. 바꿔줄게요.

>> **Speaking Practice:** Is sby in? ···씨 계세요?

Are you (still) there? 듣고 있는 거니?, 여보세요

A: Hello. **Are you still there?**

B: Yes. Sorry. I am in the subway so my phone isn't working well.

A: 여보세요. 듣고 있니?
B: 응. 미안해. 지하철 안이라 전화가 잘 안돼.

No way!

절대 안돼!, 말도 안돼!

❍ 상대방의 말을 강하게 부정하거나 거절·반대 의사를 강하게 나타낼 때 쓰이는 표현들 중 가장 informal한 표현이다.

A: Can I borrow your car for a date tonight?

B: **No way!** Last time you borrowed it, you left the gas tank empty.

A: 오늘 밤 데이트하러 가는데 네 차 좀 빌릴 수 있을까?
B: 절대 안돼! 지난번에 빌려갔을 때 네가 기름을 몽땅 다 써버렸잖아.

A: Did you hear about the game last night? The Yankees lost to the Rangers 9 – 2.

B: **No way!** I can't believe it.

A: 어젯밤 경기 소식 들었어? 양키즈가 레인저스에게 9대 2로 졌대.
B: 말도 안돼! 믿을 수가 없구만.

>> Speaking Practice:

Not by a long shot
어떠한 일이 있어도 아냐, 어림도 없지

No, no, a thousand times no!
무슨 일이 있어도 안돼, 절대로 싫어

No means no
아니라면 아닌 거지

I said no
안된다고 했잖아, 아니라고 했잖아

Get More

Over my dead body 내 눈에 흙이 들어가기전엔 안돼

A: He'll get that position **over my dead body**.

B: Why don't you want him to get it?

A: He's always taking credit for other people's work.

A: 그 친구가 그 자리를 맡는 건 결사 반대야.
B: 왜 그 사람이 맡으면 안된다는 거야?
A: 그 녀석은 늘 남의 공을 가로챈다구.

>> Speaking Practice: Not on your life! 결사반대야, 절대 안돼!

Not a thing 전혀, 아무 것도 (nothing을 강조한 말로, not a + 명사 형태는 강한 부정을 나타낸다)

A: What did you do during your vacation?

B: **Not a thing**. I stayed home every day.

A: 휴가 동안 뭐했어?
B: 아무 것도 안했어. 맨날 집에 있었어.

>> Speaking Practice: Not a chance! 안돼!
(There is) No chance! 안돼!

He is Mr. Right

갠 내 이상형이야

○ 결혼해서 평생을 해로할 「천생연분」, 즉 「이상형」을 영어에서는 right이란 단어를 사용해 표현하는데 the right man(guy, woman), 혹은 Mr. Right, Miss Right이 바로 그것.

A: I heard you got engaged recently. What's your fiance like?

B: **He's Mr. Right**. He's the perfect man for me.

A: 너 최근에 약혼했다고 들었어. 약혼자는 어떤 사람이야?
B: 정말 이 남자다 싶어. 나한테는 완벽한 사람이야.

A: Donna is going to fix me up with a guy in her office. Maybe **he is the Mr. Right** I've been waiting my whole life to meet.

B: Yeah, and maybe not.

A: 다나가 직장동료를 소개시켜 주기로 했어. 그 사람이 내가 평생을 기다려온 이상형일지도 몰라.
B: 그래, 아닐 수도 있고.

>> **Speaking Practice:**

He's the right man
나한테 딱 맞는 사람이야

The right woman is just waiting for you
네 연분이 널 기다리고 있다구

Get More

He is not boyfriend material 그 사람은 애인감이 아냐

A: I think Simon really likes you. Why don't you go out with him?

B: Are you kidding? **He's not boyfriend material**. He doesn't have a car or a job and all he cares about is sports.

A: 사이먼이 널 아주 좋아하는 거 같더라. 데이트 한번 하지 그래?
B: 웃기네. 갠 남자친구감이 아냐. 차도 없지, 직장도 없지, 온통 스포츠에만 정신이 팔려 있잖아.

She is not marriage material 그 여자는 결혼상대는 아냐

A: So, you still **don't think I'm marriage material**?

B: Actually, yes. I think we should break up. Sorry.

A: 그래서, 아직도 내가 결혼상대로는 아니라고 생각하는 거야?
B: 솔직히 그래. 우리 헤어져야 할 것 같아. 미안해.

Have (much) fun
즐겁게 지내

⊙ 여행에서 혹은 파티에서 좋은 시간, 재미있는 시간을 보내라고 인사말을 건넬 때 적절한 표현. much를 넣어서 강조해 줄 수 있다.

A: We're going to the Christmas party now. See you in a little while.

B: Okay. **Have fun**.

　A: 우린 이제 크리스마스 파티에 가야 해. 나중에 봐.
　B: 알았어. 재밌게 놀아.

A: How was your trip to the beach?

B: We didn't **have much fun**. It rained every day and I got sick from drinking too much.

　A: 바닷가에 놀러갔던 거 어땠어?
　B: 별로 재미 없었어. 매일 비가 와서 술만 진탕 마시는 바람에 속이 탈 났어.

>> **Speaking Practice:**

Enjoy yourself
즐겁게 보내

Have a ball
자, 마음껏 즐기자

Let's rock 'n' roll!
신나게 놀자

Have a good time
재밌게 놀자

Get More

We're having fun 우린 즐겁게 지내고 있어

A: How is your date going?

B: It's been great. **We're having fun**.

　A: 데이트는 잘 하고 있어?
　B: 응 좋아. 우린 즐겁게 지내고 있어.

>> **Speaking Practice:** Are we having fun yet? 아직 재미난 일 없는 거야?

Go nuts! 실컷 놀아보라구!

A: Do you mind if I try to play this video game?

B: Of course. **Go nuts!**

　A: 이 비디오 게임 좀 해도 될까?
　B: 그럼. 실컷 즐겨!

Nice to see you

만나서 반가워요, 만나서 반가웠어요

◐ 만날 때나 헤어질 때, 모두 사용할 수 있는 가장 기본적인 인사표현이다. to 부정사 대신 동명사를 사용한 Nice seeing you 역시 같은 맥락의 표현이다.

A: Hi! We've finally arrived!

B: **It's nice to see you**. Did you have any difficulty finding our apartment?

A: 안녕하세요. 우리 드디어 왔어요.
B: 만나서 반가워요. 우리 아파트 찾기 힘들었어요?

A: **It's nice to see you**. Steven is always saying nice things about you.

B: That's good to hear.

A: 만나서 반가워. 스티븐이 항상 네 얘길 좋게 하더라구.
B: 다행이네.

>> **Speaking Practice:**
It's nice to see you
만나서 반가워
I am glad to see you
진짜 반갑다
Season's greetings
추수감사절 ~ 크리스마스 ~ 새해에 이르는 기간에 사용하는 인사

Get More

(It's) Good to see you 만나서 반가워, 만나서 반가웠어

A: Hi, John. **It's good to see you** here.

B: I know. How many years has it been since we've gotten together?

A: 안녕, 잔. 여기서 보다니 반갑다.
B: 응. 우리 만났던 게 몇 년 전이더라?

>> **Speaking Practice:** Good to see ya 만나서 반가워
Good to see you again 다시 만나니 반가워
Good to see you too 나도 만나서 반가워

(It's) Good to hear your voice 네 목소리 들으니 좋다 [전화상에서 쓰는 표현]

A: Hey baby, I just wanted to give you a call.

B: **It's good to hear your voice**, sweetheart. I've missed you.

A: 안녕, 자기. 그냥 전화했어.
B: 목소리 들으니까 기분좋다, 자기야. 보고 싶었어.

Rumor has it (that) S + V
…라는 소문을 들었어

○ 주변에서 떠도는 얘기, 주위들은 얘기라며 말을 시작하려면 Rumor has it that ~이라고 운을 띄운 뒤 that 이하에 그 내용을 말해주면 된다. They say that ~, It is said that ~ 등의 표현과도 일맥상통하는 말.

A: **Rumor has it that** we are going to get a ten-percent raise.
B: That's the best rumor I've heard all year.

A: 월급이 10% 오를 거라는 소문이 있던데.
B: 그거야 말로 내가 일년내내 들어왔던 소문 중에 최고로군.

A: How did you know that I would be eating in this restaurant?
B: Well, **rumor has it that** this is your favorite place to eat.

A: 내가 이 식당에서 식사할 거란 건 어떻게 알았어요?
B: 음, 여기가 당신이 가장 잘 가는 식당이라는 소문이 있더라구요.

>> Speaking Practice:
I heard through the grapevine that ~
…라는 것을 풍문으로 들었다

Get More

I got wind of it 그 얘기를 들었어, 그런 얘기가 있더라

A: I heard Pamela dumped you. Is it true?
B: Who's been saying like that?
A: Oh... well, **I** just **got wind of it.**

A: 파멜라가 널 뻥 찼다면서. 정말이야?
B: 누가 그런 소릴 해? A: 어… 그게, 그런 얘기가 있더라구.

Check it out at Desperate Housewives

There's a rumor going around that~

○ Season 2 Episode 1
마이크가 아버지를 죽이러 갔다는 말을 전해 들은 잭은 수잔과 같이 살고 있는 마이크의 집에 총을 들고 쳐들어와 수잔에게 총을 겨누고 마이크를 기다린다. 마이크가 돌아와서 우당탕탕하게 되고 마이크는 잭을 제압하게 되는데, 마이크가 이런 잭을 고소하지 않겠다고 경찰에 얘기했다는 소문이 돌고 있다. 이 소문을 들은 수잔은 자기를 죽이려고 했던 잭을 고소하지 않겠다는 마이크에게 실망해서 마이크를 찾아와, 네가 잭을 고소하지 않는다는 소문이 돌아서말야(There's a rumor going around that you don't wanna press charges against Zach), 그게 사실이야?(Is that true?)라고 묻는다. 마이크가 그렇다고 하자 좀 혼란스러운데(Wow. Um, I find that confusing)라며 말한다.

I am happy for you

네가 잘돼서 나도 기쁘다

○ 기쁨은 나누면 두배가 된다는 걸 보여주는 표현. 상대방이 승진을 했다거나 무슨 일을 성공적으로 끝냈다는 기쁜 소식을 두고 이렇게 맞장구 쳐주면 된다.

A: Once Richard is promoted, we plan to move to a larger house.

B: **I'm happy for you**. He must be getting a large salary increase.

Mike Says:

This means "I'm glad you're successful." Sometimes it is used with sarcasm, and has the opposite meaning.

A: 리차드가 일단 승진하게 되면 우린 더 큰 집으로 이사갈 계획이야.
B: 잘돼서 기쁘다. 월급이 많이 오르겠지.

A: I've finally found the perfect boyfriend.

B: **I'm happy for you**. Why don't you give me all of the details?

A: 나 드디어 완벽한 남자친구를 만났어.
B: 어머 정말 잘됐다. 자세히 좀 말해봐.

Get More

I am glad to hear it 그것 참 잘됐다, 좋은 소식이라 기쁘다

A: The landlord is going to put a new heater in the apartment.

B: **I'm glad to hear it**.

A: 집주인이 아파트에 새 히터를 설치할 거야.
B: 듣던 중 반가운 소리네.

Lucky for you 너 다행이다

A: Did he give us homework? Oh, I didn't realize that!

B: **Lucky for you**, the teacher is absent today.

A: 숙제 내줬었니? 이런 몰랐네!
B: 너 운 좋다. 선생님 오늘 안나오셨어.

Not (too) much

별일 없어, 그냥 그럭저럭

● 안부를 묻는 말에 대한 막연한 대답으로 쉽게 쓸 수 있는 말로, Nothing과 함께 「별일 없이 그럭저럭 지낸다」는 의미의 대표적인 대답 표현이다.

A: What did you do during your vacation?

B: **Not too much**. My wife and I decided to stay home and save money.

A: 휴가 동안 뭐했어?

B: 별거 없었지. 아내랑 집에 있으면서 돈이나 절약하기로 했거든.

A: What's new with you?

B: Oh, **not much**. My life is pretty much the same day in and day out.

A: 뭐 새로운 일 있니?

B: 그저그래. 매일 매일이 변함이 없지.

>> Speaking Practice:

Nothing much
별로 특별한 건 없어, 별일 아냐

(I've) Been up to no good
별일없이 그냥 지냈어

No more than I have to
그저 그렇지 뭐

So-so
그저 그래, 그냥 그래요

Get More

(It was) Nothing 별일 아니야

A: Thank you for your help organizing the staff party.

B: **It was nothing**.

A: 직원 파티 준비를 도와주셔서 감사합니다.

B: 별거 아니었는데요 뭘.

>> Speaking Practice: Nothing in particular 별일 아냐
Nothing special 별일 아냐

Same as always 맨날 똑같지 뭐

A: How are your parents doing these days?

B: **Same as always**.

A: 너희 부모님은 요즘 어떻게 지내셔?

B: 늘 같으셔.

>> Speaking Practice: Same as usual 늘 그렇지 뭐
Same old story[stuff] 늘 그렇지 뭐

Don't work too hard

너무 무리하지 말구, 적당히 쉬어가면서 해

> 헤어지면서 Bye-bye 대신 하는 말로, 상대방을 배려하는 차원의 작별인사이다. 직역하면 「너무 열심히 일하지는 말라」는 의미로, 전국의 사장님들에게는 그리 달갑지만은 않을 듯한 표현. ^^

A: I'll see you later. **Don't work too hard**.

B: Don't worry, I never do.

  A: 나중에 또 봐요. 너무 무리하지 마세요.

  B: 걱정 말아요. 절대 무리 안해요.

A: Good seeing you, pal. Say hello to your wife for me.

B: I'll do that. **Don't work too hard**.

  A: 만나서 반가웠어 친구. 자네 부인한테 인사나 전해주게.

  B: 그러지. 쉬엄쉬엄 하게.

 Mike Says:

This is usually said as a farewell greeting. "Don't work too hard" literally means "Don't make your life stressful by working too hard." Actually, it is similar to saying "Take it easy." (p.71)

Get More

Take care! 조심하고!

A: You kids have a good day in school. **Take care!**

B: Mom, don't worry about us.

A: 얘들아 학교에서 잘 지내구. 조심해!

B: 엄마, 걱정마세요.

>> **Speaking Practice:** Take care of yourself 몸조심해
   Be careful 조심해

Goodbye for now 그만 여기서 작별하죠

A: Thank you for showing me such a romantic evening.

B: I hope we can do it again soon. **Goodbye for now**.

A: 이렇게 낭만적인 밤을 보내게 해줘서 고마워요.

B: 곧 다시 한번 이런 자리를 가졌으면 좋겠네요. 오늘은 이만 갈게요.

>> **Speaking Practice:** Goodbye until next time 다시 만날 때까지 잘 있어

I wish I could, but I can't

그러고 싶지만 안되겠어

○ 상대방의 제안에 대한 완곡한 거절의 표현. I wish I could는 현재와 반대되는 상황을 나타낸다. 따라서 「그러고 싶지만 현재로서는 그럴 수 없다」는 아쉬움을 표현하는 것. 뒤의 but I can't는 생략해도 상관없다.

A: Are you coming to the party this weekend?

B: **I wish I could, but I can't.**

A: 이번 주말에 파티에 올 거야?

B: 그러고는 싶지만 못가.

A: This is a great investment. You should put in some money.

B: **I wish I could, but I can't.** I'm broke.

A: 훌륭한 투자상품이에요. 투자하셔야 돼요.

B: 그러고는 싶지만 안돼요. 빈털터리예요.

Mike Says:

This is another way to say "I'm not able to do something." Sometimes it's a polite way to refuse to do something.

Get More

I don't feel like it 사양할래

A: Let's go out for pizza tonight.

B: No, **I don't feel like it**.

A: 오늘 저녁에 나가서 피자 먹자.

B: 아니, 난 사양할래.

I'd have to say no 안되겠는데

A: Do you think you will be home for Christmas?

B: Unfortunately, **I'd have to say no**.

A: 크리스마스에 집에 올 거니?

B: 안타깝게도 안될 것 같아.

Not anymore

지금은 아니야, 이젠 됐어

○ 전에는 그랬지만 「현재는 그렇지 않다」는 말로 부분 부정의 일종. 학창시절 연계하여 외운 no longer 역시 같은 의미이나 이는 not anymore 보다 딱딱한 표현이며 단독으로 쓰이지도 못한다.

A: What are you doing here? I thought you lived in Chicago.

B: **Not anymore**. I moved to Dallas last year.

A: 너 여기 웬일이야? 난 네가 시카고에서 사는 줄 알았는데.
B: 이제 거기 안 살아. 작년에 달라스로 이사갔어.

A: Are you and Kent still dating?

B: **Not anymore**. We broke up a few months ago.

A: 너 켄트랑 아직도 사귀니?
B: 이제 안 사귀어. 우린 몇 달전에 헤어졌어.

Get More

Not always 항상 그런 건 아니다

A: You go swimming here all the time, don't you?

B: Well, **not always**. Sometimes I go to a different pool.

A: 넌 항상 여기서 수영하잖아, 그렇지?
B: 글쎄, 항상 그런 건 아니지. 다른 수영장에 갈 때도 있거든.

Check it out at The Walking Dead

Not anymore

○ Season 2 Episode 3

 릭의 아들 칼은 사슴 사냥꾼의 총에 맞아 허슬이란 수의사에게서 치료를 받고 있다. 장비의 부족으로 산소호흡기 없이 수술을 해야 될 삶과 죽음의 기로 속에서 릭과 로리는 다시 한번 절망과 고통의 현실의 삶과 고통없는 죽음의 세계에 대한 논쟁을 시작한다. 이미 죽은 재키는 더 이상 두려워하지 않아도 돼(She doesn't have to be afraid anymore), 배고프지도, 화나지도 않아, 릭, 이건 멈추지 않고 계속 일어나(It hasn't stopped happening, Rick), 이건 매일 매순간마다 목에 칼이 들어오는 것 같아(It's like we live with a knife at our throats every second of every day), 하지만 재키는 그렇지 않아(But Jacqui doesn't), 더 이상은(Not anymore), 그런 다음에야 난 생각했어 제너박사가 옳았을지도 몰라(And then I thought, "maybe Jenner was right)라고 말한다.

What should I do?

어떻게 해야 하지?

○ 난감하고 당혹스러운 상황에서 「도대체 어떻게 해야 되는 거지?」란 의미로, 그리고 좌절과 체념의 상황에서는 「아… 난 어쩌란 말인가!」란 의미로 쓰인다.

A: You look so depressed. What's wrong with you?

B: Samantha said she wanted to break up with me. **What should I do?**

A: 너 기분이 안좋아 보인다. 무슨 일 있어?
B: 사만다가 나하고 헤어지고 싶대. 어떻게 해야 하지?

A: I feel so unhappy about my life right now. **What should I do?**

B: Why don't you go and get counseling? I think it would really help.

A: 사는 게 너무 우울해. 어떻게 해야 하지?
B: 가서 상담을 좀 받아보는 게 어때? 훨씬 도움이 될 것 같아.

>> **Speaking Practice:**

What am I going to do?
어떻게 하지?

What am I going to say?
뭐라고 말하지?

Get More

I don't know what to do 어떻게 해야 할지 모르겠어

A: **I don't know what to do.** I borrowed $100 from my friend and now I can't pay her back.

B: That's too bad.

A: 어떻게 해야 할지 모르겠어. 친구한테 100달러를 빌렸는데 당장 돈을 갚을 수가 없거든.
B: 저런.

I don't know what else to do 달리 어떻게 해야 할지 모르겠어

A: What are you going to do?

B: I don't know. I've tried everything. **I don't know what else to do.**

A: 어떻게 할 건데?
B: 몰라. 이미 이것저것 다 해봤는걸. 뭘 더 어떻게 해야 할지 모르겠어.

I'm cool

잘 지내요

○ How are you?, How's it going?, Are you okay? 등, 상대방의 안부나 상태를 묻는 말에 대한 답변으로 Good이나 I'm fine 대신에 쓸 수 있는 쿨한(?) 표현.

A: How are you doing?

B: **I'm cool**. Everything's just great.

A: I'm glad to hear it.

A: 어떻게 지내?

B: 잘 지내. 모든 게 다 좋아.

A: 잘됐구나.

A: Are you sure you're okay?

B: Yeah, yeah... It's no big deal. **I'm cool**.

A: 너 정말 괜찮아?

B: 그럼, 그럼⋯ 별일 아닌걸. 난 괜찮아.

Get More

I'm doing OK 잘 지내고 있어

A: How are you doing?

B: **I'm doing OK**. What's new with you?

A: 어떻게 지내?

B: 잘 지내고 있지. 넌 뭐 좀 새로운 일 있나?

 Mike Says:

I'm cool: This means "I'm OK."

I'm cool with that(p.184): This means "I'm okay with that." It also means "I agree" or "That's a good idea."

Cool!: This means "Great!" or "Wonderful!"

Be cool!(p.72): This is usually said by younger people when they are saying goodbye. It is similar to saying "Take it easy" or "So long." It can also be used when someone is upset and the speaker is telling them to relax.

I hope so
그랬으면 좋겠어요

○ 상대방이 미래의 일에 대해 「…할 것이다」라고 예측 또는 관망할 때 「그렇게 되었으면 좋겠다」라고 맞장구치는 표현.

A: Are you going to see her again?

B: **I hope so**. I really liked her.

A: 그 여자 다시 만날 거야?
B: 그랬으면 좋겠어. 그 여자가 맘에 쏙 들었거든.

A: You're invited to Bob's welcoming party. We hope you'll be able to join us.

B: **I hope so** too. It sounds like fun!

A: 밥의 환영파티에 참석했으면 해. 올 수 있으면 좋겠어.
B: 나도 그랬으면 좋겠어. 재미있겠다!

Get More

Hopefully! 바라건대, 그랬음 좋겠다

A: He seemed to like me a lot. He will give me a call again.

B: **Hopefully!**

A: 그 사람이 날 많이 좋아하는 것 같았어. 다시 전화할걸.
B: 그랬음 좋겠구나!

I hope not! 그러지 말았으면 좋겠다, 아니라면 좋을텐데

A: It's supposed to rain tomorrow.

B: **I hope not!** I have a picnic planned.

A: 내일 비가 온다던데.
B: 안왔으면 좋겠는데! 피크닉 갈 거거든.

What do you do for a living?

직업이 뭐예요?

○ 상대방의 직업을 물어보는 전형적인 표현. 여기서 for a living은 생략 가능한데, 그렇다고 What do you do?를 「지금 뭐하는 거냐?」(What are you doing?)는 말로 오해하는 loser가 되지 말것.

A: **What do you do for a living?**

B: I design buildings. I'm an architect.

A: 직업이 어떻게 되세요?
B: 건물 설계를 하죠. 건축가예요.

A: It's really nice to meet you.

B: Nice to meet you too. So, **what do you do for a living?**

A: I work for a law firm.

A: 만나서 정말 반가워요.
B: 나도 반가워요. 그런데, 무슨 일 하세요?
A: 법률회사에서 일해요.

>> **Speaking Practice:**
What do you do?
무슨 일 하세요?

Get More

Who do you work for? 어디서 일해?

A: **Who do you work for?**
B: I work for Gladstone, Inc.

A: 어디서 일하세요?
B: 글래드스톤 주식회사에서 일해요.

I work for Mr. James 제임스 씨 회사에서 일해 [work for 다음에 사장 이름이나 회사명]

A: I'm a teacher. What do you do?
B: **I work for Mr. James.**

A: 전 교사예요. 당신은 무슨 일 하세요?
B: 제임스 씨 회사에서 일해요.

>> **Speaking Practice:** I work at[in] …에서 일해

Here's to you

1. 당신을 위해 건배!   2. 너한테 주는 선물이야

◯ 술자리에서 애용되는 Here's to you!는 행운을 빌어주거나 감사의 맘을 전하며 「당신을 위해 건배!」(Here's a toast to you!)라고 외치는 말. 건배의 대상은 to 이하에 넣어주면 된다. 또 선물 등을 건네주며 이 말을 하면 「이거 너한테 주는 거야」라는 의미.

A: To my best friend, on his wedding day. **Here's to you**.

B: Thank you. I'm so happy you are all here.

    A: 내 가장 친한 친구의 결혼을 축하하며. 건배.

    B: 고맙습니다. 다들 와주셔서 정말 기뻐요.

A: Jack, you helped us make a huge profit. **Here's to you**.

B: Thanks boss. I feel really happy to be employed by our company.

    A: 잭, 자네 덕분에 큰 이익을 냈어. 자 받게.

    B: 감사합니다 사장님. 우리 회사에서 일하고 있다는 게 정말 기쁩니다.

>> **Speaking Practice:**

I'd like to propose a toast
축배를 듭시다

Cheers!
건배!

Here's to your health
당신의 건강을 위하여

I have a hangover
술이 아직 안깼나봐

Get More

Bottoms up! 위하여!

A: Alright everyone, **bottoms up!**

B: Waitress! Can you get us another pitcher of beer?

    A: 자 여러분, 건배!

    B: 웨이트리스! 맥주 피쳐 하나 더 줄래요?

Say when 됐으면 말해 [Say when you think you have enough라는 의미로, 술잔의 술이 적당한 수위에 다다랐을 때 When 혹은 Stop 등으로 대답하면 된다]

A: Let me pour that for you. **Say when**.

B: OK, stop! I don't want to get drunk tonight.

    A: 내가 따라줄게. 됐으면 말해.

    B: 좋아, 그만! 오늘 밤엔 고주망태가 되면 안되거든.

I have nothing to do with this

난 아무 관련이 없어, 난 상관없는 일이야

○ have nothing to do with ~는 「…와 아무 상관(관련)이 없다」(have no connection with)는 말. 반면 「…와 어느 정도 관계가 있다」고 하려면 nothing 자리에 something을 넣고, 「큰 상관이 있다」고 하려면 a lot을 붙이면 된다.

A: I want to know who designed this. Almost every customer has complained.

B: **I had nothing to do with this**.

A: 이거 누가 디자인했는지 알고 싶은데. 손님들이 거의 다 불평 하더구만.
B: 저하고는 아무 관련이 없습니다.

A: Sir, what's going on here? Why are you fighting?

B: **I have nothing to do with this**.

A: 손님. 무슨 일입니까? 왜들 싸우시는 거지요?
B: 저는 아무 상관 없어요.

>> Speaking Practice:

I didn't cause this
내가 이런 건 아냐

It's not my problem
나하곤 상관없어

He had something to do with that affair
그 사람은 그 사건과 어떤 관계가 있어

Get More

It doesn't have anything to do with me 난 모르는 일이야

A: Why is Amy so angry? Did something happen to her?

B: Don't look at me. **It doesn't have anything to do with me**.

A: 에이미는 왜 그렇게 화가 난 거야? 걔한테 무슨 일 있었어?
B: 날 쳐다보지 마. 난 전혀 모르는 일이야.

Check it out at Big Bang Theory

What does it have to do~?

○ Season 5 Episode 1

페니는 술취해 라지와 하룻밤을 자고 난 뒤, 찾아온 에이미에게 신세타령을 한다. 난 두명의 다른 사람으로 느껴져 지킬박사과 창녀말야(I feel like two totally different people— Dr. Jekyll and Mrs. Whore), 그러자 에이미는 너무 자책하지마. 네 잘못이 아냐(Don't be so hard on yourself. It wasn't your fault)라고 한다. 그리고 위로한답시고 러시아 에카테리나 여제는 아주 성적으로 흥분했을 때, 복잡한 지렛대 시스템으로 말과 은밀한 관계를 가졌어(When she was feeling particularly randy, she used an intricate system of pulleys to have intimate relations with a horse)라고 하자 페니는 그게 나와 무슨 상관이냐며 **What does this have to do with me?**라고 한다.

Come on!

1. 어서요   2. 그러지마, 제발   3. 자 덤벼

> 바빠죽겠는데 여유작작한 양반에겐 「서둘러!」(Hurry up!)라는 의미로, 언행이 지나친 사람에겐 억양을 내려서 「그만 좀 해!」(Stop it!)라는 뜻으로 쓴다. 또한 애교섞인 코맹맹이 소리로 말하면 「제발 좀 허락해 주세요!」라는 뜻이고, 주먹다짐 상황에서는 「자 덤벼」라고 하는 말.

A: **Come on**, Mandy! We're going to be late!

B: Okay, okay. Quit yelling at me and relax.

 A: 서둘러, 맨디! 늦겠어!
 B: 알았어, 알았다구. 나한테 소리 좀 그만 지르고 마음을 느긋이 가져.

A: I don't think that I want to go out tonight.

B: **Come on**, that's silly. You love to go out.

 A: 오늘 밤엔 외출하고 싶지 않아.
 B: 이러지 마, 바보같이. 즐거울거야.

A: Do you think my make up looks all right?

B: **Come on**, you look beautiful!

 A: 나 화장 괜찮은 것 같아?
 B: 왜이래, 아주 예뻐!

>> **Speaking Practice:**

come-on

명사로 「미끼상품」이나 「성적유혹」

Check it out at Friends

Unisex

> Friends Season 5 episode 13

무식한(?) Joey가 Rachel과의 대화 도중 그만 unisex를 You need sex로 알아듣고는 "I had sex a couple days ago"라 하며 발끈하는 장면이 있다. 명색이 바람둥인데 아무렴 그게 궁색할까봐! 답답한 Rachel이 친절하게도 철자를 하나하나 불러주며 "No Joey! U- N- I -sex"라고 설명하자, 이를 "너와 나의(you and I) sex"라는 앙큼한 유혹의 말로 제멋대로 해석하곤 "거절할 생각 없다"(I ain't gonna say no to that)고 하는데… Come on(이러지 마)이라는 말을 하고 싶은 충동이 이는 한편, "역시 Joey답다"라는 감탄이 절로 나온다.

What's the hurry?

왜 그렇게 서둘러?, 왜 이리 급해

◎ 뭔가 급히 서두르는 상대방에게 그 이유를 묻는 표현. 대개 순수하게 그 이유를 묻는다기 보다는 「그렇게 급할 것 없지 않느냐」는 항변의 표현으로 많이 쓰인다.

A: Come on. We're going to be late!

B: The movie starts at 7:00 pm. **What's the hurry?**

A: I want to get good seats.

> A: 자 어서. 늦겠다!
> B: 영화는 7시에 시작하잖아. 서두를 거 뭐 있어?
> A: 좋은 자리에 앉고 싶다구.

A: You need to get married before you get too old.

B: **What's the hurry?** I'm still young.

> A: 너무 나이들기 전에 결혼해야 돼.
> B: 급할 거 뭐 있어. 난 아직 젊은데.

>> **Speaking Practice:**

There's no hurry

서두를 것 없다, 급할 것 없다
(= I'm no hurry)

Get More

What's the[your] rush? 왜 이리 급해?

A: Can you drive a little faster? I want to get to Chicago.

B: **What's the rush?** We have all day.

A: 좀더 속력을 내줄래? 시카고에 도착해야지.
B: 뭐가 그렇게 급해? 오늘 안에는 도착하겠지.

I'll give you a ride

태워다 줄게

○ give sby a ride는 누군가를 자동차 또는 다른 운수단으로 태워다 줄(take someone somewhere in a car or on a motorcycle) 때 사용하는 표현이다.

A: I need to go to the library.

B: **I'll give you a ride**. I have to go near the library anyway.

A: 도서관에 가야 돼.
B: 내가 태워다줄게. 도서관 근처로 가야 하거든.

A: I have to be at church by 11:00. Are you going that way?

B: Yes. **I'll give you a ride** down there.

A: 11시까지 교회에 가야 해. 너 그쪽으로 가니?
B: 응. 거기까지 태워다줄게.

>> **Speaking Practice:**

Do you want a ride?
태워다줄까?

Can I give you a lift?
태워다줄까?

Could I have a ride?
태워줄래?

How about a ride?
태워줄래?

Get More

(Are you) Going my way? 혹시 같은 방향으로 가니?, 같은 방향이면 태워줄래?

A: Where are you going?

B: Down to the park. **Are you going my way?**

A: 어디 가?
B: 공원에. 나랑 같은 방향으로 가니?

Hop in 어서 타

A: I'm going to Bloomingdale's for shopping. Are you going my way?

B: Yeah. **Hop in** and I'll give you a ride.

A: 블루밍데일 백화점에 쇼핑하러 가는 중인데. 나랑 같은 방향으로 가니?
B: 응. 타. 내가 태워다줄게.

>> **Speaking Practice:** get in[out] 차에 타다[내리다]
pull over 차를 세우다, 차를 길가에 대다
pick up 가서 차에 누구를 태우다

Give me a break

1. 좀 봐줘요, 한번만 기회를 줘요   2. 그만 좀 해라, 됐다 됐어

○ 잘못하고 나서 한 번만 눈감아 달라고 하거나 만회할 수 있는 기회를 달라고 조를 때「좀 봐주세요」(give me one more chance)하고 상대방에게 머리 조아리며 쓰는 말. 한편, 누군가 말도 안되는 소리를 할 때는「그만 좀 해라」, 「작작 좀 해라」(do not bother me)라는 의미로도 쓴다.

A: I really wish you wouldn't drive so fast. It's dangerous.

B: **Give me a break**. You were driving a lot faster than me a little while ago!

A: 너무 속력을 내지 말았으면 정말 좋겠어. 위험하잖아.
B: 좀 봐줘라. 얼마 전까지만 해도 나보다 훨씬 속도를 냈으면서!

A: I'm going to be a star when I grow up!

B: **Give me a break**. You'll be lucky to get a job at Burger King.

A: 난 커서 스타가 될 거야.
B: 아이고 그만 좀 해 두시지. 버거킹에 일자리를 구하는 것만도 행운일 게다.

>> Speaking Practice:
Don't be so hard on me
나한테 그렇게 심하게 하지 마세요.
그렇게 빡빡하게 굴지 말아요

Get More

Give it a break! 그만 좀 하지 그래

A: I'm really sick of our mayor. He's such a jerk. I think he's a...

B: **Give it a break**. I know you don't like him already.

A: 우리 시장한테는 정말 넌덜머리가 난다니까. 굉장한 멍청이야. 내 생각에 그 사람은…
B: 그만 좀 해라. 네가 그 사람 안좋아한다는 건 이미 알고 있으니까.

Go easy on me 좀 봐줘

A: I am going to have to punish Kelly. She's been very bad lately.

B: **Go easy on her**. She's a good kid. She'll behave if we just talk to her.

A: 켈리한테 벌을 줘야겠어. 요즘 버릇이 아주 나빠.
B: 살살 해. 착한 애잖아. 말로 타이르면 얌전하게 굴 거야.

>> **Speaking Practice:** Go easy on the whisky 위스키 좀 적당히 마셔(go on sth은「…을 적당히 하라」는 의미의 표현)

(I) Love it!

정말 좋다, 내맘에 꼭들어

○ 매우 훌륭하고 멋져서 「내맘에 꼭 든다」는 표현으로, 좋고 싫은 감정을 확실하게 표현하는 미드에서 자주 들을 수 있다.

A: This is the best weekend I've had in a long time.

B: Me too. **I love it!** This is so fun.

A: 오랜만에 정말 즐거운 주말이구나.
B: 나도 그래. 정말 좋다! 아주 재미있어.

A: Jenny is so jealous that you are going out with Luke.

B: I know. **I love it!** She deserves it for being so mean to him.

A: 제니는 네가 루크와 데이트하게 된 것을 패나 배아파하고 있어.
B: 맞아. 딱 좋아! 걘 그래도 싸다구. 걔가 루크에게 좀 심술궂었니.

>> **Speaking Practice:**
I'll love it
좋을 거야
I'd love it (if ~)
(…하면) 좋을텐데
She will love it
그 여자가 좋아할 거야
It is to your liking
그건 네가 좋아하겠는데

Get More

I like that 그거 좋은데, 맘에 들어

A: Did you hear that we have to start working on Saturdays?

B: **I like that**. I need the extra money.

A: 이제부터 토요일에도 근무를 해야 한다는 소식 들었어요?
B: 난 좋아요. 돈이 좀 더 필요하니까.

>> **Speaking Practice:** **I'd like that** 그러면 좋겠다. 그렇게 한다면 난 좋다

That's more like it 그게 더 낫네요 [like는 「…같은」, 「…다운」이라는 형용사로, 「그게 더 좋은 방법처럼 보인다」라는 의미]

A: The boss said he's going to increase our pay by 50 cents an hour.

B: Now, **that's more like it!**

A: 사장님이 그러는데, 우리 급료를 시간당 50센트씩 올려주시겠대요.
B: 훨씬 낫군!

곧 알게 될 거야, 두고 보면 알아

○ 앞으로 일어날 일에 대한 자기의 말을 상대방이 믿지 않을 때 자신의 말이 사실임을 확신하면서 내뱉는 말.

A: You'll never get into Harvard. You just aren't smart enough.

B: **You'll see**. I'm going to go to Harvard some day.

A: 넌 절대 하버드 대학에 들어갈 수 없을걸. 별로 똑똑하지 않잖아.
B: 두고봐. 난 언젠가 하버드에 입학하고 말 거라구.

A: I don't think Carrie will ever marry you. You're just not good enough for her.

B: **You'll see**. I'm going to make her love me.

A: 캐리가 너하고 결혼해줄지 모르겠다. 너한텐 과분한 여자인데.
B: 두고봐. 캐리가 날 사랑하게 만들고 말테니.

>> Speaking Practice:
I'm telling the truth
진짜야
I'm not lying
정말이라니까
(You) Just watch!
넌 보고만 있어

Get More

We'll see 좀 보자고, 두고 봐야지 〔지금 당장 결정을 내리거나 단정짓는 것을 피하는 표현〕

A: Do you want to go away this weekend?

B: Well, **we'll see**.

A: 이번 주말에 여행갈래?
B: 글쎄, 좀 두고 보자구.

>> Speaking Practice: I'll see 두고 보자구

You (just) wait and see 두고보라고

A: Are you sure you can do it?

B: **You just wait and see**. I'm gonna be a big star!

A: 자네 정말로 할 수 있겠나?
B: 지켜봐주세요. 전 대스타가 될테니까요!

>> Speaking Practice: You wait! 두고봐
Wait and see! 두고봐

Keep going!

계속 해

○ 「계속 …하라」는 명령문인 Keep ~ing형의 대표 표현. Keep going은 직역하면 「계속 가」란 뜻이지만, 「(하던 일) 계속 해!」(continue doing something)라는 '강요'나 '격려'의 의미로 사용되며 뭘 계속하는지는 on + 명사를 덧붙이면 된다.

A: I was at a party last night and saw your boyfriend. I probably shouldn't tell you what I saw him doing. Hmmmmm.....

B: **Keep going!**

> A: 어젯밤 파티에 갔는데 네 남자친구를 봤어. 걔가 뭘 하고 있었는지 너한테 말하면 안되는 거겠지. 음…
>
> B: 계속 얘기해봐!

A: I think we need to talk... You know, I'm your best friend, and um...

B: **Keep going.**

> A: 우리 얘기 좀 해… 있잖아, 난 네 친한 친구잖아, 그리고 음…
>
> B: 얘기해 봐.

>> **Speaking Practice:**

Let's keep going
자 계속하자

Keep going like this
지금처럼 계속해

Keep going on the sales report
매출 보고서 작성이나 계속 해

Get More

Keep talking 계속 이야기 해봐

A: So if you invest with us, we can double your money.

B: **Keep talking**. I like what I hear.

> A: 우리에게 투자하시면 돈을 두 배로 불려드리겠습니다.
>
> B: 계속 얘기해봐요. 구미 당기는 얘기구먼.

Keep (on) trying 계속 정진해, 멈추지 말고 계속 노력해

A: For some reason I can't get connected to the Internet.

B: **Keep on trying**. I really need to check my email. It's important.

> A: 무슨 이유인지 인터넷에 접속이 되질 않네.
>
> B: 계속 시도해봐. 난 이메일을 확인해봐야만 된다구. 중요한 일이야.

>> **Speaking Practice:** Don't quit trying 포기하지 마

○ 용기있게 「내 잘못이에요」, 「내가 그랬어요」하고 실수를 그대로 인정하는 표현. mistake 대신에 fault를 써도 된다.

A: We're late for the movie. I thought you said it started at 7:30 but it starts at 7:00!

B: **It was my mistake!** I must have read the times for the wrong movie.

A: 영화 시작에 늦겠어. 네가 7시 반에 시작한다고 한 줄 알았는데 7시에 시작하잖아!

B: 내 잘못이야! 엉뚱한 영화 시간표를 봤나봐.

A: Who erased my files from the computer?

B: **My mistake!** I thought they were old files.

A: 이 컴퓨터에 있던 내 파일들을 지운 게 누구야?

B: 내 실수야! 옛날 파일들인 줄 알았지 뭐야.

>> Speaking Practice:

My mistake
내 잘못이야

I made a mistake
내가 실수했어

It was a simple mistake
단순한 실수였어

It was a big[huge] mistake
크나큰 실수였어

Get More

It is my fault 내 잘못이야

A: You don't have to say you're sorry.

B: Sure I do. **It was** all **my fault**.

A: 미안하단 말은 할 필요 없어요.

B: 어떻게 그래요. 이게 다 제 잘못인데.

>> Speaking Practice: This is all[totally] my fault 모두 내 잘못야
It's not your fault 네 잘못이 아냐

I guess I dropped the ball 큰 실수를 한 거 같아

A: **I guess I dropped the ball** on the Legenvy project. What should I do?

B: That's why the boss seems so mad today, huh?

A: 내가 레젠비 프로젝트에서 큰 실수를 한 거 같아. 어떡하지?

B: 그래서 사장님이 오늘 그렇게 화가 나 보이는 거군, 그렇지?

>> Speaking Practice: I have no excuses 변명의 여지가 없어

Help yourself

마음껏 드세요, 어서 갖다 드세요

⊙ 먹고 싶은대로 직접 갖다 먹으라(serve yourself anything you want)는 의미의 공손한 표현. 아래 두번째 dialogue에서 처럼 꼭 먹는 것과 관련된 일이 아니더라도 사용할 수 있다.

A: Can I have one of these apples?

B: **Help yourself**. There are plenty of them.

A: 이 사과 하나 먹어도 돼요?

B: 마음껏 먹어. 많으니까.

A: Do you mind if I use your shower?

B: **Help yourself**. The towels are hanging on the wall.

A: 샤워 좀 해도 될까요?

B: 마음껏 하세요. 수건은 벽에 걸려 있어요.

>> Speaking Practice:

Help yourself to anything (in the refrigerator)

(냉장고에 있는 거) 마음껏 드세요

Enjoy your meal

맛있게 드세요

Dig in

자 먹자꾸나(친구끼리)

Get More

(Do you) Want some more? 더 들래요?

A: That was great. Your cooking is always delicious.

B: That's nice of you to say. **Do you want some more?**

A: 맛있어. 당신 요리는 늘 끝내준다니까.

B: 그렇게 말해주니 고마워. 좀 더 먹을래?

>> Speaking Practice: Have some more 좀 더 드세요
Do you want a bite of this? 이거 좀더 드셔 보실래요?

Come and get it 자 와서 먹자, 자 밥먹게 와라

A: Supper is ready. **Come and get it.**

B: It smells great. What are we having tonight?

A: 저녁 다 됐어. 와서 먹어.

B: 냄새 좋은데? 오늘 저녁은 뭐야?

>> Speaking Practice: Soup's on! 식사준비 다 됐어요
Dinner is served 식사가 준비되었습니다(집사가 말하듯 공식적인 어투)

That's enough!

이제 그만!, 됐어 그만해!

○ 상대가 듣기 싫은 소리를 넌더리 날 정도로 계속할 때 더 이상 참지 못하고 내뱉는 말. 한편 음식을 권하는 문맥에서는 「배가 부르다」라는 뜻.

A: How could you do this to me?

B: **That's enough!** I said I'm sorry more than a thousand times!!

A: 어떻게 나한테 이럴 수가 있어?

B: 그만 좀 해! 수천번도 더 미안하다고 했잖아!!

A: Mom, Katie keeps hitting me in the head!

B: **That's enough!** You children stop fighting while I'm driving!

A: 엄마, 케이티가 자꾸 내 머리 때려!

B: 그만 좀 해! 엄마가 운전하고 있을 땐 싸우지 말란 말야!

>> **Speaking Practice:**

That's enough for now
이젠 됐어

Enough is enough!
이젠 충분해

Enough of that!
이제 됐어, 그만해, 그걸로 됐어

Good enough!
딱 좋아

Get More

I've had enough of you 이제 너한테 질렸어

A: This is the third time I've caught you lying. **I've had enough of you!**

B: Please Glenda, give me one more chance.

A: 거짓말하다 걸린 게 이번이 세번째야. 너한테 질려버렸어!

B: 글렌더, 제발 한번 더 기회를 줘.

>> **Speaking Practice:** I've had enough of it 이제 그만 좀 해라. 그 정도면 충분하니 그만 해

I am sick of this 진절머리가 나

A: It's rained every day of our vacation. **I'm sick of this**.

B: Yeah, I wanted to spend some time lying on the beach.

A: 휴가인데 매일 비야. 지긋지긋해.

B: 맞아, 해변에 좀 누워있고 싶었는데.

>> **Speaking Practice:** I'm really fed up with it 그러는 거 이제 정말 짜증난다

That's no big deal

별거 아냐

⚡ 뭔가 좋지 않은 상황을 만나 지나치게 걱정 혹은 당황하고 있는 상대방을 진정시키기 위한 표현으로, deal은 여기선 「해결해야 할 문제」(problem to be treated)란 의미이다. 잘못을 사과하는 사람에게 Don't worry. That's no big deal이라고 하면 매우 퍼펙트한 영어!

A: Sorry about that.

B: Don't worry! **It's no big deal**.

A: 정말 유감이야.
B: 걱정 마! 별거 아냐.

A: I'm sorry for being late to work today.

B: **That's no big deal**. But make sure not to be late again.

A: 오늘 지각해서 죄송합니다.
B: 별거 아니니 신경쓰지 말게. 하지만 다시는 지각하지 말라구.

>> Speaking Practice:
It's no big deal
별거 아냐
No biggie (= No big deal)
별거 아냐

Get More

What's the big deal? 별거 아니네?, 무슨 큰 일이라도 있는 거야?

A: Everyone seems to hate my long hair. **What's the big deal?**

B: Not many men wear their hair long here.

A: 다들 내 긴머리를 싫어하는 거 같더라. 그게 무슨 대수라고?
B: 여긴 머리를 기르는 남자들이 많지 않거든.

Check it out at Sex and the City

It's no big deal

⚡ Season 3 Episode 12

결혼식을 앞두고 아직 사랑을 나눠보지 못한 샬롯은 트레이와 시운전(test drive)을 해보려고 한다. 난 더 이상 못기다리겠어(And I can't wait any longer), 우리 지금 당장 사랑을 나누자(Can we please make love right now?)라고 하고 트레이는 정말이야?(Are you sure?)라고 하고 샬롯은 Yes, I am이라고 하면서 침대로 날 데려가달라(Take me to your bedroom now)고 한다. 하지만 둘의 making love는 실패하고 만다. 트레이는 운이 나빴어(That was unfortunate)라 변명하고 샬롯은 이런 일이 자주 있었나(Has this ever happened to you before?)고 묻는다. 트레이는 가끔식(Every now and then) 그랬다고 하면서 샬롯과 할 때 이럴 줄은 몰랐다(I just didn't think it would happen with you)라고 하면서 별 일 아냐(It's no big deal)라고 샬롯을 안심시킨다.

⭕ 모든 게 다 제대로 될 거라며 걱정 근심에 휩싸인 상대방을 안심시킬 때 쓰는 표현. 뒤에 about sth의 형태로 걱정거리를 언급해주기도 한다.

A: I think that I may have broken this copying machine.

B: **Don't worry**, it breaks a lot. I'll call a serviceman.

A: 제가 이 복사기를 망가뜨린 것 같아요.
B: 염려말게. 자주 그러니까. 내가 수리공을 부르지.

A: Darn it! I forgot to leave a tip for the waiter at the restaurant.

B: **Don't worry**. I tipped him while you were paying the bill.

A: 이런! 식당에서 종업원에게 팁 주는 걸 잊었어.
B: 걱정마. 네가 계산할 동안 내가 줬어.

〉〉**Speaking Practice:**
Don't worry about it
걱정마, 잘 될 거야

Get More

Not to worry 걱정 안해도 돼

A: This elevator is out of service right now.

B: **Not to worry**. I can use the stairs.

A: 이 엘리베이터는 지금 운행이 안돼요.
B: 걱정 안해도 돼요. 전 계단으로 가면 되니까요.

There's nothing to worry about 걱정할 것 하나도 없어

A: I read in the newspaper that the stock market went down sharply yesterday.

B: **There's nothing to worry about**. It will recover later this week.

A: 신문을 읽었는데 어제 주가가 급락했다던데.
B: 걱정할 거 없어. 이번 주 중으로는 회복될테니까.

〉〉**Speaking Practice:** You don't have to worry 걱정하지 마

Don't be ridiculous

바보같이 굴지 마

○ ridiculous는 「우스꽝스러운」, 그래서 「조소를 받아 마땅한」이라는 형용사. 따라서 Don't be ridiculous는 상대방에게 비난조로 충고할 때 쓰는 표현이다.

A: How would you like to go to Hawaii this year?

B: **Don't be ridiculous**. We don't have enough money to do that.

A: 올해 하와이 갈까?
B: 웃기지마. 그럴 돈 없다구.

A: **Don't be ridiculous.** You should never go out with him.

B: That's silly. Why not?

A: 바보같이 굴지 마. 넌 그 남자하고 사귀면 안돼.
B: 말도 안돼. 왜 안되는데?

>> Speaking Practice:
Don't be silly
바보같이 굴지 마
Don't be foolish
바보같이 굴지 마
This is ridiculous
이건 말도 안돼

Get More

Don't make me laugh! 웃기지 좀 마, 웃음밖에 안 나온다

A: If you mess with me, I'll punch you in the nose.

B: **Don't make me laugh**. You're so weak you'd hurt your hand.

A: 쓸데없이 참견하면, 코를 묵사발로 만들어놓겠어.
B: 웃기시네. 너무 약해서 네 손이 다칠라.

Check it out at Sex and the City

Don't be ridiculous

○ Season 5 Episode 7

샬롯은 트레이와 이혼하고, 샬롯의 이혼 변호사 대머리 해리가 샬롯을 유혹하는 장면. 내가 만난 여자 중에서 가장 섹시한 여자다(You are the sexiest woman I ever met)라는 말에 샬롯은 해리, 그러지마요(Harry, don't be ridiculous), 안경도 쓰고 있는데요(I'm wearing my glasses)라고 한다. 해리는 계속해서 열정적으로 말을 이어간다. 당신이 내 이름을 부를 때마다 난 미치겠어요(It makes me crazy when you say my name)라고 한다.

No, thank you

고맙지만 사양하겠어요

○ 상대방의 제의를 공손하게 거절하는 표현. 거절하기는 하지만 「그래도 권해줘서 고맙다」, 「그 호의
는 충분히 알겠다」는 뉘앙스가 배어있다.

A: Would you like to drink some whiskey with me?

B: **No, thank you**. I still have to drive home.

　A: 나랑 위스키 마실래?
　B: 고맙지만 사양할게. 집까지 차를 몰고 가야하거든.

A: Would you like to use my computer to check your e-mail?

B: **No, thank you**. I'll do that later.

　A: 제 컴퓨터에서 이메일 확인하실래요?
　B: 감사합니다만 괜찮습니다. 나중에 할게요.

>> **Speaking Practice:**
No, thanks
고맙지만 됐어요

Get More

Not right now, thanks 지금은 됐어요 〔다른 때는 몰라도 지금은 아니라는 제한적 거절법〕

　A: Can I get you some coffee or tea?
　B: No, **not right now, thanks**.

　A: 커피나 차 좀 갖다 드릴까요?
　B: 아뇨, 지금은 됐어요. 고마워요.

Nothing for me, thanks 고맙지만 전 됐어요 〔음식거절시〕

　A: What kind of beer can I get for you guys?
　B: **Nothing for me, thanks**. I don't like the taste of beer.

　A: 얘들아, 무슨 맥주 가져다 줄까?
　B: 고맙지만 난 됐어. 난 맥주를 안 좋아해.

I really appreciate this

정말 고마워

○ 감사의 마음이 차고 흘러넘쳐 Thank you나 Thanks로는 모자랄 때, 혹은 좀더 정중하게 말하고 싶을 때에 appreciate을 이용한다. appreciate은 「감사히 여기다」라는 타동사로 목적어를 필요로 한다는 것에 유의하자.

A: Thanks for the help. **I really appreciate this**.

B: It's no problem.

A: 도와줘서 고마워. 정말 고맙다.
B: 별일 아닌걸 뭐.

A: Here are some ideas for your presentation.

B: Great! **I really appreciate this**.

A: 당신이 할 프리젠테이션에 대해 몇가지 생각해놓은 게 있어요.
B: 잘됐군요! 정말 고맙습니다.

>> Speaking Practice:

I appreciate your help
도와주셔서 감사합니다

I appreciate the support
지원해주셔서 감사합니다

I appreciate you giving me an opportunity here
저에게 이런 기회를 주셔서 감사합니다

Get More

I'd appreciate it if S + would + V ~ …해주면 고맙지 [if절의 would는 발음상 거의 들리지 않기 일쑤]

A: **I'd appreciate it if** you could bring an appetizer.

B: Is there anything else you need?

A: 전채요리를 가져다 주시면 감사하겠습니다.
B: 다른 것 또 필요한 게 있으세요?

Check it out at Friends

We'd appreciate it if no one told him yet

○ Season 5 Episode 7

챈들러와 모니카의 은밀한 관계를 알게 된 피비는 장난으로 챈들러를 유혹하고 이를 눈치챈 챈들러는 유혹에 넘어가는 척하면서 서로 지지 않으려고 하다 결국 챈들러가 모니카를 사랑하기 때문에 피비에게 너하고는 섹스를 못한다고 항복한다. 피비는 놀라며 너희가 사랑하는 줄 몰랐어(I didn't know you were in love!)라고 소리친다. 비밀이 없어지게 되자 조이는 좋아하지만 아직 로스는 모른다고 하면서 챈들러가 아직 로스에게는 비밀로 해줬으면 좋겠어(We'd appreciate it if no one told him yet)라고 부탁을 한다.

Give my best to your folks

가족들에게 안부전해주세요

○ 「…에게 인사말을 전해주세요」, 즉 「안부 전해주세요」라고 헤어질 때 하는 인사말로, 좀 더 캐주얼한 표현으로는 아래의 Say hello to sby 등이 있다.

A: I'm going to visit Eddie in New York this summer.

B: I really miss Eddie. **Give my best to him**.

A: 올 여름엔 뉴욕에 있는 에디네 집에 갈 거야.
B: 에디 정말 보고 싶다. 내 안부 전해줘.

A: See you later, Mr. Brown. I'm going home now.

B: Have a good night, Charlie. **Give my best to your folks**.

A: 나중에 또 봬요, 브라운 씨. 전 이제 집에 가야겠어요.
B: 안녕히 가세요, 찰리. 가족들에게 안부 전해주세요.

>> Speaking Practice:
All the best to everyone
모두에게 안부 전합니다

Get More

Say hello to sby …에게 안부 전해 주게나

A: I heard you are going to Mr. Glen's store. **Say hello to him** for me.

B: OK, I'll let him know that you asked about him.

A: 너 글렌 씨네 가게에 갈거라며. 인사 좀 전해줘.
B: 그래, 네가 안부 묻더라고 전할게.

>> Speaking Practice: Remember me to sby …에게 제 안부 전해주세요

I am going to miss you 보고 싶을 거야

A: I know you have to leave, but **I'm going to miss you**.

B: Don't be so sad. We'll be together again soon.

A: 네가 가야 된다는 거 알아. 보고 싶을 거야.
B: 너무 서운해하지 마. 곧 다시 만나겠지.

>> Speaking Practice: I will miss you 네가 그리울 거야
I'm already missing you 벌써 그리워지려고 해

Catch you later

나중에 보자

● Catch you later는 만났다 헤어질 때 「나중에 만나서 다시 이야기하자」(contact or meet to talk again soon)라고 가볍게 던지는 인사말. 「나중에 시간나면 보자구」 또는 「나중에 다시 이야기하자」 라는 의미.

A: I've got to go home. **Catch you guys later**.

B: OK Hank. Give me a call sometime.

    A: 집에 가야겠어. 나중에 봐 얘들아.

    B: 그래 행크. 언제 전화 한번 해.

A: See you tomorrow, Samantha.

B: OK, **catch you later**.

    A: 내일 봐요 사만다.

    B: 그래요, 나중에 봐요.

》**Speaking Practice:**

I'll catch up with you later
나중에 보자

I'll try to catch you some other time
언제 한번 보자구

I'll try to see you later
나중에 봐

Get More

I'll catch up with you in the gym 체육관에서 보자 〔나중에 만날 장소를 지정하는 경우. 먼저 가 있으면 나중에 따라잡겠다(catch up with)라는 의미〕

A: That was a good workout. I'm going to go home and shower.

B: That's a good idea. **I'll catch up with you in the gym**.

A: 운동 잘했다. 집에 가서 샤워해야겠어.

B: 그렇게 해. 나중에 체육관에서 보자.

(It) Couldn't be better

최고야

> 문자 그대로 옮기면 「더 좋을 수가 없다」는 얘기. 굳이 소시적에 배운 「부정 + 비교급 = 최상급」 어쩌구 하는 규칙을 들먹이지 않더라도 「더할 나위 없이 좋다」(be in the best condition)는 의미임을 바로 간파할 수 있다.

A: How are you doing?

B: **Couldn't be better!** I've got a date with Jane this evening.

A: 좀 어때?
B: 최고야! 오늘 저녁에 제인이랑 데이트하기로 했거든.

A: This is the nicest resort I've ever been to. **It couldn't be better**.

B: Yeah, the staff is really friendly and the food is great too.

A: 이 휴양지가 지금까지 가본 곳 중 제일 멋져. 더할 나위없군.
B: 그러게, 직원들은 정말 친절하고 음식도 근사하고 말야.

>> **Speaking Practice:**
Things have never been[felt] better
최고야
Never better
최고야

Get More

I couldn't ask for more 최고예요, 더이상 바랄 게 없어요

  A: Did you get the job that you were applying for?

  B: No, but I got a better one. It's the best job I've ever had. **I couldn't ask for more**.

A: 지원했던 자리에 취직했니?
B: 아니, 하지만 더 좋은 자리에 들어갔어. 지금까지 중 최고의 일자리야. 더이상 바랄 게 없어.

(I) Can't complain 잘 지내

  A: How are things since you got divorced?

  B: Everything is OK. **I can't complain**.

A: 이혼한 뒤로 어떻게 지내?
B: 다 좋아. 잘 지내.

>> **Speaking Practice:**   (I have) Nothing to complain about 잘 지내
                            No complaints 잘 지내

I have (got) to go
이제 가봐야겠어, 이제 끊어야겠어

○ have to, have got to 등의 표현을 사용하여 가야되는 상황을 완곡하게 나타낸다. 전화를 끊으려고 할 때도 사용할 수 있는 말이다.

A: **I have to go**. My husband is waiting for me at a restaurant.

B: Well, please give me your e-mail address so I can send you some other information.

A: 가야겠어요. 남편이 식당에서 기다리고 있거든요.
B: 좋아요. 다른 정보를 보낼 수 있게 이메일 주소 좀 알려주세요.

A: Can you stay late at work tonight?

B: No, **I have to go**. My children are waiting for me at their school.

A: 오늘 야근할 수 있어요?
B: 아뇨, 가봐야 해요. 우리 애들이 학교에서 기다리고 있어서요.

>> **Speaking Practice:**

I have to go to + 장소
···에 가야 해

I have to go + V
···해야겠어

I got to go
가야겠어, 끊어야겠어

Get More

I've got to run 서둘러 가봐야겠어요

A: **I've got to run**. See you tomorrow.
B: See you then!

A: 가봐야겠어. 내일 봐.
B: 그래 내일 보자!

○ go on은 「발생하다」, 「일어나다」(happen; take place)의 뜻으로, What's going on? 하면 「무슨 일 있어?」라는 의미. 친구의 안색이 좋지 않거나 반대로 희색이 만면한 경우, 간접적으로 그 원인을 묻는 표현이다.

A: I saw a lot of police cars outside. **What's going on?**

B: There was a fight between three drunk guys. The police came and arrested everyone.

A: 밖에 경찰차가 많이 와 있더라. 무슨 일이야?
B: 술취한 애들 셋이서 싸움이 있었어. 경찰이 와서 다 잡아갔어.

A: I see you left six voice messages for me. **What's going on?**

B: Your wife is in the hospital giving birth. You'd better get over there fast.

A: 음성메시지를 6개나 남겼던데. 무슨 일이야?
B: 네 아내가 출산 때문에 병원에 와있어. 빨리 그리로 가봐.

>> **Speaking Practice:**

What's going on here?
무슨 일이야?

What's going on in there [here]?
거기[여기] 무슨 일 있어?

What's going on with him?
그 사람 무슨 일 있어?

(Is) Anything going on?
여긴 별일 없니?, 뭐 재미있는 일 없니?

Check it out at Friends

I'm engaged

○ Season 7 episode 1

어느날 Ross가 집에 돌아와보니 문앞에 "Monica네 집으로 얼른 튀어오라"는 메모가 붙어있다. "What's going on?"(무슨 일인데 오라는 거야?)이라며 Monica의 집 문을 열고 들어오는 Ross. 알고보니 동생인 Monica가 Chandler와 결혼약속을 하고는 너무 기뻐 온동네가 떠나가라 "I'm engaged! I'm engaged!"(나 약혼했어요!) 하고 소리를 질렀다는데, 무심한 오빠 Ross는 그걸 웬 꼬마가 "I'm gay! I'm gay!"(나 게이예요!)라고 외치는 소리인 줄로만 알았다나… 역시 강세가 없는 첫모음은 들릴락 말락.

What a small world!

세상 참 좁네!

⟐ 뜻하지 않은 장소에서 뜻하지 않은 사람을 만나게 되면 불쑥 튀어나오게 되는 말. What + (관사) + 명사 형태의 감탄문이다.

A: Richard Evans is a friend of mine who teaches at the college.

B: **What a small world!** He's one of my son's professors.

A: 리처드 에반스는 대학에서 강의를 하는 내 친구야.

B: 세상 한번 좁군! 리처드는 우리 아들놈을 가르치는 교수들 중 한 사람이야.

A: When I travelled around Spain, I saw your sister in a restaurant in Barcelona.

B: Really? Wow, **what a small world**.

A: 스페인 여행할 때 바르셀로나에 있는 음식점에서 네 여동생을 봤어.

B: 정말? 와, 세상 정말 좁네.

>> **Speaking Practice:**

Small world, isn't it?
세상 좁네요, 그죠?

It's a small world
세상 참 좁네요

Get More

What a coincidence! 이런 우연이!

A: I talk in my sleep.

B: **What a coincidence!** So do I.

A: 난 잠꼬대를 해.

B: 이런 우연이 있나! 나도 하는데.

○ ① 상대방의 부정적인 답변에 대해 「왜 안 된다는 거야?」(Please, explain your negative answer)라며 이유를 묻는 표현이기도 하고, ② 어떤 제의에 대해 「그러지 못할 이유가 어디 있느냐」(I can't think of any reason not to do)고 반문하는, 즉 강한 yes를 의미하는 표현이기도 하다.

A: Would you like a cup of coffee?

B: **Why not?** I still have a few hours before I have to go home.

A: 커피 한 잔 하실래요?
B: 좋죠. 퇴근하려면 몇 시간 더 있어야 하니까요.

A: What should I wear to the party tonight?

B: It's up to you. I can't decide for you.

A: **Why not?**

A: 오늘 밤 파티에 뭘 입고 가는 게 좋을까?
B: 그거야 네 맘이지. 내가 대신 정해줄 순 없다구.
A: 안될 건 또 뭐 있어?

>> Speaking Practice:

Why not her?

걘 왜 안돼?

Why not + N?
Why not + V?
Why not + S + V?

모두 Why not?의 활용편으로 「...가
왜 안돼?」라는 뜻

Get More

I don't see why not 그래요 〔안되는(not) 이유(why)를 모르겠다(don't see)는 뜻으로 결국 긍정의 의미〕

A: Do you think we can get away with it?

B: **I don't see why not**.

A: 우리 벌받지 않고 무사히 넘어갈 수 있을까? B: 그럼.

Check it out at Friends

Why not?

○ Season 5 Episode 7

레이첼은 아버지(Dr. Green)에게 어렵게 임신사실을 털어놓고 아기 아빠는 로스라고 말한다. 당연히 Dr. Green은 결혼식을 예상하지만 레이첼은 결혼하지 않고 사생아로 키우겠다고 한다. 이 말에 흥분한 Dr. Green은 로스의 방문을 세게 두들기는데... 로스가 문을 열자 대뜸 내 딸을 임신시켜놓고 결혼을 하지 않을 수 있다고 생각해?(you think you can knock up my daughter and not marry her)라고 말하면서 널 죽여버릴거야라고 한다. 계속해서 Dr. Green은 넌 친구를 그런 식으로 대하냐(that's how you treat a friend), 임신을 시켜놓고 결혼을 하지 않는거냐(You get her in trouble and then you refuse to marry her)라고 윽박지른다. 억울한 로스는 결혼하자고 레이첼에게 했다(I offered to marry her)고 하자, Dr. Green이 다시 쏘아 붙인다. 왜 결혼을 안하는거야(Why not?).

Good for you
잘됐네, 잘했어

⭘ 복권에 당첨된 친구의 행운(luck)을, 승진한 남편의 성공(success)을 축하할 때 쓰는 표현인 Good for you는, 상대방이 한 일(something that someone has done)에 대해 「잘했어!」라고 하는 칭찬과 격려의 의미.

A: I finally got that promotion that I've been waiting for.
B: **Good for you!**

A: 드디어 기다리던 승진을 하게 됐어.
B: 잘됐네!

A: My teacher told me that my presentation was the best in any of his classes.
B: **Good for you!** Now you see the benefit of working hard.

A: 우리 선생님은 제 발표가 우리 반에서 가장 훌륭했다고 하셨어요.
B: 잘됐구나! 이제 열심히 한 성과가 나타나는구나.

>> **Speaking Practice:**

Good for me
나한테 잘된 일이네

Congratulations!,
Congratulations on + 축하할 일 / to + 사람(축하받는 사람)
…에 대해서 축하해! / …야, 축하해!

You deserve it
넌 충분히 그럴만해

You more than deserve it
너 정도면 충분히 그러고도 남지

Get More

(You did a) Good[Nice] job! 아주 잘했어!

A: Well, now that the project is finished, you can give me your real opinion. How did I do?
B: **You did a good job!** I was very impressed.

A: 저기, 프로젝트가 끝났으니까 말야. 네 솔직한 의견을 말해줄 수 있을 거야. 나 어땠어?
B: 정말 잘했어! 매우 인상적이었어.

A: We decorated this place for the party tonight. What do you think?
B: **Good job!** I like it.

A: 오늘 파티 하려고 집을 꾸몄어. 어때?
B: 잘했어! 맘에 든다.

Well done 잘했어

A: You made this report, didn't you? **Well done**.

B: Thank you, sir.

A: 자네가 이 보고서 작성했지? 잘했네.

B: 감사합니다.

>> **Speaking Practice:** Top notch! 최고야!, 훌륭해!

Check it out at Friends

Good job / Well done / Top notch

○ Season 8의 episode 22

Joey가 자신이 출연한 영화의 시사회(premier)를 앞두고, 자신이 스타가 되기까지 물심양면으로 많이 도와준 Chandler를 초대한다. 하지만 Chandler는 시사회에서 잠만 자는데(fell asleep)… 영화가 끝나고 사람들의 박수소리에 잠을 깬 Chandler는 전혀 안잔 척, 특유의 과장된 어투로 Joey를 극찬하는 말을 정신없이 늘어놓는데, 이때 Chandler가 사용한 말들이 바로 "Good job, Joe! Well done! Top notch!"이다.

This is for you

널 위해 준비했어, 이건 네 거야

◯ 선물을 주면서 「널 위해 준비했어」라고 하거나 우편물을 건네주면서 「너한테 왔어」라는 말. 여기서 for는 「…에게 주려고」(intended to be given to)라는 의미이다. 「너한테 전화 왔어」라는 의미로 자주 쓰이는 It's for you 역시 같은 의미로 사용된다.

A: **This is for you**.

B: Wow. You bought me a ring?

   A: 이거 너 주는 거야.

   B: 이야. 나한테 반지를 사주다니?

A: Here, Joe. **This is for you**.

B: A birthday present! What is it?

   A: 자, 조. 이거 받아.

   B: 생일선물이구나! 뭐야?

>> **Speaking Practice:**

That's not for me
내것이 아닌데, 그런 건 나한테는 안 어울려

This is for your eyes only
이건 너만 알고 있어야 돼

Get More

I('ve) got something for you 네게 줄 게 있어

   A: **I've got something for you**.

   B: What is it?

   A: 너한테 줄 게 있어.

   B: 뭔데?

Here's something for you 이거 너 줄려고

   A: **Here's something for you**. Just a little birthday present.

   B: That's so sweet.

   A: 널 위해 준비했어. 그냥 자그마한 생일선물이야.

   B: 고맙기도 해라.

○ make money는 「돈을 만들다」가 아니라 「돈을 벌다」라는 의미의 기본적인 숙어로, money 대신 「달러」를 의미하는 속어 buck을 써서 make a buck이라고도 한다.

A: How's your new business going?

B: It's okay. **I'm making a little money** but I'm also making some great connections for the future.

   A: 새로 시작한 사업은 잘 돼가?

   B: 괜찮게 돼가. 돈이 좀 되기도 하지만 미래를 위해서 유용한 인맥을 쌓고 있기도 해.

A: How do you like your job?

B: **I'm making some money**, but it could be better.

   A: 직장은 어때?

   B: 돈은 좀 벌고 있지만 그저 그래요.

>> **Speaking Practice:**

make a buck
돈을 벌다

Money talks
돈으로 안되는 일 없지

Show me the money
돈을 벌어다 줘

Get More

I made a killing 떼돈 벌었어

A: How can you afford this huge house?

B: **I made a killing** in the stock market this year.

A: 어떻게 이렇게 큰 집을 살 돈이 있었어?

B: 올해 주식 해서 떼돈 벌었잖아.

>> **Speaking Practice:** I am making money hand over fist 돈을 왕창 벌고 있어 (여기서 hand over fist는 과거 선원들이 돛을 올리고 내릴 때의 재빠른 손동작을 말한다)

It takes money to make money 돈놓고 돈먹기

A: What's the secret to being successful?

B: You need good investors. **It takes money to make money**.

A: 성공의 비결이 뭡니까?

B: 좋은 투자자들이 있어야 하죠. 돈이 있어야 돈을 버니까요.

Are you serious?

정말이야?, 농담 아냐?

○ serious가 「진지한」이라는 의미로 쓰여 Are you serious?하면 「정말이야?」, 「농담 아니야?」라는 뜻으로, 상대방의 말이 단번에 수긍이 가지 않는 좀 황당한 얘기일 때 쓸 수 있는 표현이다.

A: **Are you serious?** You want to quit school?

B: I'm not sure yet, but I may quit attending school next year.

A: 진심이야? 학교를 그만두겠다는 게?
B: 아직 확실치 않지만 내년에 학교를 그만둘지도 몰라.

A: I asked Emily to marry me.

B: **Are you serious?** I mean, you've only known her for six weeks!

A: 에밀리에게 청혼했어.
B: 정말이야? 그러니까 내 말은, 에밀리를 안지 6주밖에 안됐잖아!

>> Speaking Practice:

No lie?
거짓말 아니지?, 정말?

Did I hear you right?
정말이니?, 내가 제대로 들은 거지?

You mean it?
정말이지?

Do you mean that?
정말이지?

Are you for real?
정말이야?

Get More

Are you sure? 정말이야?

A: Believe me! I didn't say anything about it to her.

B: **Are you sure?**

A: 믿어줘! 난 걔한테 그 문제에 대해서 입도 뻥긋 안했다구.
B: 확실해?

>> Speaking Practice: Is that so? 확실해?, 정말 그럴까?
Is that true[right]? 정말이야?

I didn't know that 모르고 있었지 뭐야 (상대방의 정보에 대해 관심과 흥미를 나타냄)

A: Well, you know, Julia and I used to go out.

B: Oh, **I didn't know that**.

A: 음, 있잖아, 줄리아하고 난 예전에 사귀었어.
B: 어, 몰랐어.

What do you think?

1. 네 생각은 어때?   2. 무슨 말이야, 그걸 말이라고 해? (상대방이 형광등일 때)

⊙ 어떤 사안에 대해 어떻게 생각하는지, 상대방의 의견과 견해를 물어보는 가장 기본적인 표현 중의 하나. 하지만 상대방이 영 엉뚱한 소릴 할 경우 「도대체 무슨 생각으로 그런 말을 하는 거야?」, 「그걸 말이라고 해?」라며 타박을 주는 표현으로도 쓰일 수 있다.

A: Wow! Did you get your hair done?

B: Yeah. **What do you think?**

A: 이야! 너 머리 했구나?

B: 응. 어떤 것 같아?

A: You know Cathy, don't you? How about I fix you two up? **What do you think?**

B: That's a good idea!! Thanks.

A: 너 캐시 알지, 응? 내가 너네 둘 소개시켜줄까? 어때?

B: 그거 좋지!! 고맙다.

>> **Speaking Practice:**
What is your opinion?
네 의견은 어때?

What is your idea about this?
여기에 대해 네 생각은 어때?

What do you think S + V?
…라는 사실에 대해 어떻게 생각해?

Get More

What do you think of that? 넌 그걸 어떻게 생각해?

A: My girlfriend just broke up with me because she said I don't have enough money. **What do you think of that?**

B: That's awful!

A: 여자친구랑 헤어졌어. 걔 말이 내가 돈이 많지 않기 때문이래. 거기에 대해서 어떻게 생각해?

B: 지독하구나!

How about you? 네 생각은 어때?

A: I think I'd rather go to the beach this weekend than go hiking. **How about you?**

B: Either one sounds good to me.

A: 이번 주말에 등산보다는 해변에 가는 게 나을 거 같아. 네 생각은 어때?

B: 난 둘 다 좋아.

>> **Speaking Practice:** What about you? 넌 어때?

I am sorry?
예?, 뭐라구요?

○ I'm sorry, Excuse me, Pardon me는 모두 「미안하다」는 뜻이지만 여기에 물음표를 붙이고 끝을 올려 말하면 상대방의 말을 제대로 못 알아들었을 때 「네?」, 귀가 의심스러울 만큼 놀라운 얘기를 들었을 때 「뭐라구요?」하는 말이 된다.

A: Mr. Hughes, I'm afraid that we can't offer you a job right now.

B: **I'm sorry?** Are you saying that I can't work here?

A: 휴, 우린 지금 당장 당신에게 일자리를 줄 수가 없겠네요.
B: 뭐라구요? 내가 여기서 일할 수 없다고 하시는 거예요?

A: I need you to call us again after 5 p.m. today.

B: **I'm sorry?**

A: 오늘 오후 5시 이후에 저희에게 다시 전화주세요.
B: 네?

>> Speaking Practice:
Pardon me?
죄송하지만 뭐라고 하셨어요?

Get More

Excuse me? 뭐라구요?

A: And that is the reason that economics is a very important subject to study.

B: **Excuse me?** I couldn't hear you over the noise in this room.

A: 그것 때문에 경제학이 가장 중요한 과목이란 거야.
B: 뭐라구? 이 방 소음 때문에 못들었어.

Say it again? 뭐라구요?, 다시 한번 말해줄래요?

A: I can offer this apartment to you at the normal rental price.

B: **Say it again?** Yesterday you promised me a 20 percent discount.

A: 이 아파트를 정상적인 임대료로 드리겠습니다.
B: 뭐라구요? 어제 당신이 20% 깎아주겠다고 했잖아요.

>> **Speaking Practice:** What was that again? 뭐라고 했어요?
Come again? 뭐라구요?

○ 상대방의 말에 「그랬어?」하고 맞장구를 치거나 믿지 않는 말에 대해 「네가 그랬다고?」하며 의외임을 나타낼 때 쓸 수 있는 표현.

A: I just bought a new car.

B: **You did?** How much did it cost?

   A: 차를 새로 샀어.

   B: 그래? 얼마 들었어?

A: I moved a few months ago.

B: **You did?** How come you never told me?

   A: 몇달 전에 이사했어.

   B: 그랬어? 그런데 왜 나한테 말도 안해줬어?

>> **Speaking Practice:**

You do?
아 그래?

You did what?
네가 뭐 어쨌다구?

You did when?
언제 그랬다구?

Get More

You're what? 뭐하고 있다고?, 뭐라고?

A: I need to talk to you. I think I'm in love with you.

B: **You're what?**

A: 할 말이 있어. 널 사랑하는 것 같아.

B: 뭐라구?

>> **Speaking Practice:** You are? 그래?
You have? 그래?
You were? 그랬어?

Tell her what? 그녀에게 뭐라고 하라고[한다고]?

A: Do me a favor and tell her that I don't want to date her anymore.

B: **Tell her what?** No way! You tell her that by yourself.

A: 부탁 좀 들어줘. 그 여자한테 내가 더이상 데이트 하기 싫다고 했다고 전해주라.

B: 뭘 전해달라구? 말도 안돼. 네가 직접 해야지.

>> **Speaking Practice:** You went where? 어디 갔다고?
Who did what? 누가 무엇을 했다고?

Come on in

어서 들어와

◯ 아는 사람이 찾아와 문밖에 서있을 경우 집 주인이 공통적으로 하게 되는 말로, 「어서 들어오라」는 표현. 영화나 시트콤에서 아주 많이 볼 수 있다.

A: Hi! Are we early?

B: No, **come on in**.

A: 안녕! 너무 일찍 왔나?
B: 아니야, 들어와.

A: **Come on in**. Can I get you a drink?

B: I'd like a beer if you have one.

A: 들어와. 마실 것 좀 갖다줄까?
B: 맥주 있으면 좀 줘.

>> Speaking Practice:

Could I come in?
들어가도 되나요?

Won't you come in?
들어오지 않을래요?

Make yourself at home
편히계세요

Get More

Welcome home 어서 와

A: **Welcome home**, son. Good to see you.

B: Thanks. I'm happy to be back.

A: 어서와라 얘야. 얼굴보니 좋구나.
B: 고마워요. 집에 오니 저도 좋아요.

>> Speaking Practice: I'm home 나 왔어
Welcome to our Christmas party 크리스마스 파티에 오신 걸 환영합니다
Welcome to an adult relationship! 어른스러운 관계로의 진입을 환영해!

Come over to my place[house] 우리 집에 들러

A: Where can we go to study?

B: **Come over to my place**. It's quieter there.

A: 어디 가서 공부할까?
B: 우리집으로 와. 거기가 좀 더 조용해.

>> Speaking Practice: Drop by for a drink 언제 한번 놀러 와 한잔 하자고
Drop in sometime 언제 한번 들러

How come?

어째서?, 왜?

◑ 상대방의 말에 대해 놀라움과 이유를 물어보는 초간단 구어체. 궁금한 내용은 How come 다음에 S + V 형태로 붙여 말해주면 된다. 의문문이지만 주어와 동사의 도치를 신경쓰지 않아도 된다는 점에서, 영어를 외국어로 배우는 우리에게 Why ～?보다 훨씬 부담이 덜한 표현이다.

A: I'm going to quit this job.

B: **How come?** Are you having problems?

A: 나 이 일 그만둘 거야.
B: 왜? 무슨 문제라도 있니?

A: I heard your marriage is having problems. **How come?**

B: It's a private matter.

A: 결혼생활에 문제가 있다면서. 어떻게 된 거야?
B: 그건 개인적인 문제야.

Get More

What for? 왜요?

A: Hey, gimme five!

B: **What for?**

A: We just won the lottery!

A: 이봐, 손뼉치자!
B: 뭣 땜에?
A: 우리 복권에 당첨됐어!

≫ **Speaking Practice:** For what? 왜?, 뭣때문에?

Look at you

1. 얘 좀 봐라!   2. (어머) 얘 좀 봐!

○ *Friends*나 *Sex & the City* 그리고 *Desperate Housewives* 등의 미드를 보다 보면 아주 많이 마주치게 되는 표현. 주로 ① 상대방이 좀 차려입었을 때나 바람직한 행동을 했을 때 감탄의 표시로 말하거나, ② 아니면 억양을 바꿔 말썽 핀 사람에게 「얘 좀 보게나」 식의 비난으로 쓰기도 한다.

A: Wow! **Look at you!** You haven't changed a bit. How have you been?

B: You look the same too. Long time no see!

A: 이야! 네 모습 좀 봐! 하나도 변하지 않았네. 어떻게 지냈어?

B: 너도 똑같아. 정말 오랜만이다!

A: I don't want to go to work! Work sucks!

B: **Look at you!** You are acting worse than a child!

A: 출근하기 싫어! 아주 엿같다구!

B: 얘 좀 봐! 어린애보다도 못하게 구네!

Get More

You look great! 너 멋져 보인다!

A: Barry! **You look great!** How have you been all these years?

B: I've been great. How about you?

A: 배리! 좋아보이는구나! 요 몇년 동안 어떻게 지냈나?

B: 잘 지냈어. 넌?

≫ **Speaking Practice:** You look good 너 멋져 보인다

 Mike Says:

"Look at you" can be used to say someone has a reason to be proud or happy. For example, if a student is graduating, at the graduation ceremony a relative might say, "Look at you! We're so proud that you did well at this school!" This expression can also be used to scold or indicate disapproval. If the intonation sounds angry, then it is scolding. For example, a mother might say to her child, "I told you not to go outside, but you did. Look at you! You're really dirty now."

(Are) You all right?

092
Level 1

괜찮아?

상대방이 좋지 않은 일을 당했거나 표정이 어둡고 근심 걱정이 있어 보일 때 상대방이 괜찮은지 (well and safe) 걱정하며 물어보는 표현.

A: You look a little weird. **You all right?**

B: I'm fine. I'm just a little sleepy.

A: 너 좀 이상해보인다. 괜찮은 거야?

B: 난 괜찮아. 조금 졸린 것 뿐이야.

A: It must be hard losing your grandmother. **You all right?**

B: Yeah. I'll be okay.

A: 할머니가 돌아가셔서 힘들겠다. 너 괜찮아?

B: 응. 괜찮아질 거야.

Get More

Are you okay? 괜찮아? [You're okay?의 평서문 형태로 끝만 올려 의문문으로 사용하기도 한다]

A: **Are you okay?** You seem a little down.

B: My girlfriend dumped me so I'm a little sad.

A: 괜찮니? 조금 우울해보이는데.

B: 여자친구가 날 차버려서 좀 슬퍼.

It's all right? 괜찮겠어?, 괜찮아?

A: Can we get together tomorrow, instead of this weekend?

B: Okay.

A: You sure **it's all right**?

A: 우리 이번 주말에 만나지 말고 내일 만나도 될까?

B: 그래.

A: 정말 괜찮겠어?

Are you nuts?

너 미쳤니?

○ nuts는 여러가지 의미로 쓰이는 단어 중의 하나. 여기서는 be nuts 혹은 go nuts의 형태로 「미치다」(go crazy) 혹은 「어리석다」(be foolish)라는 뜻으로 쓰였다.

A: You just hit our boss! **Are you nuts?**

B: He insulted me and he insulted my wife! What else could I do?

A: 당신, 우리 사장님을 쳤어! 미쳤어?

B: 나를 모욕하고 내 아내를 모욕했다구! 그 수밖에 더 있겠어?

A: I'm going to take her to a good restaurant and ask her to marry me.

B: **Are you nuts?** You're only nineteen years old!

A: 걔를 근사한 레스토랑에 데리고 가서 청혼할 거야.

B: 너 돌았니? 겨우 열아홉살 밖에 안됐으면서!

>> **Speaking Practice:**

We went nuts

(경기 · 콘서트 등에서) 열광했지.

(쇼핑, 파티 등을) 미친듯이 했지

You crazy?

너 미쳤나?

This is nuts[crazy]

이건 말도 안되는 짓이야

Is this my fault? Or am I just nuts?

내가 실수한 거야 아님 멍청한 거야?

Get More

You're driving me crazy 너 때문에 미치겠다

A: Stop pacing around the room. **You're driving me crazy**.

B: I can't help it. I'm so nervous.

A: 방에서 서성거리지 좀 마. 너 때문에 돌아버리겠어.

B: 어쩔 수가 없어. 너무 걱정돼서 말아.

>> **Speaking Practice:** You're driving me up the wall 너 때문에 미치겠다

Are you insane? 너 돌았니?

A: **Are you insane?** How could you suggest that he should resign?

B: I was just being honest. He is too old to be the head of our company anymore.

A: 너 돌았니? 어떻게 그 사람이 사임해야 된다는 말을 꺼낼 수 있느냐 말아?

B: 솔직했던 것 뿐이야. 그 사람은 너무 늙어서 더이상 우리 회사 수장 역할을 할 수 없다구.

Think nothing of it

마음쓰지 마요

◐ 상대방이 너무도 감사해 하거나 미안해 할 때 이렇게 말해주는 것이 아량있는 사람들의 예의. 「그것에 대해 아무 것도 생각하지 마세요」 즉, 그 정도 도와준 것 혹은 실수한 것은 아무것도 아니니 「마음쓰지 말라」는 의미의 표현이다.

A: Thank you for helping me.

B: **Think nothing of it**. That's what friends are for.

A: 도와줘서 고마워.
B: 별거 아닌 걸 뭐. 그래서 친구가 있는 거지.

A: Without your help, it would have been impossible for me to sell my house.

B: **Think nothing of it**.

A: 네 도움이 없었다면 집 장만을 못했을 거야.
B: 그렇게 생각하지 마.

Get More

You're (very) welcome 천만에요 (고맙다는 인사에 대한 가장 전형적인 대답)

A: Thank you for inviting us to your Christmas party. It was fun.

B: **You're very welcome**. I hope you can come again next year.

A: 크리스마스 파티에 저희를 초대해주셔서 감사합니다. 즐거웠어요.
B: 별 말씀을요. 내년에 또 와주세요.

》**Speaking Practice:** Not at all 뭘요
Don't mention it 신경쓰지 마요
It's no trouble at all 수고도 아닌 걸요

(It's) My pleasure 도움이 됐다니 내가 기쁘네요

A: Thank you for the great birthday gift, Uncle Mike.

B: **My pleasure**.

A: 멋진 생일 선물 고맙습니다, 마이크 삼촌.
B: 천만에.

》**Speaking Practice:** The pleasure is mine 제가 좋아서 한 일인데요

Listen to me
내말 좀 들어봐

○ 상대방에게 내가 앞으로 하는 이야기에 관심을 갖고 「잘 들어보라고」(emphasizing that you want people to give their attention to what you are saying) 주의를 환기시키는 표현이다.

A: I don't understand why you want to move to Chicago.

B: **Listen to me**, Chicago is a great place to find a job.

A: 네가 왜 시카고로 이사가고 싶어하는지 모르겠어.
B: 내 말 들어봐, 시카고는 일자리 구하기에 아주 좋은 곳이라구.

A: **Listen to me**. Don't worry about that, okay? Nothing is gonna happen.

B: How can you be so sure?

A: 내 말 들어봐. 그 문젠 걱정하지 마, 알았어? 아무 일 없을 거야.
B: 어떻게 그렇게 확신하는 거지?

>> Speaking Practice:

Are you listening to me?
듣고 있어?

You don't seem to be listening
안듣는 것 같은데

You're just not listening
딴짓하고 있네

Get More

Hear me out 내 말 끝까지 들어봐 〔상대가 말을 끝까지 듣지 않으려고 하거나 말을 자를 때〕

A: I think your plan sounds really foolish.

B: **Hear me out**. I can explain how everything works if you give me a chance.

A: 자네 계획안은 아주 엉뚱한 것 같구만.
B: 제 말 좀 들어보세요. 기회를 주신다면 모든 것이 어떻게 돌아가는지 설명해 드릴 수 있습니다.

>> **Speaking Practice:** Stay with me 끝까지 들어봐

I'm talking to you! 내가 하는 말 좀 잘 들어봐! 〔자신의 말에 집중을 하지 않는 상대에게〕

A: **I'm talking to you!** Answer me!

B: I'm not going to answer until you show me some respect.

A: 내 말 좀 잘 들어! 대답을 하라구!
B: 절 존중하고 있다는 걸 보여주기 전까진 대답 못해요.

Stop saying that!

닥치라고!, 그만좀 얘기해!

○ 늘상 반복되는 이야기를 하거나 듣기 싫은 이야기만을 골라서 하는 상대방에게 이제 지겨우니까 그 얘기는 작작하라고 짜증을 확 내면서 하는 말. 좀더 정중하게 하려면 Would you stop that!, You gotta stop that!이라고 하면 된다.

A: Elly is a real bitch. She thinks that she's better than everyone else.

B: **Stop saying that**. You don't even know her.

A: 엘리는 정말 못됐어. 자기가 제일인 줄 알고 있다니까.

B: 그만해. 그 앨 잘 알지도 못하면서.

A: You're a bum. You have never had a good job and you never will.

B: **Stop saying that**. Someday I'll make you proud. You'll see.

A: 형편없는 사람 같으니. 당신은 이제껏 직업도 변변찮았고 앞으로도 그럴 거라구.

B: 그만 좀 해. 언젠가는 자랑스러운 남편이 될게. 두고봐.

Get More

Listen to yourself   멍청한 소리 그만해

A: Nobody loves me. Why does everyone hate me so much?

B: **Listen to yourself**. You sound like a spoiled child.

A: 아무도 날 좋아하지 않아. 왜 다들 날 그렇게 싫어하는 걸까?

B: 바보같은 소리. 넌 꼭 삐딱한 어린애 같은 소릴 하는구나.

Check it out at Breaking Bad

Listen to yourself

○ Season 5 Episode 9

행크는 드디어 월터가 하이젠버그라는 사실을 알게 된 후 감옥에 쳐넣겠다고 하고, 월터는 진정하고 (Just take a breath, okay?) 정신 좀 차리라고(Just listen to yourself), 진정시키며 그런 억측으로 우리 가족을 파멸시킬 수도 있다(These wild accusations, they could destroy our family)고 하는데, 이때 행크는 월터가 가장 가슴아파할 말을 한다. 젠장 네가 언제 가족을 신경썼다고 그러냐(Damn! like you give a shit about family!)고 말이다.

What happened?
무슨 일이야? 어떻게 된 거야?

○ 이해할 수 없는 일이 벌어지는 상황에서 어떤 일로 해서 이런 상황이 되었는지를 물어보는 표현. 구체적으로 이해못한 부분을 말하려면 「to + 사람」, 혹은 「to + 사물」을 붙여 말하면 된다.

A: You look terrible. **What happened to you?**

B: I got caught in the rain without my umbrella.

A: 꼴이 그게 뭐야. 어떻게 된 거야?

B: 우산이 없어서 비를 쫄딱 맞았어.

A: I saw your girlfriend with another guy in the bar yesterday. **What happened to her?**

B: Well, we broke up the other day.

A: 어저께 네 여자친구가 웬 녀석하고 술집에 있는 걸 봤어. 어떻게 된 거야?

B: 그게, 우리 요전날 깨졌어.

>> **Speaking Practice:**
What happened to[with] you?
너 무슨 일이야?

Get More

How did it happen? 이게 어떻게 된 거야? 〔어떤 일이 벌어진 연유와 과정을 물어보는 표현이며, 종종 How'd it happen?으로 축약한다〕

A: Ron was involved in a serious car accident on the way to work yesterday.

B: That's terrible. **How did it happen?**

A: 란이 어제 출근길에 차사고가 크게 났다던데.

B: 끔찍하군. 어쩌다 그렇게 됐대?

Check it out at House of Cards

What happened?

○ Season 1 Episode 1

Walker 대통령을 만들어준 킹메이커 프란시스는 차기 국무장관직을 내정받았지만 당선된 후 프랜시스가 자리에 앉혀준 린다에게서 국무장관 약속은 없었던 일로 하고 의회에 더 남아달라고 한다. 뒤통수를 맞은 프랜시스는 배회하다 늦은 시간 귀가하는데 소파에 부인 클레어가 앉아 있다. 클레어는 어떻게 됐어?(What happened?)라고 묻고 프란시스는 내가 계속 의회에 있어야겠다고 해(She says they needed to keep me in congress)라고 뒤통수 맞은 일을 말하자 클레어는 린다가 그랬어?(Linda said that?)라고 하고 프랜시스는 워커는 거기에 있지도 않았어(Walker wasn't even there)라고 말하며 바로 그게 날 화나게 만들어(That's what really gets me)라고 분노한다.

○ 상대방에게 저지른 특정한 실수에 대해(about that) 사과하는 말로, 막연하게 I am sorry에서 그치는 것보다 공손하게 느껴지는 표현이다.

A: Hey! You just spilled your coffee on my report.

B: Oops. **Sorry about that**.

A: 이봐! 내 리포트에다가 커피를 쏟았잖아.
B: 이런. 미안해.

A: The client was really angry when you forgot his name.

B: **Sorry about that**. It won't happen again.

A: 당신이 그 고객 이름을 잊어버려서 그 사람이 굉장히 기분나빠 했다구요.
B: 죄송합니다. 다시는 그런 일 없을 거예요.

>> Speaking Practice:
Please forgive me
용서해줘

Get More

You can't believe how sorry I am 내가 얼마나 미안하지 모를 거야

A: Did you know that your mistake cost our company $500,000?

B: **You can't believe how sorry I am**. What can I do to make it up?

A: 당신이 한 실수 때문에 회사에서 50만 달러가 들어간 것 알기나 해요?
B: 얼마나 죄송한지 모르겠어요. 벌충을 하려면 제가 어떻게 해야 하나요?

>> Speaking Practice: I can't tell you how sorry I am 얼마나 미안한지 말로 할 수도 없다

I just want to apologize for that 내 사과할게요 〔미안한 짓거리는 for + N, ~ing, 사과받는 상대방은 to + me[you, etc.]로 한다〕

A: Last night I acted like a fool. **I just want to apologize for that**.

B: That's okay. I'll forgive you this time.

A: 어젯밤엔 내가 바보같이 굴었어. 사과하고 싶어.
B: 괜찮아. 이번엔 용서해줄게.

Are you seeing someone?
누구 사귀는 사람 있어?

○ 남녀간에 서로 「사귄다」고 하는 말은 거창한 표현이 따로 있는 게 아니라 동사 see를 사용하여 see sby로 간단히 표현한다. 하지만 see sby에는 그냥 단순히 「만난다」는 뜻도 있기 때문에 문맥에 따라 구분을 잘 해야 한다.

A: I haven't seen you out much these days. **Are you seeing someone?**

B: Actually, yes. I've been dating a guy that I met at a bar.

    A: 요즘들어 너 통 안보이더라. 너 누구 만나는 사람 있니?
    B: 솔직히 말하면, 그래. 술집에서 만난 애랑 사귀고 있어.

A: Your friend is really good looking. **Is she seeing anyone?**

B: She's still single. Do you want me to hook you up with her?

    A: 네 친구 정말 예쁘더라. 걔 누구 만나는 사람 있니?
    B: 걘 아직 혼자야. 걔 너한테 소개시켜 줘?

>> **Speaking Practice:**

I am seeing her
난 그녀하고 사귀고 있어

I'm not seeing anybody
난 지금 사귀는 사람 없어

Get More

He's going out with Jane 그 사람은 제인하고 사귀는 중이야 〔단발성 데이트에도 사용〕

A: Is Todd dating anyone these days?

B: I heard **he's going out with** Janice.

A: 토드는 요즘 누구 만나는 사람 있니?
B: 재니스하고 사귄다고 들었어.

He asked me out 걔가 데이트 신청했어

A: How is the new office worker?

B: He's really nice. **He asked me out.**

A: 새로 들어온 직원은 어때?
B: 정말 괜찮은 사람이야. 나한테 데이트 신청 하더라.

I need to hook up with a woman 여자가 있어야겠어 〔그냥 「만나다」라는 뜻도 됨〕

A: **I need to hook up with a woman** soon.

B: Let's go to a nightclub and meet some chicks.

A: 어서 여자친구를 좀 만들어야겠어.
B: 나이트클럽에 가서 영계들을 만나보자구.

>> **Speaking Practice:** hook[set, fix] A up with B   A에게 B를 소개시켜 주다

Check it out at~

see sby / go out with sby / ask sby out / hook up with

○ 남녀관계에서 빠질래야 빠질 수 없는 이 표현들은 미드에서 심심찮게 만나볼 수 있는 단골 표현들이기도 하다. 미드에서 막 튀어나온 아래 문장들을 살펴보면서 각각의 쓰임새를 확인해보자.

So, you **seeing** anyone special?
저기, 누구 특별히 사귀는 사람이라도? (Carrie, *Sex & the City*)

I am going out with someone that is getting divorced. I'm such a grown up.
나 지금 이혼녀랑 사귀고 있어. 나도 이젠 다 컸네. (Chandler, *Friends*)

I cannot believe Chip dumped me for that slut Nancy Branson. **I am never going out with** him again.
칩이 날버리고 그 헤픈 낸시하고 사귄다는 게 믿기지 않아. 다신 그놈하고 데이트 안해. (Rachel, *Friends*)

I don't like you **going out with** my daughter, Ross.
로스, 자네가 내 딸과 사귀지 않았으면 좋겠네. (Paul, the father of Elizabeth, *Friends*)

Julie: If you want to date him, you're going to have to **ask him out**.
Susan: I keep hoping he'll **ask me out**.
줄리: 그 아저씨(마이크)랑 데이트하고 싶으면 데이트 신청해요.
수잔: 그 사람이 데이트 신청하기를 계속 바라고 있어. (*Desperate Housewives*)

So I was with Joshua for an hour today, and he has not **asked** me **out**. It's just so frustrating!
오늘 조슈아하고 한시간이나 같이 있었는데 데이트 신청을 안하더라! 너무 실망스러워! (Rachel, *Friends*)

Don't you have any friends that you can **hook** me **up with**?
나한테 소개시켜 줄 친구 없어? (Skipper, *Sex & the City*)

I guess so

아마 그럴 걸

○ guess는 확실한 정보없이 단지 한번 예상을 해보는 것. 따라서 I guess so하면 예스는 예스인 것 같은데 자신이 없을 때 사용하는 표현으로, 상대방의 말에 희미하게 동의하는 것이다.

A: Can you wash the dishes before you go out?

B: **I guess so**, but I don't have much time.

　A: 나가기 전에 설겆이 좀 해놓을 수 있어?
　B: 할 수 있을 것 같긴 한데. 시간이 별로 없어.

A: Do you get along well with your new partner?

B: **I guess so**, but I really don't know him very well yet.

　A: 새 파트너하고는 잘 지내?
　B: 그런 것 같아. 하지만 실은 아직 그 사람을 아주 잘 아는 건 아냐.

>> **Speaking Practice:**

I believe so
그럴 거라 생각해

I expect (so)
그럴 것 같아

I suppose (so)
그럴 걸

I suspect (so)
그런 게 아닐까 의심스러워

Get More

I'm afraid so (안타깝게도) 그런 것 같아

A: My monkey is very sick. Is he going to die?

B: Yes. **I'm afraid so**.

　A: 내가 기르는 원숭이가 몹시 아파요. 죽을까요?
　B: 네. 아무래도 그럴 것 같습니다.

>> **Speaking Practice:** I am afraid not 아무래도 아닌 것 같아

Sort of 어느 정도는, 다소

A: Was Professor Roberts' test very difficult?

B: **Sort of**. Most students got C's or D's.

　A: 로버츠 교수님 시험 아주 어려웠니?
　B: 그런 편이지. 대부분 C나 D를 받았어.

>> **Speaking Practice:** Kind of 어느 정도는

⊙ 상대방의 말에 동의할 수 없을 때 「내 생각은 그렇지 않은데」라며 조심스럽게 그리고 부드럽게 동의하지 않는다는 의사를 표시하는 말.

A: Are we going to have to work on Christmas Day?

B: **I don't think so**. Last year we didn't have to.

A: 크리스마스에 일을 해야 하는 거야?
B: 아닐걸. 작년엔 그럴 필요 없었잖아.

A: I think my ex-boyfriend probably has a new girlfriend.

B: **I don't think so**. You just broke up last week!

A: 내 옛날 남자친구가 새 여자친구를 만나는 것 같아.
B: 그렇지 않을 걸. 너네들 헤어진 게 바로 지난 주잖아!

>> **Speaking Practice:**

I guess not
아닌 것 같아

I don't believe so
그런 것 같지 않은데

I expect not
아닌 것 같아

I suppose not
아닐 걸

Get More

I don't see that 난 그렇게 생각 안하는데, 그런 것 같지 않아

A: Sara and Josh seem to be seeing each other.

B: Well, **I don't see that**.

A: 새러하고 조시가 사귀는 것 같아.
B: 글쎄, 그런 것 같지 않은데.

>> **Speaking Practice:** I don't see it (that way) 난 그렇게 생각하지 않아요

Speak for yourself 그건 그쪽 얘기죠, 당신이나 그렇지

A: I don't agree with this plan.

B: **Speak for yourself**. I think it's a good idea.

A: 이 계획에는 찬성할 수 없어.
B: 너나 그렇겠지. 난 괜찮은 생각인 것 같은데.

Who is it?
누구세요?, 누구야?

○ 방문객이 초인종을 눌렀을 때 혹은 전화왔다고 누가 말해줬을 때, 「문밖에 있는 게 누구냐?」, 「전화 건 사람이 누구냐?」고 물어보는 표현이다. 「누구였느냐?」고 물어보는 과거형은 Who was it?

A: Kristin, the phone is for you.

B: **Who is it?**

A: I think it's Kendal.

> A: 크리스틴, 전화왔어.
> B: 누구야?
> A: 켄달인 것 같아.

A: Mom, I think someone is at the door.

B: **Who is it?**

A: I don't know.

> A: 엄마, 밖에 누가 왔나봐요.
> B: 누군데?
> A: 모르겠어요.

>> **Speaking Practice:**
Who's there?
누구세요?

Get More

Who was it? 누군데? 누구였어?

A: That was a strange phone call.

B: **Who was it?**

> A: 이상한 전화를 받았어.
> B: 누구였는데?

Would you get that? 문 좀 열어 줄래?, 전화 좀 받아줄래? (방문객이나 전화)

A: **Would you get that?** My hands are full at the moment.

B: Sure. I'll get it. Hello...

> A: 전화 좀 받아줄래? 지금 손이 비질 않아서.
> B: 알았어. 내가 받을게. 여보세요…

>> **Speaking Practice:** I'll get it 내가 받을게
Let me 내가 받을게

같은 걸로 주세요

⊙ 자기 앞에 고른 사람과 「동일한 것을 선택한다」는 표현. 참고로 식당 등에서 「나는 …로 먹겠어요」라는 의미로는 I'd like ~, I'll have(try) ~를 쓸 수 있으며, 「…로 주시겠어요?」라는 의문문 형태로는 Can you get me ~?, Could we have (some) ~? 등을 사용할 수 있다.

A: What would you like to order, ma'am?

B: I'll have the shrimp salad.

C: **I'll have the same.**

A: 무엇을 주문하시겠습니까, 손님?
B: 새우 샐러드요.
C: 저도 같은 것으로 하죠.

A: I'd like to order the steak and potatoes.

B: Me too. **I'll have the same.**

A: 스테이크에 감자 요리를 곁들여 주세요.
B: 저도요, 저도 같은 걸로 주문할게요.

>> **Speaking Practice:**

The same for me
나도 같은 걸로요

I'll have what she's having
저 여자가 먹는 걸로 주세요

I'll have the same as she's having
저 여자가 먹는 거랑 같은 걸로 주세요

Get More

Make it two 같은 걸로 2개 주세요

A: *(to waiter)* I'll have a gin and tonic, please.

B: **Make it two.**

A: *(종업원에게)* 진토닉 주세요.
B: 같은 걸로 두 잔 주세요.

>> **Speaking Practice:** Make mine the same 제 것도 같은 걸로요

(Is that) For here or to go? 여기서 드실 겁니까, 가지고 가실 겁니까? (대답은 To go, please 혹은 For here, please)

A: I'd like to order two hamburgers, a large order of fries and a coke.

B: **Is that for here or to go?**

A: 햄버거 두 개하고 감자튀김 큰 것 하나, 콜라 한 잔 주세요.
B: 여기서 드실 겁니까 포장해가실 건가요?

>> **Speaking Practice:** Can I get it to go? 포장 되나요?

LEVEL 2

미드를 즐길 수 있게 해주는

미드기본표현

○ point는 사물의 핵심, 말의 요지를 뜻하는 단어로 That's a good point라고 하면 상대방의 말이 일리가 있다고 맞장구치는 표현이 된다.

A: If you fail this class, you won't graduate.

B: **That's a good point**. I'd better study hard.

A: 너 이 과목을 통과하지 못하면 졸업못해.

B: 그 얘기 맞는 말이야. 열심히 해야 돼.

A: If you buy that car, you won't have any money left.

B: **That's a good point**. Maybe I should wait until later.

A: 네가 그 차를 사면 돈이 안 남을 거야.

B: 그 말이 맞아. 나중으로 미뤄야 할까봐.

Get More

You have a point there 네 말이 맞아 〔여기서 there는 상대방이 말한 내용을 가리킨다〕

A: It is important to buy items of good quality.

B: **You have a point there**. If something is of good quality, we won't be disappointed.

A: 품질이 우수한 제품을 구입하는 것이 중요합니다.

B: 바로 그 말이에요. 품질이 좋으면 실망하는 일이 없을 겁니다.

>> **Speaking Practice:** You've got a point 맞는 말이다

Here we go

자 간다, 여기 있다

○ 무슨 일을 시작하려고 할 때 사용하는 표현. 우리말로는 「자 이제 시작해볼까」, 「자 여기 있다」, 혹은 「자 간다」 등에 해당한다. 야구중계를 보다보면 홈런타구가 나올 경우 스포츠 캐스터가 「간다, 간다」하면 숨넘어가면서 하는 말도 Here we go이다.

A: I've always wanted to travel to London.

B: Me too. This is so exciting. **Here we go**!

A: 난 줄곧 런던으로 여행가고 싶었어.
B: 나도 마찬가지야. 아주 재미있는 여행일 거야. 자 출발하자구!

A: Did you get the files that I need?

B: Yes. Where are they? Oh,**here we go**.

A: 내가 찾던 파일 가지고 왔니?
B: 응. 어디다 두었더라? 아, 여기 있어.

Get More

Here we are 자 (드디어) 도착했다, 여기 있다

A: **Here we are**. Everyone get out of the car.

B: Thank God! That was a long trip.

A: 다 왔어요. 모두 차에서 내립시다.
B: 어휴! 길고 긴 여행이었네.

A: Where did I put that magazine? Ah, **here we are**.

B: Which article did you want to show me?

A: 내가 그 잡지를 어디에 두었더라? 아, 여기 있다.
B: 나한테 보여주려는 기사가 뭐야?

Here you go

자 여기 있어요

○ 「여기 있습니다」라고 물건을 건네주면서 하는 말. Here you are라고도 하며 또한 물건에 초점을 맞출 경우에는 Here it is라 쓰기도 한다.

A: Can I have one of the sodas that you brought with us?

B: I'll check to see if we still have some. Ah, **here you go**.

    A: 네가 가져왔던 음료수 하나 얻을 수 있니?

    B: 더 있는지 알아볼게. 아, 여기 있어.

A: I'd like two tickets for the next show.

B: **Here you go**. Enjoy the movie.

    A: 다음 공연 티켓 2장 주세요.

    B: 여기 있습니다. 재미있게 보세요.

>> **Speaking Practice:**

Here!
여기요!

Here you are
여기 있습니다

Here it is
여기 있습니다

Get More

There you are　　1. 여기있어　　2. 그것봐, 내가 뭐랬어, 그렇다니까

A: Would you mind lending me your dictionary for my next class?

B: OK, **there you are**. I need you to return it by 3 pm, though.

    A: 다음 수업 때 네 사전 좀 빌려주겠니?

    B: 그래, 여기 있어. 하지만 3시까지는 돌려줘야해.

Here he comes　　저기 오는구만

A: Which guy did you think was really attractive?

B: **Here he comes**. I'll introduce you to him.

    A: 어떤 애가 그렇게 매력있다는 생각을 한거야?

    B: 저기 오는구만. 널 그 사람한테 소개시켜 줄게.

>> **Speaking Practice:**　**There he goes** 그 사람 저기 온다

                   There it is 저것봐라, 저기 있네

Let me tell you something

내가 하나 말할 게 있는데, 정말이지

⚪ 뒤에 안좋은 이야기나 진지한 이야기를 꺼낼 때, 특히 화자가 「자기주장」이나 「자기입장」 그리고 「속마음」 등을 털어놓는 상황에서 말 첫머리에 사용한다.

A: This company really needs to replace its old computers.

B: **Let me tell you something**, they aren't going to be replaced until next year.

A: 이 회사에 있는 오래된 컴퓨터를 교체해야 합니다.
B: 말씀드릴 게 있는데, 컴퓨터는 내년에 교체할 예정입니다.

A: **Let me tell you something**, I'm really tired of working for such a low salary.

B: So what? Are you planning to quit this job?

A: 말씀드릴 게 있는데요, 전 이렇게 낮은 봉급을 받고 일하는 게 정말 진저리가 납니다.
B: 그래서 뭐 어떻다는 건가? 그만 두겠다는 건가?

Mike Says:

Let me tell you something: This means "I'm going to give you my opinion about something."
I have to tell you: This means "I'm going to tell you something honestly." Sometimes it is something a person is reluctant to say.

≫ Speaking Practice:
Can I tell you something?
말씀 좀 드려도 될까요?

Get More

I have to tell you (something) 정말이지, 할 말이 있어

A: Can you meet me later?
B: No, it's very important. **I have to tell you something**.

A: 나중에 보면 안될까?
B: 안돼, 이거 아주 중요해. 꼭 할 말이 있단 말야.

≫ Speaking Practice: I have to[gotta] tell you this, 이 말은 해야겠는데요.

You won't believe this 이거 믿지 못할 걸

A: **You won't believe this**, but I just saw Brad Pitt walking down the street.
B: Oh, come on. I think you must be mistaken about that.

A: 믿지 않겠지만, 길거리에서 브래드 피트 걸어가는 거 봤어.
B: 야, 왜이래. 너 뭔가 잘못봤겠지.

≫ Speaking Practice: You're not gonna believe this 넌 못믿을 걸
You'll never guess what I heard 내가 들은 얘기는 넌 짐작도 못한 걸거야

The way I see it

내가 보기엔

○ 분명한 사실을 단정적으로 말하는 게 아니라 자신의 관점에서 봤을 때의 의견임을 강조해서 말할 때 사용하는 표현.

A: Do you feel that the government is doing a good job?

B: **The way I see it**, there have been too many scandals this year.

> A: 정부가 잘 하고 있다고 보니?
> B: 내가 보기에는 올해는 추문이 너무 많았어.

A: **The way I see it**, we're going to have to sell our house when we move.

B: Maybe you shouldn't do that. Real estate is a valuable asset.

> A: 내가 보기에는 이사할 때 우리 집을 팔아야 할 것 같아.
> B: 그러지 않는 게 좋아. 부동산은 값어치있는 재산이라구.

>> **Speaking Practice:**
As I see it
내가 보기로는

Get More

The way I look at it is ~ 내가 보기엔 …이다

A: Is Sandy still angry at you today?

B: Yes, **the way I look at it is** that I'll just have to wait until she calms down.

> A: 샌디가 오늘도 너한테 화내니?
> B: 응, 내가 보기에는 걔 맘이 진정될 때까지 기다려야 할 거 같아.

If you ask me 내 생각은, 내 생각을 말한다면

A: **If you ask me**, she is making a big mistake.

B: I agree with you. She should not quit her job.

> A: 내 생각에, 그 여자는 큰 실수를 하는 것 같아.
> B: 내 생각도 그래. 그 여자는 일을 그만두면 안돼.

I was just wondering

그냥 물어봤어

○ 상대방에게 어떤 질문을 하고 나서 그것이 별다른 의도없이 단순한 호기심에서 물은 질문이었다고 말하는 표현. 때로는 I was (just) wondering if you could ~의 형태로 「…를 해주시겠어요?」하며 상대방에게 부탁하는 말이 되기도 한다.

A: Do you have a question for me?

B: Yes. What do you think of the president? **I was just wondering**.

> A: 저한테 궁금한 거 있어요?
> B: 예. 사장님을 어떻게 생각하세요? 그냥 궁금해서요.

A: Dave, **I was just wondering** if you'd like to join us for coffee.

B: Sure Susan. It's really nice of you to invite me along.

> A: 데이브, 이리와서 우리랑 같이 커피 한 잔 할래?
> B: 좋아, 수잔. 날 불러줘서 정말 고마워.

>> **Speaking Practice:**
I was just wondering about + N, / if (whether,when,how~) S + V

Get More

I'm just saying (that) 내 말은 단지…라는 거야

A: Do you mean to tell me that I need to work overtime this week?

B: **I'm just saying that** it's really busy, and you may have to stay late sometime.

> A: 이번주에 제가 야근을 해야 한다는 말을 하시는 거죠?
> B: 난 그냥 그게 아주 급하니까, 나중에 늦게까지 남아서 해야 할지도 모른다는 말을 하는 거야.

>> **Speaking Practice:** I'm just saying if S+ V …일 수도 있다는 거야.

You're just saying that 그냥 해보는 소리지?, 괜한 소리지?

A: You look more beautiful than I've ever seen you.

B: **You're just saying that**, but thank you for the compliment.

> A: 너 내가 봤던 중에서 가장 예쁜 거 같다.
> B: 그냥 해보는 소리지? 그래도 칭찬 고마워.

>> **Speaking Practice:** You're just saying S + V 그냥 …라고 하는 거지?

○ 자기가 말한 걸 상대방이 이해하고 있는지 혹은 동의하고 있는지를 물어보는 표현. 뒤에 on this 라고 붙여 말하는 경우도 많다. 문맥에 따라 「나와 같은 입장에 서주겠냐」라고 도움을 청하는 의미가 되기도 한다.

A: Let's try to convince him to extend the deadline. **Are you with me** on this?

B: Sure, it'd be great to have some more time.

A: 그 사람을 설득해서 마감시한을 연장해보자. 내 의견에 동의하니?
B: 그럼요, 시간이 좀 더 있으면 좋을 거예요.

A: Let's really sell these bonds in a hurry. **Are you with me?**

B: Yes, let's go for it.

A: 빨리 이 채권을 팝시다. 알겠죠?
B: 그럽시다!

 Mike Says:

This means "Do you agree?" or "Do you see my point?" Sometimes it is also asking for someone to help another person. For example, "I thought we could go talk to the boss about a higher salary. Are you with me?"

Get More

Are you following me? 알아듣고 있지?

A: These are the economic figures. **Are you following me?**

B: I'd like you to explain them more in depth.

A: 여기 있는 게 경제 수치입니다. 이해되십니까?
B: 좀더 깊이있게 설명을 해주었으면 합니다.

Get the message? 알아들었어?

A: You're fired! Don't ever come back! **Get the message?**

B: Yes, I get it! I always hated this job anyway.

A: 당신 해고야! 절대 다시 돌아올 생각말라구! 알아들었어?
B: 예, 알겠어요! 어찌됐든 전 항상 이 일이 싫었어요.

>> **Speaking Practice:** Do you get my drift 내 말뜻을 이해하겠느냐?
Am I getting through on this? 이 문제에 관해서는 내 말을 잘 알겠지?

You know what I mean?

1. 무슨 말인지 알겠어?   2. (평서문) 너도 알겠지만

○ 상대방이 내 말을 이해했는지 혹은 나와 같은 생각인지 물어볼 때 쓰는 표현. 한편 평서문으로 문두에 나올 때는 「너도 알겠지만」, 「너도 알잖아」의 의미로 자기가 앞으로 하는 말에 대해 상대방의 동의를 구하는 표현이다.

A: I think you and Bob argue too much.

B: Yeah, but we still like each other a lot. **You know what I mean?**

    A: 너랑 밥하구 너무 많이 다투는 것 같다.
    B: 응, 그래도 우린 서로 너무 좋아해. 무슨 말인지 알지?

A: Are you criticizing me for being late today?

B: **You know what I mean.** You are never on time.

    A: 오늘 늦은 거 때문에 나한테 뭐라고 하는 거니?
    B: 너도 알겠지만 말야. 넌 정시에 나온 적이 없어.

Get More

See what I'm saying? 무슨 말인지 알지?

    A: This plan makes sense. **See what I'm saying?**
    B: Yeah, I think you're right.

    A: 이번 계획은 타당성이 있네. 무슨 말인지 알겠어?
    B: 그래, 네 말이 맞다고 생각해.

    》 **Speaking Practice:** (Do) (You) Know what I'm saying? 무슨 얘기인지 알겠어요?
                       (Do) You understand what I'm saying? 제 말 이해돼요?

If you know what I mean 내가 무슨 말 하는지 안다면 말야…(This means "I think you understand what I'm hinting at")

    A: I hope my daughter will be able to attend a good university.
    B: She can, but she'll have to study hard, **if you know what I mean**.

A: 내 딸 아이가 좋은 대학에 들어갈 수 있으면 좋겠어.

B: 할 수 있을 거야. 하지만 열심히 해야 할거야. 내 말이 무슨 말인지 안다면 말야.

Check it out at Friends

You know what I mean?

○ Season 5, episode 17

형사 Gary와 뜨겁게 사귀는 중인 Phoebe와 Monica는 서로 누가 hot couple인가를 놓고 경쟁을 하게 된다. Phoebe 커플과 함께 식사를 하기로 하기 전, 지기 싫어하는 Monica는 Chandler와 온종일 사랑을 나누고 그 결과 Chandler는 식사중 하품을 하게 된다. Phoebe가 Chandler보고 피곤하냐고 물어보자 이때다 싶은 Monica는 **You know what I mean?**을 연발하며 자기와 Chandler가 얼마나 뜨거운지 속사포처럼 말한다.(You better believe he's tired, after the day we had! If you know what I mean. **You know what I mean?**)

Check it out at Desperate Housewives

Do you know what I mean?

○ Season 2 Episode 9

카톨릭 단체의 도움을 받아 가석방된 카를로스는 매주 성당에 가기 시작하고 hot한 수녀에게 자동차를 기증하기도 하자, 카를로스의 이런 변화에 위기감을 느낀 개비는 수녀와 단둘이 집밖에서 얘기를 나눈다. 저기(Look), 이런 무례를 범하고 싶지 않은데요(I don't mean any disrespect), 카를로스가 집에 왔으니(It's just now that Carlos is home), 우리는 예전의 일상으로 돌아가야 되는데요(we need to get back on our routine), 카를로스가 계속 성당이나 자선 빵 세일에 계속 다니면 우리가 그럴 수가 없거든요(we can't do that if he keeps running off to church and charity bake sales)라면서 우리에게는 우리의 시간이 필요해요(We need us time)라 하면서 제 말이 무슨 뜻인지 알겠죠?(**Do you know what I mean?**)라고 사정한다.

I got it
알았어

○ 만능동사 get의 가장 중요한 의미중의 하나는 understand이다. I got it의 got 역시 「이해하다」라는 뜻으로 (I) Got it하면 상대방이 하는 말을 알아들었다는 가장 구어적인 표현이 된다.

A: So we hope to improve customer service next year, alright?

B: **I got it**. We'll begin work on a plan to do that right away.

> A: 그래서 우리는 내년에 고객 서비스를 향상시켰으면 합니다. 알겠어요?
> B: 알겠습니다. 우리는 즉시 이를 위한 계획을 짜기 시작할 겁니다.

A: Your report will be due on Monday. Is that clear to you?

B: **I got it**. It's no problem because my report is nearly finished.

> A: 당신 보고서 시한은 월요일까지예요. 잘 알겠어요?
> B: 알겠습니다. 문제 없습니다. 거의 다 됐거든요.

Mike Says:

This expression can have different meanings. Usually it means "I know the answer" or "I understand something now." Usually the speaker feels excited.

>> **Speaking Practice:**

I get the idea
알겠어요

I understand
이해합니다

Check it out at Modern Family

I got it

○ Season 1 Episode 15

필과 클레어는 호텔바에서 롤플레잉을 한다. 필은 클라이브라는 이름의 전시회에 온 비즈니스맨으로, 클레어는 줄리아나라는 이름으로 통성명을 한다. 한동안 얘기를 나눈 후 줄리아나는 속옷없이 코트만 두른 채 에스컬레이트를 타고 서로 키스를 하는데 그만 줄리아나의 코트 벨트가 에스컬레이트에 끼인다. 다시 원래 이름으로 돌아와서 클레어는 필, 내 코트가 걸렸어(Phil, my coat is stuck!)라고 하는데, 분위기 파악 못한 필은 Who's Phil?이라고 한다. 이제 그만해(No, not now), 정말야 내 코트가 꼈다고(Seriously my coat is stuck!) 위급함을 말하자 필은 빨리 코트를 벗으라(Oh, honey, take off your coat!)고 한다. 클레어는 정신나갔어(Are you kidding me?)라고 핀잔을 주고 잡아당겨봐(Pull it)라고 한다. 필은 벨트가 끼인 아래로 몸을 구부리고 내가 한번 자세히 볼게(Let me just get in here)라고 하는데 같은 사무실 직원이 톰이 올라오며 인사를 하고(How are you?), 왜 코트를 벗지 그래요?(why don't you take it off?)라고 하자 클레어는 추워서요(Um...I'm freezing cold)라고 한다. 톰은 적어도 제가 한번 해볼게요(Well, at least let me give it a shot, okay?)라고 하는데 클레어는 난감해하며 I don't think....라고 한다. 하지만 톰은 내가 한번 해보겠다(I got it)하며 걸린 코트벨트를 잡아당겨본다. I got it은 알았다는 의미 외에 내가 해보겠다라는 뜻으로도 쓰인다.

⊙ I've got you!가 생략되어 Got you!로, 다시 이것을 발음나는 대로 표기한 것이 Gotcha!이다. 서발이벌 게임등에서 상대방을 잡고서 「잡았다!」라고 하거나 상대를 거짓말로 골탕먹이고 나서 「속 았지!」, 혹은 상대의 말 뜻을 「이해하다」라는 여러가지 뜻으로 쓰인다.

A: Your blind date will meet you at 8 pm in the Grand Hotel.

B: **Gotcha**. I'll go home to shower and put on some nice clothes.

> A: 오후 8시 그랜드 호텔로 네 미팅 파트너가 나올거야.
> B: 좋았어. 집에 가서 샤워하고 멋진 옷을 입어야겠다.

A: I never expected a party to celebrate my birthday.

B: **Gotcha!** We've been planning this for months.

> A: 내 생일 축하 파티는 생각도 못했는데.
> B: 짜짜잔! 우린 몇달동안 이 파티를 준비해왔다구.

A: Are you sure that the boss wants me to see him right now?

B: **Gotcha!**

> A: 사장이 나보고 지금 당장 보자고 하는 게 확실해?
> B: 뻥이야!

Mike Says:

This word means the same as "I got it" or "I understand." Sometimes it can also mean "I tricked you."

What are you talking about?

무슨 소리야?

◐ 상대방의 이야기가, 단순히 이해가 되지 않거나, 아님 놀람과 당혹감을 주었을 때, 혹은 과도하게 신경을 거스릴 경우 등 다양한 상황하에서 사용하는 표현이다.

A: I'm sorry, but we don't have any record of your transaction here.

B: **What are you talking about?**
I deposited the money yesterday!

A: 죄송합니다만 당신의 거래 내역이 없어요.
B: 무슨 소리를 하는거죠? 제가 어제 입금을 했어요!

A: I can't believe you were flirting with that guy all night.

B: **What are you talking about?** We were just chatting about school.

A: 밤새 그 애와 시시덕거렸다는 걸 믿을 수가 없어.
B: 무슨 말을 하는 거야? 우린 학교에 대해 얘기하고 있었을 뿐인데.

>> **Speaking Practice:**

I know[don't know] what you're talking about
난 네가 무슨 소리를 하는지 알아[몰라]

I'm not sure what you're talking about
난 네가 무슨 얘기를 하는지 잘 모르겠어

Get More

I'm not sure what you mean 무슨 말인지 모르겠어

A: We have to consider this experiment a failure.

B: **I'm not sure what you mean**. It seemed successful to me.

A: 이 실험은 실패했다고 봐야겠어.
B: 무슨 말인지 모르겠네. 내가 보기에는 성공적인 거 같은데.

>> **Speaking Practice:** What do you mean? 그게 무슨 말이야?

I can see that

알겠어, 알고 있어요

115
Level 2

⊙ 상대방이 말을 하기 전에 분위기상 이미 예상하고 있는 상황하에서 쓸 수 있는 표현. 네가 말하는 걸로 보나, 아님 상황상 그럴거라고 생각했다라는 뉘앙스를 풍긴다.

A: I'm so happy that I got married.

B: **I can see that**. You smile a lot more than you did when you were single.

 Mike Says:

This means "It's obvious to me" or "I already understand that."

> A: 결혼해서 기분이 매우 좋아.
> B: 알겠어. 미혼일 때보다 훨씬 더 많이 웃는 걸 보니 말야.

A: Our profits are in the toilet. This company is almost bankrupt.

B: **I can see that**. The question is, can we save it?

> A: 회사 수익이 바닥이야. 회사가 거의 파산지경이라구.
> B: 알고 있어요. 문제는, 우리가 회사를 살릴 수 있을까요?

Get More

I can see that ~ ···임을 알겠다, ···이구나

A : **I can see that** he really doesn't like you.

B : I don't know why he doesn't.

> A : 보니까 그 사람 널 정말 싫어하는 것 같더라
> B : 왜 그러는지 모르겠네.

A: How is your sister doing these days?

B: Just fine. **I can see that** she is excited about going to school.

> A: 너희 누나 요즘 어떻게 지내?
> B: 그냥 잘 지내. 누난 학교가는 게 기대가 되는 것 같아.

Section II 173

I get your point
무슨 말인지 알아들었어, 알겠어요

⊙ 상대방이 한 말의 요지와 핵심이 무언지 이해했다는 말. 또한 아래의 get the picture는 전체적인 문맥이나 상황을 이해한다(understand the whole situation)는 뜻이다.

A: You may have been passed over for promotion because of your lack of education.

B: **I get your point**. I'll look into getting a college degree.

A: 자네는 학력이 모자라는 관계로 승진에서 밀렸을지도 몰라.
B: 네 말을 알겠어. 학사학위를 따볼거야.

A: We need to clean this place up. It's a mess.

B: **I get your point**. Let's get started.

A: 여기 좀 치워야겠다. 아수라장이야.
B: 알겠어. 시작하자고.

Mike Says:

This means "I understand what you are saying" or "What you are saying is clear to me."

>> **Speaking Practice:**

I (can) see your point
네 말을 알겠어

Get More

I get the picture 알겠습니다

A: Maybe we should try to date other people for a while.

B: **I get the picture**. You want to break up with me.

A: 우리 잠시 다른 사람들과 사귀어 보도록 해.
B: 무슨 얘긴줄 알겠다. 너 나랑 헤어지고 싶은 거구나.

>> **Speaking Practice:** You get the picture? 너 이해했나?
Now you're getting the picture? 상황이 어떻게 돌아가는지 이해하겠니?

I know what you're saying 무슨 말인지 알아

A: Gosh, the girls here are really gorgeous.

B: **I know what you are saying**. It's a great place to come and look.

A: 와, 여기 여자들 정말 끝내준다.
B: 그러게나 말야. 와서 둘러 보기에는 좋은 곳이지.

>> **Speaking Practice:** I know what you mean 무슨 의미인지 알아

So I figured it out 그래서 (연유를) 알게 되었지

A: I wanted to know how to use this computer, **so I figured it out**.

B: Is it very useful to you?

A: 이 컴퓨터 사용법을 알고 싶었는데 말야, 결국 알아냈다구.

B: 그게 너한테 아주 유용한 거야?

A: I was curious about the math equation, **so I figured it out**.

B: I didn't realize you liked math.

A: 수학 방정식이 아리까리했는데, 해결했어.

B: 네가 수학을 좋아하는지 몰랐네.

Say no more 더 말 안해도 돼, 알았어 무슨 말인지

A: Could you give me a lift to work tomorrow morning?

B: **Say no more**. I'll be by your house at 7 am to pick you up.

A: 내일 아침에 나 좀 회사까지 태워줄 수 있니?

B: 물론이구 말구요. 오전 7시에 니네 집으로 태우러 갈게.

Why would you say that?
왜 그런 말을 하는거야?

○ 상대방이 납득할 수 없는 말을 하였을 때, 「왜 네가 무슨 근거로 그런 말을 하는지 모르겠다」며 그 연유를 따지는 표현(p.420 참고).

A: I think that Alan is suffering severe health problems.

B: **Why would you say that?** He looks OK to me.

A: 앨런이 심각한 건강 문제를 겪고 있는 것 같아.

B: 어째서 그런 얘기를 하는 거야? 내가 보기에는 괜찮은데.

A: I never loved you. I only married you for your money.

B: **Why would you say that?** I thought we shared some deep emotions.

A: 난 당신을 사랑한 적이 없어. 난 당신 돈을 보고 결혼한 것뿐이야.

B: 왜 그런 얘기를 하는 거야? 난 우리가 깊이 사랑하고 있다고 생각했는데.

 Mike Says:

This is indicating a person doesn't understand the reason someone else said something, and they probably don't agree.

Get More

How can you say that? 어떻게 그렇게 말할 수 있나?

A: I hate math and never want to study it again!

B: **How can you say that?** Studying math is essential to enter a good university.

A: 난 수학이 싫어. 다시는 수학공부 하고 싶지않아.

B: 어떻게 그런 말을 할 수 있니? 좋은 대학에 들어가려면 수학공부는 필수라구.

Check it out at Desperate Housewives

How can you say that?

○ Season 3 Episode 7

캐롤린은 브리에게서 자기 남편이 바람을 피고 있다는 사실을 알게 되자 총을 가지고 남편을 찾아가 총질을 헤대며 인질극을 벌인다. 그리고 로라가 르넷 남편을 유혹했다는 말을 듣고서는 한치의 망설임도 없이 노라에게 총을 쏘고 노라는 죽게 된다. 르넷이 분노해서 캐롤린을 쳐다보자 오, 그런 식으로 날 쳐다보지마. 걔가 죽기를 바랬잖아(Oh, don't look at me that way. You know you wanted her dead)라고 하자 르넷은 어떻게 그렇게 말할 수 있어?(How can you say that?)라고 소리친다.

What's the bottom line?

요점이 뭐야?

○ bottom line은 원래 부기용어로 손익 계산서에서 손익결과를 기입하는 맨 하단를 의미. 여기서 연유하여 「결론」 또는 「문제의 요점이나 핵심」 등의 의미로 사용된다.

A: **What's the bottom line?** How much do you intend to sell it for?

B: I still haven't made up my mind yet.

A: 결국 요점이 뭐죠? 당신은 얼마에 그걸 팔려고 하는 거죠?
B: 전 아직 마음을 정하지 않았습니다.

A: **What's the bottom line** for the customer on this one?

B: The bottom line for her is the price.

A: 여기서 그 손님이 가장 중요하게 여기는 게 뭐죠?
B: 그 여자 고객한테 가장 중요한 건 가격이에요.

>> **Speaking Practice:**

What are you driving at?
말하려는 게 뭐야?

Get More

What's your point? 요점이 뭔가?, 하고 싶은 말이 뭔가?

A: I really don't think you are reaching your true potential.

B: **What's your point?** Do you think I need to get a better job?

A: 난 네가 너의 진정한 잠재적 능력을 발휘하고 있다고 전혀 생각하지 않아.
B: 말의 요지가 뭐야? 내가 좀 더 괜찮은 일을 해야 한다고 보는 거니?

What do you want from me?
나보고 어쩌라는 거야?

○ 상대방 말의 진의가 뭔지, 상대방이 뭘 생각하고 내게 요구하는지 단도직입적으로 「그럼 내가 어떻게 하기를 바라는 거지?」, 「날더러 어쩌라는 거야」라고 물어보는 표현이다.

A: We keep having the same problems, again and again.

B: **What do you want from me?** I think we both have to change our attitudes.

    A: 우리는 계속해서 같은 문제를 겪고 있어.

    B: 나보러 어쩌라는 거야? 우리 모두 태도를 바꿔야 한다고 생각해.

A: I never have enough money when I go out shopping.

B: **What do you want from me?** I do the best I can to earn a good salary.

    A: 돈을 여유있게 가지고 쇼핑해본 적이 없어.

    B: 나한테 뭘 기대하는 거야? 난 최선을 다해 돈 많이 벌어오고 있다구.

Mike Says:

This phrase indicates that the person doesn't understand their relationship with another person. They are asking "What will make you satisfied?" or "What can I do to make you happy?"

Check it out at Big Bang Theory

What do you want me to do?

○ Season 3 Episode 7

쉘든을 뺀 3명의 괴짜는 라스베거스에 가고 혼자 남은 쉘든은 열쇠를 찾지 못해 페니의 집에서 자게 된다. 키가 크다는 이유로 페니의 침대를 차지한 쉘든이 잠이 안와(I can't sleep), 자기가 향수병에 걸렸다(I'm homesick)라고 하는데 기가 막힌 페니는 네 집은 여기서 20피트 떨어진 곳에 있잖아(Your home is twenty feet from here)라고 한다. 쉘든은 20피트건 20광년이건 거리는 중요하지 않아(Twenty feet, twenty light years, it doesn't matter) 그리고 스타워즈의 첫 구절을 읊조린다(It's in a galaxy far, far away). 그러자 페니는 젠장(Damn it)이라고 짜증을 내며 나보고 어쩌라고(What do you want me to do?) 하면서 쉘든이 누운 침대로 간다. 쉘든은 소프트 키티를 불러달라(Sing soft kitty)고 하고 페니는 그건 네가 아플 때에만 불러주는거다(That's only for when you're sick)라고 하는데, 쉘든 다운 대사가 이어진다. 향수병도 일종의 병이다(Homesick is a type of being sick)라고 한다. 그러자 페니는 제발, 내가 꼭 그래야 돼?(Come on, do I really have to?)라고 묻자 자지 않고 얘기할 수도 있지(I suppose we can stay up and talk)라고 하면서 페니를 압박한다.

Sounds like a plan

좋은 생각이야

⭘ 「그거 계획같은데」라는 뜻이 아니라 대개 상대방의 제안에 「그거 좋은 생각이야!」, 「그게 좋겠다!」
라고 밝은 얼굴로 찬성을 표시하는 말이다.

A: I'd like to own at least seven houses by the
time I'm fifty years old.

B: **That sounds like a plan**. It's good to own
property.

A: 50살이 될 때까지 최소한 집을 7채는 갖고 싶어.
B: 멋진 계획이구나. 부동산을 갖고 있는 게 좋지.

A: You're organizing a surprise party for Pam?
That sounds like a plan.

B: I know. She loves to celebrate her birthday.

A: 팸을 위해 깜짝 파티를 준비하고 있구나. 멋진데.
B: 그래. 걘 자기 생일을 축하하고 싶어하거든.

 Mike Says:

This means "It sounds like a
good idea" or "It sounds like
something we could do."

≫ **Speaking Practice:**

Sounds good (to me)
좋은데

Sounds interesting
재미있겠는데

Sounds like a fun
재밌을 것 같은데

Sounds like a good idea
좋은 생각 같은데

Get More

That's nice 좋아

A: Henry gave me a diamond ring to celebrate our first anniversary.

B: **That's nice**. I wish my husband was that romantic.

A: 헨리가 우리의 첫 기념일을 축하한다고 다이아몬드 반지를 주었어.
B: 멋지구나. 우리 남편도 그렇게 낭만적이었으면 좋겠어.

You are on 그래 좋았어 〔특히 내기를 받아들일 경우〕

A: I'll race you to the end of the track.

B: **You are on**. The loser will have to buy lunch next week.

A: 이 트랙 끝까지 경주하는 거다.
B: 좋을대로. 지는 사람이 다음주에 점심사는 거다.

I'm with you

동감이에요, 알았어요

○ 상대방의 의견이나 제안에 대한 「동의」(agreement) 및 「지지」(support)를 나타내는 표현. 「나도 네 생각과 같아」라고 맞장구를 칠 때나, 「내가 있잖아」라고 힘들어 하는 친구를 위로할 때 쓸 수 있다.

A: Let's skip eating dinner and go to the theater first.

B: **I'm with you**. We want to make sure we can get tickets.

> A: 저녁은 거르고 영화부터 보러 가자.
> B: 그러자. 티켓이나 확실히 구하도록 하자.

A: I refuse to accept the salary cut that we are supposed to get.

B: **I'm with you**. I can't afford a lower salary.

> A: 난 예정된 봉급 삭감을 받아드릴 수 없어.
> B: 나도 너와 같은 생각이야. 더 낮은 봉급으론 살 수가 없어.

>> **Speaking Practice:**

I'm with you there
나도 그 말에 공감해.

I'm on your side
난 네 편이야

I'm standing behind you
네가 뒤에 있잖아

I'll stand by you
네 옆에 있어줄게

Get More

Let's do it 자 하자, 그러자

A: I'd really like to go bowling tonight.

B: Yeah, that's a good idea. **Let's do it**.

A: 나 오늘밤에 볼링치러 정말 가고 싶어.
B: 그래, 그거 좋은 생각이다. 그러자.

I'm like you 나도 너랑 같은 생각이야

A: I just don't understand my girlfriend's way of thinking.

B: Hey, **I'm like you**. I have difficulty seeing a woman's point of view.

A: 난 내 여자친구의 사고방식을 이해못하겠어.
B: 이봐, 나도 너랑 같은 의견이야. 나도 여자들의 관점을 이해하기가 힘들어.

I'm for it 난 찬성이야 〔be for는 「…에 찬성하다」(support)라는 동사구. 「반대」할 경우에는 for 대신 against를 쓰면 된다〕

> A: What do you think of Betty's proposal to shorten the workweek?
> B: Are you kidding? **I'm for it!**

A: 주당 근무시간을 줄이자는 베티의 제안에 대해 어떻게 생각해?
B: 장난하니? 당연히 찬성이지!

>> **Speaking Practice:** I'm in favor of it 찬성이야
> I'm [dead] against it 난 〔결사〕 반대야

I feel the same way 나도 그렇게 생각해

> A: I think it's time for lunch.
> B: **I feel the same way**. I'm starved.

A: 점심을 먹으러 갈 시간이 된 거 같은데.
B: 나도 그렇게 생각해. 배고파 죽겠어.

We're on the same page 우린 같은 생각이야

> A: Did you read my proposal for the construction project?
> B: Yes, and I liked it. **We're on the same page.**

A: 그 건축안에 대한 내 제안서를 읽어보셨어요?
B: 예, 읽어봤는데요. 저도 좋아요. 우린 생각이 같군요.

You bet

확실해, 물론이지

● You bet?하고 끝을 올려 말하면 「내기할 수 있어?」, 즉 「진짜야?」, 「틀림없어?」하고 진위를 확인하는, 반대로 You bet하고 끝을 내리면 「내기를 해도 좋다」, 즉 「확실하다」(That's right), 「물론이지」(Sure), 「틀림없어」하며 강한 확신을 내비치는 표현이 된다(p.189 참조).

A: Are you willing to pay $7,000 for my car?

B: **You bet**. It's a good deal for such a nice car.

> A: 7,000달러에 내 차를 살테야?
> B: 물론이지. 그렇게 좋은 차인데 그 정도면 좋은 조건이지.

A: Do you think it is important to go to university?

B: **You bet**. Without a good education, it's hard to get a good job.

> A: 대학에 가는 게 중요하다고 보니?
> B: 물론이지. 좋은 학벌이 없으면 좋은 직장 잡기가 힘들잖아.

>> **Speaking Practice:**

You bet your life
틀림없어

You betcha
확실해, 물론

You bet your ass
확실하구 말구

Get More

Absolutely 물론이죠

A: Are you sure you want to travel to Europe?

B: **Absolutely**. I want to learn more about European cultures.

> A: 유럽으로 여행을 가고 싶은 거 맞아?
> B: 그렇고 말고. 유럽문화에 대해 더 많은 걸 배우고 싶어.

>> **Speaking Practice:** Definitely! / Definitely not! 틀림없어 / 절대 아나!
Certainly! / Certainly not! 확실해 / 정말 아나!
Of course 물론이지, 확실해

(There is) No doubt about it! 틀림없어!

A: Tracey told me that you accused her of stealing.

B: **There is no doubt about it**. We caught her with the security camera.

> A: 트레이시가 그러는데 네가 그 여자를 절도혐의로 고소했다면서?
> B: 의심의 여지가 없지. 보안카메라로 그 여자를 잡았으니까.

>> **Speaking Practice:** No doubt 분명해
Without a doubt 의심의 여지가 없어

That's for sure 확실하지, 물론이지

A: Boy, I'm really tired of this cold winter weather.

B: **That's for sure**. I can't wait until the spring arrives.

A: 야, 난 정말이지 이 추운 겨울 날씨가 정말 지겹다.
B: 물론이야. 봄이 하루빨리 왔으면 좋겠다.

>> **Speaking Practice:** For sure 물론
It's for sure 물론이야
I don't know for sure 확실히 모르겠는데

It sure is 그렇고 말고, 맞고 말고 [sure는 여기서 부사]

A: That palace is one of the most beautiful places I've ever visited.

B: **It sure is**. I've never seen anything like it either.

A: 이 궁전은 내가 가봤던 곳 중에 가장 아름다운 곳이야.
B: 그래. 나도 여기만한 곳을 보지 못했어.

How true 정말 그렇다니까

A: It's really humid outside today.

B: **How true**. I've been sweating a lot.

A: 오늘 바깥이 정말 습해.
B: 정말 그렇더라. 난 땀을 무척 많이 흘렸어.

I'm cool with[about] that
난 괜찮아, 상관없어

⟳ cool을 「아주 좋다」, 「멋지다」라는 뜻으로만 알고 있으면 이해하기가 좀 당황스러울 수도 있다. 이 표현은 that에 대해 반대하거나 싫어하지 않는다, 따라서 「당황하거나(be upset), 화내지(get angry) 않고 받아들일 수 있다」라는 의미이다.

A: If you want to stay home tonight, **I'm cool with that**.

B: Thanks. I'm really tired after working all day.

A: 네가 오늘밤에 집에 머무르고 싶어해도 난 괜찮아.
B: 고마워. 하루종일 일하고 나니까 너무 피곤해.

A: Do you mind if I use your car to pick up my friend from the airport?

B: Sure, **I'm cool with that**.

A: 공항에 친구를 마중나가야 하는데 네 차 좀 써도 될까?
B: 그래. 난 괜찮으니까.

 Mike Says:

This means "I don't object" or "I see no problem with your idea."

》 **Speaking Practice:**

I'm totally cool with that
난 전혀 상관없어

You just have to be cool with it
흥분하지 말고 받아들여야 해

Are you cool with this?
이거 괜찮아요?

Get More

I'm all right with that 난 괜찮아

A: Are you going to be able to work late tonight?

B: Yeah, I guess **I'm all right with that**.

A: 오늘 밤에 늦게까지 일할 수 있어요?
B: 예, 저는 괜찮아요.

》 **Speaking Practice:** They seem all right with it 그사람들은 괜찮은 거 같아

I'm easy (to please) 네 결정에 따를게, 난 어느 쪽도 상관없어

A: What kind of food would you like to eat for lunch?

B: **I'm easy to please**. What would you recommend?

A: 점심은 뭐로 할래요?
B: 난 아무거나 상관없어요. 뭘 추천해 줄래요?

》 **Speaking Practice:** I'm happy either way 난 아무거나 좋아
Either will do 아무거나 괜찮아

I have no problem with that

난 괜찮아요

⊙ 상대방이 말하는 내용에 다른 사람은 몰라도 「자신은 별 불만없다」는 것으로 동의 내지는 수락의 의미.

A: We would like to start the meeting at 9 am tomorrow.

B: **I have no problem with that**. I'll make sure my presentation is ready.

 Mike Says:

In this case, the speaker is agreeing to something that has been suggested.

A: 내일 오전 9시에 회의를 시작하려고 합니다.
B: 전 괜찮아요. 제 프리젠테이션 준비를 확실히 해놓겠습니다.

A: I think we should host a housewarming party. Is that OK with you?

B: Sure, **I have no problem with that**. Parties are fun.

A: 우리 집들이를 해야 될 거 같은데. 당신 괜찮아?
B: 그럼, 좋지. 파티는 재미있잖아.

Get More

It makes no difference to me 상관없어요 [「나에겐 아무 상관없다」(It doesn't change my situation)는 뜻으로 하는 말]

A: What do you want to do tonight?
B: **It makes no difference to me**. I am flexible.

A: 오늘밤엔 뭐할래?
B: 뭘 해도 상관없어. 나는 다 괜찮거든.

It doesn't matter to me 난 아무래도 상관없어요

A: What restaurant would you like to go to?
B: **It doesn't matter to me**. I'm really hungry.

A: 어느 식당 가고 싶니?
B: 아무데나 괜찮아. 너무 배고파서 말야.

》》 **Speaking Practice:** It matters to me 그건 내게 중요한 문제이다

Who cares!

누가 신경이나 쓴대!

○ 남이 무엇을 하든 전혀 신경쓰지 않겠다는 강한 의지를 나타내는 표현으로 비관심도면에서 I don't care보다 강도가 세다.

A: This is the third time this week you've left dirty dishes in the sink.

B: **Who cares?** If they bother you, go ahead and wash them.

A: 싱크대에 지저분한 접시들을 그냥 놔둔 게 이번 주만 세번째다.

B: 상관마. 거슬리면 네가 가서 닦든지.

A: I heard that Julia Roberts just bought a $7 million mansion.

B: **Who cares?** You can't even afford a small house.

A: 줄리아 라버츠가 7백만달러 짜리 저택을 샀다고 들었어.

B: 상관마! 넌 작은 집 한채 살 형편도 안되잖아.

Get More

I don't care (about it) (상대방의 부탁, 제안에 대해 승낙하며) 상관없어

A: She said that she expects you to be fired soon.

B: **I don't care.** I never enjoyed working here anyhow.

A: 그 여자가 네가 곧 해고됐으면 한다고 말했어.

B: 신경안써. 어쨌든 나도 여기서 일하는 거 좋아한 적이 없으니까.

>> **Speaking Practice:** I don't care if[what, how much~]~ 난 (뭐라도, 얼마나 ~해도) 상관없어
I don't give a shit[damn, fuck] 난 상관안해

I couldn't care less 알게 뭐람 [I don't care보다 강도가 높은 것으로 「전혀 관심이 없다」는 뜻]

A: There are many rumors that you are being unfaithful to your wife.

B: **I couldn't care less.** My wife knows what the truth is.

A: 자네가 자네 부인 몰래 바람을 폈다는 소문이 무성하더군.

B: 알게 뭐야. 우리 집사람이 사실이 뭔지 알고 있는데.

Whatever! 뭐든지 간에 [두 가지 상황 중에서 어느 쪽이든 상관없는(It doesn't matter) 경우]

A: I don't like the clothes you wear, and your haircut is odd.

B: **Whatever**. Your criticisms don't bother me at all.

A: ,난 네가 입고 있는 옷도 맘에 안들고, 네 머리자른 것도 이상해보여.

B: 뭐라든. 네가 시비 걸어도 난 눈 하나 깜짝 안해.

So what? 그래서 뭐가 어쨌다고?

A: Guess what? It's raining out.

B: **So what?**

A: So we can't go to the beach, that's what.

A: 그거 알아? 지금 밖에 비가 와.

B: 그게 뭐 어쨌다구?

A: 그럼 우리 바닷가에 못 가잖아. 그게 문제라니까.

>> **Speaking Practice:** What of it? 그게 어쨌다는 거야?

It doesn't mean anything to[with] me 난 상관없어

A: They say that MCI is going to go bankrupt.

B: **It doesn't mean anything to me**. Inefficient businesses usually fail.

A: MCI가 파산할 거라고 하더라.

B: 내가 무슨 상관이야. 비효율적인 기업은 언제나 망하게 되어있다구.

So shoot me 그래서 어쨌다는 거야? [화자의 무관심]

A: This is the fourth time you've missed a meeting.

B: **So shoot me**. I've been busy.

A: 자네가 회의에 빠진 게 이번이 네번째야.

B: 어쩌라구? 바빠서 그런 걸.

It's up to you
네가 결정할 일이야

○ 여기서 be up to는 「…가 책임질 일이다」(be the responsibility of)라는 의미. 어떤 일에 대해 한발짝 물러나 「네 맘대로 해」(whatever you think)라고 책임이나 결정권을 상대방에게 떠넘기는 말이 된다.

A: What would you like to do tonight?

B: **It's up to you**. I don't have any special plan.

A: 오늘밤에 뭐 할거니?
B: 너한테 달렸어. 난 특별한 계획이 없거든.

A: Would you like me to buy some wine for the party?

B: **It's up to you**. Do you think the guests would like to drink wine?

A: 내가 그 파티에 와인 좀 사가지고 갔으면 좋겠니?
B: 네 맘대로 해. 손님들이 와인을 좋아할 거라고 보니?

>> **Speaking Practice:**
You must decide
네가 결정해야 해
The choice is up to you
선택은 너한테 달렸어

Get More

The ball's in your court 이제 결정은 네 몫이다 〔다음 행동이나 결정을 하는 건 네 책임이다〕

A: I have sent the proposal to you. Now **the ball's in your court**.

B: I'll take a look at it and let you know what I think.

A: 제안서를 보냈습니다. 이제 결정은 그 쪽에 달렸습니다.
B: 한번 보고 어떤지 알려드리죠.

I'll bet

1. 틀림없어, 정말이야, 확실해   2. 그러겠지

○ I'(ll) bet하면 상대방의 말에 답변할 때 사용하는 표현으로 상대의 말에 수긍한다는 의미. 종종 빈정대는 문맥에서도 쓰인다. 또한 I'(ll) bet that S + V의 형태로 자기가 말하는 내용이 틀림없는 사실임을 강조할 수도 있다.

A: They say that the storm damaged many crops.

B: **I'll bet**. It was way too rainy for plants to survive.

   A: 태풍이 농작물에 많은 피해를 줬다고 하더라.
   B: 그러게나 말야. 너무 많은 비가 와서 식물들이 살아남지 못했어.

A: She may become the next vice president of our firm.

B: **I'll bet**. She's smart and most people like her.

   A: 그 여자가 우리 회사의 차기 부사장이 될지도 몰라.
   B: 정말이야. 그 분은 똑똑하고 많은 사람들이 좋아하지.

>> **Speaking Practice:**

I bet (you)
맹세해

I'll bet you
내 너한테 맹세하마

I bet my life on it
그건 내가 맹세해

Get More

You can bet on it 정말이야, 그럼, 물론이지

   A: Do you plan to join our group next class?

   B: **You can bet on it**. I'm very interested in the topic you are researching.

   A: 다음 수업에서는 우리 조와 함께 할래?
   B: 물론 그렇게 하고 말고. 난 너희들이 연구하고 있는 주제에 관심이 많아.

>> **Speaking Practice:** You can bet S + V …인 게 틀림없어

Mike Says:

I'll bet: This is similar to saying "I'm sure" or "That's obvious." Sometimes it is used in a sarcastic way to have the opposite meaning.

You can bet on it: This means you can believe it or you can trust it to be true.

You bet, You bet your life, You betcha, You bet your ass(p. 182): This means "Sure" or "That's right." "You bet" is the most commonly used of these expressions.

I'm not kidding
정말이야, 장난아냐

○ kid는 동사로 다른 사람을 속이다(fool)라는 뜻으로 be kidding하게 되면 「사실이 아닌 것을 말하다」라는 의미가 된다. 따라서 I'm not kidding하면 자기가 한 말을 상대방이 믿지 않을 때 자신의 말이 진실임을 강조하면서 쓰는 표현이다.

A: **I'm not kidding**, we lost the contract.

B: What are we going to tell the boss?

A: I'm sure he already knows.

A: 농담아닌데, 그 계약을 따내지 못했어.
B: 사장한테 뭐라고 하지?
A: 사장은 벌써 알고 있겠지.

A: Do you seriously want to buy this hotel?

B: Yes, **I'm not kidding**. I have all of the finance money ready.

A: 이 호텔을 정말 살거야?
B: 응, 정말이야. 구입자금이 준비가 되어있어.

>> Speaking Practice:

I am (dead) serious
(정말) 진심이야

I kid you not
장난삼아 하는 말 아냐

Get More

I mean it 진심이야 [it은 자기가 말한 내용]

A: You had better leave right now. **I mean it**.

B: Okay, okay, calm down. I'm sorry I made you so angry.

A: 넌 지금 가는 게 좋겠다. 정말이야.
B: 알았어. 알겠다고. 진정해. 널 화나게 해서 미안하다.

>> Speaking Practice: I mean business 진심이야 I don't mean maybe! 장난아냐!

Believe me 정말이야

A: Are you sure that they will hire you for the job?

B: **Believe me**, I'm the best person that their company will be able to find.

A: 그 자리에 고용될 거라고 자신하는 거야?
B: 내 말을 믿으라고, 그 회사에서 아무리 찾아봐도 나 만큼 훌륭한 사람은 없지.

>> Speaking Practice: Believe you me 정말 진심이야

Check it out at Friends

Believe you me

⊙ Season 1 episode 8 (The One Where Nana Dies Twice).

*Friends*를 얘기하면서 빼놓을 수 없는 에피소드. Chandler의 직장 동료가 그를 게이로 착각하고 *Friends* 친구들도 Chandler에게 그런 자질이 있다(He has a quality)고 생각하면서 이야기는 진전되는데… 열받은 Chandler가 그 직장동료를 다시 만나자 자신과 커플을 맺어줄래면 Brian 정도는 되어야 한다고 하니까 직장동료 왈, Brian은 Chandler에게 과분하다(He is out of your league)고 일침을 놓는다. 이에 Chandler가 발끈해서 마치 자신이 게이인양 "I could get Brian"이라고 소리치는데… 마침 Brian이 들어오다 이를 듣자 능글맞은 Chandler가 천연덕스럽게 하는 말이 바로 "Believe you me, I'm really not."

Check it out at Homeland

I mean it

⊙ Season 3 Episode 12

브로디는 CIA의 작전대로 이란에 위장 망명하고 혁명수비대장을 살해한다. 캐리와 함께 안가로 도망간 후 탈출을 시도하는데 CIA의 배신으로 브로디는 혁명수비대에 잡히고 만다. 캐리는 CIA 의 첩자인 자하디를 통해 철창 속에 갇혀 있는 브로디와 마지막 통화를 한다. 간수가 전해주는 전화기를 든 브로디가 Hello?라고 한다. 캐리는 당신과 통화가 끝나는대로 사울에게 전화할테니 그리 알아요(I want you to know I'm calling Saul as soon as I hang up with you)라고 말하지만 브로디는 캐리에게 부탁을 한다. 날 위해서 해줄게 하나 있어요(And I want you to do something for me), 캐리는 Anything(뭐든지요)이라고 말하고 브로디는 오늘밤 무슨 일이 있어도(Tonight, whatever happens), 당신은 그곳에 오지 말아요(I don't want you to be there)라고 말한다. 공개 교수형에 처해지는 것을 캐리에게 보여주고 싶지 않기 때문이다. 그리고 계속 말한다. 진심예요(I mean it), 당신이 그걸 겪을 필요가 없어요(Don't put yourself through that)라고 한다. 그러나 캐리는 난 그곳에 가야 해요(I have to be there), 날 갈거예요(I will be there)라고 말한다.

You've got to be kidding!

농담말아, 웃기지마, 말도 안돼

○ 상대방의 말이 어처구니 없거나 도저히 믿기지 않는 이야기일 때 던질 수 있는 표현. 문맥에 따라서는 뜻밖의 소식에 놀라움을 나타내거나 상대방의 의도를 잘 모르겠다며 「너 거짓말이지?」라는 의미를 갖기도 한다.

A: They've cancelled the football game you were going to watch.

B: **You've got to be kidding!** I've been waiting all day to see it.

A: 네가 보려고 했던 축구경기가 취소됐어.
B: 농담하지마! 그거 보려구 하루 종일 기다렸는데.

A: I'm sorry sir, there are no more buses from the airport tonight.

B: **You've got to be kidding!** How am I going to get to downtown?

A: 죄송합니다, 손님. 오늘밤 공항에서 나가는 버스는 끊겼는데요.
B: 그럴리가요! 그럼 시내에 어떻게 가라구요?

Get More

You're kidding! 농담하지마, 장난하는 거지?

A: The prisoners were planning to escape tonight.
B: **You're kidding**. They seem so well behaved.

A: 죄수들이 오늘밤에 탈출할 계획이었어.
B: 농담마. 그 사람들이 얼마나 모범적인데.

A: Why did you break up with your boyfriend?
B: Well, among other things, he was impotent.
A: **You're kidding.**

A: 남자 친구와 왜 헤어진 거야?
B: 글쎄, 여러 이유가 있겠지만 걘 발기불능이었어.
A: 농담이지?

≫ **Speaking Practice:** You're not kidding 정말 그렇네

Are you kidding? 농담하는 거야?, 무슨 소리야?

A: I'm sorry, but I can't recover any of the data from your computer.

B: **Are you kidding?** All of my files were in that machine!

A: 미안한 얘기지만, 네 컴퓨터의 데이터를 복구할 수가 없어.

B: 정말이야? 내 파일 전부가 여기 다 들어있다구!

No kidding 1. 설마?, 정말이야? 〔상대방의 말에 약간 놀라며 사실 확인시〕

2. 너 농담하냐!, 장난하냐! 〔남들 다 아는 사실을 이제야 알았다고 말하는 사람에게〕

3. 진심이야 〔내가 한 말이 진실임을 다시 강조하며〕

A: The snack that you're eating originally came from Africa.

B: **No kidding**. It has a very interesting flavor.

A: 네가 먹고 있는 그 과자는 원래 아프리카에서 만든 거야.

B: 설마. 맛이 너무 좋은데.

Is this some kind of joke? 장난하는 거지?

A: I'm sorry to tell you this, but you must leave this apartment within 30 days.

B: **Is this some kind of joke?** I have a contract to rent here.

A: 이런 말 하게 돼서 미안한데요, 30일 안에 이 아파트를 비워줘야겠어요.

B: 농담하시는 거죠? 여기 임대 계약서가 있는데요.

》 **Speaking Practice:** You must be joking 농하는 거지

You're joking? 장난아니지?

Check it out at Friends

You've got to be kidding!

◉ Season 8 episode 23

철은 없지만 솔직하고 깜찍한 그래서 귀여워할 수밖에 없는 Rachel의 모습을 볼 수 있는 곳. Ross의 아이를 임신한 Rachel의 출산일이 늦어지자 의사는 여러 민간 요법(home remedies) 과 함께 가장 효과적으로 아기를 나오게 하는 비법으로 sex를 권하는데… 아기가 늦어져 스트레스를 엄청 받고 짜증만 내는 Rachel, 섹스를 해서라도 아이를 빨리 낳겠다고 작정하고 Ross에게 유혹의 눈길을 던지자 Ross가 질색을 하며 던지는 말이 바로 You've got to be kidding!

Take my word for it

진짜야, 믿어줘

○ 상대방에게 자신이 하는 말을 강조하는 표현으로 「진짜라니깐, 내 말을 믿어줘」(I'm telling you the truth)라는 뜻. 같은 표현으로 Trust me나 Believe me 등이 있다.

A: What do you think about travelling to Hawaii?

B: It's nice, but it's very expensive. **Take my word for it**.

A: 하와이로 여행가는 거 어떻게 생각해?
B: 좋아, 근데 너무 비싸잖아. 정말이야.

A: **Take my word for it**, he's the best in the business.

B: Maybe I'll give him a try.

A: 진짜야. 그 사람이 그 업계에서는 제일이라니까.
B: 기회나 한번 줘보지.

>> Speaking Practice:
You can take it from me
그 점은 내 말을 믿어도 돼

Get More

You have my word 내 약속하지

A: We'll deliver your supplies by noon tomorrow. **You have my word**.

B: Good. It's important that they arrive as soon as possible.

A: 내일 정오까지 물품을 배달해드리겠습니다. 약속합니다.
B: 좋아요. 가능한 한 빨리 도착하는 것이 중요해요.

>> Speaking Practice: You have my promise 맹세해요   I give you my word 약속할게
Believe what I say 내 말 믿어줘   Mark my words! 내 말 잘들어

You can trust me 믿어봐

A: Are you sure this car is in good condition?

B: **You can trust me**. I'd never sell a car that I thought had serious problems.

A: 이 차의 상태가 좋은 게 확실하죠?
B: 제 말을 믿으셔도 됩니다. 저는 문제가 심각한 차를 절대 팔지 않습니다.

>> Speaking Practice: Have faith in me 날 믿어줘   Trust me 날 믿어봐

⊙ 도시 모르는, 도저히 알 턱이 없는 어떤 일에 대해 상대방이 물어보는 경우에 사용하면 된다. 물론 짜증섞인 말투로 나오는 경우가 빈번하다.

A: Where should I send this paperwork?

B: **How should I know?** I wasn't working on that project.

    A: 이 서류를 어디로 보내야 하죠?
    B: 내가 어떻게 알아요? 난 그 일을 하지도 않았는데.

A: What is the weather supposed to be like tomorrow?

B: **How should I know?** I haven't read the newspaper yet.

    A: 내일 날씨가 어떻다고 보세요?
    B: 내가 어찌 알겠어? 아직 신문도 못봤는데.

Get More

How can I tell? 내가 어찌 알아?

    A: Sometime soon you will have to replace this machine.
    B: **How can I tell?** What are the signs that it needs to be replaced?

    A: 조만간에 자네가 이 기계를 교체해야 해.
    B: 제가 어떻게 알 수가 있죠? 어떤 표시가 교체해야 한다는 표시죠?

(I don't know) You tell me (난 몰라) 그거야 네가 알지

    A: Do you think that I should be getting married right now?
    B: **I don't know, you tell me.** You are going to have to make that decision yourself.

    A: 내가 지금 당장 결혼해야 한다고 생각해?
    B: 모르겠어, 그건 네가 알지. 네가 알아서 결정을 해야만 할거야.

›› **Speaking Practice:** I wouldn't know 내가 알 도리가 없지. 그걸 내가 어떻게 알아

Not that I know of
내가 알기로는 그렇지 않아

⬭ 단순히 no하는 것보다는 겸손한 표현. 즉, 「아니긴 아닌데 정확히는 모르겠다」는 의미이다. 그 자체로도 완벽한 문장이지만 뒤에 I'll go and check, I'll go make sure 등의 부연문장이 이어지기도 한다.

A: Did anyone call for me when I was out of the office.

B: **Not that I know of**. It's been quiet today.

<blockquote>
A: 제가 나가있을 때 저한테 온 전화 있었나요?
B: 제가 알기로는 없는데요. 오늘은 조용했어요.
</blockquote>

A: This coffee tastes strange. Has anyone complained about it?

B: **Not that I know of**. Everyone seems pretty happy with it.

<blockquote>
A: 커피맛이 이상해. 누구 불평한 사람 없어?
B: 내가 알기로는 없는데요. 모두들 아주 좋아하는 거 같던데요.
</blockquote>

Get More

Not likely 그럴 것같지 않은데

A: I guess that you would like to have your own business someday.

B: **Not likely**. That would be very stressful.

A: 언젠가 자기 사업을 하고 싶어 할거야.
B: 그렇진 않을거야. 그게 얼마나 스트레스를 받는데.

I am not sure about that 그건 잘 모르겠는데

A: She was saying that Susan and Ed may be getting a divorce soon.

B: **I'm not sure about that**. I saw them yesterday and they looked very happy.

A: 그 여자가 그러는데 수잔과 에드가 곧 이혼을 할거래.
B: 난 잘 모르겠어. 어제 걔네들 봤는데 아주 행복해 보이던데.

Who knows?

133
Level 2

누가 알겠어?

○ 반어법 문장으로 「아무도 모른다」라는 내용을 강조하는 표현법이다. 과거형으로 Who knew?하면 「이렇게 될지 예전에 누가 알았겠느냐?」라는 말.

A: When do you expect your boss to return?

B: **Who knows?** He doesn't have a set schedule today.

　A: 사장님이 언제 돌아오실까요?
　B: 누가 알겠어요? 오늘 예정된 일정이 없거든요.

A: How do you think the economy will be next year?

B: **Who knows?** Everyone seems to have a different opinion on it.

　A: 내년 경제가 어떨 것 같니?
　B: 누가 알겠어? 경제 전망들이 모두들 다른 것 같은데.

>> Speaking Practice:
Who can tell?
누가 알겠어?
Who knows what[where] ~?
무엇이[어디서] …한지 누가 알아?

Get More

Nobody knows 아무도 몰라

A: Are Andrew and Gina going to get married next year?

B: **Nobody knows**. It's a big secret.

　A: 앤드류와 지나가 내년에 결혼할까?
　B: 아무도 모르지. 극비거든.

God (only) knows! 누구도 알 수 없지

A: Now that you've graduated, what would you like to do?

B: **God only knows**. I guess I should try to earn a lot of money.

　A: 너 졸업했는데, 뭘 하고 싶니?
　B: 아무도 모르죠. 돈 많이 벌어야겠죠.

>> **Speaking Practice:** Heaven[Lord/Christ/Hell] knows! 아무도 몰라
　　　　　　　　　　　　God knows what~ …가 무엇인지 아무도 모를거야

That's weird
거 이상하네

○ 일상회화에서 「좀 괴이하고 특이하다」(very strange and not at all usual, normal, expected) 고 말할 때는 strange보다 절대적으로 weird를 많이 쓴다. 영화나 시트콤에 꼭 빠지고 않고 출연하는 단골어휘. 참고로 그렇게 weird한 사람을 가리켜서 weirdo라고 한다.

A: **That's weird**. I thought I left my keys on the table, but they aren't there now.

B: Check your pockets. I think they might be there.

> A: 그거 참 이상하네. 열쇠를 테이블 위에 놓은 줄 알았는데, 지금 보니 없네.
> B: 주머니 한번 확인해봐. 열쇠 거기 있을 거 같은데.

A: Look! They painted that house pink!

B: **That's weird**. Why would anyone paint a house that color?

> A: 아! 핑크색으로 집을 칠했네!
> B: 거 이상하네. 왜 그런 색으로 집을 칠하려고 하는 걸까?

 Mike Says:

Usually it means "That's strange" or "That's odd" or "That's unusual".

≫ **Speaking Practice:**

That's so weird
정말 이상하네

This feels (very) weird
이상한 거 같아

Get More

I don't understand (it) 왜 그런지 모르겠어, 알 수가 없네

A: **I don't understand it**. Athena was supposed to meet me an hour ago.
B: Oh, she called and asked me to tell you she's stuck in traffic.

> A: 알 수가 없네. 아테나랑 한 시간전에 만나기로 되어있었는데 말야.
> B: 아, 걔가 전화했는데 차가 막힌다고 전해 달라더라.

I don't believe this! 뭔가 이상한데, 이건 말도 안돼

A: I'm sorry, but you'll have to move from this apartment.
B: **I don't believe this!** I've lived here for eight years.

> A: 유감이지만, 이 집에서 이사 나가 주셔야겠어요..
> B: 이건 말도 안돼! 내가 여기 산 지 8년째라구요.

That's funny 거참 이상하네 〔알고 있는 것과 다르게 돌아가는 상황에서〕

A: Tom is the son of one of the richest men in the country.

B: **That's funny**, he doesn't act like he's rich.

A: 탐은 그 나라 최고 갑부중 한 사람의 아들이야.

B: 이상하네. 걘 부자집 애처럼 굴지 않던데.

Did you hear that? 너 그 얘기 들었니? 〔이상한 이야기를 듣고서〕

A: There was a terrorist attack today. **Did you hear that?**

B: Yeah, there have been a lot of reports about it on TV.

A: 오늘 테러리스트의 공격이 있었어. 그 얘기 들었니?

B: 응. TV에서 그 기사 많이 나오던데.

Do you hear that? 저 소리〔말〕 들리니?

A: **Do you hear that?** It sounds like an airplane.

B: No, I think it's just a noisy truck.

A: 저 소리 들리니? 비행기 소리 같은데.

B: 아니야. 내 생각에는 그냥 시끄러운 트럭 소리야.

Mike Says:

Do you hear? 1. 들리니?(= Can you hear?)　2. 내 말 듣고 있는 거냐?
This seems to be asking if a person is physically able to hear something.

Do you hear me? 내 말 듣고 있어?, 내 말 이해해?
Usually this is asking if a person was able to understand what the speaker said.

Did you hear me? 내 말 들었어?, 내 말 이해했어?
This is asking if a person understood the speaker's statement.

(Do) You hear that? 저 소리〔말〕 들리니?
Often this is asking someone if they heard something unusual. It is a way of confirming that two people heard the same thing.

Did you hear?(p. 297) 그 소식 들었어?(= Have you heard?)
This can be used with rumors or gossip or new news.

Did you hear that? 그 얘기 들었니?
This is usually said when someone hears something strange. They ask other people to verify if other people also heard it.

That's anybody's guess
아무도 몰라

○ 누구나(anybody) 추측(guess)만 할뿐이지 그것이 사실인지 거짓인지, 답이 맞는지 안 맞는지 「아무도 모른다」는 말.

A: We hope profits will go up this year, but **that's anybody's guess**.

B: You can say that again.

  A: 올해 이윤이 증가했으면 하는데 아무도 모르는 일이죠.
  B: 맞는 말이구 말구요.

A: What do you think the result of the war will be?

B: **That's anybody's guess**. The outcome is very uncertain right now.

  A: 전쟁의 결과가 어떻게 될까요?
  B: 누가 알겠어요. 지금으로서는 결과가 불확실해요.

Mike Says:

This means things are not certain and anything could happen.

Get More

Your guess is as good as mine 모른긴 나도 매한가지야

A: Which one of these restaurants has the best food?

B: **Your guess is as good as mine**. Today is the first time I've been here.

  A: 어떤 식당 음식이 가장 맛있니?
  B: 모르긴 나도 마찬가지야. 난 오늘 여기 처음 왔는데.

(There's) No way to tell 알 길이 없어

A: Do you think SARS will be a big problem in the future?

B: I don't know. **There's no way to tell**.

  A: 앞으로 사스가 큰 골치거리가 될까?
  B: 모르겠어. 알 수가 없지.

  ≫ **Speaking Practice:** There's no telling[knowing] what/how~ 〈안좋은 일이 일어날거라는 불안감속에〉알 길이 없다

⊙ 미드가 좋아하는 형용사 중의 하나인 amazing을 활용한 표현. Amazing 자체가 「놀랍다」라는 의미가 있지만 자신의 놀라움을 더 강조하기 위해 여기서는 부정의문문 형태를 취하고 있다.

A: **Isn't it amazing?** She just learned to ski but she looks so natural.

B: Yeah, she looks like a professional.

A: 놀랍지 않아? 그 여자는 이제 막 스키를 배웠는데 너무 자연스러워.
B: 맞아, 선수같은데.

A: Oh my God, did John paint this picture?

B: Yeah, **isn't it amazing?** He's got a real artistic talent.

A: 이런, 쟌이 이 그림을 그렸니?
B: 어, 놀랍지 않니? 걘 진짜 예술가적 재능이 있어.

>> **Speaking Practice:**

Isn't that great?
대단하지 않니?

Unbelievable!
믿을 수가 없어!

(It's, That's) Awesome
끝내주네, 대단하네!

Get More

How about that! 거 근사한데!, 그거 좋은데! 〔that을 강하게 발음〕

A: I was able to close a $3 million deal for our company.

B: **How about that!** I always knew you'd be successful.

A: 제가 회사에 3백만 달러짜리 계약을 성사시켰어요.
B: 굉장하군요! 나는 항상 당신이 성공할거라는걸 알고 있어죠.

Fancy that! 설마, 도저히 믿어지지 않는다!

A: Billy and I are thinking of coming to visit you this summer.

B: **Fancy that!** I'll have to get my guest room all ready!

A: 빌리하고 이번 여름에 너희 집에 갈까 생각 중이야.
B: 어머 정말! 사랑방을 치워 놔야겠네!

>> **Speaking Practice:** Imagine that! 어 정말야?. 놀라워!

Way to go

잘한다 잘해!

○ Way to go!나 Go!는 비단 스포츠 경기뿐만 아니라 일상생활에서도 칭찬을 하거나 앞으로 더 잘하라고 격려할 때 많이 사용된다.

A: Look at that! He hit a home run!

B: **Way to go!** I think our team will be able to win this game.

A: 저거봐, 그 사람이 홈런을 쳤어.
B: 잘한다! 우리팀이 경기를 이길 수 있을 거라고 생각해.

A: I was able to convince my wife to buy a new sports car.

B: **Way to go.** My wife says it would be too expensive and refuses to discuss it.

A: 아내를 설득해서 스포츠카를 새로 살 수 있었어.
B: 잘했어! 내 아내는 너무 비싸다구 얘기도 못 꺼내게 해.

Get More

Attaboy! 야, 잘했다 [That's my[a] boy의 축약형. 여자에게는 That's my[a] girl을 쓸 수 있다]

A: You were able to complete the presentation in an hour? **Attaboy!**

B: Thanks. I just skipped the parts that I thought weren't important.

A: 한 시간만에 이 설명회를 끝냈단 말야? 정말 잘했어!
B: 고마워요. 제 생각에 중요하지 않다고 생각되는 부분은 건너뛰었어요.

》**Speaking Practice:** That's my[a] girl! 잘했다!

Give me five! 손바닥 부딪히자

A: Nice shot. **Give me five!**

B: I'm glad it went in. I've been practicing my golf swing for months.

A: 잘 쳤어. 하이파이브!
B: 들어가서 기뻐. 수개월동안 골프 스윙을 연습했거든.

》**Speaking Practice:** How about a high five? 손바닥 부딪히는 건 어때?

Good luck to you

행운을 빌어, 다 잘 될거야

⊙ 먼 길을 떠나는 사람이나 뭔가 중요한 일을 앞두고 있는 사람에게 쓰는 표현으로 Good luck to you!라고 한 다음 You'll need it하면 금상첨화!

A: Today I will be starting university for the first time.

B: **Good luck to you**. Remember to always do your best.

    A: 나 오늘 대학생활 처음 시작해.
    B: 행운을 빌어. 언제나 최선을 다하는 거 명심하구.

A: I'm sorry that you're resigning. **Good luck to you**.

B: Thank you. I hope I can do better in the future.

    A: 그만 둔다니 유감인걸. 행운을 빌게.
    B: 고마워. 나도 앞으로 더 잘 됐으면 좋겠어.

>> **Speaking Practice:**

I wish you good luck
행운을 빌어요

Good luck (to you), you'll need it
행운을 빌어, 행운이 필요할거야

Good luck, go get them
행운을 빌어, 가서 (행운을) 잡으라고

(The) Best of luck (to someone)
행운을 빌어, 잘 되기를 빌게

Wish me luck!
행운을 빌어줘

Good luck with that
행운이 있기를

Get More

Lucky bastard! 그놈의 자식 운도 좋구만 〔lucky + N의 형태로 언급된 사람(N)이 운이 따른다는 부러움 섞인 표현〕

    A: There is a rumor that he is dating a beautiful model.
    B: **Lucky bastard!** I wish I had a stunning girlfriend.

    A: 걔가 예쁜 모델이랑 사귄다는 소문이 있더라.
    B: 그놈은 운도 좋아! 나도 진짜 얼굴 예쁘고 매력적인 여자친구 하나 있었으면.

    >> **Speaking Practice:** Lucky me 나한테 다행이구만

My fingers are crossed 행운을 빌어요(I'll keep my fingers crossed)

    A: Well, today I will have my third interview with Dell Inc.
    B: I know you want that job. **I'll keep my fingers crossed**.

    A: 저기, 오늘 나 델컴퓨터 3차 면접이 있어.
    B: 그 회사에 들어가고 싶지. 내가 행운을 빌어 줄게.

What's the matter with you?

무슨 일이야?, 도대체 왜그래?

○ 상대방에게 「안 좋은 일 있었냐」, 「어디 아프냐」고 물어보거나 혹은 상대방이 바보같거나 이해할 수 없는 행동을 할 경우에 「왜 그러냐」고 물어보는 표현.

A: You've made six simple mistakes this morning. **What's the matter with you?**

B: I don't know. I can't seem to concentrate.

A: 오늘 아침에 간단한 일을 여섯번이나 실수했어. 무슨 일이니?
B: 모르겠어. 집중을 할 수가 없어.

A: Hey baby! Why don't you come home with me?

B: **What's the matter with you?** Why are you being such a jerk?

A: 자기야! 나랑 우리 집에 같이 갈래?
B: 왜 그래? 왜 그렇게 얼간이처럼 굴어?

Get More

What's the problem? 무슨 일인데?

A: Waiter! Come here for a moment!

B: **What's the problem** sir? Is the food OK?

A: 웨이터! 잠깐 이리 와봐요!
B: 무슨 일이십니까? 음식이 이상합니까?

What's wrong (with you)? 무슨 일이야? 뭐 잘못됐어?

A: When Sandy called, I told her she could just go to hell.

B: **What's wrong with you?** That's a terrible thing to say.

A: 샌디가 전화했을 때, 지옥에나 가라고 했어.
B: 왜 그랬어? 그런 끔찍한 말을 하는 게 아냐.

🔵 「뭐하고 지냈냐」며 상대방의 근황 및 안부를 물어보는 인사 표현. 별일 없었으면 Not much, 그리고 '무엇'을 하고 지냈는지를 말하려면 현재완료나 과거시제를 이용하여 자기가 한 일을 말해주면 된다.

A: Is that you Mark? How are you doing?

B: I can't complain. **What have you been up to?**

    A: 너 마크 아냐? 어떻게 지내?

    B: 잘 지내. 넌 어떻게 지냈어?

A: **What have you been up to**, Steve?

B: Well, this week we have final exams, so I've had to do a lot of studying.

    A: 스티브, 무슨 일 있었어?

    B: 음. 이번주에 기말시험이 있거든. 그래서 공부할 게 너무 많아.

>> **Speaking Practice:**

How have you been?
그동안 어떻게 지냈어?

(I) Haven't seen you in a long time
오랜만이야

Get More

Long time no see 오랜만이야

    A: Hey Liz. **Long time, no see**.

    B: Yeah, that's why I love Christmas. You can meet old friends again.

    A: 이봐 리츠. 오랜만이야.

    B: 그러게, 이래서 내가 크리스마스를 좋아한다니까. 옛 친구들을 다시 만날 수 있잖아.

Mike Says:

What are you up to?(p. 323)**:** Generally, this is asking someone what they are doing right now.

What have you been up to?: This is used often when people haven't seen each other in a while. It means "Has anything changed in your life?" People answer this by talking about their jobs or kids or husbands/wives, or basically anything that is new in their life.

Let's get[keep] in touch!
연락하고 지내자!

○ get[keep] in touch는 「계속 연락하다」(contact constantly)라는 뜻으로 「제안」을 나타내는 let's와 함께 어울려 「서로 연락을 주고 받자」라는 표현으로 애용된다. 반대로 「연락을 끊다」는 lose touch라고 한다.

A: Are you planning to come back to New York any time soon?

B: Yes, I'll be back next month. **Let's keep in touch**.

    A: 곧 뉴욕으로 돌아올 생각이세요?
    B: 네, 다음달에 돌아오려구요. 계속 연락합시다.

A: I hear you will be moving away soon. **Let's keep in touch**.

B: OK. Would you like me to give you my new address?

    A: 이사할 거라면서요. 계속 연락하고 지내요.
    B: 좋아요. 새 주소 드릴까요?

>> **Speaking Practice:**

I hope to see you again (sometime)
(조만간에) 다시 한번 보자, 나중에 얼굴 한번 봐요

Get More

Let's get together (sometime) (조만간) 한번 보자

A: If you're not too busy, **let's get together** sometime.

B: I don't know. My schedule is pretty full over the next month.

    A: 많이 바쁘지 않으면 언제 한번 만납시다.
    B: 글쎄요. 다음달까진 제 일정이 꽉 차 있어서요.

Drop me a line 나한테 편지 좀 써

A: **Drop me a line** to let me know how you're doing.

B: I will. But I don't have your address.

    A: 어떻게 지내는지 궁금하니까 편지나 좀 써.
    B: 그럴게. 그런데 주소를 모르는데.

>> **Speaking Practice:**   Remember to write 잊지말고 편지해
                               Drop me a note 편지해라
                               Don't forget to write 편지하는 거 잊지마

1. 천천히 해, 조심조심(물건이동시)   2. 진정해

○ 마음만 앞서 허둥거리는 사람에게 그렇게 서두르지 말고 「천천히 정신차려서 해」(do it slowly and carefully)라는 뜻으로, 또는 어떤 일에 화가 잔뜩 난 사람에게 「진정해」(calm down)라는 의미로 쓸 수 있는 표현.

A: Alright, we're almost finished, **easy does it**.

B: It's really hard work moving this piano.

　A: 자, 거의 다 끝났으니 천천히 하세요.
　B: 이 피아노 옮기기 정말 힘드네요.

A: Ow! My arm really hurts! I think I need to go to the hospital.

B: Let me take a look at it. **Easy does it**.

　A: 아! 팔이 너무 아파! 병원에 가야할 거 같아.
　B: 어디 좀 보자. 조심조심.

>> **Speaking Practice:**

Easy, easy, easy!
천천히 조심조심.

Take care
조심해

Get More

Hold your horses 서두르지마

A: Are you ready to go yet? It's getting late.

B: **Hold your horses**. I'll be finished with my makeup soon.

　A: 이젠 갈 준비 됐어? 늦었어.
　B: 닥달하지마. 곧 화장 끝난다구.

Take your time 천천히 하세요

A: Please don't hurry because I'm here. **Take your time**.

B: Thanks, I'll be done as soon as I can.

　A: 제가 왔으니 서두르지 마세요. 천천히 해요.
　B: 고마워요, 가능한 한 빨리 끝낼게요.

>> **Speaking Practice:**　Relax 긴장풀고 천천히 해
　　　　　　　　　　　　Slow down 천천히 해

Can you give me a hand?
좀 도와줄래?

○ 우리도 '손'이 도와주는 사람, 즉 「도움」을 뜻하듯 영어에서도 give me a hand하면 「도와달라」
는 의미가 된다. 특히 hand는 어떤 추상적인 부탁보다는 구체적 혹은 현장에서 물리적인 힘을 이용
한 도움이란 뜻으로 많이 사용된다.

A: I can't figure out this math problem. **Can you give me a hand?**

B: Sure. Which one were you having trouble with?

A: 이 수학 문제 이해가 안돼. 좀 도와줄래?
B: 그래. 어떤 게 안 풀려?

A: Those books look like they're heavy.

B: **Can you give me a hand** with them?

A: 그 책들 무거울 거 같은데.
B: 같이 좀 들어줄래?

》**Speaking Practice:**

(Do you) Need a hand?
도움이 필요해요?

Can you help me?
나 좀 도와줄래요?

Is there anything I can do to help?
뭐 도와줄 것 없니?

Get More

She's very supportive 그 여자는 도움이 많이 되고 있어

A: How does your wife feel about your transfer overseas?

B: **She's very supportive**. She knows I have to travel to get promoted.

A: 너 해외로 전근가는 거 집사람이 어떻게 생각해?
B: 그 사람 아주 적극적으로 도움을 주고 있어. 승진하려면 해외근무를 해야 한다는 걸 알거든.

》**Speaking Practice:** He's been incredibly supportive of me. 그 남자는 날 정말 많이 도와 주었어

Check it out at Friends

Just let me know if you need a hand?

○ Season 9 episode 21

Monica와 Chandler는 아이가 생기지 않자 fertility test를 받으러 병원에 가는데… 거기서 질
긴 인연의 Janice를 만나게 된다. Janice는 '미완의 새끼들'을 받으러(masturbation) 가는
Chandler에게 "오늘 누군 컵에다 해야 된데요" (~have to do it in a cup), "얘들 (컵)사이즈
네" 하면서 놀려대는데 마지막에 하는 말 "Just let me know if you need a hand!"가
가장 압권. 여기서는 중의적인 표현으로 자위할 때 a hand가 필요하다는 사실만 안다면 도저히 안
웃고 넘어갈 수 없는 결정타.

That's not the point

핵심은 그게 아니라고

○ 열심히 설명을 했는데 상대방이 못 알아듣거나 딴소리할 때, 「내가 말하려고 하는 건 그게 아니라 니까」(That's not what I mean)라고 사용하는 표현. 상대방 역시 point을 이용해서 「그럼, 무슨 말을 하고 싶은 건데?」라는 뜻으로 What's the point?라고 물어볼 수 있다.

A: You have a good job, a nice car, and a big apartment.

B: **That's not the point**. I'm still not very happy.

> A: 넌 좋은 직장에, 좋은 차에, 그리고 큰 아파트까지 있잖아.
> B: 문제는 그게 아니야. 난 아직도 행복하지가 않다구.

A: But my report was submitted on time.

B: **That's not the point**. The quality of your writing was extremely poor.

> A: 하지만 저는 보고서를 제때 제출했는데요.
> B: 문제는 그게 아니야. 네 글솜씨가 너무 형편없어.

Get More

That's my point 내 말이 그거야

A: The situation in this office is getting worse.

B: **That's my point**. I've been telling you we should quit.

> A: 우리 사무실 상황이 점점 안좋아지고 있어.
> B: 내 말이 그거야. 내가 때려치워야 한다고 말해왔잖아.

The point is that~ 요점은 …라는 것이다

A: That's not the point.

B: What's the point?

A: **The point is that** we're playing too much.

> A: 그 말이 아냐.
> B: 요점이 뭔데?
> A: 내 말의 요지는 우리가 너무 많이 놀고 있다는 거야.

What are friends for?

친구 좋다는 게 뭐야?

○ 생긴 모양은 의문문이지만 대답을 요구하는 질문이 아니다. 직역해 보면 「친구가 무엇을 위해 있는 거냐?」, 즉 「친구 좋다는 게 뭐야?」라는 말이다.

A: I appreciate all of the help you've given me.

B: **What are friends for?** You can count on me anytime.

A: 제게 베풀어주신 모든 도움에 감사드려요.

B: 친구 좋다는 게 뭐겠어요? 언제든 도와드리죠.

A: Are you saying that you'd loan me $20,000?

B: **What are friends for?** I trust you to pay it back.

A: 나한테 2만 달러를 빌려주겠다는 거야?

B: 친구 좋다는 게 뭐야? 네가 갚을 거라고 믿어.

>> Speaking Practice:
That's what friends are for
이런 게 친구 좋다는 거 아니겠어.

Get More

She's friends with my brother 그녀는 우리 형하고 친구야

A: How did you meet Angela?

B: **She's friends with my brother**. They've known each other a long time.

A: 안젤라를 어떻게 만났어?

B: 걘 우리 형하고 친구야. 둘은 오랫동안 알고 지내왔어.

Let's just be friends 그냥 친구하자

A: I don't want to date you. **Let's just be friends**.

B: I don't know if I can be friends with you. I find you very attractive.

A: 너랑 데이트할 생각없어. 그냥 친구로 지내자.

B: 너랑 친구로 지낼 수 있을지 모르겠어. 네가 너무 매력적이라서.

>> Speaking Practice: Did you make any new friends? 새 친구들은 사귀었니?

You'll never get away with it

넌 그걸 피할 수 없어

○ get away with는 with 이하의 나쁜 일을 하고도 잡히지 않고 도망갈(get away) 수 있다는 숙어. 따라서 부정문으로 된 이 표현은 「나쁜 일을 하면 반드시 벌을 받게 될 거다」라는 의미이다.

A: So my idea is to rob the bank on Main Street.

B: That's a stupid idea. **You'll never get away with it**.

A: 그러니까 내 생각은 메인 스트릿에 있는 은행을 터는 거야.
B: 그건 멍청한 생각이야. 절대로 성공하지 못할 거야.

A: Today I'm going to sneak out of work a few hours early.

B: **You'll never get away with it**. The boss will find out.

A: 오늘은 회사에서 두세시간 일찍 몰래 빠져나올거야.
B: 그렇게 못할걸. 사장이 알아챌거야.

Mike Says:

This is usually said when someone is going to break the law or trick others. It indicates the speaker thinks the person will be caught and punished.

Get More

Don't even think about (doing) it 꿈도 꾸지마, 절대 안되니까 헛된 생각하지마

A: I might have to cheat on the exam.

B: **Don't even think about it**. You'll get caught.

A: 시험칠 때 컨닝을 해야 할지도 모르겠어.
B: 꿈도 꾸지마. 걸릴 거야.

Cut it out

그만둬, 닥쳐

○ 상대의 언행이 너무 지나쳐서 신경을 거스를 때 「그만해!」란 의미로 하는 말. 잔뜩 굵는 인상과 짜증나는 어투는 이 표현 사용시 필수사항.

A: Hey, **cut it out!**

B: What's your problem, man?

A: You keep bumping into me every time you walk past.

A: 이봐, 그만 좀 하라구!
B: 뭐가 문젠데?
A: 지나갈 때마다 자꾸 나랑 부딪히잖아.

A: Can we go to Disneyland, Dad? Huh? Can we?

B: **Cut it out!** You kids know that we can't afford it this year.

A: 아빠, 우리 디즈니랜드 갈 수 있는 거죠? 네? 그렇죠?
B: 그만 좀 해! 올해는 그럴 여유가 없다는 걸 너희도 알잖니.

>> **Speaking Practice:**

Cut that out!
그거 그만둬!

Stop it!
그만해!

Just drop it!
당장 그만둬!

Get your hands off!
그 손 치워!

Let's just leave it at that
그냥 그만두자

Get More

Knock it off 조용히 해

A: Why don't you guys **knock it off**?

B: Sorry, we were only having a little bit of fun.

A: 조용히 좀 해라.
B: 미안해, 그냥 좀 재미있는 일이 있어서 말야.

Could you lay off, please? 그만 좀 할래요?

A: Why don't you ever take me out anymore? You aren't very romantic.

B: **Could you lay off, please?** I'm really tired of this.

A: 왜 이젠 나랑 밖에서 데이트 안해? 넌 너무 낭만이 없어.
B: 그만 좀 할래? 이러는 거 정말 지겨워.

○ 방금 발생한 일이 자기가 살면서 한번도 경험해보지 못한 새로운 일이라는 걸 강조하는 표현. 많은 경우 to me 뒤에 before란 말을 덧붙여주기도 하지만, 간단히 That never happened라고만 해도 OK!

A: You lost your wallet? Then you'd better contact the police.

B: That's a good idea. **This has never happened to me before**.

  A: 지갑 잃어버렸어? 그럼 경찰에 연락해.
  B: 좋은 생각이야. 전에는 이런 일 한번도 없었는데.

A: I feel terrible about getting so drunk yesterday. **This has never happened to me before**.

B: Don't worry about it. Everyone gets drunk sometimes.

  A: 어제 그렇게 취했었다니 끔찍해. 이런 적이 없었는데.
  B: 신경쓰지 마. 다 취할 때도 있는 거지 뭐.

Mike Says:

It means that the speaker never has a certain experience. Possibly they are expressing some envy that another person has had a good experience.
ex. That handsome guy asked you on a date? Oh, that never happens to me!

Get More

It never happened 이런 적 한번도 없었어, 그런 적 없다

  A: I called to see if they'd received the report, but they said **it never happened**.

  B: You'd better send them a duplicate copy.

  A: 리포트를 받았는지 알아보려고 전화했었는데, 그런 적이 없다고 하더라고.
  B: 그럼 복사본을 한부 더 보내.

That has never happened before 난생 처음 겪는 일이야

  A: I can't get any hot water to come out of the shower.

  B: **This has never happened before**. Should I call a plumber?

  A: 샤워기에서 더운물이 전혀 안나와.
  B: 전에는 이런 적이 없었는데. 배관공을 불러야 하나?

(It) Can't[won't] hurt to try

한번 해본다고 해서 나쁠 건 없지

⊙ 망설이며 주저하고 있는 사람에게 사용하는 표현. 밑질 것 없으니까 「한번 해보라」(Just do it!)는 권유의 문장이다.

A: Do you want to ask the boss if we can go home early tonight?

B: **Can't hurt to try.**

A: 오늘 밤에 일찍 퇴근해도 되는지 사장님께 여쭤볼까요?
B: 물어본다고 손해볼 건 없죠.

A: Maybe if we connect this cable to this plug it will work.

B: **Can't hurt to try.**

A: 이 케이블을 플러그에 연결하면 작동될 거예요.
B: 밑져야 본전이지, 한번 해봅시다.

》 Speaking Practice:

It wouldn't hurt
나쁠 건 없어

Get More

It doesn't hurt to ask 물어본다고 손해볼 것 없다. 그냥 한번 물어본 거예요

A: Do you think I should ask the doctor to take the cast off of my leg today?
B: **It doesn't hurt to ask.**

A: 오늘 의사 선생님한테 내 다리에서 깁스를 풀어달라고 부탁해야 할까?
B: 물어봐서 나쁠 거 없죠.

You've got nothing to lose 밑져야 본전인데 뭐

A: Do you think that I should send them my resume?
B: Why not? **You've got nothing to lose.**

A: 내가 거기에 이력서를 보내야 할까?
B: 안 보낼 이유가 어딨어? 밑져야 본전인데, 뭐.

》 **Speaking Practice:** Nothing to lose 밑질 거 없지

Now there you have me

1. 그건 정확한 지적이다   2. 내가 졌다   3. 모르겠다

○ 상대방의 정확하고 날카로운 지적에 대해, 「그래, 내가 그 부분은 솔직히 인정하마」 정도의 뉘앙스를 담고 있는 표현으로 특히, 내기나 경쟁에서 패배를 인정할 경우에는 「내가 졌다」, 그리고 적절한 답을 찾지 못한 경우에는 「모르겠다」의 의미로 자주 사용된다.

A: You want to study music, but can you get a job when you graduate?

B: **Now there you have me**. It's probably difficult to make money with a degree in music.

A: 음악공부 하고 싶다구. 근데 졸업하면 직장 구할 수 있을 거 같아?
B: 그건 잘 지적해 줬어. 음악으로 학위받아 돈 벌기란 아마 힘들거야.

A: If you quit your job, what will you do?

B: **Now there you have me**. I don't have any other plans.

A: 너 직장 관두면 뭐 할거니?
B: 그건 모르겠어. 다른 계획 가지고 있는 게 없어.

Mike Says:

Usually, this means "You have a good point" or "You've said something I can't disagree with." Sometimes it also means the speaker isn't sure about how to respond to a question.

Get More

You win 내가 졌어

A: I refuse to go on the vacation you have planned.
B: OK, **you win**. Where do you want to go?

A: 네가 세운 휴가 계획대로 가기 싫어.
B: 좋아, 내가 졌다. 그럼 넌 어디로 가고 싶은 거야?

I've got to hand it to you! 너 정말 대단하구나, 나 너한테 두손 들었다

A: How do you like my new house?
B: **I've got to hand it to you**. This is beautiful.

A: 새로 산 우리집 어때, 맘에 들어?
B: 너 정말 대단하구나. 집 좋은데.

One way or another
어떻게든 해서

○ 어떤 일의 해결방안에 대해서 잘 모르거나 잘 알 수 없는 경우, 명확한 해결책이 아직은 없지만 어떻게 해서든 해보겠다는 표현.

A: I don't think you're ever going to get her. She's too good for you.

B: **One way or another** I'm gonna marry her.

> A: 너 그 여자를 차지하려는 건 아니겠지. 너한테는 과분해.
> B: 어떻게든 그 여자랑 결혼할 거야.

A: Why don't you just call a professional plumber?

B: No, I'm going to fix it myself. **One way or another**.

> A: 전문 배관공을 부르는 게 어때?
> B: 아냐, 내가 직접 고칠 거야. 무슨 수를 써서든 말이야.

 Mike Says:

This means that regardless of the method, something will be accomplished or completed successfully.

>> **Speaking Practice:**
One way or the other
어떻게 해서든지

Get More

Like it or lump it! 고르고 말 것도 할 것 없어

A: The manager of this office is a real jerk.

B: **Like it or lump it**. We can't do anything about it.

> A: 이 부서의 부장은 정말 얼간이야.
> B: 어쨌거나 부장이라구. 어쩔 수 없잖아.

>> **Speaking Practice:** You will have to lump it 좋든 싫든 이 상황을 받아들여야 해

Take it or leave it 선택의 여지가 없어. 받아들이든지 말든지 알아서해

A: I don't think I want to pay that much. It's a little expensive.

B: Well, **take it or leave it**. That's the best price I can give.

> A: 그렇게 많이 내고 싶지 않은데. 좀 비싸네요.
> B: 음, 더이상은 안되니 사든가 말든가 결정하세요. 최대한 봐드린 가격이라구요.

○ 시쳇말로 「내가 쏜다」에 해당하는 것으로, 식당이나 술집 등에서 일어설 때 테이블의 「계산서를 집으며」(pick up the tab) 「자신이 계산하겠다」(I'll pay for it)라고 하는 표현. This one is on me도 같은 말이다.

A: How much is the bill?

B: Don't worry about it. **It's on me**.

    A: 얼맙니까?

    B: 신경쓰지 마세요. 제가 낼게요.

A: **This one is on me**.

B: Thanks a lot! I'll pay for lunch tomorrow.

    A: 이번은 내가 낼게.

    B: 고마워! 내일 점심은 내가 내지 뭐.

>> **Speaking Practice:**

This one is on me
이번엔 내가 낼게

I'm buying
내가 살게

This is my round
이건 내가 쏜다

I'll pick up the tab
내가 계산할게

Get More

It's on the house 이건 서비스입니다

A: Waiter, we didn't order this side dish.

B: Don't worry. **It's on the house**.

A: 웨이터, 이 음식은 주문하지 않았는데요.

B: 걱정마십시오. 저희 식당에서 서비스해드리는 겁니다.

>> **Speaking Practice:** It's complimentary 이건 감사의 표시로 그냥 드리는 겁니다

(This is) My treat 내가 살게

A: Waitress, can I have the check please?

B: No. Let me get this. It's **my treat**.

A: 여기요, 계산서 좀 갖다주시겠어요?

B: 아니에요. 제가 계산할게요. 한턱 낸다구요.

>> **Speaking Practice:** I'll treat you 제가 대접하죠

                          This will be my treat 제가 계산할 겁니다

Will that be all?

달리 더 필요한 것은 없으십니까?

◐ 상점이나 식당에서 많이 들을 수 있는 표현으로 손님이 주문한 것 이외에 더 필요로 하는 것은 없는지 물어볼 때 사용된다.

A: **Will that be all?**

B: Could you check my oil too?

A: Yes, sir. Just a moment.

> A: 더 필요하신 건 없으십니까?
> B: 엔진오일도 확인해주시겠어요?
> A: 예 손님. 잠시만 기다리세요.

A: I'd like two milk shakes and two cheeseburgers to go.

B: **Will that be all?**

A: Yes, thanks.

> A: 밀크셰이크 두 잔하고 치즈버거 두 개 포장해주세요.
> B: 더 필요하신 건 없으세요?
> A: 네, 됐어요.

>> Speaking Practice:
Is that everything?
다 되셨습니까?

Get More

(Will there be) Anything else? 더 필요한 건 없습니까?

A: Can I have two packs of cigarettes?

B: Here you are. **Will there be anything else?**

A: No, that will do it.

> A: 담배 두 갑 주시겠어요?
> B: 여기 있습니다. 더 필요하신 건 없으세요?
> A: 없어요, 그게 답니다.

좀 지나갈게요

○ 엘리베이터나 혼잡한 사람들 틈을 지나가면서 길을 비켜달라는 양해의 말. 간단히 Excuse me로 대신할 수도 있다. 참고로 Coming though 앞에는 I am이 생략되어 있다.

A: Excuse me, **coming through**.

B: Be careful, she's carrying hot coffee.

> A: 실례합니다만, 좀 지나갈게요.
> B: 조심하세요. 이 여자분이 뜨거운 커피를 나르고 있으니까요.

A: **Coming through!** Give me some room.

B: Okay. Do you want me to help you with those boxes? They look heavy.

> A: 좀 지나가자! 조금 물러나 줘.
> B: 알았어. 상자들 좀 들어줄까? 무거워 보이는데.

Mike Says:

The person is probably indicating that he needs to pass through a crowd of people. It is similar to saying "Excuse me."

Get More

Excuse me 실례 좀 하겠습니다

A: **Excuse me**. I need to get past you.

B: Oh, I'm sorry. I didn't know I was in the way.

> A: 실례합니다. 좀 지나갈게요.
> B: 어, 죄송해요. 길을 막고 있는 줄은 몰랐어요.

》》**Speaking Practice:** Step aside 비켜주세요

Clear the way! 비켜주세요

A: **Clear the way!** We have to move this sofa into the other room.

B: Okay. I'll hold the door for you.

> A: 저리 비켜 봐! 이 소파를 다른 방으로 옮겨야 한단 말이야.
> B: 알았어. 문 잡아줄게.

155
Level 2

I ran into her
그 여자와 우연히 마주쳤어

○ 누구와 우연히(by chance) 만나는 경우 run into를 사용하는데 bump into도 같은 의미로 자주 등장한다.

A: Have you seen Ted lately?

B: Yes. In fact, **I ran into him** at the library the other day.

A: 요새 테드 봤니?
B: 응. 사실 요전날 도서관에서 마주쳤어.

A: Is that you Jim?

B: Meg? Is that you? Long time no see.

A: I know. I can't believe **I ran into you** here.

A: 너 짐 맞지?
B: 멕? 너 멕 맞지? 오랜만이다.
A: 그러게. 너랑 여기서 만나다니 믿을 수가 없네.

 Mike Says:

This means "I meet her unexpectedly somewhere." This can be used when you are away from home and see someone you know on the street or in shops or restaurants. It would indicate some surprise.

Get More

I keep bumping into you 우리 자꾸 마주치네요

A: It's been ages since I've seen Mr. Jackson.

B: Really? **I keep bumping into him** down at the gym.

A: 잭슨 씨를 만나본 지 오래 됐어.
B: 정말? 난 헬스클럽에서 계속 오며가며 마주치고 있는데.

○ 방법이 틀렸음을 지적해 주는 표현으로 That's not how we do things here(여기서는 그렇게 하는 게 아냐)라는 표현도 비슷한 의미로 많이 쓰인다. how를 the way로 대체할 수도 있다.

A: So, if I invest in the stock market, will I get rich?

B: **That's not how it works**. Many people lose their money.

> A: 그래서 내가 주식 시장에 투자를 하면 돈 좀 만지겠어?
> B: 그렇게 되는 건 아니야. 돈 잃는 사람이 많아.

A: Judge I paid the fine. Can I go now?

B: **That's not the way it works**. You have to stay in jail one more night.

> A: 판사님, 벌금을 냈어요. 이제 가도 되나요?
> B: 그렇게는 안됩니다. 하루밤 더 감옥에 있어야 합니다.

Mike Says:

The speaker is saying that the person does not understand the method to do something.

>> **Speaking Practice:**

That's not how we do things here

여기서는 그렇게 하는 게 아냐

Get More

Not that way! 그런식으론 안돼

A: I think I am supposed to install the software like this.

B: Wait! **Not that way**. You're going to mess it up.

A: 이 소프트웨어는 이렇게 설치하면 되는 것 같은데.
B: 잠깐만! 그렇게 하면 안돼. 엉망진창이 될 거야.

(It's) Out of the question 그건 불가능해, 절대 안돼

A: I need you to come to a meeting at 3 pm.

B: **It's out of the question**. My schedule is too busy.

A: 오후 3시에 회의에 참석해 주셔야 합니다.
B: 그건 안돼요. 제 스케줄이 너무 빡빡해서 말이죠.

I'll get right on it

당장 그렇게 하겠습니다

○ 어떤 일을 당장 실행에 옮기겠다는 말. 주로 직장에서 자주 하게 되는 말로 상사의 지시에 따라 「바로 일을 착수하겠다」는 의미의 표현이다.

A: Johnson, I want to see those reports on my desk by 3 o'clock.

B: Yes, sir. **I'll get right on it**.

A: 존슨 씨, 그 보고서들을 다 작성해서 3시까지 내 책상 위에 놔두세요.
B: 네 부장님. 바로 시작하겠습니다.

A: This paperwork is urgent. We need to submit it soon.

B: All right, **I'll get right on it**.

A: 이 서류업무가 급해요. 곧 제출해야 합니다.
B: 좋습니다, 바로 착수하죠.

 Mike Says:

The speaker is saying that he will start something immediately.

>> **Speaking Practice:**

Let's get the show on the road

공연 시작합시다

Get More

Right away 지금 당장

A: Can you take this box down to the post office and mail it for me?

B: Sure. When does it need to go?

A: **Right away**.

A: 이 상자를 우체국으로 갖고 가서 내 대신 부쳐줄 수 있겠나?
B: 그럼요. 언제 가면 되나요?
A: 지금 당장.

I can't take it anymore

더 이상 못 견디겠어요

158
Level 2

> take는 「참다」, 「견디다」(endure), 「감내하다」란 의미로 I can't take it anymore는 견딜 수 없을 정도로 화가 나는 상황에 절대 필요한 표현.

A: That construction noise has been going on all night. **I can't take it anymore**.

B: Well, maybe they'll be finished soon.

    A: 공사 소음이 밤새도록 계속이야. 더이상 못참아.
    B: 저, 아마 곧 끝나겠지.

>> **Speaking Practice:**
That's the limit
이게 내 한계야, 더 참을 수가 없어

A: **I can't take it anymore**. Every day my boss harasses me.

B: So why don't you quit your job?

    A: 더 이상은 못참겠어. 매일 사장이 볶아댄다구.
    B: 그럼 때려치우는 게 어때?

Get More

I just can't stand your friends 네 친구들은 정말 지겨워(=I hate them)

A: I like being alone with you, but **I just can't stand your friends**.

B: Why not? They're very nice people.

    A: 너랑 둘이만 있고 싶어. 네 친구들 지겨워.
    B: 왜 그래? 아주 좋은 애들이야.

>> **Speaking Practice:** I can't stand this 이건 못참겠어
                         I can't stand losing 지고는 못살아

That's the last straw 해도해도 너무 하는군, 더 이상 못참겠어

A: I'm afraid that I broke your stereo today.

B: **That's the last straw!** I don't want to be your roomie anymore.

    A: 내가 오늘 네 스테레오 전축을 망가뜨렸어.
    B: 참을 만큼 참았어! 더 이상 너랑 방 같이 쓰기 싫어.

Section II **223**

Welcome aboard

함께 일하게 된 걸 환영해, 귀국[귀향]을 축하해

⊙ 원래는 비행기나 선박에 탑승한 승객들에게 하는 인사말이지만, 거기서 발전하여 회사에 막 입사한 신입사원 등 뭔가 새로 함께 하게 된 사람을 환영하는 인사로 자주 사용된다.

A: Hi, I'm Fran. I'm going to be working in your communications department.

B: **Welcome aboard**, Fran. I think that you'll like working here.

> A: 안녕하세요, 전 프랜이에요. 홍보부에서 일하게 됐어요.
> B: 환영해요, 프랜. 여기서 일하는 게 마음에 드실 거예요.

A: Hi, I'm Brad. I'm your new office employee.

B: **Welcome aboard** Brad. I'll introduce you to everyone.

> A: 안녕하세요, 저는 브래드라고 합니다. 이 사무실의 신입사원입니다.
> B: 입사를 환영해요, 브래드. 사람들에게 소개시켜 드리죠.

Mike Says:

Basically, this means the same thing as "welcome." It is sometimes used when people enter ships (get aboard a ship). Otherwise, usually it's used when a person is hired at a job and his boss or other employees say this to make him feel comfortable.

Can[Could] you excuse us?

160

실례 좀 해도 될까요?, 자리 좀 비켜주시겠어요?

○ 자리를 잠시 비우면서 상대방에게 양해를 구하거나 혹은, 누군가와 긴밀하고도 사적인 이야기를 나누고 싶은데 옆에 있는 사람이 방해가 될 경우 「잠시 자리 좀 비켜주시겠어요?」라고 할 때 사용하는 표현이다.

A: I need to talk to Andrew privately. **Could you excuse us?**

B: Sure. I'll wait for you in the other room.

A: 앤드루와 개인적으로 얘기해야겠어요. 실례할게요.
B: 그러세요. 다른 방에서 기다리죠.

A: I need to make an important phone call. **Could you excuse me?**

B: Yeah, please go ahead and do that.

A: 중요한 통화를 해야 되는데, 실례하겠습니다.
B: 네, 어서 하세요.

》 **Speaking Practice:**
Excuse me
실례합니다

Get More

Could I be excused? 양해를 구해도 될까요?, 이만 일어나도 될까요?

A: I've got to use the bathroom. **Could I be excused?**
B: Sure, the bathroom is just down the hallway.

A: 화장실을 사용해야겠는데요. 실례 좀 하겠습니다.
B: 그럼요, 화장실은 복도를 죽 따라가면 있어요.

》 **Speaking Practice:** May I be excused? 실례 좀 해도 되겠어요?

You're excused 그러세요, 괜찮다, 그만 나가 보거라 [꾸지람]

A: Alright class, we've finished studying today. **You're excused**.
B: See you next week, professor.

A: 좋아요 여러분, 오늘 수업 끝났습니다. 나가보세요.
B: 다음 주에 뵈요, 교수님.

》 **Speaking Practice:** Class dismissed 수업 끝났습니다
You're dismissed 가도 좋아, 해산(解散)

When can you make it?

몇시에 도착할 수 있겠니?

○ 관용표현 make it은 크게 두 가지 의미로 사용되는데, 그 첫번째는 「어떤 일을 성공적으로 완수하다」(p.321 참고)이고, 두번째는 「…에 시간에 맞춰 참석하다」이다. 후자의 경우 make it to + N(a particular event)의 형태나 make it + 시간의 형태로도 자주 등장한다.

A: Hi Josh. I'm just calling to tell you we're going to be late.

B: Really? Oh, then **when can you make it by?**

> A: 안녕 조쉬. 늦을 거라는 말 하려고 전화했어.
> B: 그래? 어, 그럼 언제까지 도착할 수 있는데?

A: We're having a party for Sam. Hope you can **make it**.

B: Is it his birthday already?

> A: 샘에게 파티를 열어주려고 해. 너도 올 수 있었으면 좋겠다.
> B: 벌써 걔 생일이 됐나?

>> **Speaking Practice:**

Can you make it?
올 수 있니?

I'm gonna make it to the wedding
결혼식에 갈 예정이야

Can you make it at 7?
7시에 올 수 있겠니?

Check it out at Desperate Housewives

make it out to

○ Season 2 Episode 21

아들 앤드류와 갈등을 견뎌내지 못한 브리는 대학교 견학을 간다는 이유로 차로 이동하다 한적한 곳에 앤드류를 유기하는 장면. 앤드류는 이상한 분위기에 오늘 퍼킨스 대학교에 가지 못할 것 같은 생각이 갑자기 왜 들까요?(Why do I suddenly get the feeling we're not gonna **make it out to** Perkins College today?)라고 말하자 브리는 버클을 풀고 차에서 내려 트렁크에서 짐을 내린다. 앤드류가 뭐하는거예요?(What are you doing?)라고 묻자 브리가 네 물건들 좀 가방에 쌌고(I packed up some of your things), 봉투에 돈 좀 넣어뒀으니(There's also, um, an envelope in here with some money), 그 돈으로 네가 취직하기까지 버틸 수 있을게다(and that should tide you over until you get a job)라고 말하자 앤드류는 당황하며 뭐예요(What), 어딘지도 모르는 곳에 날 버리겠다는거예요?(you're gonna, you're gonna leave me out here in the middle of nowhere?)라고 한다.

I owe you one
162 Level 2
이 은혜를 어떻게 갚아야 할지 모르겠구나, 신세가 많구나

⬭ I owe you는 상대방의 도움에 깊이 고마움을 느낄 때 「당신에게 한가지 빚을 졌다」라고 말하는 표현. one 대신 money나 apology와 같은 명사를 쓸 수 있다.

A: Thanks for loaning me that money. **I owe you one**.

B: Don't worry about it. Just pay me back.

A: 그 돈을 빌려주셔서 고맙습니다. 제가 신세를 많이 지네요.
B: 그런 걱정마세요. 그냥 갚기만 하세요.

A: Here, you can use my suit to wear to the interview.

B: Wow, thanks Brian. **I owe you one**.

A: 자, 면접 때 내 정장 입어.
B: 와, 고마워 브라이언. 신세만 지네.

 Mike Says:

The speaker is saying that this person helped him and he promises to help him in the future.

≫ Speaking Practice:

I owe you a favor
은혜를 입었군요

I owe you some money
당신에게 갚아야 할 돈이 있군요

I owe you a long overdue apology
늦었지만 깊이 사과드립니다

Get More

I owe it to my colleagues 제 동료 덕[때문]이에요

A: Why are you staying at that company?

B: **I owe it to my colleagues** to stay until my contract expires.

A: 그 회사에 왜 남아있는거야?
B: 내 동료들 때문에 계약기간이 만료가 될 때까지 남아있는 거예요.

You were a great help 정말 많은 도움이 되었어요

A: It was your first day working for this company, but **you were a great help**.

B: I'm glad to hear that. I like to be useful.

A: 우리 회사에서 일하는 첫날이었는데도 큰 도움이 되었습니다.
B: 그렇게 말씀해주니 기쁘네요. 쓸모있는 사람이 되고 싶습니다.

≫ **Speaking Practice:** It was a great help 큰 도움이 됐습니다
That is very helpful 정말 도움돼요

That's the way it is

원래 다 그런 거야

○ 어떤 일의 발생이나 상황이 필연적인 경우를 가리키는 말. 흔히 일이 맘먹은 대로 안 되거나, 혹은 체념하는 상황에서 사용되는 표현으로 「살다보면 누구나 다 겪을 수 있는 일이다」라는 의미.

A: Why do you think the economy is doing poorly?

B: Sometimes it's good, sometimes it's poor. **That's the way it is**.

A: 경제 상황이 왜 안좋은 거라고 봐요?
B: 경제는 좋다가 나쁘다가 하죠. 그게 그런 거예요.

A: I'm sorry to hear that you split up with your husband.

B: Yeah, I feel sad about it, but **that's life**.

A: 남편과 헤어졌다는 얘기를 들었는데 안됐군요.
B: 예, 기분은 안좋지만 뭐 그게 인생 아니겠어요.

>> Speaking Practice:

That's life
사는 게 그렇지

Such is life!
그런 게 인생이야

That's just the facts of life
세상살이라는 게 그래

Win a few, lose a few
얻는 게 있으면 잃는 것도 있다

Get More

That's (just) the way it goes 다 그런 거지 뭐, 어쩔 수 없는 일이야

A: I can't believe he got a promotion before I did!

B: He's the boss' nephew, and **that's just the way it goes**.

A: 나보다 먼저 그 녀석이 승진을 했다니 믿어지지가 않아.
B: 그 사람은 사장의 조카야. 세상 돌아가는 게 그런 거 아닌가.

That's the way the cookie crumbles 사는 게 다 그런거지

A: Every year I seem to get a little fatter.

B: **That's the way the cookie crumbles**. The only thing you can do is exercise more.

A: 난 해마다 조금씩 살이 찌는 것 같아.
B: 다 그렇게 사는 거지 뭐. 운동을 더하는 수밖에 없어.

>> **Speaking Practice:** That's the way the ball bounces 사는 게 다 그런거야
That's the way the mop flops 사는 게 다 그렇지 뭐

Who do you think you are?

네가 도대체 뭔데 그래?, 네가 도대체 뭐가 그리도 잘났는데?

○ 잘난 체하면서 다른 사람들을 우습게 보는 사람에게 해줄 수 있는 따끔한 충고의 한마디. 표현의 뉘앙스상 자칫 잘못하면 싸움날 소지도 다분하다.

A: You are the most arrogant person I ever met. **Who do you think you are?**

B: I have just tried to suggest ways to improve this place.

A: 너처럼 건방진 사람은 처음 봐. 니가 도대체 뭔데 그래?
B: 난 이곳을 개선할 방법들을 제시하려던 것뿐이야.

A: From now on, I'm going to design all of the new schedules.

B: **Who do you think you are?** No one assigned you that task.

A: 이제부터 새로운 일정은 모두 내가 짤게요.
B: 당신이 도대체 뭔데요? 당신한테 그런 일 맡긴 사람 아무도 없어요.

>> Speaking Practice:
You are nothing special
당신 대단한 거 없어

You are not so great
그렇게 잘난 것도 없으면서

Get More

Do I look like I was born yesterday? 내가 그렇게 어리숙해보이냐?

A: I'm going to sell you this Rolex at a 70% discount.

B: **Do I look like I was born yesterday?** That watch is a fake!

A: 이 롤렉스 시계를 70퍼센트 할인한 가격에 드리죠.
B: 내가 그렇게 어리숙해 보여? 그 시계 짝퉁이잖아!

>> **Speaking Practice:** I wasn't born yesterday! 누굴 햇병아리로 보나!
How dumb do you think I am? 내가 바본줄 아니?, 누굴 바보로 아는거니?

Who do you think you're kidding? 설마 나더러 그 말을 믿으라는 건 아니지

A: I was out looking for a job all day.

B: That's a lie. **Who do you think you're kidding?**

A: 하루종일 밖에서 일자리 구하고 있었어.
B: 거짓말 하고 있네. 설마 나더러 그 말을 믿으라구?

>> **Speaking Practice:** Who do you think you're talking to? 너 나한테 그렇게 말하면 재미없어!

Don't waste your time

시간낭비하지마, 시간낭비야

⊙ 가능성이 없거나 쓸모없는 일을 하려는 사람에게 「헛수고 말라」고 충고하는 표현. 또 You're wasting my time이라고 하면 상대방이 말하고자 하는 것에 관심없으니 「그만 이야기하라」는 의미이다.

A: Do you think that I should upgrade my old computer?

B: **Don't waste your time**. You can buy a nicer new computer for the same price.

A: 내 구형 컴퓨터를 업그레이드시켜야 할까?
B: 괜히 시간낭비하지 마. 같은 값이면 더 좋은 새 컴퓨터를 살 수 있어.

A: I'd like to invite Cindy out on a date with me.

B: **Don't waste your time**. She's in love with Brad and not interested in you.

A: 신디한테 데이트 신청하고 싶어.
B: 시간 낭비마. 신디는 브래드랑 사랑에 빠져서 넌 안중에도 없어.

>> Speaking Practice:

You're (just) wasting my time
시간낭비야, 내 시간 낭비마

Don't waste my time
남의 귀한 시간 축내지마, 괜히 시간낭비 시키지 말라고

I don't like wasting my time
시간낭비하고 싶지않아

Get More

It isn't worth the trouble 괜히 번거롭기만 할거야

A: Do you think that I should put new wallpaper up in my apartment?
B: **It isn't worth the trouble**. You'll be moving in less than a year.

A: 우리 아파트를 새 벽지로 도배해야 할까?
B: 괜한 짓 하지마. 일년도 안돼서 이사할 거잖아.

>> Speaking Practice: It isn't worth it 그럴만한 가치가 없어, 그렇게 중요한 것도 아닌데

I wouldn't if I were you 내가 너라면 그렇게 하지 않겠어

A: Should I go out on a date with my boss?
B: **I wouldn't if I were you**. That will just lead to problems.

A: 사장이랑 데이트를 해야 할까?
B: 나라면 그렇게 안하겠어요. 그러면 문제만 생길뿐이죠.

1. 버릇없이 굴지 말구, 예의바르게 굴어라   2. 인사해야지, 예의를 지켜야지

○ 다른 사람에게 무례하지 않도록 특히, 아이들이 외출할 때 당부의 말로 많이 사용한다. 또한 상대방의 언행이 지나칠 경우에도 「예의바르게 행동하라」라는 의미로 사용되는데, 이때는 Mind your manners와 같은 의미.

A: **Remember your manners**, children. Always be on your best behavior.

B: OK, Mom. We'll be good today.

A: Hey lady, where'd you buy that ugly hat? Did you steal it?

B: **Remember your manners**, Brian. Don't misbehave.

A: 이봐 아가씨, 그 우스꽝스런 모자는 어디서 산 거야? 훔쳤어?
B: 예의바르게 굴어, 브라이언. 버릇없이 굴지마.

>> **Speaking Practice:**

Mind your manners!
방정맞게 굴지마!

Mind your P's and Q's!
품행(말)을 조심해라

Get More

Where are your manners? 매너가 그게 뭐야, 매너가 없구나

A: Give me some of that food. Now!

B: Jimmy, **where are your manners?** You need to learn to be polite.

A: 그 음식 좀 나한테 줘. 빨리!
B: 지미, 너 예의가 그게 뭐니? 예절 교육을 좀 받아야겠구나.

Behave yourself 버릇없이 굴면 안돼(아이들에게), 점잖게 행동해요

A: Hi sweetheart. How about giving me a kiss?

B: **Behave yourself**. People here are beginning to stare at us.

A: 안녕 자기. 키스해줄테야?
B: 점잖게 굴어. 여기 있는 사람들이 우릴 볼 거야.

>> **Speaking Practice:** Your behavior is out of place 네 행동은 무례한 짓이야

Shame on you

부끄러운 줄 알아야지!, 챙피한 일이야!

⭕ 주로 아이들의 잘못된 행동이나 어린애같은 행동을 하는 철없는 어른들에게 핀잔을 주거나 잘못을 꾸짖을 때 사용하는 표현.

A: Are you eavesdropping?

B: Shh, they are talking about Tom and Jane.

A: **Shame on you!**

A: 너 엿듣고 있는 거야?

B: 쉿, 탐하고 제인에 대해 얘기중이야.

A: 챙피한 줄 알아!

A: I was caught stealing from my co-workers.

B: What made you do something so stupid? **Shame on you!**

A: 동료 것을 훔치다가 잡혔어요.

B: 어쩌다 그런 어처구니 없는 짓을 한 거야? 챙피한 줄 알아!

 Mike Says:

Here the speaker is telling someone they have done something bad and they should be ashamed.
EX: *(Father to daughter)* Shame on you for getting pregnant without being married!

≫ **Speaking Practice:**

You should be ashamed
챙피한 줄 알아

Get More

For shame 부끄러운 줄 알아야지, 챙피한 일이야

A: You continually cause problems at school. **For shame!**

B: I'm sorry, Mom. I don't mean to be a problem.

A: 너 학교에서 계속 문제만 일으키는구나. 부끄러운 줄 알아야지.

B: 죄송해요, 엄마. 문제 학생이 되려는 건 아니에요.

I'm ashamed of you 부끄러운 일이야, 부끄러워 혼났어

A: First you got drunk, and then you started a fight with our guests. **I'm ashamed of you**.

B: I'm sorry, I was wrong. Can you forgive me?

A: 처음엔 고주망태가 되더니, 다음엔 손님들한테 시비를 걸더군. 창피해 죽겠어.

B: 미안, 내가 잘못했어. 용서해줄래?

≫ **Speaking Practice:** You embarrass me 너 때문에 창피하다

Mum's the word

입 꼭 다물고 있어

○ 여기서 mum은 두 입술을 꽉 다물 때 나는 소리를 흉내낸 단어로 Mum's the word하면 지금 하는 이야기는 「비밀이니까 함구하라」는 말이 된다. 간단히 Mum!이라고만 하기도 한다.

A: Steve's surprise party is tomorrow night. **Mum's the word**.

B: Don't worry. I won't tell him about it.

   A: 스티브를 위한 깜짝 파티가 내일 밤이야. 입 다물고 있어.

   B: 걱정마. 스티브한테 얘기 안해.

A: This time don't bring up what happened at the last meeting.

B: Don't worry, **my lips are sealed**.

   A: 이번에는 지난 번 회의 때 나왔던 이야기는 하지 맙시다.

   B: 걱정말아요, 입다물고 있을 테니.

>> Speaking Practice:

Keep it quiet
조용히 하고 있어

My lips are sealed
입다물고 있을게요

I won't breathe a word (of it)
입도 뻥긋 안 할게

Get More

Keep your mouth shut (about sth or sby) …에 대해 누구한테도 말하면 안돼

A: I know that you and Kelly are having a secret affair.

B: **Keep your mouth shut** about that or it'll cause a lot of trouble.

A: 너랑 켈리랑 몰래 바람 피우고 있는 거 다 알아.

B: 입 다물고 있어. 안그러면 큰 분란이 생길테니까.

>> Speaking Practice: Shut up! 닥쳐! Shut your face! 입다물어

Your secret's safe with me 비밀 지켜드릴게요

A: Please don't tell anyone about how depressed I've felt.

B: I won't. **Your secret's safe with me**.

A: 내가 풀이 죽었다고 누구한테도 말하지 말아줘요.

B: 그럴게요. 비밀 지켜드릴게요.

>> Speaking Practice: I'll take it to my grave 그 얘기 무덤까지 가지고 가마
                       Could you keep a secret? 비밀로 해주실래요?

Watch your tongue!
말 조심해

⚙ 상대방이 말실수하거나 뭔가 잘못된 말을 한 것에 대한 경고성 멘트이다. tongue 대신 mouth로 대체해도 된다.

A: I'll bet that she has slept with half of the guys who work in our office.

B: **Watch your tongue**. You shouldn't be starting rumors.

<blockquote>
A: 장담하는데, 우리 사무실 남자들 반이 그 여자하고 잤어.
B: 말 조심해. 소문을 만들어내고 그러면 안된다구.
</blockquote>

A: I hate you! I hate you and hope you die!

B: **Watch your tongue**. How would you feel if I really died?

<blockquote>
A: 난 니가 싫어! 니가 싫어서 죽어버렸으면 좋겠어!
B: 말 조심해. 내가 진짜 죽으면 어쩔려구?
</blockquote>

Mike Says:

This means "Be careful of what you say, it could cause trouble." Sometimes this is used to scold someone for being disrespectful.

≫ **Speaking Practice:**

Watch your mouth!
입 조심해

Get More

I spoke out of turn 말이 잘못 나왔어, 내가 잘못 말했어

A: I'm sorry for making that suggestion. **I spoke out of turn**.

B: I expect you to control yourself when you attend these meetings.

<blockquote>
A: 그런 말을 꺼내서 죄송해요. 말이 잘못 나왔어요.
B: 이런 회의에 참석할 때는 자제하길 바래요.
</blockquote>

It was a slip of the tongue 제가 실언했네요, 말이 잘못 나왔네요.

A: Did you say that Harry was going to run for mayor?

B: Whoops, I didn't mean to give you that information. **It was a slip of the tongue**.

<blockquote>
A: 해리가 시장 선거에 출마할 거라고 했니?
B: 이런, 너한테 그런 말을 해줄 생각은 아니였는데. 말 실수했네.
</blockquote>

≫ **Speaking Practice:** I let the secret slip 비밀을 흘려버렸어
I let the cat out of the bag 비밀이 들통났어

That's another[a different] story

170
Level 2

그건 또 다른 얘기야, 그건 또 별개의 문제다

○ 상대방과 논쟁을 하거나 다툴 때 특히 유용한 표현으로, 「문제의 핵심에서 벗어나지 말자」는 의미이다.

A: You gave Leo an A for this report. Are you going to give Stephany an A too?

B: **That's a different story**. Stephany's report isn't as good.

>> **Speaking Practice:**
That's not the end of the story
얘기가 끝난 게 아냐

A: 이 리포트로 레오한테 A학점을 주셨죠. 스테파니한테도 A를 주실 건가요?

B: 그건 얘기가 다르지. 스테파니가 한 보고서는 제대로 안돼 있어.

A: Are you dating your teacher?

B: Yeah, but **that's another story**. I don't want to talk about it.

A: 너 선생님하고 연애하니?

B: 응, 하지만 그건 좀 다른 얘기야. 그 얘긴 하고 싶진 않다.

Get More

This is a totally different situation 전혀 다른 상황이야

A: Are you planning to travel overseas on vacation?

B: Well, I might go overseas to work, but **that's a totally different story**.

A: 휴가 때 해외 여행 갈 생각이니?

B: 그게 말야, 해외 근무를 갈지도 모른다구. 그거랑은 완전히 다른 얘기지.

I don't know how to tell you this, but
어떻게 이걸 말해야 할지 모르겠지만

⊙ 뭔가 어렵고 힘든 이야기를 꺼낼 수밖에 없는 상황에서 문두에 이 표현을 먼저 말해주면 상대방의 놀람과 충격을 줄여주는 효과를 갖는다.

A: Is something wrong?

B: Well, **I don't know how to tell you this, but** I lost your monkey while you were out.

> A: 뭐가 잘못됐니?
> B: 글쎄, 이걸 어떻게 말해야 할지 모르겠는데, 네가 나가 있는 동안에 내가 네 원숭이를 잃어버렸어.

A: You look upset. Is something wrong?

B: **I don't know how to tell you this, but** I'm afraid your mother passed away.

> A: 너 침울해 보인다. 뭐가 잘못된거야?
> B: 이걸 어떻게 말해야 할지 모르겠지만 너희 어머니께서 돌아가셨어.

>> **Speaking Practice:**
I'm afraid to say this
이런 말 하기 좀 미안하지만

Get More

I'm sorry I didn't tell you this before[sooner], but 전에〔좀 더 일찍〕 이걸 말하지 않아 미안하지만

> A: Why do you think that he is treating me so badly?
> B: **I'm sorry I didn't tell you this before, but** he heard some negative rumors about you.

> A: 그 남자가 나한테 못되게 구는 이유가 뭐 거 같아?
> B: 전에 이 말을 안한 건 미안한데 말야, 그 사람이 너에 대한 안좋은 소문을 들었더라구.

>> **Speaking Practice:** I've never told you this but 전에 이걸 말한 적이 없지만
I don't know if I've told you this, but 내 이걸 말했는지 모르겠지만

How could you not tell us? 어떻게 우리에게 말하지 않을 수 있지?

> A: I guess I should have told you sooner Mom and Dad, but I'm pregnant.
> B: What? **How could you not tell us?**

> A: 아빠, 엄마에게 더 일찍 말씀드렸어야 했는데요, 저 임신했어요.
> B: 뭐라구? 너 어째서 우리한테 말을 안 할 수가 있니?

○ 상대방에게 뭔가 질문을 하기 전에, 앞서 내세우는 말의 일종. 자연 바로 이어지는 문장은 의문문으로 상대방의 의견이나 견해 등을 묻게 된다.

A: So, **tell me something**. What do you think about our new boss?

B: I think he's pretty nice.

A: 그래, 말해봐봐. 우리 사장님에 대해 어떻게 생각해?
B: 그분은 정말 좋으신 분이라고 생각해.

A: **Tell me something**, Payton. Why did you decide to study at this university?

B: I guess because it has a good reputation and good professors.

A: 말해봐봐, 페이튼. 이 대학에서 공부하기로 결심한 이유가 뭐야?
B: 지명도도 있고 교수님들도 훌륭하다고 생각하거든.

Get More

Tell me what you're thinking 네 생각이 뭔지 말해봐

A: Come on, honey. **Tell me what you're thinking**.
B: I just think we aren't a good couple. Maybe we should break up.

A: 왜 그래, 자기. 무슨 생각을 하는지 말해봐봐.
B: 난 그냥 우리가 좋은 커플이 아닌 거 같다는 생각이 들어. 헤어져야 할 것 같아.

So, tell me 자 말해봐

A: **So, tell me**. What are your plans for the future?
B: I plan to get a Masters in psychology and then teach at a college.

A: 자, 말해봐. 장래의 계획이 뭐야?
B: 난 심리학 석사학위를 딸 계획이고 그리고 나서 대학에서 가르칠 거야.

That's what you think

그건 네 생각이고

◯ 상대방이 잘못 오해하고 있는 경우 이를 정정해주기 위해서 하는 말. 그건 단지 너의 생각일 뿐 실제는 그렇지 않다는 의미가 포함되어 있다.

A: Mr. Smith is just the nicest man I have ever met.

B: **That's what you think**. He's a real kook. You can't trust him.

A: 스미스씨는 내가 만나본 사람 중에 가장 친절한 분이야.
B: 그건 네 생각이지. 그 사람은 정말 별종인데, 못믿겠더라구.

A: You'd look better if you bought some new clothes.

B: **That's what you think**. These old clothes are just fine.

A: 새 옷 좀 사서 입으면 더 좋아보이겠다.
B: 그건 네 생각이구. 여기 옛날 옷도 괜찮아.

Mike Says:

The speaker is telling someone that they misunderstood something. Often this is said when a situation is not clear. The speaker says this to indicate that he wants a chance to explain more deeply about something.

Get More

It's not what you think 그건 네 생각과 달라, 속단하지 마라

A: You smell like smoke! Why were you smoking?

B: **It's not what you think**. My friends were smoking and it just got in my clothes.

A: 너한테 담배 냄새가 나! 너 왜 담배피는 거야?
B: 속단하지마. 담배를 핀 건 내 친구들이었는데, 그 냄새가 내 옷에 밴거야.

Check it out at Breaking Bad

Is that what you think?

◯ Season 2 Episode 4

월터는 아내에게 자기한테 화가 나있으니, 터놓고 얘기하자고 한다. 스카일러의 냉소적인 반응에 월터는 다시 말을 이어간다. 자기가 뭔가 꾸미고 있다고 생각하기 때문에 네가 화가 나있다고 생각한다(I feel like you're upset with me because you think that I'm up to something)고 말하자 스카일러는 Like what?이라고 하며 비밀을 말해달라고 하지만 월터는 I have no idea, Skyler라고 답답함을 토로한다. 내가 바람을 피운다고 생각하는거야?, 바로 그거냐?, 그래서 이러는거냐?(What, that I'm having an affair? Is that it? Is that what you think?)라고 분노한다.

You done?

다했니?

○ 상대방에게 주어진 일을 「다 마쳤느냐?」(be through with)고 물어보는 표현이다. 더 줄여서 Done?이라고만 해도 된다.

A: **You done?** I need to use the computer.

B: I'm almost finished. Give me five more minutes.

A: 다 쓰셨어요? 저도 컴퓨터를 써야 하는데.
B: 거의 끝나가요. 5분만 기다려주세요.

A: I'm about ready to go. **You done?**

B: Just a second and I'll be ready.

A: 갈 준비 다 됐어. 넌 다 됐어?
B: 잠시만 기다려주면 다 될 거야.

>> **Speaking Practice:**
Are you done with this?
이거 끝냈니?

When will you be done with your work?
언제까지면 일이 끝날 것 같아?

Are you done with your meal?
밥 다 먹었니?

Get More

I'm done with this 이거 다 끝냈다 〔이 표현은 때론 「더 이상 못참겠어」(I can't tolerate anymore)라는 뜻으로 쓰인다〕

A: How's your presentation coming?

B: **I'm done with this**. It's giving me a headache.

A: 프리젠테이션 준비는 어떻게 되어가니?
B: 이젠 질렸어요. 이것 땜에 골치가 아파요.

>> **Speaking Practice:** I'm not done 못했어요
I'm done with my choices 선택을 끝냈어
When you're done with your tea 네가 차 다 마시고 나면

Please get it done by tomorrow 내일까지 마무리해 〔목적어로는 it, that 혹은 명사로 this job 등이 주로 위치한다〕

A: This report needs to be on my desk by tomorrow. **Please get it done**.

B: Yes, Mr. Gardner.

A: 이 리포트 내일까지 내 책상 위에 올려놔요. 다 끝내놓으라구.
B: 네, 가드너씨.

Let's call it a day
퇴근합시다

○ Let's call it a day는 할 일이 다 끝나진 않았지만 하던 일을 그만 멈추고(stop the work we are doing) 「여기까지만 합시다」라는 뜻으로 일반적으로는 「퇴근합시다」라는 의미로 사용된다. Let's call it quits라 해도 된다.

A: As long as we've finished our work **we can call it a day**.

B: That sounds like a good idea.

A: 우리가 맡은 일을 끝내면 오늘 그만 쉬자구.
B: 좋은 생각이야.

A: I'm completely exhausted and I can't seem to concentrate anymore.

B: Why don't **we call it a day** and go for dinner?

A: 완전히 녹초가 돼서 더이상 집중도 못하겠다.
B: 오늘은 그만하고 저녁 먹으러 가는 게 어때?

Get More

We're done for the day 하루 일을 끝냈다, 그만 가자, 그만 하자

A: Is your store still open?

B: No, **we're done for the day**. Come back tomorrow.

A: 가게 아직 해요?
B: 아니요, 영업 끝났어요. 내일 다시 오세요.

>> **Speaking Practice:** He's done for! 그 사람 죽었다!

He's gone for the day 그 분은 퇴근했습니다

A: It looks as if **Jeff has gone for the day**.

B: What makes you say that?

A: He shut down his computer and cleared his desk.

A: 제프가 퇴근한 것 같은데.
B: 어째서 그런 소리를 하는 거야?
A: 컴퓨터도 끄고 책상도 깨끗이 치워 놨거든.

That makes sense

176
Level 2

일리가 있군

○ 상대방이 전하는 얘기나 의견이 「(논리적으로) 이해가 되거나」(be comprehensible) 「도리와 이치에 맞다」(be reasonable)라고 생각할 때 쓸 수 있는 표현으로 우리말로는 「일리가 있다」, 「말이 된다」 정도에 해당한다.

A: Why don't we all pitch in and buy Gary a nice birthday present?

B: **That makes sense**. Then we can buy something really nice.

A: 다같이 돈을 모아서 게리에게 근사한 생일선물을 사주는 게 어때?
B: 그거 말 된다. 그렇게 하면 정말 근사한 걸 사줄 수 있을 거야.

A: I plan to save money until I'm able to buy a house.

B: **That makes sense**. A house is a good investment.

A: 집 장만할 수 있을때까지 돈을 모을 생각이야.
B: 일리 있는 말이야. 집은 투자가치가 있지.

>> **Speaking Practice:**
That does make sense
그건 정말 일리가 있는 말이야

Get More

It doesn't make any sense 무슨 소리야, 말도 안돼

A: **It doesn't make any sense**.
B: What do you mean?
A: The price of food in the cafeteria went up but the taste has gotten worse.

A: 말도 안돼.
B: 무슨 말이야?
A: 구내식당의 음식값은 올랐는데 맛은 더 형편없어졌다구.

>> **Speaking Practice:** It makes no sense 그건 말도 안돼
Does that make any sense? 그게 말이 되는 거 같니?
This is crazy 말도 안돼

Please keep me company

말[길]동무 해주세요

◯ 일상회화에서 company는 「회사」라는 뜻보다는 「동료」, 「친구」, 「일행」이란 의미로 더 많이 쓰인다. keep sby company, have(expect) company, enjoy sby's company 등이 대표적인 경우이다.

A: **Please keep me company**. I've been bored since I broke my leg and can't go outside.

B: It will be my pleasure.

A: 말동무 좀 해줘. 다리가 부러져서 밖에 나가지 못하게 된 후로 정말 따분했거든.

B: 기꺼이 그래줄게.

A: Do you mind if I sit here?

B: Not at all. You can **keep me company** while I wait for my car to be repaired.

A: 여기 앉아도 될까요?

B: 그럼요. 제 차가 수리되길 기다리는 동안 저하고 얘기나 하시죠.

Get More

It was fun having you 같이 해서 즐거웠어

A: Thanks for inviting us over. We had a great time.

B: **It was fun having you**.

A: 초대해 주셔서 감사합니다. 즐거웠어요.

B: 함께 해 주셔서 즐거웠어요.

≫ **Speaking Practice:** We enjoyed your company 함께 해서 즐거웠어요

I have company 일행이 있어요

A: Can I stop by to see you tonight?

B: Well, **I have company** now. Why don't you come over tomorrow night?

A: 오늘 밤에 들러서 좀 볼까?

B: 음, 지금 친구가 와있는데. 내일 밤에 오는 건 어때?

≫ **Speaking Practice:** I'm expecting company 일행을 기다리고 있어요

○ be supposed to + V의 형태는 「…하기로 되어 있다」로 옮겨지지만 주어가 의무, 책임, 법, 약속 및 평판 등을 근거로 「마땅히 …하리라 강하게 기대되다」라는 의미이다. 따라서 여기서처럼 부정의 형태가 되면 상대의 행동을 제약하는 「금지」의 표현이 된다.

A: Hey, what are you doing? The doctor said **you're not supposed to do that**!

B: Come on. One cigarette won't hurt me.

A: 야, 너 뭐하는 거야? 의사 선생님이 그러면 안된다고 했잖아!
B: 이러지 마라. 담배 한 개비 피운다고 몸 상하지 않아.

A: I think I'll turn left here. It's shorter this way.

B: **You're not supposed to do that**! It's against the law.

A: 여기서 좌회전해야겠어. 이렇게 가는 게 더 빨라.
B: 그러면 안돼! 법규를 어기는 거라구.

Get More

I am not supposed to be here 난 여기 있으면 안되는데

A: Would you like some coffee?

B: **I'm not supposed to** drink coffee.

A: 커피 좀 드실래요?
B: 전 커피 마시면 안돼요.

A: I can't believe the prices at this restaurant.

B: You're telling me.

A: I thought that this place **was supposed to** be reasonable.

A: 이 식당은 비싸도 너무 비싸.
B: 그러게 말야.
A: 여기는 안 비쌀거라고 생각했는데.

Don't let me down
기대를 저버리지마

○ let sby down은 「…를 실망시키다」(disappoint someone), 「기대를 저버리다」(fail to meet one's expectations)란 의미. 따라서 Don't let me down하면 「나를 실망시키지 말라」는 뜻의 부정 명령문이 된다.

A: I promise I'm going to be a better husband in the future, honey.

B: Please **don't let me down**.

A: 앞으로 좀더 훌륭한 남편이 되겠다고 약속할게, 여보.
B: 날 실망시키지 말아요.

A: **You really let me down**.

B: If you give me a second chance, I swear I'll make it up to you.

A: 정말 날 실망시키는구나
B: 한번만 더 기회를 주면 꼭 보상할게.

>> **Speaking Practice:**
What a letdown!
진짜 기운빠지네, 실망이야!

Get More

Don't disappoint me 실망시키지마

A: I'm going to get all A's next semester, Mom. I promise.

B: Okay. I hope **you don't disappoint me**.

A: 다음 학기에는 전부 A를 받을게요, 엄마, 약속해요.
B: 알았다. 날 실망시키지 않길 바래.

>> **Speaking Practice:** Don't discourage me 날 낙담시키면 안돼

Check it out at Criminal Minds

I've disappointed you

○ Season 4 Episode 16
자신의 아버지처럼 가정을 버린 기업의 CEO들을 살해하는 여성 연쇄살해범 메건과 애런 하치와의 대화장면이다. 메건은 난 당신은 매우 곧은 사람일거라 생각했어요(And I thought you were so...upstanding), 학교총기난사사건에 대해 발표한 성명서를 봤어요, 유투브에 올려진거요, 잠시동안 세상에 아직 좋은 사람들이 있다는 것을 진짜 믿었어요(And for a moment, I actually thought there were still good people in the world)라고 하자 하치는 하지만 내가 당신을 실망시켰군요, 그렇지 않나요?(But **I've disappointed you**, haven't I?), 자신의 가정을 버리고 당연히 벌받아야 하는 당신이 아는 다른 남자들처럼요(Just like all the other men in your life who've walked out on their families, who deserves to be punished)라고 유도한다.

I won't let it happen again

다신 그런 일 없을 거야

○ 땡땡이치다 들켰을 때, 술 마시고 늦게 귀가했을 때 엄마나 아내에게 「다신 안 그럴게, 한 번만 봐줘요」(I won't do it again, I promise!)라고 두 손 싹싹빌며 용서를 구할 때 쓸 수 있는 표현. 문두에 I swear(맹세할게)를 덧붙이면 의미를 더욱 강조할 수 있다.

A: If I ever see you with another girl, we are finished!

B: I'm sorry honey. **I won't let it happen again**.

A: 네가 또 다시 딴 여자랑 있는 게 눈에 띄기만 하면 우린 끝이야!
B: 미안해 자기야. 다시는 안그럴게.

A: I'm so upset that you forgot our anniversary.

B: I'm sorry. **I won't let it happen again**.

A: 당신이 결혼 기념일을 잊어버려서 너무 속상해.
B: 미안해, 다신 그런 일 없을 거야.

>> **Speaking Practice:**

It won't happen again
이런 일 다시는 없을 거야

It'll never happen again
다시는 이런 일 없을 거야

(I swear) I won't do it again, I promise
다시는 안 그러겠다고 맹세할게. 믿어줘.

Get More

Don't let it happen again 다신 그러지 마

A: Why did you get an F on your report card?
B: I'm sorry, Mom. I guess I just didn't study.
A: Well, just **don't let it happen again.**

A: 어째서 네 성적표에 F가 있는 거니?
B: 죄송해요, 엄마. 공부를 하지 않아서 이렇게 된 것 같아요.
A: 음, 다시는 이러지 마라.

I am being helped now

다른 사람이 봐주고 있어요

⊙ 백화점 등에서 점원이 물건을 찾으러 간 사이 다른 점원이 다가와 What can I do for you?라고 도움의 손길을 내밀 때 이와같이 말해주며 사양하면 된다.

A: Can I get you anything?

B: Actually, **I'm being helped now**. Thanks anyway.

   A: 뭐라도 좀 가져다 드릴까요?
   B: 실은, 주문 부탁했습니다. 어쨌든 고마워요.

A: What can I do for you?

B: Thanks. **I'm already being helped**.

   A: 무엇을 도와드릴까요?
   B: 고마워요. 이미 다른 분한테 얘기했어요.

>> **Speaking Practice:**

I'm already being helped
이미 다른 분이 봐주고 계세요

No thanks[thank you], I am being helped now
괜찮습니다. 지금 다른 분이 봐주고 계세요

Get More

I'm just looking   그냥 구경하고 있는 거예요

A: Is there anything I can do for you?

B: No thanks. **I'm just looking**.

A: 제가 도와드릴 것이 있나요?
B: 고맙지만 됐어요. 그냥 둘러보고 있는 중이에요.

>> **Speaking Practice:**   I'm only looking   그냥 구경하고 있는 거예요
                              I'm just browsing   그냥 구경하는 거거든요

◑ burn(타다, 태우다)에 「완전히」(completely)란 의미의 부사 out이 붙어 만들어진 표현으로 「기력을 완전히 소진하다」라는 뜻. 주로 장기간에 걸친 과로나 스트레스 등이 원인이 될 경우 사용한다.

A: **I am totally burned out**. I don't think I can work another minute.

B: You'd better take a break.

A: 난 완전히 녹초야. 단 일분도 더 일 못하겠어.
B: 쉬는 게 좋겠다.

A: **I am wiped out**. Let's go home.

B: But we have a lot of work to do.

A: Let's call it a day.

A: 지쳤다. 집에 가자.
B: 하지만 우린 할 일이 많은데.
A: 오늘은 그만하고 가자.

>> **Speaking Practice:**

I am stressed out
스트레스로 피곤해

I'm tired out
진이 다 빠졌어

I'm worn out
녹초가 됐어

I'm wiped out
완전히 뻗었어

I'm so beat
지쳤다

Get More

I'm exhausted 지쳤어

A: Can you help me move these boxes?

B: **I'm exhausted**. Can we do it tomorrow?

A: Sure.

A: 이 박스들 옮기는 것 좀 도와줄래?
B: 나 녹초거든. 내일 해도 될까?
A: 물론이지.

>> **Speaking Practice:** I am all washed out 난 완전히 기운이 소진됐어
I am dead to the world 돌아가시기 일보 직전이야

I am swamped
나 엄청 바빠

○ 늪(swamp)에 빠진 것처럼 「꼼짝달싹 못하게 바쁘다」라는 뜻. 바쁜 일이 무언지 말하려면 I am swamped with the new project처럼 with 이하에 바쁜 일의 내용을 말하면 된다.

A: How's work going these days?

B: **I am really swamped**. I have more work than I can handle.

A: 요즘 일은 어떻게 되어가?
B: 정말 정신을 못차리겠어. 내가 처리할 수 있는 것 이상으로 일이 많다니까.

A: Can you help me with this?

B: I'm sorry. **I'm** already **swamped with** work.

A: 나 이것 좀 도와줄래?
B: 미안해. 일하느라 이미 정신없거든.

 Mike Says:

The speaker is saying that he has too much work to do.

>> **Speaking Practice:**

I'm swamped at work
나 일이 무척 바빠

I kept myself busy
그동안 바빴다

Get More

I'm tied up all day 하루 온종일 꼼짝달싹 못하고 있다

A: Why didn't you call me today? I was waiting for your call.

B: I'm sorry. **I was tied up all day** at the office.

A: 오늘 왜 전화 안했어? 네 전화 기다리고 있었단 말야.
B: 미안해. 사무실에서 하루종일 꼼짝할 수가 없었어.

>> **Speaking Practice:** I don't have time to catch my breath 숨쉴 겨를이 없어

I had a pretty hectic day 정신없이 바빴어

A: How was work?

B: Stressful. **I had a pretty hectic day**.

A: 일은 어땠어?
B: 스트레스야. 정신없이 바빴다구.

○ 글자 그대로 해석하면 「그것을 다시 생각하지 말아라」인데, 다시 말해 「별일 아니니 잊어버려라」 (Forget it)는 의미가 된다. a second 대신 another를 넣어주기도 한다.

A: How can I ever repay you?

B: **Don't give it a second thought**.

A: You are too kind.

> A: 제가 어떻게 보상해야 하죠?.
> B: 걱정마세요.
> A: 매우 친절하시군요.

A: We'd like to thank you for inviting us to this reception.

B: **Don't give it a second thought**. It was good of you to come.

> A: 저희를 환영회에 초대해주셔서 감사합니다.
> B: 너무 그렇게 생각하지 마세요. 와주셔서 기뻐요.

>> **Speaking Practice:**
Don't think about it anymore
더이상 그것에 대해 생각하지 말아요

Get More

No problem 문제 없어

A: I shouldn't have tied you up so long.

B: **No problem**, it was great talking to you.

> A: 당신을 이렇게 오랫동안 잡아두는 게 아닌데.
> B: 괜찮아요. 말씀나누게 되어서 좋았어요.

>> **Speaking Practice:** No sweat! 됐어, 별거 아냐

Don't sweat it (별일 아니니) 걱정하지 마라

A: I'm sorry, I can't come to your party.

B: **Don't sweat it**. I'll have other parties.

> A: 미안해, 네 파티에 갈 수가 없어.
> B: 너무 걱정마, 내가 파티 또 열게.

Don't let it bother you

너무 신경 쓰지마!, 괴로워하지마

○ bother는 「성가시게 하다」, 「괴롭히다」란 뜻. 따라서 Don't let it bother you하게 되면 「그것이 너를 괴롭히게 하지 말아라」, 즉 「그 일로 더이상 괴로워하지 마라」, 「더이상 신경쓰지 마라」는 의미가 된다.

A: The drivers in this city are just too aggressive.

B: **Don't let it bother you**. Just be careful and try to avoid accidents.

A: 이 도시 운전자들은 너무 난폭해.
B: 너무 신경쓰지는 마. 그저 조심해서 사고 안나게 하라구.

A: I heard that you had a fight with your wife. Well, **don't let it bother you**.

B: I'm trying, but I feel very upset right now.

A: 부부싸움 했다면서. 음, 너무 신경쓰지는 마.
B: 그러려고 해. 하지만 지금은 무지 화가 나.

>> **Speaking Practice:**
Does it bother you?
거슬리니?
Don't let sby[sth] get you down
그것(그 사람) 때문에 괴로워하지마

Get More

Don't be so hard on yourself 너무 자책하지마

A: I failed the test again. I must be the world's biggest idiot.
B: **Don't be so hard on yourself**.

A: 그 시험에 또 떨어졌어. 난 세상에서 제일가는 바본가봐.
B: 너무 자책하지 마.

>> **Speaking Practice:** Stop torturing yourself 자학하지마
Stop beating yourself up! 그만 자책해라

Don't feel so bad about it 너무 속상해하지마

A: I'm really sorry that I'm late. Are you angry with me?
B: No, it's OK. **Don't feel so bad about it**.

A: 늦어서 정말 미안해. 화났어?
B: 아냐, 괜찮아. 너무 속상해하지마.

Don't take it personally

기분 나쁘게 받아들이진마

◎ 상대방의 기분이 상할 만한 이야기를 꺼내면서 「기분 나쁘게 받아들이진 말아 달라」고 운을 떼는 말. 개인적인 감정이 있어서 하는 말은 아니니까, 나쁘게 받아들이지 말라는 의미이다.

A: What did Jesse say about me?

B: **Don't take it personally**, but he said you were incompetent.

 Mike Says:

This phrase means "Don't be offended" or "Don't get upset about this." Usually this is said when criticizing someone.

A: 제시가 나에 대해서 뭐라고 그래?
B: 기분 나쁘게 받아들이진 마, 제시가 너더러 무능력하대.

A: I don't want to date you anymore, but **don't take it personally**.

B: Are you angry at me?

A: 이제 다시는 너랑 데이트 안할래. 기분 나쁘게 생각지는 마.
B: 나한테 화난 거 있니?

Get More

(There's) No hard feelings (on my part) 악의는 아냐, 기분 나쁘게 생각하지마

A: I apologize. I didn't mean to insult you.
B: It's OK. **No hard feelings**.

A: 사과드릴게요. 당신을 모욕할 생각은 아니었어요.
B: 괜찮아요. 악의는 아닌데요 뭘.

No offense 악의는 없었어, 기분 나빠하지마

A: **No offense**, but I think you should shower more often.
B: Why do you think that? Do I have a body odor?

A: 악의가 있어서 하는 말은 아니지만, 넌 샤워를 좀 더 자주해야 할 것 같아.
B: 왜? 냄새나냐?

Speaking Practice: I didn't mean to offend you 기분상하게 할 의도는 아니었어
I really didn't mean any offense 정말 아무런 억하심정도 없었어요

Don't get me wrong

오해하지마

○ get sby wrong은 「…의 말을 잘못 이해하거나 그로 인해 기분 나빠하다」(understand someone's remarks in the wrong way)라는 의미로 Don't get me wrong이라고 말하면 「그런 게 아니야」, 「날 오해하지마」(Don't misunderstand me)라는 이야기가 된다.

A: I heard that you aren't inviting Russ to your birthday party.

B: **Don't get me wrong**, I like him. It's just that we have too many guests.

    A: 네 생일파티에 러스를 초대하지 않을 거라고 들었는데.
    B: 오해하진마. 러스를 좋아하지만 손님이 너무 많아서 말이야.

A: Why do you think I'm such a bad person?

B: **Don't get me wrong**... it wasn't you I was referring to.

    A: 뭣 때문에 내가 그렇게 나쁜 사람이라고 생각하는 거지?
    B: 내 말을 오해하지마… 널두고 한 말이 아니었어.

>> Speaking Practice:
Don't take this wrong
잘못 받아들이지마

Don't take this the wrong way
나쁜 뜻으로 받아들이지마

Get More

I didn't mean it 고의로 그런 건 아냐 〔남에게 해를 끼치거나 기분을 상하게 했지만 실수에 의한 것이라는 것임을 나타냄〕

    A: Last night you told me that you wished that I was dead.

    B: **I didn't mean it**. I was just angry at you then.

    A: 어젯밤에 너 내가 죽었으면 좋겠다고 했지.
    B: 정말 그런 뜻으로 한 말은 아냐. 그땐 너한테 화가 나서 그랬지.

    >> **Speaking Practice:** I didn't mean any harm 맘 상하게 할 생각은 없었어

That's not what I mean 실은 그런 뜻이 아냐

    A: Are you saying that you're unhappy with my work?

    B: No, **that's not what I mean**. But you need to try harder.

    A: 제가 한 일이 맘에 안든다는 말씀이신가요?
    B: 아니, 실은 그런 뜻이 아니야. 하지만 좀 더 열심히 해야겠어.

    >> **Speaking Practice:** That's not what I said 내 말은 그런 게 아냐

What do you mean by that?

그게 무슨 말이야?

○ 상대가 한 말의 의도를 정확히 파악하지 못했을 경우, 혹은 상대의 말에 불만을 토로할 때 사용하면 된다.

A: Lisa seems like an odd type of girl.

B: **What do you mean by that?** We've been friends since elementary school.

    A: 리사는 이상한 아이 같아.

    B: 그게 무슨 말이야? 우린 초등학교때부터 친구였잖아.

A: It doesn't take a real man to make babies.

B: **What do you mean?**

A: Any man can make them, real man are good fathers.

    A: 진정한 남자가 아니라도 아기는 만들 수 있어.

    B: 무슨 말이야?

    A: 남자라면 누구나 아기를 가질 수 있지만, 좋은 아버지가 되어야 진정한 남자인 거라구.

Mike Says:

In this case, the speaker is not sure what someone wants to say. He is asking for a deeper or more clear explanation.

Get More

What do you mean S + V? …라는 게 무슨 의미죠? (What do you mean 다음에 상대방의 말 전체를 다시 쓸 수도 있고, 일부만을 되물을 때는 by + 단어 혹은 구로 쓰면 된다)

    A: I think the school intends to fire some of its staff.

    B: **What do you mean** the school will fire some staff? We have plenty of students.

  A: 내 생각에 학교에서 일부 교직원들을 해고하려는 것같아.

  B: 학교에서 교직원 일부를 해고하려고 한다는 게 무슨 소리야? 우리 학교는 학생들도 많은데.

    A: **What do you mean by** telling everyone that I don't like my job?

    B: Well, you never smile, so I just figured you were unhappy here.

  A: 내가 내 일을 좋아하지 않는다고 모두에게 말한 의도가 뭐죠?

  B: 그건, 당신이 전혀 웃지를 않으니까 당신이 여기서 만족하지 않는다고 생각했던 거예요.

That's no excuse

그건 변명거리가 안돼

◯ 매사에 자기의 잘못을 인정하기 보다는 변명만을 일삼는 사람에게 「변명하지마」라고 따끔하게
일침을 놓을 수 있는 말이 바로 That's no excuse이다.

A: I was late for work because I couldn't catch
a taxi.

B: **That's no excuse**. You should have used a
bus or the subway.

> A: 택시가 안 잡혀서 늦었습니다.
> B: 그걸 변명이라고 해? 버스나 지하철을 탔어야지.

A: What do you think of John's **excuse**?

B: To be frank, I don't buy it at all.

> A: 쟌의 변명에 대해 어떻게 생각해?
> B: 솔직히 말해 난 전혀 안 믿어.

 Mike Says:

"That's no excuse" means
that the speaker doesn't
believe someone has given
a good reason for
something.

>> **Speaking Practice:**

That doesn't excuse your
behavior
당신의 행동을 용인할 수가 없어요

That hardly explains your
actions
그건 당신 행동에 대한 변명이 안돼요

Get More

Don't give me that! 그런 말 마!, 정말 시치미떼기야!

A: I can't work with that guy.

B: **Don't give me that shit.**

A: I'm serious, he's such a control freak.

> A: 난 저 인간하고는 일 못하겠어.
> B: 그런 쓸데없는 소리 하지 말라구.
> A: 진심이야, 저 인간 사사건건 다 간섭하거든.

Spare me 집어치워!, 그만둬! 〔상대방 말을 듣고 싶지 않거나 상대방 설명에 관심없다는 의미〕

A: I only stayed out late because of my boss.

B: **Spare me**. I know you didn't want to come home early.

> A: 우리 사장님때문에 늦게까지 밖에 있었어.
> B: 변명 그만둬라. 집에 일찍 들어가고 싶어하지도 않았으면서.

기운내, 똑바로 잘해

⏺ 기본적으로 control your feelings, 즉 「감정을 잘 조절하라」는 뜻. 특히 아주 힘겨운 상황에 처해 어찌할 바를 몰라하거나 시름에 빠져있는 사람에게 위로·충고용으로 자주 쓰인다.

A: My life is a mess. I don't know what to do.

B: **Pull yourself together**. Things will get better.

> A: 사는 게 엉망이야. 뭘 해야 할지 모르겠어.
> B: 기운내. 좋아질거야.

A: I can't forget about Roger. He was the love of my life.

B: You need to **pull yourself together**. That relationship has been over for months.

> A: 로저를 잊을 수가 없어. 내가 가장 사랑하는 사람이었다구.
> B: 정신 좀 차려. 너흰 몇달 전에 끝났다구.

>> **Speaking Practice:**

Keep your chin up
힘 좀 내

Get More

Get your act together 기운차려 〔연기자가 자신의 연기(act)를 함께 모으다, 즉 좀 더 일관성 있고 집중된 연기를 펼쳐보인다는 말에서 유래〕

> A: Listen to me, you better **get your act together**.
> B: And what if I don't?

> A: 내 말 잘 들어. 너 말야 정신차려야 할거야.
> B: 정신 안차리면 어쩔건데?

Cheer up! 기운내, 힘내

> A: My wife keeps saying that we don't have enough money.
> B: Hey, **cheer up!** You can find a better job.

> A: 집사람이 우리가 돈이 별로 없다고 계속 바가지야.
> B: 이봐, 기운내라구! 더 좋은 일자리를 찾을 수 있을거야.

Nice going!

참 잘했어!

◐ 「잘 했다」라고 칭찬할 때는 물론, 「잘 해 봐!」라고 격려(encouragement)하거나, 잘 안됐을 경우 위로할 때도 사용할 수 있다. 특히 이 표현은 경솔한 행동으로 무슨 일을 망쳐놨을 경우 「잘 한다, 잘 해」라는 반어적 의미로도 많이 쓰인다.

A: I heard that Daimler Chrysler has offered you a job. **Nice going**.

B: Thanks. I hope that I can do well when I start to work there.

> A: 다임러 크라이슬러에서 너한테 일자리를 제안했다는 얘기를 들었어. 잘했다.
> B: 고마워. 거기 입사해서 일을 잘했으면 좋겠어.

A: You'll never guess what. I actually aced my exam this morning.

B: **Nice going!** I'm not surprised, though. You were studying for that exam for weeks!

> A: 너 이거 상상도 못 할 걸. 나 오늘 오전 시험에서 정말 A를 받았어.
> B: 잘 했다! 그치만 놀랄 일도 아니지. 몇주동안 시험공부 했었잖아.

>> Speaking Practice:

Nice move
좋았어

Nice one
잘됐군

Get More

Nice try 잘했어

A: What do you think about the results of my examination?

B: **Nice try**. Unfortunately that score is too low for you to receive a passing grade.

> A: 제 시험결과 어때요?
> B: 열심히 했지만. 아쉽게도 성적이 낮아서 학점 이수는 힘들겠구나.

Mike Says:

This is a way for a speaker to say that someone made a good effort at something. It is usually said after someone tries to do something and fails. It is to console someone.

Don't be a smart-ass

건방지게 굴지마

○ smart-ass는 모든 걸 안다고(claiming to know everything) 혹은 똑똑하게 보이려고 안간힘을 쓰는(trying to sound clever) 사람을 가리키는 말. 따라서 Don't be a smart-ass라고 하면 이런 사람이 되지 말라, 즉 「주제넘게 굴지 말라」고 호통치는 표현이다.

A: You're a poor guy, so you need to find a rich, ugly woman.

B: **Don't be a smart-ass**. I wouldn't use someone for money.

> A: 넌 빈털터리니까, 돈많고 못생긴 여자를 찾으라구.
> B: 잘난 척하지마. 난 돈때문에 사람을 이용하진 않을 거야.

A: Why don't you try to find a job as a garbage collector?

B: **Don't be a smart-ass**. You know I have a PhD.

> A: 환경미화원같은 일을 찾아보지 그래?
> B: 주제넘게 굴지 말아. 내가 박사학위까지 딴 거 너도 알잖아.

>> **Speaking Practice:**

Don't be smart with me!

잘난 체하지마

Get More

You think you're so smart[big] 네가 그렇게 똑똑한 줄 알아?

A: I wouldn't have made all of the mistakes you made.

B: Oh, **you think you're so smart**.

> A: 나 같으면 네가 저지른 실수는 하지 않았을 텐데.
> B: 야, 넌 네 자신이 그렇게 똑똑하다고 생각하니?

She thinks she can dance 제 딴에는 춤 좀 춘다고 생각하지(하지만 실제로는 아니다)

A: Look at Cindy. **She thinks she can dance**.

B: My God, she looks awful.

> A: 신디 좀 봐봐. 걘 자기가 춤 꽤나 춘다고 생각하나봐.
> B: 저런. 정말 못봐주겠군.

How should I put it?
뭐랄까?

○ 대화시 갑자기 말문이 막히거나 생각이 머리 속에서만 맴돌고 나오지 않을 때 우리말로 「어떻게 얘기해야 할까?」하는데, 이에 대한 영어표현이 바로 How should I put it?이다. 여기서 put은 「표현하다」(express)라는 의미.

A: I must decline his invitation politely. **How should I put it?**

B: Tell him you're sorry but you have other plans.

A: 난 그 사람 초대를 정중하게 거절해야 해. 어떻게 말해야 하지?
B: 미안하지만 다른 일이 있다고 얘기해.

A: How's the new recruit doing?

B: **How should I put it?** He's impressing everyone.

A: 신입사원 어때요?
B: 뭐랄까? 모두 감탄하더군요.

>> Speaking Practice:

How can I say this?
글쎄, 이걸 어떻게 말하죠?

Put it another way
달리 표현하자면

Get More

Let me see 그러니까(내 생각엔), 저기

A: **Let me see**, where is the remote control?
B: Is that it on your sofa?

A: 저기, 리모콘 어디있지?
B: 소파위에 있는 게 리모콘 아냐?

Let's just say S + V …라고 생각해

A: I heard that Jim hates his job.
B: **Let's just say** he thinks he should quit.

A: 짐이 자기가 하는 일을 싫어한다고 들었어.
B: 관둘 생각인 거 같아.

As I mentioned before 내가 전에 말했듯이 〔예전에 했던 말을 끄집어내어 다시 화제로 삼는 표현〕

A: Have you ever travelled overseas?

B: **As I mentioned before**, I've been to Europe.

A: 해외여행 해보셨어요?

B: 전에 말했듯이 유럽에 갔다 왔었어요.

》 **Speaking Practice:** As I said before 전에 말했다시피

You know 저 말야

A: She never talks to me. I think she doesn't like me.

B: **You know**, she's just very shy.

A: 그 앤 나한테 말을 하지 않아. 날 싫어하나봐.

B: 저기 말야, 갠 수줍음을 너무 많이 타는 것 뿐이야.

Mike Says:

Let me know: This means "Tell me something later" or "Give me your answer about something later."

Let me see: This means "Let me think about something" or "Let me try to remember."

Let's say: This means "I think..." or "My idea about this is..."

Let's just say~: This can mean the same thing as "Let's say..." It can also mean "I'm going to give you a hint about something, but I won't tell you all of the details."

Say, ~: Often this is used to begin speaking to someone.

What else is new?

뭐 더 새로운 소식은 없어?

⊙ 상대방의 말이 항상 들어오던 식상한 말뿐이거나 혹은 듣기 괴로운 소식일 때 화제를 바꾸고자 「다른 건 없냐」라고 물어보는 표현.

A: I heard that taxes are going to be raised again.

B: Oh yeah? **What else is new?**

A: 세금이 또 오른다는 얘기 있더라.
B: 어, 그래? 뭐 더 다른 새로운 소식은 없어?

A: The school is planning to raise our tuition.

B: It's going to be more expensive? **What else is new?**

A: 학교에서 등록금을 인상할 계획이야.
B: 학비가 더 비싸진다는 거야? 다른 소식은 더 없어?

>> **Speaking Practice:**

Anything else?
다른 건 없니?

Next question
다음 문제야. 다른 얘기는 없니?

Get More

Let's have it 1. 어서 말해봐(tell me something)   2. 내게 줘(give it to me)

A: This note is from my teacher.

B: OK, **let's have it**. You better not be causing trouble in school.

A: 선생님한테서 이 통지문이 왔어요.
B: 좋아, 줘봐. 학교에서 문제 좀 일으키지 마라.

Like what? 이를 테면?, 예를 들면?

A: I think we should try a new method for this.

B: **Like what?** Do you have something in mind?

A: 내 생각에 이거는 새로운 방법을 시도해봐야 할 것 같아요.
B: 이를테면? 생각하는 거라도 있어?

>> **Speaking Practice:** Such as? 예를 들면?

Do you have a problem with that?

그게 뭐 문제있어?

○ have a problem with sth은 「…에 문제가 있다」, 「이의가 있다」라는 표현으로 특히 「뭐 문제라도 있나?」, 「왜 불만있냐?」 라는 뉘앙스로 사용할 수 있다.

A: I need you to work faster. **Do you have a problem with that?**

B: No, sir. I'll have it done by 5.

>> **Speaking Practice:**

Does anybody have a problem with that?
누구 문제 있는 사람 있어?

A: 자네 좀 더 속도를 내서 일해야겠네. 내 말에 불만 있나?
B: 아닙니다 부장님. 5시까지 마치겠습니다.

A: We want to accept their offer. **Do you have a problem with that?**

B: No, I guess it's OK.

A: 우린 그쪽의 제안을 받아들이고 싶습니다. 뭐 이의 있나요?
B: 아니오. 좋습니다.

Get More

Do you have a problem with me? 나한테 뭐 불만있는 거야?

A: What's the matter? **Do you have a problem with me**?
B: Yes, I think you're very geeky.

A: 왜 그래? 너 나한테 뭐 불만이라도 있니?
B: 그래, 내가 볼 때 넌 너무 이상해.

A: I don't think you have done a good job.
B: Why not? **Do you have a problem with me**?

A: 내가 보니까 자네는 일을 제대로 하는 것 같지가 않아.
B: 왜 그러시죠? 저한테 무슨 불만이라도 있으신 거예요?

I'm not in the mood

그럴 기분이 아냐

⭕ mood는 일시적인 기분을 말하는 것으로 be in the mood to + V가 되면 「…하고 싶은 기분이 든다」라는 의미이다. 같은 맥락에서 be in the mood for + N는 「…가 좋다」는 표현.

A: Hey, I heard there's a great party tonight. Do you want to go?

B: **I'm not in the mood.** Let's just stay home and watch TV.

> A: 오늘 밤에 근사한 파티가 있다고 들었는데. 갈래?
> B: 별로 그럴 기분 아니야. 그냥 집에서 TV나 보자구.

A: I hope you brought a raincoat with you.

B: I brought two kinds, cherry and strawberry flavored.

A: I think **I'm in the mood** for cherry.

> A: 콘돔을 가져왔다면 좋겠는데. (✱ raincoat: 비유적으로 「콘돔」을 의미)
> B: 체리향과 딸기향, 두가지가 있어.
> A: 체리향이 좋겠다.

>> **Speaking Practice:**
I'm in a bad mood
기분이 안좋아

Get More

I'm under the weather 몸이 찌뿌둥해

A: What's the matter? You don't look so good.

B: **I'm a little under the weather** today.

> A: 무슨 일이야? 별로 안좋아 보이는데.
> B: 오늘 컨디션이 좀 안좋아.

>> **Speaking Practice:** I'm not up to par today 오늘은 좀 평소와 달라. 컨디션이 좀 안좋아
I'm feeling a little sick 몸상태가 좀 안좋네

그게 무슨 상관이야?, 그렇다고 뭐가 달라져?

○ 무엇인가를 선택해야 하는 상황이라든가 혹은 어떤 일이 자신에게 미치는 영향에 대해 얘기할 때 어느 쪽이든 「나에겐 아무 상관없다」(it doesn't change my situation)는 뜻으로 하는 표현.

A: Would you like to eat Chinese food or Italian food?

B: **What's the difference?** When we're together, I feel happy eating anything.

A: 중국 음식 먹을래, 이탈리아 음식 먹을래?
B: 그게 무슨 상관이야? 너랑 같이 있으면 난 뭘 먹어도 행복한데.

A: So **what's the difference** now that you're married?

B: The only difference is that I don't have to get out of bed to fart.

A: 결혼하고 나서 달라진 게 뭐야?
B: 방귀뀌려고 침대 밖으로 안나가도 된다는 게 유일하게 달라진 점야.

>> **Speaking Practice:**

What difference does it make?

그게 무슨 차이야?

Get More

It's not gonna make any difference 전혀 상관없어

A: I can help you finish your report tonight.

B: **It's not gonna make any difference**. The deadline has passed.

A: 오늘 밤에 내가 네 보고서 끝내는 거 도와줄게.
B: 그래봤자 달라질 거 없어. 마감은 이미 지났는걸.

>> **Speaking Practice:** It makes no difference to me 나는 상관없어

It's gonna make a difference 차이가 있을거야

A: This new heater is great. **It's gonna make a difference**.

B: Terrific! This apartment has been very cold.

A: 새 히터 좋다. 좀 달라졌겠는데.
B: 끝내주지! 아파트가 너무 추웠거든.

You are not yourself

제정신이 아니네

○ 「너는 너자신이 아니다」라는 재미있는 표현. 다시말해, 지금의 "You"는 「평소의 네 모습 (yourself)이 아니다」라는 말로 평소와 다르게 이상한 언행을 하는 상대방에게 던지는 말.

A: Oh my God! I feel so stressed out today!

B: Look, Thomas, go home and relax. **You are not yourself.**

A: 어휴! 오늘은 스트레스 받아서 완전히 돌아가시겠어!
B: 이봐 토마스, 집에 가서 푹 쉬어. 제정신이 아니네.

A: Janet, you made three mistakes. **You are not yourself** today.

B: Yeah, I know. I've been feeling sick recently.

A: 자넷, 실수를 3개나 했네요. 오늘 평소답지 않아요.
B: 네, 그래요. 최근에 몸이 계속 안좋아서요.

>> **Speaking Practice:**

I'm not myself
나 지금 제 정신이 아냐

I'm out of sorts
제 정신이 아냐

You seem spaced out
너 정신이 나간 것 같구나

Get More

He's not all there 쟨 정신나갔나봐

A: Why does that old guy keep talking when there's no one around him?

B: Well, I think that maybe **he's not all there**.

A: 저 노인네는 주변에 아무도 없는데 왜 계속 떠들어대는 거야?
B: 글쎄, 아마 정신이 나간 거 같아.

Are you out of your mind? 너 제정신이야? (be out of one's mind는 「정신이 나가다」, 즉 「정상이 아니다」(be crazy; be mad)란 뜻)

A: I plan to go skydiving in New Zealand next month.

B: **Are you out of your mind?** That's extremely dangerous!

A: 다음 달에 뉴질랜드로 스카이다이빙 하러 갈 거야.
B: 너 제정신이니? 엄청 위험하다구!

>> **Speaking Practice:** I'm losing my mind 내가 제정신이 아니야

There's nobody home! 정신 어디다 두고 있는거야?

A: Have you noticed that Ethan has been behaving strangely?

B: Yeah, it's like the lights are on but **there's nobody home**.

A: 요즘 에단 행동이 이상하다는 거 알고 있니?
B: 그래, 몸만 있고 정신은 없는 것 같아.

>> **Speaking Practice:** The lights are on but nobody's home
껍데기만 있고 정신은 나간 것 같구나, 어쩜 그렇게 맹하고 느러터졌니?
Anybody home? 집에 아무도 없어요?, 정신있니 없니?[농담조로만 사용]

He's out to lunch 요즘 얼이 빠져있구만 [「점심식사하러 나간」이란 표현이지만 비유적으로 「정신나간」, 「정신팔린」의 의미로도 쓰인다]

A: What's wrong with David?

B: He's been acting strangely. **He's out to lunch** today.

A: 데이빗 왜 그래?
B: 이상한 행동만 하구 말야. 걔 오늘 얼이 좀 빠져있어.

What do you think you're doing? 이게 무슨 짓이야, 너 정신 나갔냐?

A: **What do you think you're doing?** Look at the mess you made!

B: Sorry. I was just looking around in here.

A: 이게 무슨 짓이에요? 당신이 어질러 놓은 것 좀 보세요!
B: 죄송합니다. 저는 그냥 여기서 둘러보고만 있었는데.

Check it out at Sex and the City

Are you out of your mind?

◉ Season 1 Episode 1
신문에 섹스관련 칼럼을 쓰는 캐리는 한가지 의문을 갖는다. 여자들이 남자들처럼 섹스하는게 가능할까?(So you think it's possible to pull off this whole women having sex like men thing?)라는 화두를 던진다. 게이인 스탠포드와 점심을 먹다 젊었을 때 자기를 세 번씩이나 찬 적이 있는 원수인 커트를 보게 되고 "여자가 남자처럼 섹스하기"를 실험하려 한다. 커트에 다가가 인사를 나누고 섹스 약속을 잡고 오자 스탠포드는 캐리에게 너 정신나갔어?(**Are you out of your mind?**), 지금 무슨 짓을 한거야?(What the hell do you think you're doing?)라며 야단치는데 캐리는 진정해(Calm down), 실험하는거야(It's research)라고 한다.

What do you take me for?

사람 어떻게 보고 이래?, 날 뭘로 보는 거야?

○ take는 「간주하다」, 「생각하다」(consider)로, take A for B하면 「A를 B로 여기다」란 뜻이 된다. 따라서 What do you take me for?하면 「날 뭐라고 생각하는 거야?」란 의미로 상대방에게 불쾌감을 드러내며 따지듯이 하는 말이 된다.

A: I'll give you $100 if you come with me to my hotel room.

B: **What do you take me for?** Some sort of prostitute?

A: 나랑 호텔방까지 가면 100달러 주지.
B: 날 뭘로 보는 거예요? 창녀라도 되는 줄 아나보죠?

A: If you give my company the government contract, I'll kick back 5% of the profits.

B: **What do you take me for?** Do you think I'm corrupt?

A: 우리 회사에 그 정부 계약건을 넘겨주면 이익의 5퍼센트를 지불하지.
B: 사람을 어떻게 보고? 내가 그렇게 썩어 문드러진 줄 알아?

Get More

Come off it ! 집어쳐!, 건방떨지마! 〔새빨간 거짓말을 하는 상대방에게〕

A: You left me standing by the bar so you could go and talk to her all night.

B: **Come off it**. It was only for a few minutes.

A: 그 여자한테 가서 밤새 얘기하려고 술집에서 나를 그렇게 내팽개쳐둔 거야?
B: 그만해둬. 고작 몇분이었어.

Cut the crap 바보 같은 소리마, 쓸데 없는 이야기 좀 그만둬

A: Boss, I feel sick and think that I should go home now.

B: **Cut the crap** and get back to work, Gary.

A: 사장님, 아파서 지금 퇴근해야겠습니다.
B: 헛소리 그만하고 가서 일해, 게리.

○ 「너와는 상관없는 일」(It's none of your business)이니 상관하지 말고 「네 일이나 신경쓰시지!」 라는 뜻. 다시 말해 「참견 말고 네 일이나 잘해서!」라는 말이다. 약어로 MYOB로 쓰기도 한다.

A: I think you've done a really poor job taking care of your house.

B: **Mind your own business**. I'll maintain my house however I choose.

    A: 집 관리를 정말 허술하게 하신 것 같군요.

    B: 댁의 일이나 신경쓰세요. 어떻게 하든 우리 집은 제가 관리할거예요.

A: Divorcing your wife is a really stupid idea.

B: This is a private matter. **Mind your own business**.

    A: 이혼하겠다는 건 정말 어리석은 생각이야.

    B: 이건 개인적인 문제야. 신경꺼.

>> **Speaking Practice:**

I'll thank you to mind your own business

신경 꺼주셨으면 고맙겠네요

That's really my business

그건 정말 내 일이라구

Get More

It's none of your business 남의 일에 신경쓰지마, 참견마

A: I know it's none of my business, but I'd like to know what you are doing.

B: Like you said, **it's none of your business!**

A: 내가 참견할 일 아닌 줄 알지만 그래도 네가 뭐하는지 알고 싶어.

B: 네가 말한대로 신경꺼라!

>> **Speaking Practice:** Keep[Get] your nose out of my business 내 일에 참견마

Butt out! 참견말고 꺼져, 가서 네 일이나 잘해

A: You're going to have to stop getting drunk all the time.

B: **Butt out**. What I do in my spare time doesn't concern you.

A: 늘상 술마시고 취해 있는 버릇 버려야 돼.

B: 참견마. 내가 여가 시간에 뭘하든 네가 신경쓸 문제는 아니잖아.

He has got a big mouth

입이 엄청 싸구만

⊙ 입의 중요한 기능 두 가지라면 '먹는 것' 과 '말하는 것' 인데, 이 표현은 '말하는 것' 과 관련한 표현. 「말이 너무 많다」(talk too much), 즉 「입이 싸다」, 「저 놈은 입만 살았어」 라는 의미이다.

A: Don't tell him about that. **He's got a big mouth**.

B: Yeah, I don't want to give him a chance to spread rumors.

A: 그 사람한테 그 얘기하지 말아요. 입이 싸잖아요.
B: 네, 그 사람한테 소문낼 기회를 주긴 싫어요.

A: I heard that you can't tell him any secrets.

B: It's true. **He's got a big mouth**.

A: 너 걔한테는 절대 비밀얘기 안한다며?
B: 사실이야. 걘 너무 입이 싸.

≫ **Speaking Practice:**
You're such a loud mouth
목소리만 큰 놈이군

◯ 전혀 예상치 못한 일들이 벌어진 상황을 접하고 놀라움과 충격 속에 나오는 외침. 자신의 신세 한 탄용으로도 애용되지만 그런 상황을 상대방이 초래한 경우에는 진상규명용 및 질책용으로도 사용할 수 있다.

A: I'm sorry to inform you that your home was robbed today.

B: **How could this happen?** I don't own anything valuable.

> A: 이런 일을 알려드리게 돼 유감이지만, 오늘 선생님 댁에 강도가 들었습니다.
> B: 어떻게 이런 일이? 값나가는 거라곤 하나도 없는데.

A: All of my investments have failed. **How could this happen?**

B: I think you'd better hire a different investment counselor.

> A: 내가 투자한 종목이 전부 실패했어. 어떻게 이럴 수가 있지?
> B: 다른 투자상담가를 고용해야 될 것 같구나.

Mike Says:

This is expressing surprise or disbelief that something happened. It's not an actual question.
ex. I lost all my money in the stock market! How could this happen?

>> **Speaking Practice:**
How could this happen to me?!
나한테 어떻게 이런 일이 생긴단 말야!
How can this be happening?
어떻게 이런 일이 일어나는 거지?

Get More

Can you believe this is already happening? 벌써 이렇게 됐나?

A: It's New Year's day again. Time to celebrate!

B: **Can you believe this is already happening?** Time passes so fast.

> A: 또 새해가 밝았네요. 축하해야 할 시간이네요!
> B: 벌써 그렇게 됐나요? 시간 정말 빠르군요.

A: Your children are graduating soon, aren't they?

B: Yes. **Can you believe this is already happening?** They seem so young.

> A: 자네 아이들 곧 졸업하지 않나, 맞지?
> B: 그래. 벌써 이렇게 됐나 싶어. 걔네들 어리게만 보이는데 말야.

>> **Speaking Practice:** I guess I just can't believe any of this is happening
이런 일이 생기다니 믿을 수가 없는걸

Things will work out all right
다 잘 될거야, 잘 해결될거야

◯ 앞으로 상황이 호전되면서 결국에 「좋은 결과로 끝날 거」라는, 혹은 「문제가 잘 해결되리라」는 좋은 뜻을 담고 있는 덕담성 표현.

A: I'm worried that I won't get a good grade on the French exam.

B: **Things will work out all right**. Ask your teacher if there's any extra credit work you can do.

> A: 불어 시험 성적이 안 좋을 것 같아서 걱정이야.
> B: 다 잘될 거야. 달리 학점을 딸 수 있는 방법이 있는지 선생님께 여쭤봐.

A: I was fired last week and I don't know if I can find another job.

B: **Things will work out all right**. Don't give up.

> A: 지난 주에 잘렸는데, 다른 일자리를 찾을 수 있을지 모르겠어.
> B: 다 잘 될 거야. 포기하지마.

 Mike Says:

This is usually said to make people feel better. It means that even though the situation may be bad, it will improve in the future.

Get More

It's going to be okay 잘 될거야, 괜찮을거야

A: Yesterday I had an accident and broke my leg.

B: **It's going to be okay**. Your insurance will pay the hospital bills.

> A: 어제 사고를 당해서 다리가 부러졌지 뭐야.
> B: 다 잘될 거야. 보험회사에서 병원비를 댈거구.

>> **Speaking Practice:** You're going to be great 넌 잘 될거다
> It's going to get better 더 잘 될거야

Everything's gonna be all right 다 잘 될거야

A: I'm very worried about getting a job after I graduate.

B: **Everything's gonna be all right**. You'll find a company to work for.

A: 졸업하고 취직할 일이 너무 걱정돼.

B: 다 잘될 거야. 직장을 찾게 될 거라니까.

>> **Speaking Practice:** She's[It's] gonna be all right 걘〔그것은〕 괜찮을 거야
Everything will be fine 모든 게 잘 될거야

It's not that bad 괜찮은데

A: I'm really worried about starting this new job.

B: **It's not that bad**. You'll do fine.

A: 이번에 시작하는 새로운 일때문에 정말 걱정돼.

B: 괜찮아. 넌 잘 해낼거야.

>> **Speaking Practice:** I'm not that bad 내가 그렇게 형편없거나 나쁘지는 않은 사람이다

It's all for the best 앞으로 나아질거야 (지금은 안좋지만)

A: I can't believe that she broke off our relationship.

B: **It's all for the best**. You'll meet a better girl.

A: 걔가 우리 관계를 깬 게 믿어지지가 않아.

B: 앞으로 나아질거야. 더 괜찮은 앨 만날 거라니까.

Check it out at Big Bang Theory

It's not that bad

◯ Season 1 Episode 17

마이크란 사람하고 데이트하던 페니는 갑자기 레너드의 집으로 와서 창가에 대고 내쫓은 마이클을 향해 아이팟을 던지고 결별을 선언한다. 착한 레너드가 페니의 집으로 와서 위로를 하려고 하는 장면. 페니는 마이크가 블로그에 자기에 관한 글을 씀으로써 자기에게 모욕을 줬다고 소리치고 레너드는 위로답시고 페니의 성생활에 대한 마이크의 블로그를 찾기 어렵다 (Actually it's not all that easy to find)고 하는데, 페니는 직장동료와 동생이 봤고(my friends at work found it, my sister found it) 그리고 이메일을 보고 판단하건대(judging by my email), 미시건의 주립교도소(Michigan State Penitentiary)에서도 봤다고 말한다. 페니는 레너드에게 노트북을 가리키며 블로그를 보라고 하며 다시한번 배신감에 울부짖으며 쥐구멍이라도 있으면 들어가 죽고 싶다고 외친다 (Oh God, I just feel so betrayed and embarrassed. I just want to crawl into a hole and die). 블로그 내용을 보는 레너드는 또 위로한답시고 새로운 시각으로 그렇게 나쁘지 않다고(this isn't that bad), 비전통적인 장소에서(in non-traditional locales) 애정을 표시하는데 마다 않는 사랑스런 여자로 묘사했다고 말한다.(It just paints the picture of a very affectionate woman who's open to expressing her affection~)

Are you hitting on me?

지금 날 꼬시는 거냐?

⬤ A hits on B는 A가 B에게 말이나 신체접촉을 통해 추파를 던지며 성적인 관계를 맺기위해 유혹하는 걸 말한다.

A: You know you look really familiar. Have we met somewhere before?

B: **Are you hitting on me?**

A: 그쪽이 낯설어 보이지가 않아요. 우리 전에 어디서 봤던가요?
B: 저한테 작업거시는 거예요?

A: Why's Kevin taking so long up at the bar?

B: I think **he's hitting on some girl**.

A: 케빈이 술집에서 왜 그렇게 오래 있는 거지?
B: 아가씨들 꼬시고 있는 것 같아.

Get More

He made a move on me 그 사람 내게 추근대던데

A: How'd your date go with Cindy?

B: It was okay. But when **I made a move on her**, she wouldn't let me do anything.

A: 신디와의 데이트 어떻게 됐어?
B: 좋았어. 근데, 걔한테 수작을 걸어봤는데 절대 손도 못대게 하더라.

≫ **Speaking Practice:** He made a pass at me 그 남자가 나한테 수작을 걸었어

Are you coming on to me? 지금 날 유혹하는 거예요?

A: Hi, can I buy you a drink?

B: I don't know. **Are you coming on to me?**

A: 안녕, 제가 술 한잔 사도 될까요?
B: 글쎄요, 날 지금 유혹하는 거예요?

⊙ the hell with sth은 난 누가 뭐라고 하든 개의치 않고 내 하고 싶은대로 하겠다는 다소 안하무인격 표현이다. 「맘대로 해라」, 「알게 뭐냐」, 「난 내 할 일 하겠다」는 의미로 with 이하에 거부감있는 대상을 넣으면 된다.

A: I heard that we have to work all day this Sunday.

B: **The hell with that!** I promised my kids I'd take them on a picnic.

    A: 이번 주 일요일에 하루 종일 일해야 한다고 들었어요.
    B: 알게 뭐예요! 난 이미 애들하고 소풍가기로 약속했다구요.

A: The best thing to do would be to apologize.

B: **The hell with that.** I'll never apologize to that woman.

    A: 사과하는 게 상책일 거야.
    B: 알게 뭐야. 난 절대 그 여자한테 사과 안할거야.

Mike Says:

The speaker is saying that he refuses to do something, and if he uses "The hell with + N", he is saying he strongly disapproves of something.

≫ **Speaking Practice:**

To hell with that!
상관없어

To hell with tradition
전통따위 알게 뭐람

The hell with hockey
하키고 뭐고 난 몰라

Check it out at Breaking Bad

to hell with your cancer

⊙ Season 4 Episode 8

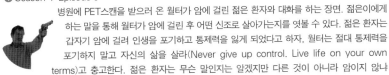

병원에 PET스캔을 받으러 온 월터가 암에 걸린 젊은 환자와 대화를 하는 장면. 젊은이에게 하는 말을 통해 월터가 암에 걸린 후 어떤 신조로 살아가는지를 엿볼 수 있다. 젊은 환자는 갑자기 암에 걸려 인생을 포기하고 통제력을 잃게 되었다고 하자, 월터는 절대 통제력을 포기하지 말고 자신의 삶을 살라(Never give up control. Live life on your own terms)고 충고한다. 젊은 환자는 무슨 말인지는 알겠지만 다른 것이 아니라 암이잖나 (Yeah, no. I get what you're saying. But cancer is cancer, so,)고 한다. 암이 무슨 대수냐(Oh, to hell with your cancer), 난 반년 넘게 암진단받고 살고 있고(I've been living with cancer for the better part of a year), 처음에는 사형선고였고(Right from the start, it's a death sentence), 다들 사람들이 그렇게들 말한다(It's what they keep telling me)고 자신의 경험을 털어놓는다.

206
Level 2

What can I say?
1. 난 할 말이 없네   2. 나더러 어쩌라는 거야   3. 뭐랄까?

○ 상황에 따라 다양한 의미로 해석되는 표현. 먼저 뭐라고 이야기해야 할지 모를 경우 난감함을 표시하는 말이 될 수 있고, 때론 그런 상황에서 「뭐랄까?」하며 뜸을 들이는 말로도 쓰인다. 가끔은 「도대체 어쩌란 말이야」하며 짜증난다는 식의 뉘앙스를 풍길 수도 있다.

A: Wow, you really did a good job at that sales convention.

B: **What can I say?** I guess I just have a special talent.

  A: 이야, 자네 그 판촉회의에서 정말 잘 했더군.
  B: 뭐랄까… 난 특별한 재능을 타고난 것 같아.

A: Are you saying that you have three girlfriends?

B: **What can I say?** I love women.

  A: 네 여자친구가 세명이라는 거야?
  B: 글쎄 뭐라고 해야 할까? 난 여자들이 좋아.

 **Mike Says:**

What can I say? & What can I tell you?
Both phrases have the same meaning. This often means "You already know my personality, so you should understand what I did." The speaker is offering no excuses for what he did.

≫ **Speaking Practice:**

What can I tell you?
뭐라고 얘기하면 되지?, 어쩌라구?

Get More

What do you want me to say? 무슨 말을 하라는 거야? 나보고 어쩌라고?

A: You really hurt me when you cheated on me with that woman.

B: **What do you want me to say,** honey? I already said I'm sorry.

  A: 그 여자하고 바람을 피우다니, 당신은 나한테 정말 큰 상처를 줬어.
  B: 내가 뭐라고 하길 바래, 자기야? 미안하다고 했잖아.

What can I do?   내가 (달리) 어쩌겠어?

A: Your boss is making you work too many hours every week.

B: **What can I do?** He's the boss. I can't complain or I will lose my job.

  A: 당신 사장은 매주 일을 지나치게 많이 시키고 있다구.
  B: 내가 뭘 어쩌겠어? 사장님이잖아. 찍 소리 않고 일할 수밖에. 안그럼 짤리든가.

≫ **Speaking Practice:** What more[else] can I do? 달리 방도가 있어?
             (I) Can't help it 나도 어쩔 수 없어

완전히 망했네

○ screw up은 ruin, spoil, mess up 등과 같은 맥락의 표현으로 「(일 등을) 망치다」라는 뜻. 한편, 명사 screwup은 「실수」, 혹은 「실수를 연발하는 사람」, 즉 idiot 정도의 의미를 나타내는 말이라는 것도 참고로 알아두자.

A: **I really screwed up**. I forgot to tell Erica that the game was canceled.

B: She's going to kill you!

A: 내가 일을 완전히 망쳤어. 에리카한테 경기가 취소됐다는 얘기를 깜박 잊고 안했지 뭐야.

B: 너 이제 에리카한테 죽었다!

A: Damn it, **I screwed up** again. I just can't seem to finish this drawing!

B: Relax. Just take your time and concentrate.

A: 이런, 또 망쳤네. 이 그림을 영영 끝낼 수 없을 것만 같아.

B: 진정해. 천천히 집중해서 해봐.

Get More

I blew it (기회 등을) 망쳤다, 날려버렸다(to express regret for a mistake)

A: How did you do on your math test?

B: **I blew it**. I forgot all the answers.

A: 수학시험 어땠어?

B: 다 망쳤어. 답이 전부 생각이 안났다구.

I wish I was dead (잘못을 저지르고 미안해하거나 괴로워서) 죽었으면 좋겠어

A: I am so embarrassed! **I wish I was dead.**

B: What wrong?

A: Another girl is wearing exactly the same dress as me and this is the most important party of the year!

A: 나 정말 창피해! 차라리 죽어버렸음 좋겠어.

B: 무슨 일인데?

A: 어떤 여자애가 나랑 똑같은 드레스를 입었단 말이야. 이번 파티는 올해 제일 중요한 파티인데!

You've got it all wrong
잘못 알고 있는거야

⊙ 이번에는 get sth wrong 구문. 목적어인 사물을 「잘못 이해하다」라는 의미로, 보통 자신의 의도를 상대방이 나쁜 쪽으로 오해할 때 쓸 수 있는 표현이다. 참고로 여기서 wrong은 부사.

A: Lisa said she saw you with another girl last night. She's really angry.

B: **She's got it all wrong!** That girl was just helping me study.

    A: 리사 말이 네가 어젯밤에 다른 여자애하고 같이 있는 걸 봤다던데. 리사 정말 화났어.
    B: 완전 오해야! 그 여자앤 내 공부를 도와주고 있었던 것뿐이라구.

A: You are under arrest for driving a stolen car.

B: Officer, **you've got it all wrong.** I borrowed this car from my friend.

    A: 당신을 절도차량 소지 혐의로 체포합니다.
    B: 경관님, 정말 오해세요. 이 차는 내 친구한테서 빌린 거라구요.

》 **Speaking Practice:**

You're on the wrong track
네가 잘못 생각했어

You got the wrong idea
틀린 생각이야

I did it wrong
내가 잘못했어

Get More

I was way off (base) 내가 완전히 잘못 짚었네, 내 생각(행동)이 틀렸네

    A: Professor, I think you gave Tina an "A" just because she's hot.
    B: **You're way off base** young lady.

    A: 교수님, 티나가 섹시하다는 이유만으로 "A"를 주셨다는 생각이 드는데요.
    B: 그건 잘못 생각한 걸세, 젊은 아가씨.

You're dead wrong 넌 완전히 틀렸어 (dead는 구어체에서 「아주」 (very)라는 뜻)

    A: I hate that guy. He acts like a psycho.
    B: **You're dead wrong.** He's actually really nice.

    A: 난 저 애가 싫어. 사이코같이 굴어.
    B: 완전히 잘못 짚었어. 실제로 그 친구 얼마나 멋진데.

🔘 「시도」하면 떠오르는 단어인 try를 활용한 표현으로 결단을 못내리고 우유부단한 태도를 보이고 있는 상대방에 용기를 불어 넣어주는 격려의 말이다.

A: What's this?

B: It's a kind of seafood. **Give it a try**.

    A: 이게 뭐야?

    B: 일종의 해산물이지. 한번 먹어봐.

A: Have you seen this new email program?

B: No. How does it work?

A: It's really easy. **Give it a try**.

    A: 새로 나온 이 이메일 프로그램 본 적 있어?

    B: 아니. 어떻게 작동되는데?

    A: 아주 간단해. 한번 해봐.

>> **Speaking Practice:**

Let's give it a try
한번 해보자

Why don't you try it?
해보지 그래?

Have a go at it
해보는 거야

Give it a whirl!
해보라구!

Get More

I will try my luck (되든 안되든) 한번 해봐야겠어

    A: It's going to be difficult to get a ticket for that movie.

    B: **I'll try my luck** at getting a ticket anyhow.

    A: 그 영화표를 구하기가 힘들 것 같아.

    B: 어쨌든 한번 해볼게.

(Just) Try me 나한테 한번 (얘기)해봐, 기회를 한번 줘봐

    A: This is a strange story. You'll never believe it.

    B: **Try me**. I have an open mind.

    A: 이거 이상한 얘기야. 너 못 믿을거야.

    B: 한번 얘기 해봐. 난 마음이 넓다구.

Mike Says:

This usually means "Tell me about something and I'll give you my opinion." It can also mean "Let's give something a chance to succeed (together)."

You have to get used to it

적응해야지

○ 형태상 used to + V(…하곤 했다)와 유사해 시험문제에 단골로 출제되는 get used to + N는 「…에 적응하다」(be accustomed to)라는 뜻. 새로운 환경이나 생활방식에 적응해야 될 거라고 충고하는 표현.

A: How's your new job going?

B: Oh, it was really tough at first but **I'm getting used to it.**

A: 새로 시작한 일은 어떻게 되어가?
B: 처음엔 정말 힘들었는데, 익숙해지고 있어.

A: My new boss is making a lot of changes.

B: **You'll have to get used to it.** He can do whatever he wants.

A: 새로 오신 사장님이 변화를 많이 시도하고 있어.
B: 거기에 적응해야 할거야. 그분은 하고 싶은 건 뭐든 하는 사람이야.

>> **Speaking Practice:**
I'm getting used to it
난 적응하고 있어
(There's) Nothing to it
아주 쉬워, 해보면 아무것도 아냐

<u>Get More</u>

You'll get the hang of it 금방 손에 익을거야, 요령이 금방 붙을거예요

A: The subway system is really complicated here. I keep getting lost.
B: Don't worry. **You'll get the hang of it.**

A: 여긴 지하철 시스템이 정말 복잡해. 계속 길을 잃어버리고 있잖아.
B: 걱정마. 요령을 터득하게 될테니까.

>> **Speaking Practice:** You'll get the knack of it 장차 요령이 붙을거야

Things change, roll with the punches 변화에 순응해라

A: I'm very worried about transferring overseas.
B: It'll be OK. **Things change, roll with the punches.**

A: 해외로 전근가는 게 걱정이 많이 돼.
B: 괜찮을 거야. 변화에 적응해봐.

>> **Speaking Practice:** Things change, roll with them 변화에 적응해

○ 하나도 제대로 풀리는 일이 없는 그런 날이 있을 때 사용하라고 만든 표현. 「오늘은 재수가 없군」, 「오늘 정말 일진 안 좋네」 정도의 의미이다.

A: **This is just not my day!**

B: What happened?

A: First I lost my car keys. Then I ran out of gas. Now all the gas stations are closed.

A: 오늘 일진 정말 안 좋네!
B: 무슨 일이야?
A: 처음에 차키를 잃어버리더니 다음엔 가스가 다 떨어졌고 이번엔 주유소가 다 문을 닫았지 뭐야.

A: I heard that you had a car accident today.

B: Yeah, **this is not my day**.

A: 네가 오늘 교통사고를 당했다는 얘기를 들었어.
B: 응, 오늘은 일진이 안좋은 날이야.

>> Speaking Practice:

This is not your[his] day
오늘은 네가[그가] 되는 게 없는 날이다

It hasn't been your day
되는 일이 아무것도 없는 날이다

Get More

It was[has been] a long day 힘든 하루였어

A: Well, **it's been a long day**.

B: Get some rest and we'll talk more about this tomorrow.

A: 정말 힘든 하루였어요.
B: 좀 쉬고 이 문제는 내일 좀 더 얘기하죠.

I had a bad day 진짜 재수없는 날이야

A: What's the matter? You look unhappy.

B: **I had a bad day** at work.

A: 무슨 일이야? 기분이 안좋아 보인다.
B: 회사에서 힘들었거든.

>> **Speaking Practice:** I had a rough day 힘든 하루였어
Rough day for you? 힘든 하루였지?

You're (such) a loser

한심한 놈, 골통

> loser하면 「실패자」라고 바로 먼저 연상이 되지만, 실제 회화에서는 「실패자」라는 의미보다는 「멍청하고 답답한 사람」(someone who never learns)을 뜻할 때가 많다.

A: Will you go out with me Joanne?

B: No way! **You are such a loser!** I would never be seen with you.

A: 나랑 데이트할래, 조앤?

B: 말도 안돼! 이런 머저리야! 너랑은 절대 데이트 안해!

A: I can't believe that girl wouldn't give me her phone number.

B: Ha ha! **You are such a loser!**

A: 그 여자애가 나한테 전화번호를 안 알려주다니 말도 안돼!

B: 하하! 너 정말 재수없다!

 Mike Says:

The speaker feels that someone will never succeed at what they want to do. This is often used in a joking way.

>> **Speaking Practice:**

He's a loser

걔 먹통야

Get More

He's a has-been 한물간 사람, 지나간 사람

A: Have you seen the new Jim Thomas movie? It really sucks!

B: I know. **He is such a has-been.** He can't act anymore.

A: 짐 토마스의 새 영화 봤니? 정말 아니올시다더라!

B: 맞아. 그 사람도 완전히 한물 갔잖아. 더 이상 안 먹힌다구.

>> **Speaking Practice:** **He's history** 걔 한물 갔어

He's a goner 그 사람 한물 간 사람이야

He's an easy-going person

성격이 좋은 사람이야

⊙ 뉘앙스에 따라 「만만한 사람」으로 해석될 수도 있지만, 보통 He's easy-going person이라고 하면 쉽게 화를 내거나 흥분하지 않는 「느긋한 사람」, 또는 성격이 모나지 않고 「둥글둥글한 사람」을 뜻한다.

A: How do you like our new teacher?

B: **He's a really easy-going person**. He's easy to talk to.

   A: 새로 온 선생님 어때?

   B: 성격이 아주 둥글둥글한 분이야. 얘기하기가 편해.

A: Do you fight with your boyfriend very often?

B: No. Not at all. **He's very easy going** so he never gets angry.

   A: 남자친구랑 자주 싸우니?

   B: 아니, 전혀 안싸워. 걘 성격이 아주 좋아서 절대로 화를 안내.

>> **Speaking Practice:**

He's[She's] easy-going
얘기하기 편한 상대야

He's a regular guy
괜찮은 녀석이야

Get More

She's a smooth talker 재는 정말 말 잘해 〔남을 설득 잘하는 사람〕

A: You'd better be careful with that girl.

B: Why?

A: **She's a smooth talker**. She'll say anything to get what she wants.

   A: 그 여자애 조심해.

   B: 왜?

   A: 말만 번지르르 하거든. 원하는 것을 얻기 위해서라면 무슨 말이라도 할 걸.

I am nobody's fool 날 물로 보지마! 〔nobody's fool은 남에게 속아 넘어가지 않는 사람〕

A: We told the teacher we were sick so we could go to the beach today.

B: He knows what you're doing. **He's nobody's fool**.

   A: 우리가 선생님한테 아프다고 말해서 오늘 해변으로 갈 수 있게 된 거 아니겠어.

   B: 선생님은 너희가 무슨 짓을 하고 있는지 다 아셔. 선생님을 물로 보지 말라구.

How much do I owe you?

내가 얼마를 내면 되지?, 얼마죠?

⊙ 상대에게 갚을 돈이 얼마인지 물을 때, 구입한 물건 값을 치를 때(when you pay for something purchased) 혹은 식당에서 음식값을 계산할 때 간단히 「얼마죠?」란 뜻으로 사용되는 활용빈도 높은 표현.

A: I finished all the work on your house.

B: **How much do I owe you?**

A: It's $500 even.

> A: 고객님 집은 작업이 모두 끝났습니다.
> B: 얼마인가요?
> A: 딱 500달러네요.

A: Here are the materials you requested.

B: Thank you. **How much do I owe you?**

> A: 손님이 부탁하신 재료 여기 있습니다.
> B: 고맙습니다. 얼마를 드리면 되죠?

》Speaking Practice:

Check, please
계산서 좀 주세요

What do I owe you?
얼마인가요?

Get More

What's the damage? 얼마예요?

A: Mr. Smith, your car repair is finished. You can pick it up now.

B: **What's the damage?**

A: It comes to $258.

> A: 스미스 씨, 자동차 수리가 끝났습니다. 이제 가져가셔도 됩니다.
> B: 얼마예요?
> A: 모두 258달러입니다.

You can't do this to me

이러면 안되지, 이러지마

○ 비이성적이고 상식밖의 행동을 하는 상대방을 말릴 때 혹은 상대방의 언행이 자신에게 직접적인 피해를 끼칠 때 사용하는 표현.

A: I'm sorry, Ms. Bates. I have to fire you.

B: **You can't do this to me!** I've been working here for 20 years.

A: 미안하지만 베이츠 씨, 당신을 해고해야겠습니다.

B: 나한테 이럴 수는 없어요! 난 여기서 20년 동안 일했다고요.

A: I'm going to divorce you and take the children with me.

B: What? **You can't do this to me!** I can't live all alone.

A: 당신이랑 이혼하고 애들은 내가 맡겠어.

B: 뭐라구? 당신 나한테 이럴 순 없어! 난 혼자서는 못살아.

≫ **Speaking Practice:**

Why are you doing this to me?

내게 왜 이러는 거야?

What have you done to me?

내게 무슨 짓을 한거야?

Why are you trying to make me feel bad?

왜 날 기분 나쁘게 만드는 거야?

Get More

Don't tell me what to do! 나에게 이래라 저래라 하지마

A: Ma'am, you need to be quiet. The other customers can't hear the movie.

B: **Don't tell me what to do!** You're not my mother!

A: 이보세요, 좀 조용히 해주세요. 다른 손님들이 영화 못 보잖아요.

B: 나한테 이래라 저래라 하지 마쇼! 당신이 우리 엄마라도 되는 거요?

Don't push (me)! 몰아 붙이지마, 독촉하지마

A: You can't fire me! I'm too important.

B: **Don't push me**. I might do it.

A: 날 해고할 순 없어요. 그러기엔 너무 중요한 일을 맡고 있잖아요.

B: 너무 몰아세우지 말게. 그렇게 해야 될 것 같아.

≫ **Speaking Practice:** Don't rush me! 재촉하지마, 몰아붙이지마

Get off my back

귀찮게 굴지 말고 나 좀 내버려둬

○ 마치 등 뒤에 달라붙은 것처럼 쫓아다니면서 괴롭히는(annoy; pick on) 찰거머리와 같은 사람에게 「저리 가란 말야!」, 「괴롭히지 좀 마!」(stop bothering me!)라고 내뱉는 slang 표현.

A: Jerry, your room is dirty, your grades are always bad, and your hair is too long!

B: **Get off my back**, Dad. I can do what I want!

> A: 제리, 넌 방은 더럽고 성적은 언제나 바닥이고 머리도 너무 길구나!
> B: 좀 내버려둬요 아빠. 나도 하고 싶은 대로 할 수 있는 거잖아요.

A: I wish the boss would **get off my back**. He's always finding something wrong with my work.

B: Well, maybe you should try to work harder.

> A: 사장이 날 좀 내버려뒀으면. 항상 내가 해놓은 일에 잘못된 데가 없나 찾아본다니까.
> B: 음, 좀 더 열심히 일해야 할 것 같구나.

>> **Speaking Practice:**

Get off my case!
귀찮게 하지 좀 마

Get off my tail
날 좀 내버려둬

Get More

Please stop bugging me 나 좀 귀찮게 하지마

A: Hey, sis, you're so ugly.

B: **Will you please stop bugging me?**

A: 동생아, 너 너무 못생겼다.
B: 나 좀 그만 못살게 굴래?

>> **Speaking Practice:** What's bugging you? 널 귀찮게 하는 게 뭐야?
Stop picking on me 못살게 굴지 좀 마
Stop pestering me 귀찮게 좀 하지마

Stop bothering me 나 좀 가만히 놔둬

A: Would you like to go out tonight? Or tomorrow night?

B: **Stop bothering me**. I already told you no.

A: 오늘 밤에 외출할래, 아님 내일 밤에 할래?

B: 나 좀 가만히 둬. 난 안 나간다고 벌써 말했잖아.

〉〉**Speaking Practice:** Don't bother me 귀찮게 하지 좀 마

Go to hell 꺼져, 그만 좀 놔둬

A: I hate you!

B: **Go to hell!**

A: 너 정말 미워!

B: 꺼져!

Up yours! 그만, 젠장할 [Fuck you에 필적하는 금기어]

A: You will never be a success. You are a complete failure.

B: **Up yours!** You don't know what you're talking about.

A: 넌 절대 성공하지 못할거야. 넌 완전히 패배자거든.

B: 젠장! 헛소리 하고 있네.

Blow me 제기랄 [blow job의 blow를 말하는 것으로 매우 상스러운 표현]

A: You haven't completed the work you were assigned.

B: **Blow me**. I quit!

A: 자네는 일을 맡기면 완수한 적이 없군.

B: 제기랄. 그만 두겠어!

Mike Says:

Go to hell!: This can be a very impolite expression. Often it is similar to saying "I hate you." If you have an angry argument with someone and can't control your temper, you might say this.

Get out of my way

비켜라, 방해하지 마라

◐ Get out of + N은 「…에서 나가라」, 「…에서 꺼져라」는 뜻. Get out of my way하게 되면 my way에서 꺼져라는 것으로 결국 물리적으로는 「내가 가는 길을 막지마라」 혹은 비유적으로 「내일을 방해하지 말라」는 뜻이 된다.

A: **Get out of my way.** You're blocking the driveway!

B: Sorry.

  A: 썩 비켜. 네가 길을 막고 있잖아!
  B: 미안해.

A: I'm not going to let you go out there.

B: **Get out of my way** or I'll knock you down.

  A: 난 너 거기 못가게 할거야.
  B: 비켜줘, 안그러면 너 박살을 내놓을 테니까.

Get More

Don't mess with me 나 건드리지마 (mess with는 「…를 방해하다」, 「쓸데없이 간섭하다」)

A: You look like a weak little man.

B: **Don't mess with me.** I know karate.

  A: 땅딸막하고 풀죽도 못먹은 놈같네.
  B: 건드리지 마라. 나 유도 좀 하거든.

I don't want to get in the way 방해되고 싶지 않아

A: If you have any questions, don't be afraid to ask me.

B: OK. **I don't want to get in the way.**

  A: 질문이 있으면 서슴지말고 저한테 물어보세요.
  B: 괜찮아요. 방해하고 싶지 않아요.

>> **Speaking Practice:** I don't want to cause problems 문제 일으키고 싶지 않아

What makes you think so?

1. 왜 그렇게 생각하니?   2. 꼭 그런 건 아니잖아?

⊙ 여기서 so는 상대방이 앞에서 말한 내용을 받는 것인데, 구체적인 내용을 밝히려면 so 자리에 that 절을 이어서 What makes you think that S + V?(…라고 생각하는 이유가 뭐야?)로 나타내면 된다.

A: I don't think you'll have much luck with Carol.

B: **What makes you think so?**

A: She's a lesbian.

>> **Speaking Practice:**
What makes you think that
S + V?
왜 …라고 생각하는 거예요?

> A: 난 네가 캐롤하구 연이 안닿을 거라고 봐.
> B: 왜 그런 생각하는 거야?
> A: 걔 레즈비언이거든.

A: I have a strong feeling that the economy isn't going to be good next year.

B: **What makes you think so?** I heard that most economic forecasts are positive.

> A: 내년에 경제가 좋아지지 않을 거라는 느낌이 강하게 들어요.
> B: 왜 그런 생각을 하는 거죠? 긍정적인 전망이 대부분이라고 들었는데.

Get More

What brings you here? 무슨 일로 오셨나요? (bring sby + 장소는 어떤 사건이나 상황 때문에 「…가 ~에 오게 되다」라는 뜻)

> A: Hi Jeff, this is a surprise. **What brings you here?**
> B: Well, I'm in town to sign some contracts for my law firm.

> A: 안녕, 제프. 이거 놀라운데. 여긴 어쩐 일이야?
> B: 음, 내 법률 회사에서 맡게 된 계약 몇건을 체결하려고 시내에 나왔어.

>> **Speaking Practice:** Why are you here? 여기 웬일로?

Let me get back to you (on that)
나중에 이야기합시다, 생각해보고 다시 말해줄게

○ get back to는 「나중에 전화하다」(call someone later), 「나중에 논의하다」(discuss it later)라는 뜻으로 바쁜 와중에 전화가 걸려오거나 혹은 사정상 논의를 미뤄야 할 때 쓸 수 있는 구어체 표현. 특히, 자동 응답기(answering machine)의 부재중 안내 메세지에서 자주 접할 수 있다.

A: Can you come to my housewarming party on Friday?

B: **I'll get back to you on that**. I might have other plans.

    A: 금요일 날 우리 집들이하는데 올 수 있니?
    B: 나중에 말해줄게. 다른 일이 있을지도 모르거든.

A: Are you going to be able to work during our Christmas holiday season?

B: I'm not certain right now. **Let me get back to you on that.**

    A: 크리스마스 휴가기간동안에 일할 수 있어요?
    B: 지금으로서는 확실치 않아요. 다시 연락드릴게요.

>> Speaking Practice:

I'll get back to you (on that)
나중에 이야기하자고

I'll call back later
전화 다시할게

Get back to me
나중에 연락해

Get More

Let's talk later 나중에 이야기하죠

A: Can you give me a minute of your time?

B: **Let's talk later**. I've got to meet a deadline and am very busy right now.
A: 몇 분만 시간 좀 내주실래요?
B: 좀 있다가 이야기합시다. 마감에 맞춰야 해서 지금 매우 바쁘거든요.

>> **Speaking Practice:** We'll talk later 나중에 이야기 하죠

Do I make myself clear?

내 말이 무슨 말인지 알겠어요?

◑ 잔소리를 늘어놓다가 「무슨 소린지 알아듣겠어?」라며 얘기를 마무리지으며 다짐받을 때, 혹은 얘기를 길게 하다가 상대가 제대로 이해하고 있는지 확인할 때 사용하는 표현. Do you know what I'm saying?(p. 168 참고)과도 같은 의미이다.

A: If you continue your poor work habits, you'll be fired. **Do I make myself clear?**

B: Yes ma'am. I'll try to improve my efforts.

A: 자네 계속 일을 엉망으로 해오면 해고할거야. 무슨 말인지 이해했어?
B: 예, 사장님. 잘 하도록 더욱 노력할게요.

A: I want you kids to clean your room. **Do I make myself clear?**

B: OK Dad. But please take us to the park when we finish.

A: 너희들 방 좀 치워라. 무슨 말인줄 알겠니?
B: 예, 아빠. 하지만 방 청소 끝나면 공원에 데려가 주세요.

>> Speaking Practice:

Is that clear?
분명히 알겠어?

I didn't make myself clear
제 말 뜻을 이해하지 못하셨군요

Get More

Do you read me? 내 말 들려?, 무슨 말인지 알겠어?

A: I want this work taken care of immediately. **Do you read me?**

B: Yes sir, I'll get it done.

A: 이 일을 즉시 처리했으면 해. 내 말 알아들어?
B: 알겠습니다. 제가 해놓겠습니다.

Check it out at Breaking Bad

I thought I made myself very clear

◑ Season 3 Episode 2

월터는 별거중이고 아내는 이혼을 요구하고 있다. 스카일러는 할 얘기는 다했다고 차갑게 자르며 자기는 자기 의사를 명백하게 전달한 걸로 안다(I thought I made myself very clear)고 하는데 월터는 분노를 참지 못하고 피자를 집어던지는데 공교롭게도 지붕위로 피자가 떨어진다. 담날 아침 실의에 자고 있는데 아내의 전화가 온다. 아침에 신문가지러 갔는데 지붕에 피자가 있더라, 이거에 대해 아는게 있냐고 물으면서(When I went out this morning to get the newspaper, I saw a pizza on out roof. Would you know anything about that?) 스스로를 통제하고 진정하고 상황을 받아들이고 거리를 두라(Listen to me, Walt. You need to control yourself. Calm down, accept the situation and keep your distance)고 한다.

How could you do this[that]?
어쩜 그럴 수가 있니?

○ 상대방의 어처구니 없는 말과 행동을 탓하며 난감한 목소리로 던지는 표현. 질책과 비난 그리고 실망을 가득 담은 말이다.

A: I heard that you started a fight in the bar. **How could you do that?**

B: I don't know. I guess I was a little drunk.

A: 술집에서 네가 싸움을 걸었다면서. 어떻게 그럴 수가 있니?
B: 몰라. 좀 취했었나봐.

A: What? You broke my car? **How could you do this?**

B: I'm so sorry. It was an accident.

A: 뭐? 내 차를 망가뜨려? 너 어떻게 이럴 수 있나?
B: 정말 미안해. 사고였어.

>> **Speaking Practice:**

How could you do this to me[us]?
나(우리)한테 어떻게 이럴 수 있니?

That takes the cake!
정말 너무하는구만!

Get More

How could you say such a thing? 네가 어떻게 그런 말을 할 수 있니?

A: I told Terry that she is fat and really needs to go on a diet.
B: **How could you say such a thing?** She'll never forgive you.

A: 테리한테 비만이니까 꼭 다이어트를 해야 한다고 말했어.
B: 어쩜 그런 말을 할 수 있니? 테리는 절대 널 용서 안할 거야.

How dare you + V ~ ? 어떻게 …할 수가 있나?

A: You are the biggest bitch I've ever met!
B: **How dare you** insult me!

A: 살다 살다 너같이 싸가지없는 애는 첨 본다!
B: 나한테 어떻게 그런 욕을 할 수가 있니!

>> **Speaking Practice:** You wouldn't dare (to do something)! 어쩜 감히 이럴 수가!

○ 말로 이루 다 표현할 수 없을 정도로 너무나 고마울 때 「뭐라고 해야 할지 모르겠어요」라고 하는데, 여기에 딱 들어맞는 표현이 바로 I don't know what to say이다. 하지만 반드시 고마움의 표시로만 쓰이는 건 아니고 「딱히 뭐라 할 말이 없다」는 의미를 전달하고자 할 때도 두루 쓰는 표현이다.

A: This party is to show our appreciation for you.

B: Thank you. **I don't know what to say.**

A: 감사의 표시로 파티를 열었어요.
B: 고마워요. 뭐라고 해야 할지.

A: How do you feel after your fight with Ted?

B: Right now I'm so angry, **I don't know what to say.**

A: 테드하고 싸우고 나니 기분이 어때?
B: 지금은 뭐랄까, 굉장히 화가 나.

>> Speaking Practice:

I don't know how to thank you
뭐라고 감사해야 할지 모르겠어요

(I) Can't thank you enough
뭐라고 감사하다고 말해야 할지를 모르겠어요

Get More

That's[This is, It is] so sweet 고맙기도 해라 〔주로 여성들이 쓰는 말〕

A: These roses are to celebrate our 5th anniversary.

B: **That's so sweet.** I really love you!

A: 결혼 5주년을 기념하는 장미야.
B: 너무 고마워. 정말 사랑해!

>> **Speaking Practice:** He is so sweet 그 사람은 정말 고마운 사람이야

It's[That's] very nice of you 정말 친절하네요

A: If you need to use a car, I will let you borrow mine.

B: **It's very nice of you**.

A: 차를 써야 한다면 내 차 빌려줄게.
B: 정말 친절하구나.

>> **Speaking Practice:** You're such a kind person 정말 친절하네요
He's got such a good heart! 걘 무척 자상한 애야

LEVEL 3

미드 냄새 팍팍 풍기는

미드족 필수표현

Here goes

223
Level 3

(어떻게 될지는 모르겠지만) 한번 해봐야지

◑ 처음 주사를 놓는다든가, 사랑고백을 한다든가, 뭔가 힘들고 어려운 것을 시도하거나 말을 꺼낼 때
「어렵지만 한번 해보겠다」는 의미로 하는 말이다.

A: You studied all night. Are you ready to take your test now?

B: Yeah, I think so. **Here goes**.

A: 밤새 공부했구나. 이제 시험볼 준비 된거니?

B: 예, 그런 것 같아요. 한번 해봐야죠.

A: Well, I'm not sure if this investment will work, but **here goes**.

B: I'm sure you'll be making a lot of money soon.

A: 저기, 이번 투자가 성공을 거둘지는 확실하지 않지만 한번 해보죠.

B: 틀림없이 곧 큰 돈을 벌게 될 거예요.

Mike Says:

This means someone is going to try something that they may fail at. It is more common to say "Here goes nothing."
For example, if someone buys a new computer and they attach all of the wires, they may say, "Here goes" when they turn on the power. This is because they are expressing the feeling that they are not certain everything is connected properly.

Get More

Here it comes 1. 자 여기 있어   2. 또 시작이군, 올 것이 오는구만

A: Helen, is the dinner ready to eat yet?

B: Yes, I'm bringing it out of the kitchen now. **Here it comes**!

A: 헬렌, 이제 저녁 준비 다 됐어?

B: 응, 지금 가져가고 있어. 자, 대령이요!

Check it out at Friends

Here it comes

◑ Season 5 Episode 14

유명한 챈들러와 피비의 유혹장면. 챈들러가 이제 남은 건 키스밖에 없네(Well, I guess there's nothing left for us to do but-but kiss)라고 하자, 피비가 챈들러에게 다가가면서 자 이제 간다, 우리의 첫키스(Here it comes. Our first kiss)라 하면서 서로 슬로비디오로 서로의 입술을 부딪히지만 끝내 챈들러는 항복하고 네가 이겼다(Okay! Okay! Okay! You win! You win!! I can't have sex with ya!)라고 하면서 손을 든다.

Here we go again

또 시작이군

○ 과거에 이미 여러 번 경험한 불쾌한 일이나 귀에 못이 박히도록 들어온 잔소리가 시작되려고 할 때 「또 시작이로군」이라는 의미로 사용되는 표현. 못마땅한 어조가 담겨 있다.

A: Why don't you pick up your clothes from the floor?

B: **Here we go again**. You complain about everything I do.

A: 당신 옷은 그 매장에서 고르지 그래?

B: 또 시작이군. 당신은 어떻게 내가 하는 일마다 불만이야.

A: I think the president's policies are all wrong.

B: Oh, **here we go again**. You are always criticizing the president.

A: 내 생각엔 사장님 정책이 완전히 잘못된 거 같아.

B: 아, 또 시작이구나. 넌 맨날 사장님을 헐뜯더라.

Get More

There you go again 또 시작이군

A: Let's go out shopping for clothes on Saturday.

B: **There you go again**, always trying to spend all the money we have.

A: 토요일날 옷 사러 가자.

B: 또 시작이구나. 항상 돈만 있으면 몽땅 써버리려는 거 말야.

Mike Says:

"There you go again" is usually a complaint. It indicates that someone is doing something that they often do, possibly a habit, and is bothering someone else. If a husband spends too much money on drinking alcohol, his wife might say, "There you go again, wasting our money."

○ 「저기 당신이 가네요」가 아니라 「그렇게 하면 돼」(You're doing well), 「바로 그거야」(You got it), 「아주 잘했어」하며 상대방에게 격려 내지는 칭찬을 해주는 말. 물론 단순하게 물건을 건네줄 때도 사용된다.

A: Something feels very weird. Whoa!!!

B: Don't worry. Everything's going to be fine. Trust me. Come on. Take my hand. **There you go**.

A: 뭔가 아주 이상해. 어휴!

B: 걱정마. 다 잘될거야. 날 믿으라고. 어서, 내 손 잡고. 그래 잘 했어.

A: Excuse me, can I have one of those napkins?

B: Sure, **there you go**. Can I get you anything else?

A: 실례합니다. 냅킨 한 장만 주시겠어요?

B: 물론이죠. 여기 있습니다. 다른 거 더 필요하시면 가져다 드리죠.

A: **There you go**. Your resume should be ready to submit to the company now.

B: Thank you so much for helping me to get it prepared.

A: 여기 있어. 이젠 그 회사에 이력서 제출해야 하잖아.

B: 이력서 준비하는 거 도와줘서 너무 고마워.

 Mike Says:

There you go *vs.* **Here you go**

Usually people say both of these when they give someone something. For example, if you wanted to borrow a pen, I might use one of these expressions when I give the pen to you. You can also use the expression "There you go" when you emphasize that "I told you so."

Check it out at Breaking Bad

There you go

○ Season 1 Episode 1

월터가 핑크맨의 약점을 잡고 마약제조사업을 시작하게 된다. 하지만 올바른 선생님 월터가 왜 갑자기 마약업에 뛰어들려고 하는지 궁금한 핑크맨이 대놓고 물어본다. 마약을 만들 캠핑용 차를 사라고 월터에게 돈을 받고서는 물어본다. 왜 이런 짓을 하려는 건지 말해달라(Tell me why you're doing this. Seriously)고 말하는데, 월터는 넌 왜 하냐고(Why do you do it?) 반문한다. 핑크맨은 돈 때문이라고 하자(Money, mainly), 월터는 돌아서면서 **There you go**라고 한다. 이 There you go는 상대방에게 뭔가 주거나 보여줄 때 혹은 여기서처럼 상대방의 말에 동의하면서 하는 말로 "바로 그거야"라는 의미.

I'll be there
갈게

○ 회화에서 부사 there와 here는 be 동사와 어울려 go나 come 대용으로 많이 쓰인다. I'll be there는 어느 약속장소 등에 「나가겠다」는 말로 I'm going의 의미이다.

A: Would you like to come to the office's annual Christmas party?

B: Absolutely, **I'll be there**. I love going to parties.

> A: 사무실에서 매년 하는 크리스마스 파티에 와주시겠어요?
> B: 그럼요, 갈게요. 파티라면 아주 좋아하거든요.

A: The party starts at 7 pm. Can you make it?

B: Sure. **I'll be there.**

> A: 파티는 저녁 7시에 시작해요. 시간 맞춰 올 수 있어요?
> B: 물론이죠. 갈게요.

Mike Says:

I'll be there vs. **I'll be right there**

"I'll be there" is a commitment, or similar to a promise. It can refer to any time in the future. "I'll be right there" is saying "Just a minute, I'll arrive soon."

》Speaking Practice:

I am going to be there
갈게, 갈거야

You bet I'll be there
꼭 갈게

I am there
간다니까

Get More

I'll be right there 곧 갈게, 지금 가 [상대방이 있는 곳으로 간다는 것으로 I'm coming의 의미]

> A: Hey Carrie, you up there? You want to go for a walk?
> B: Yeah. Don't move. **I'll be right there**.

> A: 이봐 캐리, 그 위에 있니? 산책할래?
> B: 응, 거기 있어. 곧 내려갈게.

They are going to be here 걔네들 이리 올거야

> A: Have your parents arrived back from their trip overseas?
> B: No, but **they are going to be here** by the end of next week.

> A: 부모님께선 해외 여행에서 돌아오셨나요?
> B: 아니오. 다음 주말엔 오실겁니다.

Guess what?

저기 말야?, 그거 알아?

○ 뭔가 새로운 정보를 상대에게 전하려 할 때 본론에 앞서 먼저 꺼내는 말. 즉 대화를 시작하거나 상대방과의 대화를 유도하기 위한 기능을 갖는 표현이다.

A: **Guess what**? I'm being promoted to manager at work.

B: That's great! Are you getting a salary increase too?

A: 저 말야. 회사에서 매니저로 승진했어.

B: 잘됐다! 월급도 오르는 거야?

A: Hey... **guess what**?

B: What?

A: I just got asked out on a date by my next door neighbor.

A: 이봐… 있잖아?

B: 뭔데?

A: 이웃집 애한테서 방금 데이트 신청을 받았어.

Get More

Did you hear? 너 얘기 들었니? 〔소문이나 새로운 소식 등을 전하면서〕

A: **Did you hear** that Johnny's grandmother passed away?

B: Dear me!

A: 자니네 할머니가 돌아가셨다는 소식 들었어?

B: 저런, 세상에!

≫ **Speaking Practice:** Have you heard? 얘기 들었어?

I'm telling you

정말이야, 잘 들어

○ 지금까지 얘기한 내용이 정말임을 강조하거나 이제부터 하려는 얘기가 아주 중요하다는 것을 강조하는 표현.

A: **I'm telling you** that he took the money.

B: The problem is we have no proof.

A: 그 사람이 돈을 가지고 간 것이 틀림없어.

B: 문제는 아무런 증거가 없다는 거야.

Mike Says:

This means "Believe me" or "What I say is true, so trust me."

A: **I'm telling you**, with my broker, you'll make a great deal of money.

B: OK, leave his phone number with me and I'll give him a call.

A: 잘 들어, 내가 아는 중개상하고라면 돈을 엄청 벌거야.

B: 좋아, 그 사람 전화번호를 알려주면 전화해볼게.

Get More

Look here 이것 봐(Listen to me)

A: **Look here**, if you continue to be late, I'll have to fire you.

B: Sorry boss. I promise that I'll be on time from now on.

A: 이봐, 계속 늦으면, 해고시킬 줄 알아.

B: 죄송합니다, 사장님. 이제부터 정시에 출근하겠습니다.

Let me (just) say 말하자면

A: **Let me just say** that you have made me the happiest woman alive tonight.

B: Good. I love you so much, can't wait until we get married.

A: 말하자면 당신이 날 오늘밤 세상에서 가장 행복한 여자로 만들어 준 거예요.

B: 고마워요. 너무나 사랑해요. 빨리 결혼하고 싶어요.

곰곰이 생각해봐야겠어

◆ 중요한 결정을 해야 하는데 그 자리에서 곧바로 결론을 내리기는 애매할 때, 「하룻밤 시간을 갖고 생각을 다시 해보겠다」는 표현.

A: Are you interested in joining our country club?

B: **Let me sleep on it** and I'll let you know soon.

A: 우리 골프연습장에 가입할 생각 있으세요?
B: 생각 좀 해보고 곧 알려드리죠.

A: Sweetheart, would you please marry me?

B: I don't know if I'm ready. **Let me sleep on it** and I'll give you the answer in the morning.

A: 자기야, 나하고 결혼해줄래?
B: 내가 준비가 됐는지 모르겠어. 생각 좀 해보고 아침에 대답해 줄게.

Mike Says:

This means I need more time to consider something and then I will make a decision.

Get More

Let me think about it 생각 좀 해볼게 〔완곡히 거절할 때도〕

A: I'd like to give you an answer, but **let me think about it**.

B: OK, take as much time as you need.

A: 답을 주고 싶은데 생각 좀 해볼게요.
B: 필요한 만큼 충분히 시간을 갖고 생각하세요.

≫ **Speaking Practice:** Let me have time to think over it 생각할 시간 좀 줘
I need more time to think about it 생각해볼 시간이 더 필요해

We're having second thought about it 다시 생각해봐야겠어

A: I know we promised to buy your car, but **we're having second thoughts about it**.

B: You need to honor your promise.

A: 우리가 당신 차를 사겠다고 한 걸로 아는데요, 다시 생각해봐야겠습니다.
B: 약속한 건 지키셔야 합니다.

230
Level 3

~ or what?

1. 그게 아니면 뭐야? 2. 그렇지 않아?, 그런 거 아냐?

○ 자기가 하는 말에 대해 상대방에게 「그게 아님 뭐냐」고 강력한 동의를 구하는 것으로 "Don't you agree?"라는 의미. 또한 단순히 자기도 정확히 모르지만 「혹은 어떤 다른 이유」(or some other reason that is not stated)라는 뜻으로 쓰인다.

A: I will be going to study in Hawaii for a year.
Is that great **or what**?
B: Definitely. I really envy you.

A: 하와이에서 1년동안 공부할 거야. 괜찮은 생각 아냐?
B: 그럼 좋구 말구. 네가 정말 부러워.

A: Are you telling me that you want to quit, **or what**?
B: I don't want to quit, but I'd like to take a leave of absence.

A: 그만두고 싶다는 얘기가 아니고 뭡니까?
B: 그만 두고 싶다는 게 아니구요, 휴직을 하고 싶다구요.

Get More

or words to that effect 뭐 그 비슷한 말이었어 〔바로 앞에서 한 말에 자신이 없을 때〕

A: The office manager told me I'm the best employee here, **or words to that effect**.
B: Really? I don't think you work harder than anyone else.

A: 부장님이 제가 여기서 가장 훌륭한 사원이라는 뭐 그런 얘기를 했어요.
B: 정말? 난 자네보다 더 일 안하는 사람은 없다고 생각하는데.

≫ **Speaking Practice:** or something to that effect 그 비슷한 거야

for what it's worth 그렇다 치고, 모르긴 해도 〔자기가 하는 말이 확실치 않을 때〕

A: I know you're feeling upset, but **for what it's worth**, everyone has bad days.
B: Yeah, but today is the worst day of my life!

A: 화나는 거 알아, 하지만 모르긴 몰라도 다들 안 좋은 날이라구.

B: 그래, 하지만 오늘은 내 인생 최악의 날이이야.

It's stuff like that 그 비슷한 거야

A: When I got out of work, my car was gone. It had been towed.

B: **It's stuff like that** which makes you feel frustrated.

A: 사무실에서 나와보니 차가 없는 거야. 견인됐더라구.

B: 사람 기운빠지게 만드는 게 바로 그런 류의 일이지.

>> **Speaking Practice:** You think about stuff like that? 그런 비슷한 생각하는 거야?

Check it out at Friends

~, or what?

○ Season 8 episode 8 [The One With the Stripper].

Monica가 Chandler의 총각 파티 stripper를 직접 구했다며 이러다 "부인 명예의 전당"에 들어가는 것 아니냐고 너스레를 떠는 말(hired a stripper to dance for you *(laughs)* am I going in the wife hall of fame or what)에서, 그리고

○ Season 3 episode 2 [The One Where No-one's Ready].

Monica가 Richard의 메시지를 받고 당황하며 하던 말(I'm just checking in 'cause I got this message from you and I didn't know if it was old or new **or what**)에서 확인해볼 수 있다.

You never learn

넌 구제불능이야

◯ 늘상 문제만 일으키고 다니는 주제에 마이동풍격으로 남의 말은 죽어도 안 듣는 고집불통에게 던지는 악담.

A: My date was a disaster. It always happens.

B: **You never learn**. Women prefer men who aren't so cheap.

<blockquote>
A: 데이트 완전히 망쳤어. 항상 그래.

B: 몇번이나 말해야 알겠니? 여자들은 너무 인색하게 굴지 않는 남자를 더 선호한다구.
</blockquote>

A: That car that I bought is broken again.

B: **You never learn**. If you want a good car, buy a new one.

<blockquote>
A: 내가 차를 샀는데 저놈의 차가 또 고장이야.

B: 그렇게 얘기해도 못 알아듣네. 좋은 차가 갖고 싶으면 새 차를 사라니까.
</blockquote>

 Mike Says:

This usually means that even though a person's behavior causes problems, that person never changes the behavior and they usually have the same problems again and again.

≫ **Speaking Practice:**

You're hopeless

넌 안돼. 구제불능이야

Get More

How many times do I have to tell you? 도대체 몇번을 말해야 알겠어?

A: The floor is dirty again. **How many times do I have to tell you** to keep it clean?

B: I'm really sorry. I was in a hurry and didn't have time to mop it.

A: 바닥이 또 더럽잖아. 깨끗하게 해놓으라고 도대체 몇번을 말해야 알아듣니?

B: 정말 미안해. 너무 바빠서 바닥 닦을 시간이 없었어.

≫ **Speaking Practice:** If I've told you once, I've told you a thousand times

한번만 더 얘기하면 천번째다

○ 내 말을 제대로 알아들은 기특한 사람에게 「맞아」, 「바로 그거야」라는 의미로, 혹은 어떤 지시를 받았을 때 그 내용을 잘 이해해서 분부대로 하겠다, 즉 「알겠습니다」라는 뜻으로 사용된다.

A: So what you mean is that the entire computer system costs $1,000?

B: **You got it**. For $1,000, you can have everything.

A: 그러니까, 당신 말은 컴퓨터 시스템 한 세트에 천 달러가 든다는 거요?

B: 그렇죠. 천 달러면 모든 게 됩니다.

A: Can you take care of my children tomorrow?

B: **You got it**. I'll pick them up in the morning.

A: 내일 우리 애들 좀 봐줄래?

B: 그러지 뭐. 아침에 데리러 갈게.

 Mike Says:

Usually "You got it" means "You are right" or "You understood or guessed the correct meaning." Sometimes it also means someone is agreeing to do something, but this is less common.

Get More

You got it? 알았어?

A: Don't ever bother my girlfriend again. **You got it**?

B: OK, I'll stay away from her.

A: 두번 다시 내 여자친구 괴롭히지마. 알았어?

B: 알았어, 근처에 얼씬도 안할게.

You got that? 알아 들었어?

A: I'm confused. Do you want a burger or a sandwich?

B: I want a sandwich. **You got that**?

A: 헷갈리네. 버거를 먹고 싶은 거야, 샌드위치를 먹고 싶은 거야?

B: 샌드위치라니까. 알겠어?

》**Speaking Practice:** You got that right? 제대로 알아 들었어?

I don't know what you are getting at
무슨 말을 하려는건지 모르겠어

◐ 진짜로 말귀를 못 알아들어서라기 보다는, 상대방의 말이 불쾌하거나 진실되지 않다고 생각될 경우 그 말의 진의를 되묻는 표현이다.

A: I found this hotel slip in your pocket. Do you have a girlfriend?

B: **I don't know what you are getting at**. I'm not cheating on you.

<blockquote>
A: 당신 주머니에서 이 호텔 숙박권이 나왔어. 당신 여자 있어?

B: 무슨 말을 하려는 건지 모르겠네.난 바람 안 피워.
</blockquote>

A: The money that I put here yesterday is gone.

B: **I don't know what you're getting at**. Do you think I stole it?

<blockquote>
A: 내가 어제 여기다 둔 돈이 없어졌어.

B: 무슨 말을 하려는 건지 모르겠네. 내가 슬쩍하기라도 했다는 거야?
</blockquote>

Mike Says:

This means that the speaker doesn't understand someone's point. It's similar to saying "I don't understand what you're trying to say."

》 **Speaking Practice:**
What are you getting at?
뭘 말하려는 거야?

Get More

What's the catch? 속셈이 뭐야?. 무슨 꿍꿍이야? 〔그럴듯해 보이는 계획이나 제안의 이면에 숨겨진 문제나 어려움을 물어볼 때〕

A: I'm willing to sell you this new BMW for $5,000.

B: That's way too cheap. **What's the catch**?

<blockquote>
A: 이 신형 BMW를 5천달러에 드릴 작정이에요.

B: 그건 너무 싼데요. 속셈이 뭐예요?
</blockquote>

○ 앞서 내놓은 상대방의 의견(that)에 대해 「전적인 동의」(strong agreement)를 나타내어 「그렇고 말고」(That's certainly true)라는 뜻으로 사용된다.

A: Boy, I think that Nicole Kidman is attractive.

B: **You can say that again**. I can't understand why Tom Cruise divorced her.

A: 이봐, 내 생각엔 니콜 키드만이 매력적인 거 같아.
B: 두말하면 잔소리지. 탐 크루즈가 이혼한 이유를 모르겠다니까.

A: God, it is so cold outside tonight!

B: **You can say that again**. I can't wait until summer arrives.

A: 이런, 오늘밤엔 바깥이 너무 춥다!
B: 그러게 말야. 하루 빨리 여름이 왔으면 좋겠는데.

>> **Speaking Practice:**

You could say that
두말하면 잔소리지

You might say that
그러게 말야

Well said
그 말 한번 잘했어, 맞는 말이야

Get More

I'll say 정말이야, 맞아

A: Is this what you had in mind?

B: **I'll say**.

A: 네가 맘에 두고 있던 게 이거야?
B: 맞아.

You said it 네 말이 맞아

A: The Yankees are likely to have another good season this year.

B: **You said it**. That's why they are my favorite baseball team.

A: 양키즈가 이번 시즌에 또 한번 좋은 성적을 거둘거 같아.
B: 맞아. 그래서 내가 제일 좋아하는 팀이 양키즈라니까.

You lost me

못 알아듣겠는데

○ 대화를 하다가 상대방이 갑자기 난이도(?) 높은 이야기를 꺼내거나 납득하기 어려운 이야기를 한 경우에 「(지금까진 계속 당신 말을 이해했는데) 방금 한 말은 무슨 말인지 모르겠다」, 그러니 「다시 말해달라」는 뜻으로 쓰는 표현.

A: Do you understand your assignment?

B: No, I'm sorry, **you lost me**.

A: 자네가 할 일이 뭔지 이해가 되나?

B: 아뇨, 죄송합니다. 모르겠어요.

A: I'm sure that he is the smartest employee that we have.

B: **You lost me there**. Why do you think that he is smart?

A: 그 사람이 우리 중에서 제일 똑똑한 직원이라고 믿어요.

B: 그 부분을 이해못하겠어요. 왜 그 사람이 똑똑하다고 생각하죠?

Mike Says:

This is similar to "I don't know what you're getting at." It means that the speaker understood the point someone was trying to make, but suddenly got confused. Now they don't understand.

》Speaking Practice:

You lost me (back) at ~

…부터는 무슨 얘긴지 모르겠어

I can't get it right

제대로 이해 못하겠어

Get More

Say what? 뭐라고?, 다시 말해줄래?

A: If you want tickets to the concert, you'll have to come back tomorrow.

B: **Say what**? We just drove two hours to get here!

A: 콘서트 표가 필요하면 내일 다시 와야 합니다.

B: 뭐라고요? 2시간이나 차를 몰아서 막 도착한 건데요!

What did you say? 뭐라고 했는데?, 뭐라고!

A: You are the ugliest, dumbest, dirtiest person I've ever seen.

B: **What did you say**? You better be ready to fight when you say something like that!

A: 넌 내가 보아온 사람 중에서 가장 못생기고 가장 멍청하고, 가장 지저분한 애야.

B: 너 뭐라고 했니? 싸울 준비나 좀 하고 그런 식으로 얘기하라구!

Check it out at Friends

You lost me

● Season 4 episode 18

Ross가 광고 오디션에서 자기 아들 Ben에게 밀려 떨어진 Joey를 위로하는 장면에서 처음에 "네
가 떨어진 건 Ben을 소중히 여기기 때문"이라고 하는데… 머리가 안돌아가는 걸로 유명한 Joey
가 "What do you mean?"이라고 되묻자, 어려운 말 쓰는 데 일가견이 있는 Ross의 입에서 곧
바로 I think, subconsciously…라는 전문용어가 튀어나온다. 이때 Joey가 반사적으로 내뱉는 말
이 바로 이 "You lost me." 어려운 말에 알레르기가 있는 Joey라는 부담없는 캐릭터의 재미를 여기서 다시
한번 맛볼 수 있다.

Check it out at Friends

What did you say to~ ?

● Season 8 Episode 3

레이첼의 임신 소식에 놀라 제대로 말을 나누지 못한 로스가 조이와 피비에게 레이첼이 어디 있는
지 물어보러 온다. 로스는 레이첼과 잔 것을 알고 있겠지만 뭔가 더 있어, 레이첼이 임신했어
(Okay, okay look you guys know that Rachel and I slept together, but there's
something else. Rachel's pregnant.)라고 말한다. 이미 알고 있었던 조이와 피비는 놀라는 척하
면서 탄성을 지른다. Oh my God!!! I can't believe that!!, Holy mother of God!!! 로스는 내 아이야
(With my child)라고 말해주자 처음듣는 소식이라고(That is brand new information!!) 또 한번 오버액
션한다. 로스는 너희들 이미 알고 있었지(You already know don't you?)라고 하고, 조이는 어때?(How
are you doing?)라고 물어본다. 로스는 괜찮은데, 내가 잘 일을 처리하지 못한 것 같아(Okay. I mean I'll
be okay. It's just I don't think I handled it very well)라고 하자 조이가 레이첼에게 뭐라고 했는데(Well,
what did you say to her?)라고 한다. 이에 로스는 아무 말도 못했어, 다만 콘돔 회사의 고객불만센터에 한
바탕 싫은 소리를 했는데 내가 돌아서보니 가버렸더라(Nothing. But the complaint department at the
condom company got an earful. And then when I turned around she was gone)고 한다.

Tell me about it!

1. 그 얘기 좀 해봐(Explain it to me)   2. (앞쪽에 액센트) 그게 맞아, 그렇고 말고

⊙ 내가 하고 싶었던 말만 콕콕 집어 얘기해주는 사람에게 「말하지 않아도 네가 무슨 말 하려는지 다 알아!」(I know just what you mean! You don't have to explain it to me!)라는 뜻으로 쓰는 표현.

A: The prices in this store are sure expensive.

B: **Tell me about it**. I don't want to buy anything here.

A: 이 가게는 너무 비싸.
B: 내 말이 그 말이야. 여기선 아무것도 안 살래.

A: The Internet service to the office seems slow today.

B: **Tell me about it**. It's taking twice as long for my data to download.

A: 오늘 사무실 인터넷이 느린 것 같더라.
B: 그러게나 말야. 내 데이터를 다운로드 받는 데 시간이 두 배로 걸리고 있어.

Mike Says:

This is usually said when agreeing with someone.

≫ **Speaking Practice:**

I agree
그래

I agree with you 100%
전적으로 동감이야

That's right
맞아

Get More

(I) Couldn't agree with you more 정말 네 말이 맞아 〔비교급(more)＋부정(not) 세트로 「이보다 더 동의할 수 없다」는 강한 긍정의 표현〕

A: We should reserve a room at the Hilton for next month's conference.

B: **I couldn't agree more**. They are going to be completely booked soon.

A: 다음달 회의를 위해서 힐튼 호텔에 방을 예약해둬야겠어.
B: 백번 옳은 얘기야. 좀 있으면 완전히 다 차버릴거야.

≫ **Speaking Practice:** I can't argue with that 두말하면 잔소리지, 물론이지

○ 상대방의 말에 전적으로 동의할(showing very strong agreement) 때 맞장구치는 표현. 또한 이미 다 알고 있는 안좋은 이야기를 새삼 다시 거론하는 사람에게 「나도 안다고!」라며 짜증낼 때도 사용된다.

A: I wasn't expecting the weather to be so hot today.

B: **You're telling me**. I shouldn't have worn this jacket.

A: 오늘 날씨가 이렇게 더울거라고는 생각도 못했어.
B: 누가 아니래. 이 재킷을 입지 말았어야 했어.

A: I can't believe the prices at this restaurant.

B: **You're telling me**.

A: 이 식당은 비싸도 너무 비싸.
B: 그래 맞아.

Mike Says:

This is the same as "Tell me about it." Both expressions show agreement with someone.

≫**Speaking Practice:**

I see it the same way
나도 그렇게 생각해

You're telling me that S +V
…라고 말하는 거야?

Check it out at Modern Family

You're telling me that S+V?

○ Season 4 Episode 1

글로리아는 임신하지만 남편이 싫어할까봐 걱정한다. 마침내 남편 제이의 생일날 제이에게 이를 알리는데 예상밖으로 제이는 지금까지 들어던 소식 중에서 가장 기쁜 소식이야 (That's the greatest news I've ever heard)라고 하며 글로리아의 임신을 축하해준다. 의외의 반응에 놀란 글로리아는 정말요?(It is?)라고 묻고 제이는 왜 그런지 얘기를 해준다. 난 내 미래에 남은 날들이 어떨지 들으면서 세월을 보내고 있는데(I spent the day hearing what my future had in store for me), 난 전혀 그거에 좋아하지 않았어(and I didn't like one bit of it), 내 인생이 끝나는 것 같았는데(It felt like my life was ending), 이제 당신이 내가 꿈에 그리던 여자와 새로운 출발을 하게 되었다고 말한다 (And now you're telling me that I get to have a new start... with the woman of my dreams).

Big time
1. 그렇고 말고   2. 많이(a lot)

○ 어떤 말에 「전적으로 동의한다」(agree absolutely)고 응수할 때 뿐만 아니라 주로 문장의 뒤에서 「아주 많이」(a lot)라는 뜻의 부사적 용법으로도 자주 사용된다.

A: Personally, I think that Jeff has been acting like a jerk recently.

B: **Big time**. He needs to stop being so arrogant.

A: 내 개인적 생각으론, 제프가 요새 바보같은 행동을 하는 것 같아.

B: 그러게나 말야. 갠 건방진 짓 좀 그만해야 해.

A: Don't be sorry.

B: But I screwed up **big time**.

A: No, you didn't... you were learning.

A: 미안해 하지 말라구.

B: 하지만 제가 큰 실수를 했는 걸요.

A: 아니야, 그러면서 배우는 거잖아.

Mike Says:

Usually "Big time" shows agreement with someone.

○ 뒤에 붙은 on 때문에 좀 생소해 보일 수도 있는데, 이 역시 상대방의 말에 「좋아!」, 「맞아!」 (Exactly correct!)하며 전적인 동의나 찬성을 나타내는 말.

A: I suspect that your problems are due to a computer virus.

B: **You're right on**. We need software to protect against viruses.

A: 네 컴퓨터의 문제는 바이러스 때문인 거 같아.
B: 네 말이 맞아. 바이러스 예방 프로그램이 필요하다니까.

 Mike Says:

This means "You're exactly right" or "You know something very well."

A: Are you telling me that you plan to be president of this company?

B: **You're right on**. I'm going to work until I make it to the top.

A: 네가 이 회사 사장이 될 생각이라는 말이야?
B: 맞아. 최고의 자리에 오를 때까지 일할 거야.

Get More

You are right on the money 바로 맞혔어 〔원래는 카지노의 룰렛 게임에서 자신이 선택한 번호칸에 공을 넣어 돈을 따게 됐을 때 하는 말〕

A: If we reform the school system, we'll have better students.
B: **You're right on the money**. Schools need to be improved.

A: 학교 제도를 개혁하면 더 우수한 학생들이 들어올 거예요.
B: 바로 그거예요. 학교가 개선되어야 한다구요.

I'll drink to that! 옳소!, 찬성이오! 〔동의를 나타내는 말로 술자리 외에 일상적 상황에도 사용됨〕

A: I hope that we can enjoy a lifetime of happiness and prosperity.
B: **I'll drink to that**! Good luck to everyone!

A: 우리 모두 평생 행복과 번영으로 가득하기를 바랍니다.
B: 옳소! 모두에게 행운이 있기를!

I can live with that
괜찮아, 참을 만해

❍ 여기서 live with는 「참고 견디다」(be patient with)라는 의미로 상대방이 제시한 조건이나 상황 (that)에 대해 「그 정도면 받아들일 수 있겠다」고 수용하는 표현.

A: If you clean the living room, I'll clean the bedrooms.

B: Sure, **I can live with that**.

A: 네가 거실을 청소하면 내가 방 청소를 할게.

B: 좋아, 그렇다면 좋아.

A: What do you think of the salary we're offering you?

B: **I can live with it**. I'll accept the job at your company.

A: 저희가 제시하는 급여에 대해 어떻게 생각하십니까?

B: 그 정도면 됐어요. 그 자리를 수락하겠습니다.

 Mike Says:

Similar to "I am cool with that."(p.184 참고) It means "It's okay with me," or "I will agree with that."

Get More

I could live without it 없어도 돼, 필요없어

A: Do you really need to keep your car?

B: **I could live without it**, but it's convenient for me to have.

A: 너 정말 차가 계속 필요한 거야?

B: 없어도 되긴 한데, 있으면 편하지.

Check it out at Sex & the City

I can live with that

❍ Season 1 episode 10

Charlotte이 Carrie에게 남자친구 Kevin을 인사시키는 장면. 그러나 Carrie와 Kevin은 한때 애인 사이였던 것으로 밝혀지고, 이에 당황한 Charlotte이 Carrie에게 얼마 전에 사귀었는지 물어본다. "Three years ago"라는 Carrie의 대답을 듣고 안도의 한숨을 내쉬면서 Charlotte이 하는 말이 바로 "I can live with that"으로, 「그렇다면 상관없었다」는 뜻.

○ 상대방의 의견이나 행동이 썩 내키지는 않지만 조언을 해도 듣지 않으니 「네 맘대로 하라」, 「네 멋대로 해라」는 뜻으로, 무관심의 표현이다.

A: I don't care if they say it's unsafe. I'm still going to go there.

B: **Have it your way**. But don't be surprised if you get injured.

> A: 위험하다고 해도 상관없어. 그래도 난 거기 갈테니까.
> B: 너 좋을 대로 해. 하지만 다치더라도 놀라지마.

A: I don't agree with you. Saving money is not so important.

B: **Have it your way**, but don't say I didn't warn you when you are broke.

> A: 난 네 의견에 동의 못 해. 돈 모으는 게 그렇게 중요하진 않아.
> B: 네 멋대로 해. 하지만 나중에 빈털털이 되고 나서 그때 왜 경고해 주지 않았냐고는 하지마.

 Mike Says:

This means the speaker is saying "Do it whatever way you want to." It is usually said after the speaker has offered helpful advice, and that advice has been ignored.

>> **Speaking Practice:**

Do as you like
좋을 대로 해

Do what you want
원하는 대로 해

He gets his way
걘 제멋대로야

Get More

Suit yourself! 네 멋대로 해!, 맘대로 해!

A: Look, I'm going to the party, even if it makes you angry.

B: **Suit yourself**! Don't expect me to be here when you get back though!

A: 보라구, 당신이 화를 내도 난 파티에 갈거야.
B: 맘대로 해! 근데 당신 돌아왔을 때 내가 여기 있을 거란 기대는 하지마.

Whatever turns you on 뭐든 좋을 대로

A: My favorite hobby is parachuting out of airplanes.

B: **Whatever turns you on**.

A: 내가 가장 좋아하는 취미는 비행 공중 낙하야.
B: 뭐든 간에.

>> **Speaking Practice:** So be it (그렇게 결정됐다면) 그렇게 해

I don't buy it

못 믿어

○ buy가 「사다」라는 뜻외에 「믿다」라는 뜻으로 쓰인다면? 못 믿겠다고? 그렇다. 바로 그렇게 상대의 말을 「못믿겠어」(I don't believe it)라고 할 때 구어체에서 자주 쓰이는 표현이 바로 I don't buy it. 여기서 buy는 believe or accept.

A: The newspaper says the economy is going to have problems.

B: **I don't buy it**. I think economic growth is going to remain strong.

   A: 신문에선 우리 경제에 문제가 있을 거라고 하는군요.
   B: 동의할 수 없어요. 전 경제 성장이 계속 강세일 거라고 보는데요.

A: Sir, if you purchase something, I'll give you a big discount.

B: **I don't buy it**. These products are really overpriced.

   A: 손님, 뭐든 사시면 대폭 할인해드리겠습니다.
   B: 안 믿어요. 이 물건들은 가격이 너무 높게 매겨져있다구요.

Mike Says:

This means "I don't believe it" or "I don't think it's true."

≫ **Speaking Practice:**

I can't accept that
인정 못해

Get More

That's not true (is it?) 그렇지 않아

   A: Someone said that you were going to study in Paris.
   B: **That's not true**. I might study there, but it might be too expensive.

   A: 누가 그러는데 너 파리에서 공부할 거라면서.
   B: 그렇지 않아. 거기서 공부할 수도 있지만 돈이 너무 많이 들거야.

We aren't buying your story 네 얘기 믿을 수 없어

   A: Someone erased the report from my computer.
   B: **We aren't buying your story**.

   A: 누군가가 내 컴퓨터에서 보고서를 지워버렸어요.
   B: 당신 얘길 믿을 수가 있어야 말이죠.

Tell me another

거짓말마, 말이 되는 소리를 해라

⊙ 뻔히 드러나는 거짓말을 천연덕스럽게 늘어놓는 사람에게, 어디 「다른 거짓말(another one)도 한번 해보라」는 식으로 비꼬는 말이다. 결국 말도 안되는 「뻥은 그만 치라」는 말씀.

A: Jennifer Aniston and I went out on a date once.

B: Oh, come on! **Tell me another**!

Mike Says:

This indicates that the speaker doesn't believe what he just heard. It is similar to saying "That is a lie (or a joke) and I know it. Tell me another one."

A: 나 한때 제니퍼 애니스톤이랑 사귀었어.

B: 이거 왜이래! 말이 되는 소릴해!

A: The president of the US used to ask me to have dinner with him several times a year.

B: That's nonsense. **Tell me another one**!

A: 미국 대통령이 나한테 1년에 여러 번 저녁을 같이 하자고 하곤 했어.

B: 웃기시네. 거짓말마!

Get More

Would you believe! 그걸 지금 말이라고 해!, 그걸 믿으라고!

A: Sarah is getting married for the sixth time.

B: **Would you believe**? What man would want to marry a woman who's been divorced five times?

A: 새러가 여섯번째 결혼을 할거래.

B: 그걸 믿으라고? 어떤 남자가 다섯번이나 이혼한 여자랑 결혼하고 싶어하겠나?

Level with me

솔직히 말해봐

⏺ 우리에겐 명사로 익숙한 level의 동사적 용법을 활용한 표현. level은 보통 level with sby의 형태로 쓰여 speak truly and honestly with sby(…에게 거짓없이, 솔직하게 다 털어놓다)라는 의미를 나타낸다. 「솔직한」이란 뜻의 숙어 on the level도 함께 알아둔다.

A: **Level with me** on this; do you like our proposal?

B: From what I've seen, your proposal looks very solid.

A: 이 점에 관해 터놓고 말해주세요. 우리 제안이 맘에 드세요?

B: 검토해 본 결과, 그쪽 제안은 매우 믿을 만한 것 같네요.

A: I like you, but I don't think we should date.

B: I want you to **level with me**. Can we ever be more than friends?

A: 네가 좋지만, 데이트할 생각은 없어.

B: 솔직해졌으면 해. 우리 친구 이상 될 수 없는 거니?

>> Speaking Practice:

Give it to me straight
솔직히 말해봐

Put your cards on the table
다 털어놔봐

Tell me the truth
사실대로 말해

I'll level with you
솔직히 말할게

Get More

Be honest 솔직히 털어봐

A: Do you enjoy working at your job? **Be honest**.

B: Well, I like the people I work with, but the work itself is kind of boring.

A: 하는 일이 맘에 드세요? 솔직히 말해봐요.

B: 글쎄요, 같이 일하는 사람들은 맘에 드는데, 일이 좀 지루하네요.

>> Speaking Practice: I'll be honest with you 네게 솔직히 털어놓을게
Let's be honest 우리 서로 솔직해지자
You have to be honest with me 너 나한테 솔직히 말해

You gotta come clean with me! 나한테 실토해!

A: Are you planning to quit drinking? **You gotta come clean with me**!

B: Yes, I'm going to try to give up alcohol.

A: 술 끊을 생각이지? 실토하라구!

B: 그래. 술 그만 마시려고.

○ 문맥과 상황에 따라 여러가지 의미를 갖는 표현들 중 하나. 그 중 가장 많이 쓰이는 용례는 「모르겠다」(I don't know), 「내가 졌다」(You beat me or I lose)라는 뜻으로 쓰이는 경우이다.

A: Who left the umbrella on the coffee table?

B: **You got me**. It's been there a few days.

A: 커피놓는 탁자 위에 우산을 놓고 간 사람이 누구죠?
B: 모르겠는데요. 며칠 됐어요.

A: What's the best way to make extra money?

B: **You got me**. I'd like to find an extra job but it's difficult to do.

A: 부수입을 올릴 수 있는 가장 좋은 방법은 뭐지?
B: 몰라. 부업을 찾아보고 싶은데 잘 안되네.

Get More

You got me there 1. 모르겠어   2. 네 말이 맞아

A: I think you haven't been working hard.

B: **You got me there**. I'll try to be more serious about my job.

A: 내 보기엔, 자네 그 동안 일을 열심히 안 한 것 같아.
B: 자네 말이 맞아. 앞으로 좀더 진지한 자세로 일하려구.

Mike Says:

You got me: This usually means "I don't know" or "I'm not sure."

You got me there: Sometimes this means "I don't know." It can also mean "You've made a good point" or "You are right."

Beats me

잘 모르겠는데, 내가 어떻게 알아?

○ 앞서 이야기한 내용을 가리키는 대명사 It이 생략된 형태로, (It) Beats me는 어떤 말이 전혀 이해가 안 되거나 상대방의 질문에 대한 답을 모를 때, 「내가 그걸 어떻게 알겠냐」는 의미로 사용되는 informal English.

A: Where did Donna go to this morning?

B: **Beats me**. She just told me that she had a meeting downtown.

A: 다나는 오늘 아침에 어디 갔어?
B: 내가 어찌 알겠수. 나한테는 시내에 모임이 있다고 했는데.

A: Do you think that exercising will help me to live longer?

B: **Beats me**, but you'll probably feel a lot healthier.

A: 운동하면 오래 사는 데 도움이 될까?
B: 모르겠지만 아마 훨씬 더 건강하다고 느끼긴 할 거야.

>> **Speaking Practice:**

I do not have the slightest idea
나야 전혀 모르지

Get More

Search me 난 몰라 〔답을 모른다는 데 초점〕

A: So tell me, how's the nightlife in this town?

B: **Search me**. I just moved here a few weeks ago.

A: 그래 얘기 좀 해봐, 이 도시에선 야간 유흥생활이 어때?
B: 몰라. 겨우 몇 주전에 이사와서 말야.

Don't ask me 나한테 묻지마 〔답이 무엇이든 무신경〕

A: Do you think the economy will improve next year?

B: **Don't ask me**. I don't know anything about economic forecasts.

A: 내년엔 경기가 좀 좋아질까?
B: 모르지. 난 경제 전망에 대해선 아는 게 없다구.

>> **Speaking Practice: Don't ask** 〔이야기하고 싶지 않으니〕 말 꺼내지 마라

I can't say 잘 몰라

A: Do you think it will snow tomorrow?

B: **I can't say**. The weather has been strange lately.

A: 내일 눈이 올까?

B: 몰라. 요샌 날씨가 이상해서 말이야.

>> **Speaking Practice:** (I) Can't say for sure 확실히는 몰라

I can't say S + V …라곤 말 못하지

Check it out at Modern Family

Beats me

◐ Season 5 Episode 6

필의 아버지 프랭크가 혼자된 후 한 여자랑 데이트를 하다가 차여서 상처를 받는다. 아들 집에 놀러온 프랭크에게 클레어는 상담사와 상담하게 하자고 하고, 제이는 즐겁게 노는게 더 효과가 있다고 하고 필과 아버지 그리고 제이가 술집에 놀러 가서 프랭크에게 마시라는 여자를 연결시켜준다. 문제는 그 다음날 아침이다. 필이 커피를 마시고 있는데 프랭크가 나오고 집에 여자를 데려왔다고 한다. 이때 클레어가 집에 도착하고 시아버지인 프랭크에게 어젯밤은 재미있으셨어요?(Frank, did you have fun last night)라고 물어보는데 지나가는 루크가 주방에 있는 여자 누구예요?(Who' s the woman in the kitchen)라고 묻고 프랭크는 난 몰라(**Beats me**), 바람 좀 쐬야겠다(I think I'll go freshen up)라고 자리를 피한다. 클레어가 필에게 주방에 여자가 있어?(There' s a woman in the kitchen?)라고 되묻고 필은 상담사이셔(She' s a therapist)라고 거짓말을 한다. 당신이 부르자고 했던 그 상담사야(The therapist that you recommended), 당신 생각이 좋다고 생각해서(So I decided it was a good idea)라고 둘러대는데 클레어는 진짜인 줄 알고 당신이 내 말에 귀 기울였다는게 정말 의미가 커(That means the world that you listened to me)라고 안아준다. 필은 상황을 모면하기 위해 먼저 올라가서 샤워하고 와(You should get a shower upstairs)라고 하는데 클레어는 인사해야지(Oh, no. I want to say hi)라고 주방으로 향하고 필은 안돼, 당신 땀범벅이잖아(No, not sweaty like that, you smell)라며 말리지만... 이제부터 코미디가 시작된다.

I don't get it[that]
모르겠어, 이해가 안돼

○ 여기서 get은 「이해하다」(understand), 「듣다」(hear). 상대방이 말한 것(it)을 제대로 이해하지 못했을 때(I don't understand it)나 못알아 들었을 때(I can't hear you) 구어에서는 get을 이용하여 I don't get it이라고 하고 반대로 잘 알아들었을 때는 I got it.

A: Tara is going out with John. **I don't get it**. He's so dumb.

B: Everyone has different tastes in who they date.

> A: 타라는 잔과 데이트갔어. 이해가 안돼. 잔은 아주 멍청한 놈인데.
> B: 누구나 데이트할 때도 각자의 취향이 있는거라구.

A: Computer stocks have gone down for the third month in a row.

B: **I don't get it**. They were supposed to make huge profits.

> A: 컴퓨터 관련주가 석달 연속으로 하락이야.
> B: 이해가 안되네. 그 쪽이 엄청난 이익을 낼거라고 했는데.

Get More

What are you trying to say? 무슨 말을 하려는 거야?

A: It would probably benefit you to get out and exercise more.

B: **What are you trying to say**? Do I look unhealthy?

> A: 나가서 운동 좀 하는 게 너한테 도움이 될 거야.
> B: 무슨 얘기를 하려는 거야? 내가 허약해 보여?

I made it! 248

해냈어! **Level 3**

⊙ 쉽지 않은 일을 성취해냈을 때 또는 어려운 시기를 극복하고 난 뒤, 열심히 노력한 결과 「목표했던 것을 이뤄냈다」는 기쁨을 나타내는 표현이다. 참고로 make it + 장소의 형태는 「제시간에 도착하다」(arrive in time)라는 뜻(p.226 참고).

A: **I made it**! Harvard sent me a letter of acceptance today.

B: That's great! You deserve it after all of the studying you've done.

> A: 내가 해냈어. 오늘 하바드에서 입학 허가서가 왔어.
> B: 잘됐다! 그 동안 열심히 공부를 했으니 그럴 만하지.

A: How did you do in that marathon that you entered?

B: **I made it**! I ran the entire 42 kilometers on Saturday.

> A: 마라톤에 출전했던 건 어떻게 됐어?
> B: 해냈어! 토요일에 내가 42킬로미터를 완주했다구.

Get More

You made it 너 해냈구나!

A: Congratulations son. **You made it**.

B: Thanks. I'm really proud that I never gave up.

> A: 축하한다. 아들아. 네가 해냈구나.
> B: 고맙습니다. 포기하지 않았다는 게 스스로 대견스러워요.

Related Phrases

pull off 어려운 일 등에 도전하여 「성공하다」(succeed in a difficult attempt)라는 뜻

go places 주로 「승진하다」(advance in career), 미래가 「촉망되다」(have a promising future) 등의 의미

get there 「목표를 달성하다」

You did it!

해냈구나!

○ You made it과 거의 같은 의미지만, You did it!은 특히 중요한 목표를 달성했다는 데 초점을 두고 있다.

A: **You did it**! You solved the equation the professor gave us for homework.

B: Yeah, I feel pretty good about that.

A: 해냈구나! 교수님께서 숙제로 내준 방정식을 네가 풀었어.
B: 그래, 그래서 기분이 너무 좋아.

A: Did I qualify for the next round of the competition?

B: **You did it**! Now you will have to compete against three other finalists.

A: 제가 다음 경기에 나갈 자격이 되나요?
B: 넌 해냈어! 이제 다른 결선진출자들 3명과 싸우게 될 거야.

Get More

I did it! 해냈어!

A: **I did it**! I was able to solve the crossword puzzle in today's newspaper!

B: Calm down. It's not that big of a deal.

A: 해냈다! 내가 오늘 신문에 나온 크로스워드 퍼즐을 풀어냈다구!
B: 진정해. 뭐 그리 대단한 일이라구.

Mike Says:

I made it!: This expression often refers to finishing a journey or beating a deadline. It expresses happiness about completing something in a specific amount of time.

I did it!: This expression is similar to "I made it," but it can be used in more situations. It means "I was successful" or "I accomplished what I wanted to do." We can use this anytime we try something and succeed.

◐ be up to는 「어떤 일을 하고 있다」 혹은 「꾸미다」라는 의미. 따라서 What are you up to?하면 단순히 「지금 뭐하냐?」(p.205 참고)는 의미도 되고 문맥에 따라서는 상대방이 어떤 나쁜 일을 꾀하고 있을 거라는 판단 하에 「무슨 짓을 꾸미는 거냐?」는 뜻도 된다.

A: Hi Jim, it's Rob. **What are you up to**?

B: Well, I just started cooking some spaghetti for dinner.

A: 안녕 짐. 나야 랍. 뭐해?

B: 저녁으로 먹으려고 스파게티를 좀 만들던 참이었어.

A: Hi Clare, it's been a long time. **What are you up to**?

B: I came downtown to do some shopping.

A: 야 클레어, 오랜만이다. 뭐하고 있어?

B: 쇼핑 좀 하려고 시내에 와 있어.

 Mike Says:

This means "What are you doing now?" It is used in different contexts. It can be used to check if someone is busy, and sometimes people use it to indicate that they are suspicious of someone and want to check on their activities.

≫ **Speaking Practice:**

I wonder what he's up to

그 사람 무슨 짓을 꾸미는지 모르겠어

Get More

I know what you're up to 네 속셈 다 알아

A: Gee Janet, don't you feel hungry right now?

B: **I know what you're up to**. You want me to buy you a meal at a restaurant.

A: 이런, 쟈넷. 지금 배고프지 않니?

B: 네 속셈 다 알아. 내가 식당 가서 밥이나 사줬으면 하는 거잖아.

They are up to something 걔들 뭔가 꾸미고 있어

A: I think **they're up to something**!

B: Me too. They have been laughing the entire time.

A: 내 생각엔 걔들이 뭔가 꾸미고 있는 거 같아.

B: 나도 그래. 내내 웃고 있잖아.

What's cooking?
무슨 일이야?

○ cook은 여기서 어떤 사건이나 일이 「발생하다」(happen; take place)라는 뜻의 동사. 따라서 What's cooking?하면 What's happening? 혹은 What's going on?과 동일하게 상대방의 현재 상태나 근황을 묻는 표현이 된다.

A: Hey John. **What's cooking**?

B: Oh, nothing much. I'm just trying to get my job done.

A: 이봐 잔, 무슨 일이야?
B: 아, 별일 아니야. 일을 끝내려는 것뿐이야.

A: I heard that you were back in town. **What's cooking**?

B: I came back to do an interview with ABC News this Friday.

A: 너 돌아왔다면서. 무슨 일 있어?
B: 이번 주 금요일에 ABC뉴스랑 인터뷰하려고 왔어.

>> Speaking Practice:
How's business?
어떻게 지내?

Get More

(You) Doing okay? 잘지내?, 괜찮어?

A: Tara told me that you lost your job. **Are you doing okay**?

B: I'll be alright this month, but I need to find another job soon.

A: 타라가 그러는데 너 실직했다며. 괜찮은 거야?
B: 이번 달엔 괜찮아. 그렇지만 곧 다른 일자리를 알아봐야지.

>> **Speaking Practice:** (Have) (you) Been okay? 그동안 잘지냈니?

(Is) Everything okay? 잘 지내지?, 일은 다 잘 되지?

A: You look really depressed. **Is everything okay**?

B: I feel miserable. My boyfriend and I broke up this weekend.

A: 너 굉장히 기운없어 보이는데, 괜찮은 거야?
B: 비참해. 남자 친구랑 이번 주말에 헤어졌어.

⊙ 기운없이 축 늘어져 있거나 울그락불그락한 얼굴로 펄펄 뛰는 사람에게, 혹은 잔뜩 들떠 있거나 흥분한 사람에게 「무슨 일 때문에 그러냐?」고 건네는 관심 또는 위로의 표현.

A: This place sucks. I can't wait to get out of here.

B: **What's with you**? You're usually more cheerful.

A: 여기 정말 밥맛이야. 당장이라도 나가고 싶어.

B: 뭣 때문에 그래? 평소엔 쾌활한 사람이.

A: Gee, your hair is messy and your clothes look dirty. **What's with you**?

B: I was out late last night with friends and didn't have time to go home.

A: 이런, 머리는 엉망진창에다 옷은 더럽고. 너 무슨 일이야?

B: 어제 밤 늦게까지 친구들이랑 밖에서 놀다가 집에 들어갈 시간이 없었어.

 Mike Says:

The speaker is asking if someone has a problem or is upset.

》Speaking Practice:

What's with her[him, the guys]?

쟤(들) 왜 저래?

Get More

What's with your hair? 머리가 왜 그래?

A: Oh my God, **what's with your hair**?

B: The stylist screwed up my perm. Now I have to go back to see if she can fix it.

A: 이런 세상에, 머리가 왜 그 모양이야?

B: 미용사가 파마를 망쳐놨어. 지금 가서 고쳐줄 수 있는지 알아봐야겠어.

Check it out at Friends

What's with you?

⊙ Season 1 episode 1

마지막 부분에서 Rachel과 데이트를 하기로 한 Ross가 신나는 표정으로 방을 걸어나가는데 이때 Monica가 Ross에게 하는 말이 바로 "See ya.... Wait wait, **what's with you**?" Ross의 답변은, 여자 사귀는 걸 아이스크림에 비유한 Joey의 연애론에 입각한 "I just grabbed a spoon."

What's got into you?

뭣 때문에 이러는 거야?

○ get into sby는 「…가 이상한 행동을 하게 하다」(make someone act strangely)라는 뜻으로, What's got into you?는 평소와 달리 이상하게 구는 사람에게 「뭣 때문에 이러는 거냐?」고 그 이유 또는 원인을 다그치는 말.

A: You have been spending a lot of money on clothes lately. **What's got into you**?

B: I'm trying to impress a cute girl in my English class.

A: 너 요즘에 옷에다 투자 많이 하더라. 뭣 때문에 그러는 거야?
B: 영어 수업을 같이 듣는 귀여운 여자애한테 잘보이려구.

A: I hate studying. It is really boring.

B: **What's got into you**? You used to be an excellent student.

A: 공부하기 싫어. 정말 지루하단 말야.
B: 뭣 때문에 그래? 넌 모범생이었잖아.

Mike Says:

The speaker is asking why someone is behaving strangely or in an unusual manner.

》**Speaking Practice:**
What's gotten into your head?
무슨 생각으로 그래?
What has gotten into you?
뭣 때문에 이래?

Get More

What's eating you? 뭐가 문제야?, 무슨 걱정거리라도 있어? 〔eat은 「걱정시키다」(worry), 「속을 태우다」(annoy)라는 뜻〕

A: You've been acting odd lately. **What's eating you**?

B: My store isn't doing well and I've been worrying about it.

A: 너 요즘 행동이 이상해. 뭐가 문제야?
B: 가게가 잘 안돼서 걱정이야.

What gives? 무슨 일 있어?

A: You used to be poor, but suddenly you have a new car and a big house. **What gives**?

B: My grandmother left me a large amount of money.

A: 궁색했던 네가 갑자기 새 차에다 큰 집이라니. 무슨 일 생겼어?
B: 우리 할머니가 엄청난 돈을 남겨주셨어.

》**Speaking Practice:** Why the long face? 왜 그래? 무슨 기분 안좋은 일 있어?

🔵 뜻밖의 장소에서 생각지도 못했던 사람을 만났을 때 쓰는 표현. 「아니 이게 누구야」, 「누가 왔는지 좀 봐」라는 의미로 놀랍고 반가운(I'm surprised to see you here) 감정이 담겨 있다.

A: Hi Ray, it's me, Tom. How have you been lately?

B: Wow! Hey Cindy, **look who's here**! It's Tom!

A: 안녕 레이, 나야 탐. 요즘 어떻게 지냈어?

B: 와! 신디, 누가 왔는지 봐! 탐이야!

A: **Look who's here**. I haven't seen you since we attended high school together.

B: That's right. It's been a long time.

A: 아니 이게 누구야! 고등학교 때 이후로 처음 보는 거지.

B: 맞아. 오랜만이다.

 Mike Says:

This is used when the speaker expresses surprise at meeting someone.

>> **Speaking Practice:**

Fancy meeting you here
이런 데서 다 만나다니

(I) Never thought I'd see you here
여기서 널 만날 줄은 꿈에도 몰랐어

I didn't expect to see you here
여기서 널 만날 줄 생각도 못했어

Get More

What are you doing here? 여긴 어쩐 일이야? (의외의 만남에 대한 반가움 뿐만 아니라 이 시간에 여기 왜 있냐는 투로 불쾌감을 나타내기도 한다)

A: Is that you Steven? **What are you doing here**?

B: Well, I had to come to town for a business conference.

A: 너 스티븐 아니니? 여기 웬일이야?

B: 음, 비즈니스 회의 때문에 왔어.

>> **Speaking Practice:** What do we have here? 1. 우리 문제가 뭐지? 2. 여기 좀 볼래?

What do you know?

1. 놀랍군   2. 네가 뭘 안다고!

○ 몰랐던 사실에 대해 「정말 대단해」라고 놀라움과 감탄을 나타내기도 하지만 경우에 따라서는 문자 그대로 「네가 아는 게 뭐가 있나」고 비아냥거리는 의미를 갖기도 한다.

A: Remember Joseph? He's studying to be a lawyer.

B: **What do you know**? I didn't realize he was that smart.

A: 조셉 기억해? 걔가 변호사 공부를 하고 있어.
B: 정말 대단한데. 조셉이 그렇게 똑똑한 줄 몰랐어.

A: I want to open a clothing store.

B: **What do you know about clothing**? You'll just waste your money.

A: 옷 가게를 하고 싶어.
B: 네가 옷에 대해 뭘 알아. 괜히 돈만 날릴 걸.

Mike Says:

Usually this indicates surprise that something happened, but sometimes it also indicates a person is foolish.

>> **Speaking Practice:**

What do you know about + N?

…에 대해 네가 뭘 알아?

Get More

I can't get over something 정말 놀라웠어요, 놀랍군

A: I heard that your brother won the lotto jackpot.

B: Yes, **I can't get over it**. He's so lucky!

A: 니네 형이 로또 복권에 당첨됐다면서.
B: 응. 정말 놀라워. 누구는 운도 참 좋지!

Would you believe it 그게 정말이냐

A: Look at this newspaper article. They're going to make a flying car. **Would you believe it**?

B: No, that sounds useless to me.

A: 이 신문 기사 좀 봐. 날아다니는 차를 만들 거래. 그게 정말일까?
B: 글쎄, 내 보기엔 쓸데없는 짓 같은데.

I am speechless 할말이 없어, 말이 안나와

A: Everyone at your workplace helped prepare for your surprise birthday party.

B: Thank you all for your kindness. **I am speechless**.

A: 당신 직장 동료들이 깜짝 생일 파티를 준비할 수 있도록 도와줬어요.
B: 여러분 모두 마음 써줘서 고마워요. 말이 안 나오네요.

It was the last thing I expected 생각도 못했어

A: I'm sorry to hear that you and your husband are getting a divorce.

B: Yes, I wish we weren't. **It's the last thing I expected**.

A: 남편과 이혼한다니 유감이야.
B: 그래. 이혼은 안하고 싶었는데. 생각도 못했던 일이야.

(I) Never heard of such a thing 말도 안돼

A: Did you know that you can watch movies on a cell phone?

B: What? **I never heard of such a thing**.

A: 휴대폰으로 영화를 볼 수 있다는 거 알아?
B: 뭐라구? 말도 안돼.

What took you so long?

뭣 때문에 이렇게 오래 걸렸어?, 뭣 때문에 그렇게 시간을 끌었니?

> ◐ Why가 아닌 What으로 이유를 묻는 영어의 속성을 재확인할 수 있는 부분이다. What makes you ~를 필두로 하는 이런 구문들은 영어의 명사 문형 선호 현상에 따른 것. 참고로 여기서 take는 「시간이 걸리다」라는 의미.

A: Well guys, I finally got a new car.

B: **What took you so long**? You should have gotten rid of your old car a long time ago.

A: 저 애들아, 나 드디어 새차 샀어.

B: 뭣 때문에 그렇게 꾸물댄 거야? 진작에 낡아빠진 차를 처치했어야 했다구.

A: On our date tonight, I asked Mindy to marry me.

B: **What took you so long**? You guys have been going out for years.

A: 오늘밤 데이트하면서 민디에게 청혼했어.

B: 뭣 때문에 그렇게 시간을 끌었어? 둘이 사귄 지 한참 됐잖아.

Get More

I don't know what's keeping him 걔가 뭣 때문에 늦어졌는지 모르겠어

A: Isn't Bob supposed to be at this meeting?

B: Yeah, **I don't know what's keeping him**. I'll call his cell phone and find out.

A: 밥이 이 회의에 참석하기로 하지 않았나요?

B: 네, 왜 아직 안 오는지 모르겠네요. 휴대폰으로 전화해서 알아볼게요.

Something's come up 일이 좀 생겼어

A: What did Bill say on the phone?

B: **Something's come up** and he can't attend our wedding.

A: 빌이 전화해서 뭐래?

B: 일이 생겨서 우리 결혼식에 참석할 수가 없대.

Let's get going

이젠 어서 가자

○ get going은 좀 늦어진 것을 「다시 시작하기 위해서 움직인다」는 의미로 주로 약속장소에 늦거나 비행기 시간이 빠듯한 상황 등에서 「지금이라도 빨리 서둘러서 가자」는 의미로 많이 쓰인다.

A: OK, I've finished working on the proposal. Do you want to see it?

B: No, **let's get going**. I'll look at it tomorrow morning.

A: 됐다. 그 제안에 대한 작업 다 끝냈어요. 볼래요?

B: 아뇨, 그만 가죠. 내일 아침에 볼게요.

A: We're going to be late for the party. **Let's get going**.

B: Just a minute. Wait until I shut off my computer.

A: 파티에 늦겠어요. 어서 갑시다.

B: 잠깐만요. 컴퓨터 좀 끄고요.

>> **Speaking Practice:**
Let's leave
가자, 출발하자

Get More

I should get going 서둘러 가봐야겠어

A: I have to wake up early tomorrow. **I should get going**.

B: Alright. Can I give you a ride to your house?

A: 내일 일찍 일어나야 하거든. 서둘러 가봐야겠어.

B: 알았어. 집까지 태워다줄까?

>> **Speaking Practice:** I better get going 가보는 게 좋겠어   I got to get going 가야겠어

I('ve) got to get moving 가봐야겠어

A: I haven't started my homework. **I've got to get moving**.

B: You're right. If you don't finish it, you'll fail the class.

A: 숙제를 아직 시작도 못했어. 가봐야겠어.

B: 맞아. 숙제 못 끝내면 그 과목 낙제받을거야.

>> **Speaking Practice:** I'd better be moving on 가보는 게 좋겠다
You'd better get moving 너 그만 가봐야지

Let's get down to business
자 일을 시작합시다

○ 잠시 쉬다가 다시 일을 시작할 때 사용하며 to 이하에는 주로 work, business, case 등이 오게 된다. 의미는 「진지하게 일에 착수하다」(begin to work on something seriously).

A: We need to **get down to business**.
B: Isn't there time to eat?
A: No, we have to get started.

> A: 본격적으로 시작해야겠어요.
> B: 뭐 좀 먹을 시간 없을까요?
> A: 시간 없어요, 시작해야 해요.

A: Coach, they're playing a lot better than us and we're behind by 5 points.
B: Alright boys. **Let's get down to business**. Get out there and win the game.

> A: 감독님, 저 팀이 훨씬 잘 해서 우리가 5점 뒤지고 있어요.
> B: 좋아 얘들아. 다시 시작해보자. 나가서 이기라구.

Get More

Let's get started 자 시작하자

A: We're already 30 minutes behind schedule.
B: Okay. **Let's get started**.

A: 벌써 예정보다 30분이나 지체됐어.
B: 좋아. 출발하자.

>> **Speaking Practice:** Let's get started on the wedding plans! 결혼식 계획 실행합시다
I gotta get started on my speech! 연설을 시작하겠습니다
Don't get me started on this 이걸 나한테 시키지 말아요

Let's get cracking 빨리 가자, 시작하자 (일을 적극적으로 바로 시작하자는 말)

A: **Let's get cracking**. We have a long drive before we get to California.
B: Dad, let's sleep another hour. It's only 5 in the morning!

A: 출발하자. 캘리포니아에 도착하려면 먼 길을 가야하니 말이야.
B: 아빠, 한 시간만 더 자요. 새벽 5시밖에 안됐단 말이에요!

Let's hit the road

출발하자고

○ 「도로(road)를 박차고(hit) 나가다」란 뉘앙스. 굳이 여행 같은 긴 여정이 아니더라도 친구 집에서 놀다가 「그만 집에 돌아가 봐야겠다」라고 한다거나 「(공연 등을) 시작하자」라고 할 때도 쓸 수 있다.

A: It's getting boring here. **Let's hit the road**.

B: Do you want to go to another bar, or do you want to go home?

A: 점점 지루해지네. 나가자.
B: 다른 술집으로 갈까, 집으로 갈래?

A: Do you think we should stay here tonight?

B: No, **let's hit the road**. We can be home in two hours.

A: 오늘 밤에 우리가 여기 있어야 할까?
B: 아니, 가자. 두시간이면 집에 도착할 수 있을 거야.

>> **Speaking Practice:**

I am going to hit the road
출발할 거예요

I'd better hit the road
그만 출발해야겠다

hit the beach
해변에 가다

Get More

I'm gonna take off 그만 일어서야겠어

A: Well guys, **I'm gonna take off** now.

B: Alright. Thanks for coming over and bringing the beer.

A: 저 여러분, 그만 일어서야겠어요.
B: 좋아요. 맥주까지 가지고 와주셔서 고마워요.

>> **Speaking Practice:** (I've) Got to fly 난 이만 사라져야겠어

I'd better get a move on it 빨리 서둘러야겠어

A: I need to take the late bus home tonight. **I'd better get a move on it**.

B: Sorry Susan, but the late bus service ended. You'll have to use a taxi.

A: 오늘 야간 버스라도 타고 집에 가야 되거든요. 서둘러야겠어요.
B: 어쩌죠 수전. 야간 버스가 끊겼어요. 택시를 타야겠네요.

>> **Speaking Practice:** Time to move 갈 시간이야. 일어서야겠어

Hang in there

끝까지 버텨

⊙ 어려운 상황에 처한 사람에게 아무리 힘들더라도 「포기하지 마라」, 「끝까지 버텨라!」(remain brave)고 기운을 북돋아주는 표현.

A: **Hang in there**, Joyce. The first week on a new job is always tough.

B: I know, but I really hate my new boss.

> A: 견뎌봐, 조이스. 새 직장에서 보내는 첫주는 늘 힘든 법이야.
> B: 알아. 하지만 새로운 상사가 정말 싫어.

A: Ever since my boyfriend and I had a big fight, I've felt sad.

B: **Hang in there**. It takes time to get over serious relationships.

> A: 남자친구랑 대판 싸운 뒤론 줄곧 우울해.
> B: 참아봐. 심각한 사이를 풀려면 시간이 걸리는 법이니까.

>> **Speaking Practice:**

Hang tough
참고 견뎌

Get More

Never say die! 기운내, 약한 소리하지마

A: My score on the entrance exam was not good.

B: You should **never say die**! Start preparing to take it again.

> A: 입학 시험 점수가 안 좋았어.
> B: 약한 소리하지 말고 입시 준비 다시 시작하라구.

Stick with it 포기하지마, 계속해

A: I'm thinking of quitting my job.

B: **Stick with it**. It's hard to get a good job these days.

> A: 일 그만둘까봐.
> B: 포기하지마. 요즘같은 땐 좋은 직장 잡기가 힘들다구.

○ 「앞으로 무슨 일이 일어날지 누가 알겠느냐」는 의미로, 지금 상황이 좋지 않더라도 미래 일은 어떻게 달라질지 아무도 모르기 때문에 희망이 있다는 표현이다.

A: Do you think I'll win lotto?

B: I don't think so, but **you never know**.

  A: 내가 로또에 당첨될까?

  B: 글쎄다. 그렇지만 모르는 일이지.

A: That interview was really terrible. I won't get that job.

B: **You never know**. They might think that you are well qualified to work there.

  A: 면접이 정말 형편없었어. 거긴 안될 거야.

  B: 그야 모르지. 네가 거기서 일할 능력이 충분하다고 생각할지도 모르잖아.

Mike Says:

This means that something is not likely to happen, but it is still possible.

≫ **Speaking Practice:**

It's not impossible
불가능한 일은 아니지

You can never tell!
단정할 순 없지!

You never know S + V
…일지 누가 알아

Get More

Don't give up too easily 너무 쉽게 포기하지마

A: You need to practice more to be on the baseball team. **Don't give up too easily**.

B: I'll try, but I still am not a good athlete.

A: 야구팀에 들어가려면 좀더 연습해야겠다. 너무 쉽게 포기하지는 말구.

B: 노력할게요. 하지만 좋은 운동선수가 되려면 아직 멀었는걸요.

≫ **Speaking Practice:** Don't give up (yet)! 아직 포기하지 마!

Give it up 당장 때려 치워

You (always) give up too easily 넌 〈늘〉 해보지도 않고 포기하더라

262
Level 3

Don't fall for it
1. (속아) 넘어가지마   2. 사랑에 빠지면 안돼

○ 교묘한 속임수나 거짓말에 멍청하게 「속아넘어(get fooled) 가지 말라」는 경고성 표현이며 fall for는 또한 문맥에 따라 「사랑에 빠지다」라는 동사구로도 사용된다.

A: Lynn says she doesn't care about my money. She loves only me.

B: **Don't fall for it**. Lynn's only goal is to get rich.

A: 린은 내 돈엔 관심없대. 린은 오직 나를 사랑하는 거야.
B: 그 말에 넘어가지 마. 린은 부자되는 게 목적이라구.

A: The salesman said this watch is a bargain at $100. What do you think?

B: **Don't fall for it**. That is a very cheap watch.

A: 그 점원이 그러는데, 이 시계가 100달러면 거저래. 어떻게 생각해?
B: 속지 마. 그건 아주 싸구려 시계라구.

 Mike Says:

This means "Don't get fooled," or "Don't believe something that is a lie." For example, "When the man in Itaewon tries to sell you a Rolex watch, don't fall for it. They are fake." On the other hand, "fall for" usually means "to fall in love with, especially suddenly."

Check it out at Friends

You fall for it every time!

○ Season 8 Episode 9

이른 아침, 조이가 소파에 앉아서 임신출산에 관한 모든 것(What To Expect When You're Expecting)이라는 책을 읽고 있다. 여기서 두번째 expect는 임신하다라는 동사이다. 이때 레이첼이 옆으로 지나가자, 조이가 임신 중에는 손이 원래보다 두배로 부어서 다시는 안빠진대 (did you know that during pregnancy, your hands can swell up to twice their size and never go back?)라고 하자, 레이첼은 놀라며 자기 손을 보면서 Oh my God, lemme see that!!이라고 하면서 책을 보려고 한다. 그러자 조이가 웃으면서 하는 말이 You fall for it every time!이다. "넌 매번 속어 넘어가더라"라는 의미.

Get a life!

정신차려!

◯ 현실 감각없이 허황된 꿈을 쫓는 사람, 사소한 일에 목숨 거는 사람, 하는 일없이 빈둥거리는 사람에게 현실로 돌아와서 「제발 좀 정신차려!」, 「철 좀 들어라」, 「인생 똑바로 살아라」 등의 의미로 한마디 해줄 수 있는 표현.

A: The only thing I enjoy doing is staying home and playing computer games.

B: **Get a life**! You're missing a lot by wasting your time at home.

A: 내가 좋아하는 일이라곤 집에서 뒹굴면서 컴퓨터 게임하는 것뿐이야.

B: 정신차려! 넌 집에서 시간 낭비하면서 많은 걸 놓치고 있다구.

A: You use the Internet way too much, Brad. **Get a life**!

B: But the Internet is much more interesting than going out with my friends.

A: 넌 인터넷을 너무 많이 사용해, 브래드. 제발 정신차려!

B: 하지만 친구들하고 나가 노는 것보다 인터넷이 훨씬 더 재밌는걸요.

Mike Says:

The speaker is indicating someone needs to act more mature, and that their behavior is silly or childish.

》**Speaking Practice:**

Act your age!
나이값 좀 해!

Come back[down] to earth
정신 차려

You have to grow up
철 좀 들어라

Get More

Get real 정신 좀 차리라구!(Stop dreaming)

A: I'm pretty sure that Peter wants to ask me to go to the dance.

B: **Get real**! He won't ask you because he already has a serious girlfriend.

A: 피터는 나한테 춤추러 가자고 하고 싶을 거야, 틀림없어.

B: 정신차리셔! 이미 정식으로 사귀는 여자친구가 있어서 너한테 그럴 일은 없을껄.

You wish! 행여나! 〔상대방이 실현 불가능한 걸 기대할 때〕

A: I think a lot of girls find me attractive.

B: **You wish**! If that is true, why aren't you on a date right now?

A: 내게 매력을 느끼는 여자애들이 많은 것 같아.

B: 행여나! 그게 사실이면 지금 당장 데이트 안하고 뭐하니?

》**Speaking Practice:** Dream on! 꿈 한번 야무지네!
In your dreams! 꿈 깨셔!

Bring it on
한번 덤벼봐, 어디 한번 해보자구

○ 원래 스포츠 경기에서 유래된 표현으로 「어디 한번 덤벼봐라」, 「내가 다 상대해주지」라는 뉘앙스를 띤 표현이다. 우리에게는 영화 제목으로도 많이 친숙해져 있다.

A: You're the most stupid person I've ever met.

B: You want to fight? **Bring it on**!

A: 너처럼 멍청한 사람은 처음 본다.

B: 한판 붙고 싶어? 덤벼!

A: The new order means that you guys are going to have to work extra hard.

B: **Bring it on**, boss. We'll make sure everything is taken care of.

A: 새로 주문이 들어왔다는 건 곧 여러분이 특별히 열심히 일해야 한다는 얘기죠.

B: 어디 한번 해보죠, 사장님. 다 처리할 수 있을 거예요, 확실해요.

Mike Says:

This means "I am tough, so I can handle anything." It is usually used in sports games, where athletes say it to their competitors.

》**Speaking Practice:**

Gang up on me!
다 덤벼봐

So, sue me
그럼 고소해 봐

Get More

You want a piece of me, boy? 한번 맛 좀 볼래?

A: You're a retard. I can't believe they let you in here.

B: **You want a piece of me, boy**? I'll kick your ass!

A: 너 바보구나. 너같은 애를 여기 들여보내다니 말도 안돼.

B: 너 맛 좀 볼래? 혼쭐을 내줄테다!

(You) Back off! 비키시지 [싸우려는 분위기]

A: You'd better get out of here or I'm going to beat you up.

B: **Back off**! You aren't tough enough to fight me.

A: 꺼지는 게 좋을거야. 안 그러면 흠씬 두들겨줄테니까.

B: 비키시지! 넌 나한테 쨉도 안된다구.

Bite me 배 째라!, 어쩌라구!

A: Why do you spend so much time with Rachel? You two must be in love.
   Ha ha! Little lovers!
B: **Bite me**! We're just friends.

A: 레이첼이랑 같이 보내는 시간이 왜 그렇게 많아? 너희 둘이 사랑에 빠졌구나. 하하! 귀여운 연인들이라!
B: 어쩌라구! 우린 그냥 친구사이야.

Check it out at Friends

Bring it on

○ Season 2 Episode 9

 메리 수녀와 개비의 대화장면. 메리 수녀는 당신을 물질적으로 만족시켜주기 위해 카를로스는 결국 법을 어기고 말았어요(To satisfy your materialism, he ended up breaking the law), 당신의 간통문제를 해결하려고 폭력을 구사했구요(To deal with your adultery, he resorted to assault)라고 직설적으로 말하며 결론적으로 카를로스가 당신과 있는 한(As long as he's with you), 그 사람은 절대로 자신이 구하는 것을 찾지 못할거예요(he will never find what he's looking for)라고 말해버린다. 그러자 개비는 그건 카를로스가 나와 결혼하기 전에 생각을 했었어야죠(Well, I guess he should have thought of that before he married me)라고 여유있게 받아 넘긴다. 하지만 메리 수녀가 일부 결혼은 혼인무효선언을 해야 하는 것들도 있죠(Some marriages are meant to be annulled)라고 직격탄을 날리자 흥분하며 무슨 수녀가 이래요?(What the hell kind of nun are you?)라면서 나와 내 남편 사이에 끼려고 하면(Look, if you try to come between me and my husband) 내가 가만두지 않을거예요(I will take you down)라고 경고를 한다. 이에 메리 수녀는 난 시카고 남부에서 자랐어요(I grew up on the south side of Chicago), 날 협박하려면 그거 갖고는 부족하죠(If you wanna threaten me, you're gonna have to do a lot better than that)라며 비아냥거린다. 화가 치민 개비는 내말 들어 이 못된 년아(You listen to me, you little bitch), 나와 싸움을 시작하지 않는게 좋을거야(You do not want to start a war with me)라 협박을 하지만 메리 수녀는 하나님이 내 편인 걸요(Well, I have God on my side), 어디 한번 해봐요(**Bring it on**)라고 하면서 시종일관 웃음을 잃지 않는다.

🎙 **Mike Says:**

Bite me!

Hmm, this is a little difficult to explain. It's kind of a silly kid's expression that most adults don't use. Usually it's used in a joking way, to respond to someone who is teasing you. It is saying you don't want to be teased anymore.

Let it go

그냥 잊어버려, 그냥 놔둬

○ 사소한 일로 고민 삼매경인 상대에게 빨리 잊으라고 하는 충고. Let it go 자체에 It's not a big deal(별거 아니야)이 함축되어 있다고 보면 이해가 더 쉬울 것이다. 한편 let it go를 이용하여 I'll let it go, You'll let it go, He couldn't let it go 등 다양한 문장을 만들 수 있다는 점도 알아둔다.

A: I can't believe that my best friend would betray me like that.

B: **Let it go**. You'll find better friends than her.

    A: 가장 친한 친구가 그렇게 배신할 줄이야.
    B: 잊어버려. 걔보다 더 좋은 친구가 생길 거야.

A: He told me that he'd pick me up at eight, but he never came.

B: **Let it go**. It was just a stupid date.

    A: 그 남자가 8시에 데리러 오겠다더니 아예 안나타난 거 있지.
    B: 잊어버려. 유치한 데이트 정도였잖아.

 Mike Says:

The speaker is telling someone to forget something, that it's not important.

>> **Speaking Practice:**

Would you let it go?
잊어버려요

Let it be
내버려둬

Go with the flow
잊어버려, 그냥 내버려둬

Give it a go
그냥 둬

Get More

Forget (about) it! (별 것 아니니) 잊어버려, 됐어

    A: Would you like to come to my house to study?
    B: **Forget it**! All you want is help doing your homework.

    A: 우리집에 공부하러 올래?
    B: 됐네! 네 숙제 도와줬으면 하는 거잖아.

Never mind 신경쓰지 마, 맘에 두지마 (감사 및 사과인사에 대한 답)

    A: I'm really sorry I stood you up on Friday.
    B: **Never mind**, forget it.

    A: 금요일날 바람 맞혀서 정말 미안해.
    B: 신경쓰지 마, 잊어버리라구.

◯ 대개는 윗사람이 아랫사람에게 화내거나 타이를 때 완고하고 강압적 분위기에서 하는 말로, 「내가 말했지, 명심해」 정도의 의미. You heard + 사람〔직책/대명사〕가 와서 「명령이므로 입다물고 말 들어라」라는 얘기가 된다.

A: Do you mean that you plan to vacation by yourself this summer?

B: **You heard me**. I'm tired of only going where you want to go.

　A: 올 여름엔 너 혼자 휴가갈 생각이란 말이야?
　B: 내가 말했지. 너 가고 싶은 데만 가는 거 지겨워.

A: **You heard me**. If I find a better job, I'm quitting this one.

B: But you can't quit. We need you to stay here.

　A: 내가 말했죠. 더 좋은 직장을 찾으면 여기 그만둘거예요.
　B: 하지만 그만둘 순 없어요. 여기 있어줘야 된다구요.

Mike Says:

The speaker is saying that he strongly believes what he just said, and he is not changing his mind. Often this phrase is used during arguments.

≫ **Speaking Practice:**
So I've been told
그렇다고 들었어

Get More

Do it right 제대로 해

A: This is a difficult job to complete.

B: Yeah, but **do it right**. I don't want to come back again.

A: 이건 마무리하기 힘든 작업이에요.
B: 그래요, 그래도 제대로 하세요. 처음부터 다시 하긴 싫으니까.

≫ **Speaking Practice:**　We can do it right! 우린 제대로 잘 할 수 있어
　　　　　　　　　　　　Let's just do it right 제대로나 하자

Use your head! 머리를 좀 쓰라구!, 생각이라는 걸 좀 해라!

A: Where do you want me to put these extra uniforms?

B: **Use your head**! Put them where we store all of the other extra uniforms.

A: 이 남는 유니폼들은 어디에 둘까요?
B: 머리를 좀 써요! 남는 유니폼들 보관해두는 곳에 둬요.

≫ **Speaking Practice:**　Where's your head at? 머리는 어디다 둔 거야?

I am all ears

귀 쫑긋 세우고 들을게

○ 「네 말에 귀 쫑긋 세우며 열심히 듣고 있다 (그러니 계속 말해라)」는 의미. 상대방의 말에 집중하고 있다는 것을 비유적으로 표현한 것으로, You have my attention이나 I'm listening carefully와 같은 뜻이 된다.

A: Would you like to hear about how I became rich?

B: Absolutely. **I'm all ears**.

A: 내가 어떻게 부자가 됐는지 들어볼래요?
B: 그러죠. 귀 쫑긋 세웠어요.

A: Alright, tell me how you met George. **I'm all ears**.

B: Well, we met during an educational conference that we were both attending.

A: 좋아요. 조지하고 어떻게 만났는지 얘기해줘요. 귀기울여 들을테니.
B: 음, 우리 둘 다 교육자 총회에 참석했다가 거기서 만났어요.

>> **Speaking Practice:**
She was all ears
그 여자는 열심히 경청했다
I am all thumbs
난 서투르다

Get More

I'm listening 듣고 있어, 어서 말해

A: I'd like to explain the new budget to you.

B: **I'm listening**, but please make it brief. I have another meeting in thirty minutes.

A: 새 예산안에 대해 말씀드리고 싶습니다.
B: 듣고 있으니 말해봐요. 하지만 간략하게 해줘요. 30분 후에 회의가 또 있으니까.

>> **Speaking Practice:** I'm not listening to you 난 네 말 안 듣는다고!
They're not listening to me 걔네들은 내 말 들으려 하지도 않아

Let me get this straight

이건 분명히 해두자, 얘기를 정리해보자고

○ 상식적으로는 이해하기 힘든 말, 무리한 요구사항에 대해 「이건 분명하게 짚고 넘어가자」는 말. get sth straight은 「…을 제대로 해놓다」라는 뜻이며, 분명히 해둘 내용(this)은 그 뒤에 덧붙이면 된다.

A: **Let me get this straight**, you can't find your new cell phone?

B: That's right. I left it right here on the desk but it's gone now.

A: 이건 집고 넘어가자. 새 휴대폰 잃어버린 거지?
B: 맞아. 책상 위 바로 여기에 놔뒀는데 없어진 거 있지.

A: Because of a lack of business, our store is going to close next month.

B: **Let me get this straight**. Are we going to lose our jobs?

A: 거래가 없어서 우리 점포는 다음 달에 문을 닫을 거예요.
B: 그 얘기를 정리하면 우린 직장을 잃게 되는 건가요?

>> **Speaking Practice:**

Let's just get one thing straight
이거 하나는 분명히 해둡시다

We need to get this straight
이건 분명히 해둬야 돼

Get More

That ain't the way I heard it 내가 들은 이야기랑 다르네

A: So after he insulted me, I punched him in the nose.

B: **That ain't the way I heard it**. I heard that you were scared and ran away.

A: 그 녀석이 날 모욕하길래 그 녀석 코에다 한방 날렸지.
B: 내가 듣기론 그게 아니던데. 네가 겁먹고 달아났다면서.

It happens
그럴 수도 있지 뭐

◯ 뜻밖의 실수 혹은 원치않는 상황 때문에 괴로워하고 있는 사람을 위로하기 위한 표현. 살다보면 누구에게나 「그런 일은 일어날 수 있으니 걱정하지 말라」(Don't worry)는 말이다. 한편 과거형 동사를 쓴 It happened는 실제로 그 일(It)이 발생한 것으로 「어쩌다 보니 그렇게 됐다」는 전혀 다른 의미.

A: I think it's really sad when a young couple decides to get a divorce.

B: **It happens**. Sometimes two people just can't live together.

A: 젊은 부부가 이혼을 결심하는 건 정말 슬픈 일 같아.
B: 그럴 수도 있지. 두 사람이 도저히 같이 살 수 없는 경우도 있으니까.

A: Do you ever find that businessmen try to cheat you?

B: **It happens**, but it's not very common.

A: 사업하는 사람들이 사기치려 들기도 하니?
B: 그렇지, 하지만 그리 흔한 건 아냐.

>> **Speaking Practice:**
It happens to everybody[to lots of people]
누구에게나 그럴 수 있어

It's not that common! It doesn't happen to every guy! And it is a big deal!!
그리 흔한 일은 아니지, 누구한테나 그런 일이 생기는 건 아니라구! 이건 아주 큰 일이라구!!

Get More

It could happen   그럴 수도 있겠지

A: Do you think that McDonald's would give me a job?

B: **It could happen**, but you'd better be prepared for your interview.

A: 맥도날드에서 날 채용할까?
B: 그럴 수도 있겠지. 넌 네 면접 준비나 해.

>> **Speaking Practice:** It could happen to anyone   누구나 그럴 수 있어

That happens[happened]   그럴 수도 있지, 그런 일도 있기 마련이지

A: God! I'm all wet because of that sudden rainstorm.

B: **That happens**. It's good to carry an umbrella during this time of the year.

A: 이런! 갑자기 소나기가 와서 흠뻑 젖었어.
B: 그런 일도 있기 마련이지. 일년중 이 시기엔 우산을 가지고 다니는 게 좋아.

>> **Speaking Practice:** Don't worry about that man, that happens 걱정하지 마. 그러기도 하는거야
Those[These] things happen 그런 일도 생기기 마련이야

Shit happens (살다보면) 재수없는 일도 생기는 법이야

A: I had a car accident yesterday and the police said it was my fault.

B: **Shit happens**. I hope that you have good car insurance.

A: 어제 차 사고를 당했는데, 경찰이 글쎄 내 과실이라잖아.
B: 재수없는 일도 생기는 법이야. 네가 든 자동차 보험이 좋은 것이길 바랄 뿐이야.

Check it out at Friends

It could happened to anyone

● Season 1의 episode 5
Ross가 세탁을 처음 해보는 laundry virgin, Rachel을 도와주는 장면. 빨간 양말까지 몽땅 넣어버리는 바람에 하얀 세탁물이 핑크색으로 변해버리자 이를 보고 괴로워하는 Rachel을 달래면서 Ross가 하는 말이 "I am sorry, don't be upset. It could happened to anyone"이다.

Mike Says:

It happens: This means "It's natural" or "It's not unusual" for something to occur.

It could happen: This is expressing the feeling that something is possible, it's not impossible.

That happens[happened]: This means nearly the same thing as "It happens."

It happened!: This means that something occurred or took place.

I've had it up to here with you

너라면 이제 치가 떨려, 너한테 질려버렸어!

○ 지겹다의 원조격인 I've had it에 up to here가 붙은 강조형 문장으로 「더 이상은 못참아」, 「이제 더 이상 상대하지 않겠다」는 폭발직전의 외침이다. 치가 떨리는 인간은 with 이하에 연결.

A: I'm sorry my report is late, but I was sick last week.

B: **I've had it up to here with you**. All you ever do is give me lousy excuses.

A: 보고서가 늦어서 죄송해요. 지난 주에 아팠거든요.
B: 자네라면 이제 치가 떨리네. 늘 허접한 변명만 늘어놓는군.

A: I'm sorry Cathy. I lost my salary gambling.

B: **I've had it up to here with you** wasting our money.

A: 미안해 캐씨. 도박을 하다보니 월급을 다 날렸지 뭐야.
B: 당신 그렇게 돈 낭비하고 다니는 거 이젠 진절머리나.

>> **Speaking Practice:**

I've had it[enough]!
지겹다!, 넌더리나!

I've had it up to here
아주 지긋지긋해

I've had it up to here with sby [sth]
…라면 아주 진절머리가 나

Get More

I've had it with you guys 너희들한테 질려버렸다

A: I left my wallet at home. Would you mind paying for me, Tony?

B: **I've had it with you guys**. You never have any money.

A: 지갑을 집에 두고 왔거든. 내 대신 좀 내줄래, 토니?
B: 너희들한테 아주 질려버렸어. 맨날 돈이 없대지.

>> **Speaking Practice:** Have it with sby[sth] …라면질렸다(be unable to tolerate sth any longer)
That does it 이젠 못참아! [주로 장난 삼아 화난 척할 때]

◎ suck을 자동사로 쓴 sth + sucks!은 자신이 처한 상황에 화가 나거나 부당하다고 생각될 때 요긴하게 사용할 수 있는 표현으로 「…는 정말 싫다」, 「…때문에 열받는다」라는 뜻.

A: How is the movie that you saw last night?

B: **It sucks**! If you go to see it, you'll just waste your money.

  A: 어젯밤에 본 영화 어땠어?

  B: 열 받아! 그 영화 보러가면 돈을 버리는 거야.

A: Are you enjoying your new job?

B: No, **it sucks**! All of the other employees are really arrogant.

  A: 새 직장 재미있어요?

  B: 아뇨, 죽을 맛이에요! 다들 너무 잘난 척을 해서요.

≫ **Speaking Practice:**

You suck!
재수없어!

That[This] sucks!
빌어먹을!

Breaking up sucks
헤어지고 나면 죽을 맛이야

This vacation sucks
이번 휴가는 엉망진창이야

Get More

It stinks 젠장, 영 아니야 [It sucks와 같은 의미이나 stink의 원래 의미에서 「악취(bad smell)가 난다」는 의미로도 쓰인다]

A: How is the food in that Chinese restaurant?

B: **It stinks**. It's better if you avoid that place.

  A: 그 중국집 음식 어때?

  B: 으웩이야. 거긴 안가는 게 좋을거야.

  ≫ **Speaking Practice:** What stinks? 무슨 냄새야?
                       That marriage stinks 저 결혼은 영 아니야
                       This party stinks 이 파티는 역겹구만

Check it out at Friends

It sucks!

◎ Season 1 episode 1

Rachel의 진정한 독립을 위해 부모님이 내준 신용카드를 참살하는 장면. Rachel이 가위로 신용카드들을 두 동강내자 Monica가 "Welcome to the real world! It sucks. You're gonna love it!"이라고 하는데, 우리말로 옮기면 「현실세계로 온 걸 환영해. (현실세계는) 죽을 맛이야. 하지만 좋아하게 될거야」.

He got worked up
개 열 받았어, 개 대단했어

○ 동사 work의 다양한 용례를 새삼 실감하게 하는 표현. It works(효과가 있다), work out(문제 등이 해결되다) 외에 work sby up하면 「…의 감정을 고조시키다」(excite sby's feelings), 특히 get worked up하면 get excited(흥분하다, 푹 빠지다)의 뜻이 된다.

A: What was Steve so upset about this morning?

B: **He got worked up** when he found out he had to work on Christmas day.

   A: 뭣 때문에 스티브가 오늘 아침에 그렇게 화를 낸 거에요?
   B: 크리스마스에도 일해야 한다는 걸 알고는 열 받은 거죠.

A: Bob really **got worked up** when he went to the rock concert.

B: Is that right? What kind of things was he doing there?

   A: 락 콘서트에서 밥은 정말 대단했어.
   B: 진짜? 거기서 어쨌는데?

Mike Says:

"To get worked up" means to get upset or excited. It can be positive or negative.
ex. 1 He gets worked up when his favorite baseball team wins. (positive)
ex. 2 He gets worked up when he argues with his wife. (negative)

Get More

I'm pissed off 열받아, 진절머리나 [보통 수동태로 be[get] pissed off로 쓰여 「열받다」, 「역겹다」, 「진절머리나다」라는 의미를 갖는다]

   A: What's the matter?

   B: **I'm pissed off** at my sister. She borrowed my favorite sweater and tore a hole in it.

   A: 무슨 일이야?
   B: 우리 언니 때문에 열받어. 내가 제일 아끼는 스웨터를 빌려가서는 구멍을 내놨지 뭐야.

That burns me (up)! 정말 열받네

   A: Meg got a promotion yesterday.

   B: **That really burns me up**! Everybody knows I work twice as hard as her.

   A: 멕이 어제 승진했어.
   B: 그것 때문에 정말 신경질나 죽겠어! 내가 멕보다 배로 열심히 일한다는 건 모두들 아는 사실인데 말야.

It's really getting to me 진짜 짜증나게 하네

A: What's all that noise outside?

B: They're building a house next door and they start working every morning at 6 a.m. **It's really getting to me**.

A: 밖에서 나는 저 시끄러운 소리들은 뭐야?

B: 옆집에 집을 짓는데 매일 아침 6시부터 작업을 하더라구. 정말 짜증이 나 죽겠어.

Very funny! 그래 우습기도 하겠다! [난 열받아 죽겠는데 웃음이 나오냐는 의미]

A: You let the air out of the tires on my car? **Very funny**!

B: Don't get angry. It was just a joke.

A: 네가 내 차 타이어에서 바람을 빼놨지? 그래 참 우습기도 하겠다!

B: 화내지 마. 그냥 장난이었어.

This makes me sick 역겨워

A: Can you believe how much money they wasted? **This makes me sick**.

B: Don't worry about it. It's not your money.

A: 그 사람들이 얼마나 돈을 펑펑 뿌리고 다니는지 말도 못해. 역겨울 정도야.

B: 신경꺼. 네 돈도 아니잖아.

You're the boss

분부만 내리십시오, 맘대로 하세요

○ 직장생활 해본 사람들은 사장의 한마디가 얼마나 막강한 힘을 갖는지 알 것이다. 고로 「당신이 사장이다」라는 이 표현은 「당신이 결정하는 대로 따르겠다」, 「당신 하고 싶은 대로 해라」라는 의미.

A: Could you look at this and make sure there are no mistakes?

B: **You're the boss**.

A: 이것 좀 보고 실수한 데 없나 확인해줄래요?
B: 시키는 대로 하죠.

A: Would you mind taking my car down to the garage and changing the oil?

B: **You're the boss**.

A: 차를 정비소로 가져가서 엔진오일을 갈아줄테야?
B: 시키면 해야지 뭐.

Mike Says:

This means that the speaker will follow whatever this person recommends, even if he or she doesn't agree with it.

》**Speaking Practice:**

You're the doctor
네 조언에 따를게

What he says goes
그 사람 말이면 통해

Get More

I'm calling the shots 내가 결정할래

A: You need to send them a gift.
B: **I'm calling the shots** here. I'm not going to send anything.

A: 그 사람들한테 선물 보내야 돼.
B: 이건 내가 결정할래. 아무 것도 안 보낼 거야.

That's your call 네가 결정할 문제야, 네 뜻에 따르게

A: Do you think I should ask my girlfriend to marry me?
B: I'm not sure what you should do. **That's your call**.

A: 여자친구한테 청혼을 해야 할까?
B: 네가 어떻게 해야할지 나야 모르지. 네가 결정할 문제라구.

○ 어떤 행동이나 조치에 대해 그것이 매우 타당하고 자신의 기대에 흡족하게 맞아 떨어졌을 때, 「암 그래야지!」, 「잘 했어!」라고 기분좋게 내뱉는 말.

A: Dad, I passed the bar exam and will be able to become a lawyer.

B: **That's the stuff**! I knew you could do it.

A: 아빠, 사법고시에 합격했으니 전 변호사가 될 수 있을 거예요.
B: 장하구나! 해낼줄 알았어.

A: You can do it! **That's the stuff**!

B: Thanks. I appreciate you cheering for my basketball team.

A: 넌 할 수 있어! 옳지 그거야!
B: 고마워. 우리 팀을 응원해줘서 고마워.

 Mike Says:

The speaker is showing approval and that he thinks someone is doing something well.

≫ **Speaking Practice:**

That's the spirit!
바로 그거야

Get More

That's the thing! 그거라니까!, 그렇지! (emphasizing that something is exactly what is wanted or needed)

A: So what're you going to do?

B: I don't know. **That's the thing**. I don't know what I want to do.

A: 그래 이제 뭐 할 거야?
B: 몰라. 그게 바로 문제야. 뭘 하고 싶은지 모르겠어.

≫ **Speaking Practice:** That's just the thing 바로 그거야
That's the very thing 바로 그거야

That's the ticket! 바로 그거야, 안성맞춤이야, 진심이야

A: Mr. Davis, we're going to give you a free cell phone because you have been such a good customer.

B: Now, **that's the ticket**! That's fantastic. Thank you!

A: 데이비스 씨, 최우수 고객이시기 때문에 휴대폰을 공짜로 드리겠습니다.
B: 이야, 바로 그거예요! 정말 기분 좋네요. 감사합니다!

Get on with it
제대로 계속해봐

⚪ get on with sth은 「…을 제대로 계속해 나가다」란 의미의 표현인데, 일반적인 경우나 대화자 사이에 서로 알고 있는 내용이라면 굳이 목적어를 밝히지 않고 그냥 Get on with it이라고만 말해주면 된다.

A: I don't think I can finish this today. I am just too tired.

B: Come on. Just **get on with it**. If we finish today then we can take a break tomorrow.

A: 오늘 이거 다 못 끝내겠어. 너무 피곤해서 말야.
B: 이러지 마. 그냥 계속 해봐. 오늘 다 끝내면 내일 쉴 수 있잖아.

A: Gee, I don't know if I'll be able to finish this project. I feel kind of sick.

B: Stop making excuses and **get on with it**.

A: 젠장, 내가 이 프로젝트를 끝낼 수 있을까 몰라. 몸이 좀 안 좋은데.
B: 변명 그만하고 계속 하라구.

 Mike Says:

This is usually a command, and it means "Continue doing something, especially work."

≫ Speaking Practice:

Get started
시작해봐
Get going
계속해

Get More

Carry on 계속해

A: Sir, would you like me to give you a tour of the factory?

B: No, just **carry on** working as usual.

A: 제가 공장을 구경시켜드릴까요?
B: 아뇨, 평소대로 계속 일이나 하세요.

Go on 그래, 어서 계속해

A: Hey come on, you haven't heard my reason yet.

B: Alright. **Go on**.

A: 야 그러지 마. 내 변명은 아직 듣지도 않았잖아.
B: 좋아, 어디 해봐.

≫ Speaking Practice: Go ahead 어서 계속 해, 어서 먹어

⊙ 계속 그 일에만 매달릴 정도로 시간이 많은 게 아니니 「빨리 끝내라」, 「서둘러라」라는 의미로 상대방을 재촉할 때 써봄직한 표현이다.

A: Hurry up! **I haven't got all day**.

B: Sorry. I'm almost ready.

A: 서둘러! 이러고 있을 시간 없다구.

B: 미안해. 거의 다 됐어.

A: Honey, is dinner ready? **I haven't got all day**.

B: Not yet. It'll be ready in about 20 minutes.

A: 여보, 저녁 준비됐어? 이럴 시간 없다구.

B: 아직. 한 20분쯤 후면 될 거야.

Mike Says:

The speaker is telling someone to hurry. This expression means "I haven't got all day to waste here."

Get More

Hurry up! 서둘러!

A: Hold on a minute. I have to go to the bathroom.

B: **Hurry up**! The train leaves in 20 minutes.

A: 잠깐만 기다려. 화장실 좀 가야겠어.

B: 서둘러! 기차가 20분 후에 출발한다구.

Step on it! 빨리 해!, (자동차 엑셀레이터를) 더 밟아!

A: Where are you going, sir?

B: I'm going to the airport. And **step on it**. My plane leaves at 4:00.

A: 어디로 모실까요, 손님?

B: 공항으로 가주세요. 그리고 좀 밟아주세요. 비행기가 4시에 출발하거든요.

Not again

어휴 또야!, 어떻게 또 그럴 수 있어!

○ 귀찮고 짜증나는 일이 계속해서 일어나는 경우 짜증섞인 말투로 「어휴, 또야!」라고 내뱉는 말이 Not again!이다. 푸념뿐만 아니라 다시는 그러지 말았으면 하는 심정도 담고 있다.

A: I hate to tell you this, but Lisa isn't coming to work today.

B: **Not again**! She is always missing work.

A: 이런 말씀 드리긴 싫지만 리사가 오늘 출근 못한대요.
B: 또야! 일 하는 꼴을 못봤어.

A: It looks like your computer has crashed.

B: **Not again**! This happened last month.

A: 네 컴퓨터 고장난 것 같은데.
B: 또야! 지난달에도 그러더니.

 **Mike Says:**

This is expressing annoyance that some problem is occurring again.

≫ **Speaking Practice:**

Oh, no, not again
오, 안돼, 또야

Don't you dare do that!
그럴 꿈도 꾸지마!

Get More

(Please) Don't do that 제발 그러지마

A: I'm going to stop going to school. It's so boring.

B: **Don't do that**. That would be stupid.

A: 학교 관둘까봐. 너무 지루해.
B: 그러지 마. 바보같은 짓이야.

≫ **Speaking Practice:** Don't do that anymore 더는 그러지 마
Don't ever do that again 두번 다시 그러지 마

You can't do that! 그러면 안되지!

A: I am so angry at my boss. I think I'm just going to quit my job!

B: **You can't do that**! We need the money to survive.

A: 사장 때문에 정말 화딱지 나. 사표 낼까봐!
B: 그러면 안돼! 먹고 살려면 돈이 필요하다구.

≫ **Speaking Practice:** We can't do that 우리가 그러면 안되지

Just hang out with me

나랑 그냥 놀자

> hang out 또는 hang around는 뒤에 with가 붙어 「…와 어울리다」, 「…와 어울려 시간을 보내다」라는 뜻. 단 hangout처럼 붙여쓰면 명사로 「단골술집」 등 자주 가서 친구들을 만나며 시간 때우는 곳을 뜻한다.

A: What did you do last weekend?

B: Nothing much. I just **hung out with** some friends at the mall.

A: 지난 주말에 뭐 했어?

B: 별거 없지 뭐. 친구들하고 쇼핑몰이나 어슬렁거렸어.

A: Do you know of any cool places to **hang out**?

B: I know of two or three.

A: 가서 놀 만한 데 어디 근사한 데 알아?

B: 두 세 군데 알지.

 Mike Says:

"Hang out" means to spend free time together. It is often relaxing and friends and couples will often hang out together.

>> **Speaking Practice:**

He's just really great to hang around with

그 사람은 같이 놀기에 딱 좋다

Get More

We're just goofing around 우린 그냥 빈둥거리고 있어

A: Hey. It's me. What are you up to?

B: **I'm just goofing around** on the computer.

A: 야, 나야. 뭐해?

B: 그냥 컴퓨터나 만지작거리고 있지 뭐.

Check it out at Big Bang Theory

hang out

> Season 5 Episode 9

헤어진 후 데이트가 아닌 친구로서 함께 영화를 본 레너드와 페니. 서로 계속 언쟁을 하고 집에 올라오면서도 다시 한번 다투는 장면. 어색하게 계단을 올라오는데 레너드가 말을 시작한다. 아직 친구로 지낼 준비가 되지 않았나(Maybe we're not ready to **hang out** as friends)보다라고 말을 하자 페니는 모르겠어(I don't know), 처음에는(Up until the last part) 남자답게 자신감있게 리드하는 레너드가 좋았다(I was kind of enjoying take-charge Leonard with a little backbone), 영화를 고르고 자기 주장도 하고 조금은 잘난 척도 했다(Picking the movie, knowing what he wants, a little cocky)라고 레너드를 치켜세워준다. 그러자 바로 cocky한 표정을 지으며 그럼(Well, then), 섹스를 다시 고려대상으로 넣어볼게(I'm putting sex back on the table), 페니 생각은 어때?(What do you think about that?)라고 묻는다.

I don't want to wear out my welcome
너무 번거롭게 만드는 건 아닌지 모르겠네

○ 원래는 손님이 「자신의 방문으로 인해 주인에게 부담을 주고 싶지 않다」는 뜻이지만, 일상적으로는 지나치게 도움을 받아서 호의를 베푸는 상대방에게 「폐 끼치고 싶지 않다」는 포괄적 의미로 자주 사용된다.

A: Why don't you ask your co-workers for some help?

B: I just started last week. **I don't want to wear out my welcome**.

A: 동료들한테 좀 도와달라고 그러지 그래?
B: 지난 주에 들어온 주제에 성가시게 만들고 싶진 않아.

A: Do you think Bob and Judy would lend you some money?

B: Maybe, but they've been so kind already, **I don't want to wear out my welcome**.

A: 밥과 쥬디가 너한테 돈을 좀 빌려줄까?
B: 아마 그럴테지만 지금까지만 해도 고마운데, 너무 자주 폐를 끼치고 싶진 않아.

Mike Says:

The speaker is saying he doesn't want to bother people by staying around them too long or by asking them for help.

Get More

(Are you) Leaving so soon? 벌써 가려구?, 왜 이렇게 빨리 가?

A: **Are you leaving so soon**?

B: Yes, I have to get home and see my family.

A: 벌써 가시려구요?
B: 네, 집에 가서 식구들 봐야죠.

Don't stay away so long 자주 좀 와

A: It was great to see you. **Don't stay away so long** next time.

B: I just don't have much free time to visit people anymore.

A: 만나서 반가웠습니다. 다음엔 자주 좀 오세요.
B: 더 이상 사람들 만나러 다닐 시간이 별로 없어서요.

◆ rain check은 원래 경기가 우천 등으로 연기되었을 경우 관중들에게 다음에 다시 볼 수 있도록 나누어주는 확인표를 말한다. 여기서 연유하여 약속을 미루거나 할 때 take a rain check이라는 표현을 쓴다.

A: Would you like to come up to my apartment for a drink?

B: Not tonight. **I'll take a rain check** this time.

A: 우리 집으로 가서 한잔 할래?
B: 오늘밤은 안되겠어. 다음으로 미뤄야겠어.

A: Some guys from the office are going out for lunch. Would you like to join us?

B: **I'll take a rain check** this time. I've got a lot of work to do.

A: 사무실 사람들 몇이 점심 먹으러 나가는데, 같이 갈래요?
B: 이번엔 안되겠어요. 할일이 많아서요.

Mike Says:

The speaker is saying he can't do something right now but would like to do it later.

>> **Speaking Practice:**

Do you mind if I take a rain check?
다음으로 미뤄도 될까?

I'll have to beg off
부득이 거절해야겠네요

Get More

Maybe some other time 다음을 기약하지

A: I can't attend your party, but **maybe some other time**.

B: OK, I'll let you know when I plan to have my next one.

A: 파티에 못 갈 것 같아요. 다음을 기약하죠.
B: 좋아요, 다음 파티 할 때 알려줄게요.

>> **Speaking Practice:** We'll try again some other time 나중을 기약하자

Could be worse
그럭저럭 잘 지내지

○ 안부인사에 대한 답으로 「더 나쁠 수도 있는데 최악은 아니다」, 즉 「그다지 못지내는 편은 아니다」라는 다소 긍정적인 표현. worse란 단어 때문에 부정적인 표현으로 생각하면 안된다.

A: Look at all of the snow outside. We won't be able to travel anywhere.

B: **It could be worse.** At least we are warm here.

A: 밖에 눈 좀 봐. 어디로도 여행을 갈 수가 없겠는데.
B: 지금도 괜찮아. 적어도 여긴 따뜻하잖아.

A: I heard that you lost a lot of money investing in the stock market.

B: Yeah, but **it could be worse.** I still have money saved in the bank.

A: 주식 시장에 투자했다가 돈 엄청 잃었다며.
B: 어, 그래도 최악은 아니야. 아직 은행에 저축해놓은 돈이 있으니까.

Mike Says:

Could be worse: The speaker is saying that things are OK. Possibly he has problems, but he doesn't think his problems are too serious.

Could be better: Here the speaker is indicating that he has serious problems.

Get More

(Things) Could be better 별로야. 그냥 그래 [역시 안부 인사에 대한 응답인데, 부정적인 뉘앙스가 담겨 있다]

A: How is everything at your office?

B: **Things could be better.** The economic downturn meant we lost a lot of business.

A: 너희 사무실은 요즘 어떠니?
B: 그냥 그래. 경기 침체 때문에 거래처가 많이 떨어져 나갔잖아.

A: How are things going around here?

B: **Could be better.** It's been not so good since we got that new neighbor.

A: 여기 일이 어떻게 돼가니?
B: 별로야. 이웃에 그 사람들이 새로 이사온 뒤로는 그저 그래.

Better left unsaid

말 안하는 게 좋겠어, 입다물고 있는 게 도움이 될 때가 있어

⊙ 입다물고 있으면 중간이라도 갈텐데 괜히 말을 꺼냈다가 긁어 부스럼 만드는 상황에 적합한 표현. 맨 앞에는 It is, That is, The details are, Somethings are 정도가 생략되어 있다고 보면 된다.

A: Sometimes I feel like telling her how much I hate her.

B: Well, it's probably **better left unsaid**.

A: 가끔은 그 여자한테 미워죽겠다고 말하고 싶을 때가 있어.

B: 글쎄, 입 다물고 있는 게 나을 것 같은데.

A: I confessed how much I love her, and she laughed at me.

B: Apparently that was something **better left unsaid**.

A: 얼마나 사랑하는지 고백했더니 그 여자가 비웃었어.

B: 입 다물고 있는 게 나을 뻔했구나.

 Mike Says:

If something is "better left unsaid," it means it is a sensitive subject and it might upset people to talk about it.

Get More

Bite your tongue 입 조심해, 말이 씨가 되는 수가 있어

A: What an arrogant asshole. He's never done anything good in his life.

B: **Bite your tongue**. You're talking about your boss.

A: 어찌나 건방진지. 그 자식은 평생 좋은 일이라곤 해본 적이 없다니까.

B: 말 조심해. 너희 사장 얘기하는 거잖아.

Hold your tongue! 제발 그 입 좀 다물어!

A: I want to go to the store to buy toys! Daddy! Take me to the store!

B: **Hold your tongue**. I'm not taking you there right now.

A: 그 가게 가서 장난감 사고 싶어요! 아빠! 그 가게에 데려가줘요!

B: 입 좀 다물어라. 지금 데려가진 않을테니까.

283
Level 3

Says who?
누가 그래?, 누가 어쨌다구?

○ 가히 유쾌하지 못한 소식을 접했을 때 그 출처가 누구인지, 즉 「누가 그렇게 말했냐」고 되묻는 표현. 그런가 하면 신경거슬리는 말을 듣고 「그 말이 누구들으라고 한 말이냐」고 따질 때도 유용하게 사용된다.

A: You have to wash the dishes after dinner tonight!

B: **Says who**?

A: Says Mom!

A: 오늘 밤에 저녁 먹고 네가 설겆이해야 해!

B: 누가 그래?

A: 엄마가!

A: We're not going to get any overtime pay this month.

B: **Says who**?

A: The president of the company.

A: 이번 달에는 초과근무 수당을 하나도 못 받을 거야.

B: 누가 그래?

A: 회사 사장이.

Mike Says:

This speaker is asking someone who gave them information about something. He wants to know the source of the information.

Check it out at Big Bang Theory

Who said that?

○ Season 5 Episode 1

쉘든의 거실. 쉘든은 컴퓨터를 하고 있고 레너드가 페인트볼 복장을 하고 등장하면서 페인트볼을 하기 위해 이 빌어먹을 위장복을 정말 입어야 돼(Do we really have to wear this camouflage crap to play paintball?)라고 하자, 위장복을 입어 보이지 않는다며 쉘든은 능청을 떨면서 Who said that?(누가 말하는거야?)라고 말한다.

You're pulling my leg

나 놀리는 거지, 농담이지?

○ pull sby's leg는 「…를 놀리다」(make playful fun of someone), 「…를 난처하게 하다」란 의미의 숙어.

A: Did you know that Ben married Linda Jackson?

B: No way! **You gotta be pulling my leg**. She was the ugliest girl in school.

A: 벤이 린다 잭슨하고 결혼했다는 거 알고 있었어?

B: 말도 안돼! 농담하는 거지. 걘 학교에서 젤 못생긴 여자애였다구.

A: I heard that the governor is going to resign next week because he was caught in a big scandal.

B: **You're pulling my leg**!

A: 주지사가 다음 주에 물러날 거라던데. 심각한 스캔들에 휘말렸잖아.

B: 농담이겠지!

>> **Speaking Practice:**
Are you pulling my leg?
나 놀리는 거니?
Don't pull my leg
놀리지 말아요

Get More

Don't call me names! 욕하지 마! (call sby names는 「…를 욕하다, 험담하다」)

A: You are such a dumb ass!

B: **Don't call me names**!

A: 이런 멍청한 자식같으니라구!

B: 나한테 그딴 식으로 말하지 마!

You're a pain in the neck[ass] 그 놈 참 성가시네

A: **You're a pain in the neck**. No one complains as much as you.

B: I wasn't complaining. I just feel that you're fixing that machine wrong.

A: 너 참 성가시다. 너처럼 투덜거리는 사람도 없을 거야.

B: 투덜거린 게 아니야. 네가 그 기계를 잘못 맞춘 거 같아서 그래.

I'm probably out of line here

이렇게 말해도 좋을지 모르겠지만

🔹 말하는 사람 자신도 백 퍼센트 장담할 수 없는 문제, 그것도 상대방의 심기를 건드릴 수도 있는 민감한 그런 문제를 아주 조심스럽게 꺼낼 때 말문을 여는 표현.

A: **I'm probably out of line here**, but I think you don't work hard enough.

B: You're not my boss, so just mind your own business.

> A: 이걸 말해도 좋을지는 모르겠지만, 내 생각에 넌 일을 열심히 하고 있지 않다고 봐.
> B: 사장도 아닌데, 네 일이나 신경쓰셔.

A: **I'm probably out of line here**, but I think you should think about getting a divorce. Your husband doesn't treat you right.

B: That's okay. Maybe you're right.

> A: 이런 말해서 어떨지 모르겠는데, 너 이혼을 생각해 봐야 할 것 같아. 남편이 제대로 대접해주지도 않잖아.
> B: 상관없어. 하지만 네 말은 맞아.

Mike Says:

Here the speaker is going to say something that may be wrong or may make someone angry. He says "I'm probably out of line here" to the listener so they will know that he doesn't want to offend them.

》Speaking Practice:

Look, we were way out of line
도가 좀 지나쳤다구

Get More

I may be way out on a limb here 이게 맞는 말인지 모르겠지만

> A: **I may be going way out on a limb here** but I think we should stop selling cars and start selling bicycles.
>
> B: I'll consider it seriously.

A: 이 시점에서 맞는 말인지는 모르겠지만, 제 생각엔 우리가 자동차 판매를 중단하고 자전거 판매를 시작해야 할 것 같습니다.
B: 진지하게 고려해보죠.

》Speaking Practice: I'm out on a limb here 이게 맞는지는 모르겠는데
I'm gonna go out on a limb and say (비난을 받더라도) 할말은 해야겠어

Can't beat that

짱이야, 완벽해

○ (You) Can't beat that은 누구도 that을 능가할 수 없다라는 말로 「최고다」라는 의미가 된다. 반면 일인칭 주어로 I can't beat that하면 I am beaten, I am defeated로 「내가 졌다」, 「내가 못하다」라는 표현이 된다.

A: I got us two tickets to Disney Land for only 20$!

B: **You can't beat that**! That's a great deal.

> A: 나 디즈니랜드 티켓을 단돈 20달러에 샀어.
> B: 굉장하네! 잘 샀어.

A: Sergeant said we only have to run 2 miles today instead of 10!

B: **Can't beat that**!

> A: 상사가 그러는데 오늘은 10마일이 아니고 2미일만 달리면 된대.
> B: 좋았어!

> **》 Speaking Practice:**
> Can't top that
> 끝내준다

Get More

There is nothing like that! 저 만한 게 없지!

A: Wow, this sauna feels great. I was so cold and tired from skiing.

B: Yeah, **there's nothing like it**!

> A: 와, 이 사우나 괜찮다. 스키 타느라 춥고 힘들었는데.
> B: 그래, 사우나 만한 게 없지!

Check it out at Big Bang Theory

nothing like that

○ Season 3 Episode 5

레너드와 페니가 사랑을 나눈 후에 나누는 대화 장면. 레너드가 오래전에(a long time ago), 너와 좀 관련된 약속을 하워드와 맺었다(I made a pact with Wolowitz that kind of involves you)라고 말하자 하워드의 느끼함을 싫어하는 페니는 레너드와 잡고 있던 손을 놓고 이상한 표정으로 쳐다본다. 그리고 그래, 무슨 말을 하려는 건지 모르겠지만(I don't know where you are going with this) 조심해서 말하지 않으면 이게 우리의 마지막 대화가 될 수도 있다(but tread carefully because it may be the last conversation we ever have)고 경고한다. 레너드는 페니의 오해를 풀기 위해 그런 것이 아니다(No, no, nothing like that), 약속이란건 우리 둘 중 한 명에게 여친이 생기면 여친의 친구 중의 한 명을 소개시켜주기로(The deal was that if either of us ever got a girlfriend, we'd have her fix the other one up with one of her friends) 했다고 한다.

You up for it?

하고 싶어?

○ 단어 그대로 하나하나 풀어보면 의미가 이해되는 표현. 그것(it)을 할려고(for) 준비태세를 갖추고 있냐(up)는 말로 무엇을 「할 마음이 있냐」고 물어보는 표현이다.

A: We were thinking about staying up all night and playing poker. **You up for it**?

B: Sure. Sounds good to me.

A: 우린 밤새워서 포커 게임 할 생각이야. 너도 생각있니?
B: 그럼. 괜찮은 생각인데.

A: It's about ten more miles to the end of the trail. **Are you up for it**?

B: I don't know if my legs can make it!

A: 코스 끝까지는 10마일 정도야. 할 수 있겠니?
B: 내 다리가 베겨낼 수 있을지 모르겠네.

Mike Says:

This usually means "Do you agree to do this?"
ex. We're going to go play baseball. You up for it?

>> **Speaking Practice:**

I'm just not up for it tonight.
오늘 밤에는 생각없어

Get More

I can't wait (to do it) 지금 당장이라고 하고 싶어

A: Just ten more days until our trip to Hawaii!

B: I know. **I can't wait**.

A: 딱 10일만 더 있으면 하와이 여행이다!
B: 그래. 당장이라도 가고 싶어.

>> **Speaking Practice:** I'm eager to do it 무지 하고 싶어
I'm dying to do it 하고 싶어 죽겠어
I'm looking forward to doing it 기대 만땅이야

I'm so psyched 정말 신난다

A: Isn't your wedding coming soon?

B: Yes. Just two more weeks. **I'm so psyched**!

A: 좀 있으면 네 결혼식 아니니?
B: 맞아. 딱 2주일 남았어. 정말 기대돼.

>> **Speaking Practice:** I'm so excited 정말 신나
I'm thrilled 정말 짜릿해

You go back out there

다시 뛰어야지

○ 직장에서 학교에서 그리고 연애계(?)에서 열심히 뛰다보면 지치고 피곤해서 이것저것 다 그만두고 싶을 때가 있다. You go back out there는 이렇게 치열한 경쟁에 지쳐 힘들어 하는 사람들에게 「다시 돌아가서 열심히 뛰라」고 격려하는 말.

A: I think I hurt my knee.

B: It looks OK. **You go back out there** and finish the game.

    A: 무릎을 다쳤나봐요.

    B: 보기엔 괜찮은데. 다시 나가서 경기 끝날 때까지 열심히 뛰라구.

A: I got a bad grade on my test at school today.

B: **You go back out there** and show them you won't quit.

    A: 오늘 학교에서 시험봤는데 성적이 엉망이야.

    B: 기운내서 다시 시작해봐. 네가 포기하지 않는다는 걸 보여주라구.

 Mike Says:

This means to go back onto the field and continue playing the game, or to return somewhere to do something.

Get More

You gotta get back in the game 다시 뛰어야지, 다시 한번 싸워야지

  A: **You gotta get back in the game** or we're going to lose.

  B: I can't. I injured my arm on that last play.

  A: 네가 다시 나가서 뛰지 않으면 우리 팀이 질 거야.

  B: 안돼. 난 지난번 경기에서 팔에 부상을 당했다구.

  》**Speaking Practice:** I've gotta get back in the game 난 다시 뛰어야 해
                                 She's back in the game 그 여자 다시 뛰는 중이야

Check it out at Sex & the City

Get back in the game

○ Season 2 episode 1 (Take Me Out to the Ballgame).

Season 1 마지막 에피에서 Mr. Big과 헤어진 Carrie가 마음을 못잡고 집에 쳐박혀있자 친구들은 그만 Mr. Big을 잊고 새롭게 다시 시작하라며(go back out there) Carrie를 양키 스타디움으로 데려간다. 야구장에 다녀온 Carrie는 "When Miranda said, "Get back in the game." she meant it."이라고 하는데 이는 Miranda가 이제 다시 뛰어야지(Get back in the game)라고 했는데 진짜 야구장에 오게 되었다는 말이다.

I am so busted
딱 걸렸어

○ bust는 「여자의 가슴」 외에 좋은 뜻으로 쓰이는 경우가 별로 없다. 대개가 「파산하다」, 「체포하다」 등의 부정적인 뜻이고 여기서는 「들켰다」, 「딱 걸렸다」라는 의미.

A: Isn't that your teacher? Does he know you skipped school today?

B: Yeah, he knows. **I am so busted**.

A: 저기 너희 선생님 아니야? 너 오늘 학교 땡땡이 친 거 아셔?
B: 그래, 이제 아시지. 딱 걸렸잖아.

A: My wife found out about my affair. **I am so busted**.

B: Does this mean that you'll be getting a divorce?

A: 내가 바람 핀 걸 우리 집사람이 알아버렸어. 딱 걸렸다구.
B: 그럼 너 이혼하게 될거라는 얘기야?

Mike Says:

This means that the speaker was caught doing something wrong. Usually it will cause embarrassment or some problem in their life.

Get More

You caught me 들켰다

A: Are you trying to steal food from this supermarket?

B: **You caught me**. But I don't have much money to feed myself.

A: 당신, 이 수퍼마켓에서 음식을 훔치려고 했지?
B: 헉 들켰다. 그렇지만 전 먹고 살 돈이 없다구요.

》 **Speaking Practice:** She caught him cheating on her with someone else
그 여자는 그 남자가 바람 피우는 걸 잡았어
He caught me smoking 난 담배피우다 그 사람한테 들켰어

That was a close call

하마터면 큰일날 뻔했네, 위험천만이었어

> close는 위험한 상황에 근접했다가 아슬아슬하게 피한 경우(narrow escape)에도 사용돼, 「위기일발」, 「구사일생」을 close call 혹은 close shave라 한다.

A: The boss almost caught me playing computer games at work.

B: **That was a close call**. You should be more serious about your job.

A: 회사에서 컴퓨터 게임하다가 사장한테 들킬 뻔했지 뭐야.
B: 하마터면 큰일날 뻔했네. 좀더 진지한 자세로 일하라구.

A: That car almost hit us! Whew, **that was a close call**.

B: Yeah. Do you think he was drunk or something?

A: 저 차가 우릴 칠 뻔했다구! 휴, 위험천만이었어.
B: 그러게. 저 사람 술 마신 거 같지 않아?

Get More

That was close 아슬아슬했어

A: The police almost stopped you for speeding.
B: **That was close**. I'm going to slow down for the rest of the trip.

A: 경찰이 널 과속으로 잡으려고 했어.
B: 아슬아슬했지. 남은 여행기간 동안엔 속도를 줄여야겠어.

Saved by the bell 가까스로 위기를 면했어

A: Because we're short of time, you don't have to give your presentation.
B: Whew, **saved by the bell**.

A: 시간이 없으니, 자네가 하기로 한 프리젠테이션은 안 해도 되겠네.
B: 휴, 다행이다.

I am bummed out
실망이야

⚪ be bummed out은 「실망하다」, 「낙담하다」라는 뜻으로 out은 생략되기도 한다. 또한 실망한 이유는 ~ about that 등과 같이 붙여주면 된다.

A: **I am bummed out**. I can't go on vacation.

B: That's too bad. Why not?

A: 실망이야. 나 휴가 못가.

B: 저런. 어쩌다가?

A: Why do you look so pathetic today?

B: My boyfriend and I had another fight. **I'm bummed out**.

A: 오늘 왜 그렇게 슬퍼보이니?

B: 남자친구랑 또 싸웠어. 살 맛 안나.

A: I don't do that anymore. They fired me.

B: Hmm, **bummer**.

A: 더는 안할래. 거기서 날 잘랐다구.

B: 이런, 별꼴이네.

Mike Says:

This means the speaker is feeling sad or depressed.

》**Speaking Practice:**

Bummer
별꼴이야, 엿같군

I feel so used
기분 참 더럽네

This is a slap in the face
창피해서 원, 치욕스러워서리

Get More

I am so humiliated 쪽 팔려, 창피해 죽겠어

A: I heard that you spilled wine all over your dress at the party.

B: **I am so humiliated**. They'll never invite me back.

A: 그 파티에서 옷에다 와인을 쏟았다며.

B: 쪽 팔려 죽겠어. 다시는 날 초대 안하겠지.

I was frustrated with you! 너 땜에 맥이 풀렸어

A: Why have you been refusing to answer your phone when I call?

B: **I was frustrated with you**. Even after we talk, nothing improves.

A: 넌 왜 내가 전화할 때마다 안 받는 거야?

B: 너 때문에 맥이 풀려서 그래. 얘기를 하고 나도 나아지는 게 없잖아.

We're almost there

292

거의 다 됐어, 거의 끝났어

○ 목표 지점에 거의 다 도달했다, 즉 하고 있는 일을 「거의 다 끝냈다」는 뜻으로 It's almost complete나 We're nearly finished의 의미이다.

A: Taking this bus ride was a bad idea. It's boring.

B: **We're almost there**. The bus driver says we'll arrive in fifteen minutes.

> A: 이 버스를 탄 게 잘못이야. 지루해.
> B: 거의 다 왔어. 운전사가 15분 뒤면 도착할 거래.

A: Writing this report is making me exhausted. I think I'm going to give up and get some sleep.

B: You can't give up. **You're almost there**!

> A: 이 보고서 쓰느라 완전 기진맥진이야. 포기하고 잠이나 좀 잘까봐.
> B: 포기하지 마. 거의 다 됐잖아.

Get More

Am I getting warm? (정답 등에) 가까워지고 있는 거야?

A: How old do you think I am?

B: Thirty? Thirty-one? Thirty-two? **Am I getting warm**?

> A: 내가 몇살 같아요?
> B: 서른? 서른 하나? 서른 둘? 제가 거의 비슷하게 대고 있나요?

>> **Speaking Practice:** You're getting hot! 거의 맞춰가고 있어
> You came close! (퀴즈 등) 거의 다 맞췄어!

Not even close 어림도 없어

A: I imagine that you paid at least a hundred dollars for that bag.

B: **Not even close**. It was much cheaper.

> A: 그 가방 적어도 100달러는 줬을 것 같은데.
> B: 천만의 말씀 만만의 콩떡이야. 훨씬 더 싸.

Work comes first
일이 우선이다

○ come first하면 순위상 「첫째 가다」, 「우선하다」. Children come first라는 어머니들의 유명한 슬로건(?)으로 잘 알려진 표현.

A: Are you planning to have a vacation in Thailand this year?

B: No, I'm too busy. **Work comes first**.

A: 올 휴가는 태국으로 가실 건가요?

B: 아뇨, 너무 바빠서요. 일이 우선이죠.

A: You have to concentrate on what you're doing here. **Work comes first**.

B: Sorry, I've been kind of distracted by my personal problems.

A: 지금 하는 일에 집중하세요. 일이 우선이잖아요.

B: 죄송해요. 사적인 문제 때문에 정신이 좀 산만했어요.

Get More

First thing's first 중요한 것부터 먼저 하자

A: What is the most delicious food in this restaurant?

B: **First thing's first**. Let's order our drinks.

A: 여기서 제일 맛있는 게 뭐야?

B: 중요한 것부터 먼저 고르자. 술부터 주문하자구.

You have no idea

넌 모를거야

○ 상대방에게 어떤 것이 얼마나 좋은지 혹은 나쁜지를 강조하는 상황에서 곧잘 사용하는 표현으로
「너는 모를거야」, 「넌 상상도 못할거야」 정도의 뉘앙스. 단독으로 쓰기도 하지만 what절, how절 등
을 덧붙여서 상대방이 이해못하는 부분을 밝혀줄 수도 있다.

A: It looks like you are very tired today.

B: **You have no idea**. I was up all night with the baby.

A: 너 오늘 굉장히 피곤해보인다.

B: 넌 모를거야. 밤새 애보느라 잠을 못잤거든.

A: Does your workplace get very busy?

B: **You have no idea**. Sometimes we don't even have time for lunch.

A: 회사 일이 많이 바쁜가요?

B: 상상도 못하실 거예요. 점심 먹을 시간도 없을 때가 있다니까요.

>> **Speaking Practice:**

You have no idea what this means to me!

이게 나한테 얼마나 중요한 건지 넌 모를 거야

You have no idea how much I need this

이게 나한테 얼마나 필요한지 넌 몰라

You have no idea how much this hurts

이게 얼마나 아픈지 넌 모를 거야

Get More

You don't know the first thing about it 쥐뿔도 모르면서

A: In France, the people drink wine like this.

B: I lived in France and people don't drink like that. **You don't know the first thing about it.**

A: 프랑스에선 와인을 이렇게 마신단다.

B: 내가 프랑스에서 살았었는데 그렇게 안 마셔. 쥐뿔도 모르면서.

You don't know the half of it 얼마나 심각한지 아직 네가 몰라서 그래

A: I heard that Tracey lost a lot of money while gambling.

B: **You don't know the half of it**. She's going to have to sell everything she owns.

A: 트레이시가 도박하다가 돈을 엄청 날렸다던데.

B: 그 정도가 아니야. 가지고 있는 걸 다 팔아야 할 판이라구.

>> **Speaking Practice:** You don't know shit 네가 알긴 뭘 알어

Here's the thing
내 말인 즉은, 그게 말야, 문제가 되는 건

◉ 앞에서 얘기한 내용에 대한 이유를 대거나 지금 말하려고 하는 게 핵심사항이다이라고 하며 분위기를 만들 때.

A: I don't understand why you don't like me.

B: **Here's the thing**. I just don't enjoy being with you any more.

<blockquote>
A: 네가 왜 날 안 좋아하는지 모르겠어.

B: 그건 말이지. 너랑 같이 있는 게 더이상 즐겁지 않은 것 뿐이라구.
</blockquote>

A: Why didn't you take that job? I thought it was a good opportunity.

B: **Here's the thing**. The salary and benefits were good but I just didn't like the boss.

<blockquote>
A: 왜 그 자리를 받아들이지 않았어? 좋은 기회였는데.

B: 그건 이래서 그래. 월급도 많고 복지혜택도 괜찮았지만 사장이 맘에 안들더라구.
</blockquote>

Mike Says:

The speaker is going to explain the main part of his idea or plan. "Listen up" or "I want you to listen closely." Often it expresses a problem.
For example, "I want to invest in the stock market. **Here's the thing**; I'm really worried about losing money."

》**Speaking Practice:**

The thing is (that) S + V

중요한 건 …라는 거야

Get More

Here's a[the] deal 이렇게 하자, 이런 거야 〔뭔가 제안하거나 자초지종을 설명할 때〕

> A: **Here's the deal**, I'll loan you the money, and you pay me back with interest.
>
> B: How much interest do you want to charge me?

<blockquote>
A: 이렇게 하자. 내가 돈을 빌려줄테니까 이자 쳐서 갚아.

B: 나한테 이자를 얼마나 받고 싶은데?
</blockquote>

Deep down 사실은 말야 〔진심을 털어놓으면서 하는 말로 deep inside라고도 한다. 뒤에 언급할 사실에 대해 「평소엔 깨닫지 못했거나 인정하기 싫지만」이라는 뉘앙스를 갖는다〕

> A: You know, **deep down**, I really feel a lot of compassion for her. It's just that I can't forget what she did to me
>
> B: Well, it was bad for her to cheat on you.

<blockquote>
A: 있지, 사실은, 걔가 안쓰러워. 걔가 나한테 한 짓을 잊을 수가 없는데도 말야

B: 그래 너 몰래 바람피운 건 잘못한 거지.
</blockquote>

설마!, 말도 안돼!, 그럴 리가,이럴 수가!

○ 도저히 믿을 수 없는 말을 들었을 때 「설마!」, 「말도 안돼」하며 강한 의심을 나타내는 표현. I can't believe 뒤에 절이 이어지는 경우가 많다.

A: **I can't believe it**. Donna agreed to go on a date with you?

B: Yep. We're going to a concert at the university stadium.

Mike Says:

I can't believe it: This is expressing shock or surprise about something.

A: 말도 안돼. 다나가 너랑 데이트하겠다고 그러든?

B: 응. 우린 대학교 운동장에서 하는 콘서트를 보러 갈거야.

I don't believe it: This is saying bluntly that something is not true.

A: I decided to get married next month.

B: **I can't believe it**. You always said you would stay single forever.

>> **Speaking Practice:**
I can't believe you did that
네가 그랬다는 게 믿기지 않아

A: 다음달에 결혼하기로 결심했어.

B: 이럴 수가. 넌 항상 평생 혼자 살거라고 말했잖아.

Get More

You don't say   1. 설마!, 아무려면!, 정말? [놀라움]   2. 뻔한 거 아냐?

A: Pretty soon they are going to build an apartment complex on this land.

B: **You don't say**. I imagine those apartments will be pretty expensive.

A: 좀 있으면 이 땅에 아파트 단지가 들어설거야.

B: 설마. 여기 아파트는 꽤 비쌀텐데.

Don't tell me   설마! [상대방이 말도 안되는 이야기를 하리라고 예상될 때]

A: Rob, you're never going to guess who I saw downtown today.

B: **Don't tell me**. Was it a famous actor?

A: 랍, 너 내가 오늘 시내에서 누굴 봤는지 모를거다.

B: 설마 유명한 배우였니?

>> **Speaking Practice:**   Never tell me   설마

It works!

제대로 되네, 효과가 있네

○ work은 문맥에 따라 여러가지 뜻을 가지고 있는데(p.348 설명 참고) 여기서는 work이 「(계획한 바가) 잘 되어가다」 또는 「효과가 있다」란 의미로 쓰이는 경우.

A: How's the new mouse working on your computer?

B: **It works** like a charm.

    A: 새 마우스 잘 돼?
    B: 맘에 쏙 들게 잘 되네.

A: **It works**! This is terrific!

B: What does your invention do?

    A: 야, 된다! 끝내주는데!
    B: 네 발명품 용도가 뭔데?

 Mike Says:

This means something is functioning correctly according to plan or design.

Get More

It doesn't work 제대로 안돼, 그렇겐 안돼

A: What's the matter?

B: I just bought this electronic dictionary and **it doesn't work**.

A: 무슨 일이야?
B: 전자사전을 샀는데 작동이 안돼.

A: Have you taken your medicine?

B: Yes, but **it doesn't work**.

A: 약은 먹었어?
B: 응, 근데 잘 안듣더라.

≫ **Speaking Practice:** It won't work 효과가 없을 거야
                       It doesn't work that way 그렇게는 안 통해

○ roll은 일 등에 「착수하다」라는 의미의 동사로도 쓰여, Let's roll이라고 하면 Let's get started, 또는 Let's begin의 뜻이 된다.

A: The gas tank is full and the car is all loaded up.

B: Okay. **Let's roll**!

A: 차에 기름 꽉꽉 채웠고 짐도 다 실었어.

B: 좋았어. 출발하자구!

A: We'd better finish our lunch break. I think it's about 4 more miles before we get to the top of the mountain.

B: Alright. **Let's roll**!

A: 점심 휴식을 이제 그만 끝내야겠어. 산 꼭대기에 도착하려면 4마일 정도 남은 것 같아.

B: 좋아. 가자.

Mike Says:

The speaker is saying that he wants to do something immediately.

》 **Speaking Practice:**

I'll do it immediately

당장 할게

Check it out at Friends

Let's get started

○ Season 7 Episode 24

시즌 7의 마지막 에피소드에는 모니카와 챈들러가 결혼하는 장면이 나온다. 결혼에 알러지가 있는 챈들러는 결혼식 직전 도망치는 사태가 벌어지지만 챈들러는 마침내 맘을 굳게 먹고 결혼식을 하게 된다. 늦게 도착한 주례 조이는 신랑이 도망치기 전에 시작하자(Well, let's get started before the groom takes off again. Huh?)고 하고 이 말에 놀란 모니카는 피비와 레이첼을 쳐다본다.

I've been there

1. 무슨 말인지 충분히 알겠어, 정말 그 심정 이해해   2. 가본 적 있어

○ have been there는 상대방이 겪은 좋지 않은 경험에 대해서 「나도 그런 적이 있다」(I have had the same experience)며 상대의 처지에 대한 동감(sympathy)을 표할 때 흔히 쓰는 표현이다. 물론 상대방이 말하는 장소에 「가본 적이 있다」는 뜻으로도 사용된다.

A: Thanks for loaning me the money. I'm really broke this week.

B: No problem. **I've been there** myself.

<small>A: 돈 빌려줘서 고마워. 이번 주엔 정말 개털이라구.</small>
<small>B: 별소릴 다하네. 그 심정 충분히 이해한다구.</small>

A: None of my relationships have worked out, and I feel really bummed.

B: **I've been there.** Why don't you go shopping and cheer yourself up?

<small>A: 사람들하고 관계가 영 안 풀려서 너무 우울해.</small>
<small>B: 나도 그런 적 있어. 쇼핑이라도 가서 기분 전환 좀 하지 그래?</small>

 Mike Says:

The speaker is saying he has been in a similar situation and can be sympathetic.

›› **Speaking Practice:**

We have all been there
우리도 다 그런 적 있잖아

Get More

Been there done that (전에도 해본 것이어서) 뻔할 뻔자지

A: Let's go to see the new Steven Seagal movie tonight.

B: **Been there, done that**. The movie isn't very good.

<small>A: 오늘밤에 새로 개봉한 시티븐 시갈 영화 보러 가자.</small>
<small>B: 뻔할 뻔자지. 그 영화 그리 재미없다구.</small>

Check it out at Sex & the City

We've all been there

○ Season 1 episode 12 [Oh, Come All Ye Faithful].
*Sex & the City*에서 우리에게 웃음을 선사하는 nymphomaniac(색녀)급인 Samantha 이야기. One night stand(p.405 참고)에 정통한(?) 그녀에게도 마침내 몸이 아니라 마음으로부터 좋아하는 애인이 생긴다. 이름하여 James! 하지만 아이러니하게도 즐섹을 주장하는 그녀가, Size does matter!(무엇의 size 얘긴지는 말 안해도…)를 외치는 그녀가 사랑을 느낀 남자, James의 거시기는 매우 small하여 in해도 in한지 모를 정도… 이 비참함을 Samantha가 외치자(Why does he have to have a small dick? I really like him), Carrie가 이렇게 위로한다. "We've all been there."

You have gone too far

네가 너무했어, 심했다

300
Level 3

⊙ go too far하면 지나치게 많이 나가다라는 말로 정도를 벗어나 「너무하다」, 「도가 지나치다」라는 비유적 의미로 많이 쓰인다.

A: **You have gone too far**. Your husband is going to be really angry.

B: Why? Do you think $10,000 is too expensive for a sofa?

A: 너 심했어. 너희 신랑 정말 화내겠다.
B: 왜? 소파 하나에 만 달러가 너무 비싸다는 거야?

A: I'm taking over complete control of this project.

B: **You have gone too far**. Everyone is going to be angry at you.

A: 이 프로젝트는 제가 완전히 접수하겠어요.
B: 너무 하는군요. 다들 화낼거예요.

>> **Speaking Practice:**
You go too far
너 오바야
You're going too far
너무하는군

Get More

That's (just) too much! 1. 해도 해도 너무해   2. 너무 재밌다   3. 그럴 필요는 없는데

A: Did you know that we're expected to have a decrease in salary next year?
B: **That's too much**! They are always expecting us to sacrifice more and more.

A: 내년에 월급이 줄어들 거라는데 알고 있었어요?
B: 너무 해요! 맨날 우리만 더 희생하라는 거잖아요.

He went overboard 그 사람이 좀 너무했어

A: I hear Betty's party was incredible.
B: Yeah, **she went overboard** to make sure everyone had a good time.

A: 배티네 파티 엄청났다면서.
B: 맞아. 다들 즐겁게 해주려고 베티가 무리했지.

>> **Speaking Practice:** Don't go overboard 과식 [과음]하지마

Look who's talking

사돈 남말하네

⬥ 똥 묻은 개가 겨 묻은 개 나무라는 경우처럼 자기도 결점투성이인 주제에 남의 단점을 들춰내며 왈가왈부하는 사람들에게 던질 수 있는 말이다. The pot calls the kettle black(냄비가 솥보고 검다고 한다)와 같은 뜻.

A: You're getting pretty fat Aaron.

B: **Look who's talking**. You've put on some weight yourself.

  A: 아론, 너 뚱보가 되어가는구나.
  B: 사돈 남말하시네. 너도 살 좀 쪘다구.

A: You know, you shouldn't smoke as much as you do.

B: **Look who's talking**. I saw you with a cigarette just a short time ago.

  A: 있지, 너 그렇게 담배를 많이 피우면 안돼.
  B: 사돈 남말하지 마. 좀전에 네가 담배 물고 있는 거 봤다구.

>> **Speaking Practice:**

Take your own advice
너나 잘해
That's what you need to hear
누가 할 소릴!

Get More

You're one to talk 사돈 남 말하시네 〔그런 말을 할 자격이 없는 사람에게 You're in no position to criticize me란 뜻으로 비아냥거리는 말〕

  A: You're spending too much of our money on foolish things.
  B: **You're one to talk**. Look at how much jewelry you bought this year.

  A: 당신은 하찮은 물건에다 돈을 너무 많이 써.
  B: 누가 할 소린지 모르겠네. 당신이 올해 사다 나른 보석들이 얼마나 되는지 좀 보라구.

I'm flattered

그렇게 말해주면 고맙지, 과찬의 말씀을!

● flatter가 「우쭐하게 하다」, 「치켜세우다」라는 뜻이므로 I'm flattered하면 「당신의 칭찬으로 내가 우쭐해졌다」, 즉 「과찬이세요」, 「그렇지도 못해요」 정도의 의미가 된다.

A: Your hair looks very beautiful tonight.

B: Thank you very much. **I'm flattered**.

    A: 오늘 머리 모양이 굉장히 예쁘네요.
    B: 정말 고마워요. 과찬이세요.

A: That suit fits you very well. You look handsome.

B: That's nice of you to say. **I'm flattered**.

    A: 그 옷 아주 잘 어울리시네요. 잘 생기셨어요.
    B: 그렇게 말씀해주시니 고맙습니다. 그렇지도 않아요.

 Mike Says:

The speaker is responding to a compliment, when someone said something nice. Similar to saying "It's nice of you to say that."

Get More

I'm honored 영광인데

A: Thank you for all of the help that you gave us.

B: **I'm honored** that you asked me to join your project.

    A: 저희에게 배풀어주신 도움 감사드려요.
    B: 프로젝트에 동참시켜주셔서 제가 영광이죠.

Check it out at Sex & the City

I'm so flattered

● Season 1 episode 5
Curator인 Charlotte이 하루는 한 유명화가(famous painter)를 찾아가 그가 그린 작품들을 보는데… 그가 역사의 원동력이니 뭐니 하는 그림은 다름 아닌 여성의 성기였다. 작품 설명을 하던 화가가 Charlotte에게 "I wonder, would you consider posing for me sometime?"이라고 묻는데 대가의 권유에 Charlotte는 당황한 표정으로 "Me? I'm very flattered"라고 한다.

If you need me, you know where I am
도움이 필요하면 바로 불러

⭕ 듣기만 해도 마음 든든하고 고마워질 표현으로 언제든 도와줄 용의가 있음을 말한다. if절을 쓴다는 점에 주목해본다.

A: Thank you for all your help. We really appreciate it.

B: Well, **if you need me again, you know where I am**.

A: 도와주셔서 고마워요. 정말 감사합니다.
B: 뭘요, 또 필요하면 바로 연락하세요.

A: I work in the technical support department. **If you need me, you know where I am**.

B: Thanks. I'll call you next time the computer has problems.

A: 전 기술 지원부에 근무해요. 필요하면 연락하세요.
B: 고마워요. 다음에 컴퓨터가 말썽을 피우면 전화드릴게요.

>> **Speaking Practice:**

You know where to find me
내 연락처는 알고 있지?!

If you need a little extra, you know where to find it
더 필요하면 어디로 가야 하는지 알지?!

Get More

If there's anything you need, don't hesitate 필요한 거 있으면 바로 말해

A: You can sleep in the spare bedroom. **If there's anything you need, don't hesitate to ask**.

B: Thanks. I'll see you in the morning.

A: 남는 방에서 자면 돼. 필요한 게 있으면 언제든 말해.
B: 고마워. 아침에 보자.

Feel free to ask 뭐든 물어봐, 맘껏 물어봐

A: Thank you for offering to guide us around the city.

B: Sure. If you have any questions, **feel free to ask me**.

A: 구경시켜주셔서 감사합니다.
B: 뭘요, 궁금한 게 있으면, 뭐든지 물어보세요.

be 동사와 부사 off가 만난 be off는 「떠나다」(leave), 「출발하다」(start)라는 뜻의 동사구. 집을 나서며 「나 간다」는 뜻으로 하는 말로, off 뒤에 to를 연결해 to 다음에는 목적지를 언급해주거나 이동의 목적을 나타내는 동사를 이끌 수 있다.

A: OK everyone, **I am off**. Wish me luck.

B: Good luck with your interview. I hope you get the job.

A: 자 여러분, 저 가요. 행운을 빌어주세요.

B: 면접 잘되길 빌어요. 거기 취직됐으면 좋겠네요.

A: Look how late it is! Well, **I am off**.

B: Have a good night and a safe drive home.

A: 엄청 늦었네! 이제 나 간다.

B: 잘 가고 집까지 운전 조심해.

>> **Speaking Practice:**

I'm off to bed
자러 갈래

I'm off to see your dad
너희 아빠 만나러 갈래

I'm off to Carol's
캐롤네 집에 가려구

We're off to the big audition
우린 중요한 오디션 보러 가

Get More

I must be off 이제 가봐야겠어

A: Come on sweetheart, just stay a little bit longer.

B: No, **I must be off**. My parents want me to be home by 11pm.

A: 자기야 제발, 조금만 더 있다 가자.

B: 안돼, 가야돼. 부모님이 11시까지 들어오라고 하셨어.

A: Well, **I must be off**. Got to make dinner for the kids.

B: What are you making tonight?

A: 이제 그만 가봐야 돼. 애들 저녁을 만들어 줘야 하거든.

B: 오늘밤엔 뭘 만들거야?

>> **Speaking Practice:**　　(I'd) Better be off　난 가봐야겠어
　　　　　　　　　　　　　I'd better go now　이젠 가야겠어
　　　　　　　　　　　　　I have to leave　출발해야겠어
　　　　　　　　　　　　　(It's) Time for me to go　진작 일어났어야 했는데

Be my guest!
그럼요

○ 상대방의 요청을 흔쾌히 허락할 때(Please feel free to do so), 또 엘리베이터 입구나 출구 등에서 옆사람에게 기쁜 마음으로 양보할 때(Please go in front of me) 자주 쓰는 예절 표현.

A: Excuse me, may I use your toilet?

B: **Be my guest**. It's down the hallway, on your left.

A: 죄송합니다만, 화장실을 사용해도 될까요?

B: 그럼요. 복도를 따라 죽 가면 왼쪽에 있어요.

A: That's a beautiful ring. May I take a look at it?

B: **Be my guest**. It was handcrafted in Italy.

A: 반지 예쁘다. 한번 봐도 될까?

B: 되고 말고. 이탈리아에서 만든 수공예품이야.

 Mike Says:

This means "Help yourself" or indicates the person should feel free to relax and behave naturally, with no formality.

≫ **Speaking Practice:**

Please yourself
마음대로 하세요

Get More

Whatever you ask 뭐든 말만 해 (I'll do anything that you ask)

A: I'd like a hotel room with a large bath and cable TV.

B: **Whatever you ask**, we will try to do.

A: 난 큰 욕실과 케이블 TV가 있는 호텔 방이 좋아.

B: 뭐든 말만 해, 우리가 어떻게 해볼테니까.

≫ **Speaking Practice:** Whatever you say 말만 해, 전적으로 동감이야
Whatever it takes 무슨 수를 써서라도
Anything you say 말만 하셔

I am all yours 난 24시간 대기야 (I'm ready to help you whatever[whenever] you need)

A: Jim, can we talk for a minute?

B: **I'm all yours**. What's up?

A: 짐, 잠깐 시간 좀 내줄래요?

B: 저야 언제든 오케이죠. 무슨 일이세요?

Okey-dokey / Okie-dokie 좋아, 됐어 〔OK를 재미있게 발음한 것으로 좋아(fine), 됐어(all right)라는 의미. 주로 친한 사이에 사용된다〕

A: OK Sam, I want you to begin unloading the boxes from the truck.

B: **Okie-dokie**, I'll get started right now.

A: 좋아, 샘. 난 네가 트럭에서 박스를 내려줬으면 해.

B: 알았어. 지금 바로 할게.

》**Speaking Practice:** I agree 그래
　　　　　　　　　　　I understand 알았어
　　　　　　　　　　　Whatever you want to do 네가 하고 싶은 거 뭐든 좋아

Check it out at Gotham

Whatever you say

◯ Season 1 Episode 1

피쉬의 버림을 받은 오스왈드(펭귄)의 뒤처리를 맡은 하비 형사는 파트너인 고든 형사에게 펭귄을 죽이라고 하는 장면이다. 고든은 트렁크에서 펭귄을 꺼내고 하비에게서 총을 받아들고 부두끝으로 끌고 간다. 펭귄은 걸어가면서 고든 형사님, 제발요. 살려주세요. 시키는 건 뭐든지 할게요(Please, Mr. Gordon, just let me live. I'll do whatever you say), 평생 노예가 될게요(I'll be your slave for life)라며 목숨을 구걸하면서 자기가 쓸모있는 자산이라는 걸 부두끝까지 걸어가면서 어필한다. 제 말 좀 들어봐요. 전쟁이 다가오고 있어요(Listen to me, there is a war coming), 아주 끔찍한 전쟁요(A-a terrible war), 팔콘의 장악력은 떨어져가고 라이벌들은 굶주려해요(Falcone is losing his grip, and his rivals are hungry), 대혼란이 있을거예요(There-there will be chaos), 거리에는 핏물이 강물처럼 흐를거예요(Rivers of blood in the streets), 난 알고 있어요. 난 그렇게 될게 보여요(I know it! I can see it coming), 난 그쪽으로 잘 알잖아요, 난 형사님을 도울 수 있어요(See, I'm clever that way. And I can help you), 당신의 스파이가 될 수 있어요(I can be a spy)라고 간청한다. 고든은 그러나 입닥쳐! 돌아서(Shut up! Turn around)라고 하고 펭귄은 제발, 자비를 베풀어주세요(For God's sake, have mercy)라고 목숨을 구걸한다. 마지막으로 고든은 고담으로는 다시 돌아올 생각하지마(Don't ever come back to Gotham)라고 하면서 총을 허공을 향해 쏘며 동시에 펭귄의 등을 바다로 밀어버린다.

Now you're talking
그래 바로 그거야!, 그렇지!

○ 「이제야 말이 통하는군!」, 상대방이 내가 말하고자 했던 바를 그대로 이해하고 원하던 반응을 보일 때 「그래, 바로 그거야」, 「이제야 말이 통하는군」하며 만족감을 나타내는 표현.

A: Let's go out and drink some beer.

B: **Now you're talking**. I haven't had a chance to relax all week.

A: 나가서 맥주나 좀 마시자.
B: 좋은 생각이야. 일주일 내내 기분전환할 기회가 없었는데.

A: Would you like to travel to Europe this summer vacation?

B: **Now you're talking**. Let's go and check out the museums there.

A: 이번 여름 방학 때 유럽으로 여행가고 싶니?
B: 좋다마다. 가자구, 가서 박물관도 둘러보구.

 Mike Says:

This means "I agree with what you are saying" or "I think you have the right idea."

>> **Speaking Practice:**
Now we're interfacing
이제야 말이 통하네

Bingo
바로 그거야 [내 의도를 맞춘 경우]

Get More

That's what I'm saying 내 말이 그 말이야

A: Yes, I agree. He's causing many problems among the office staff.
B: **That's what I'm saying**. It's time to transfer him elsewhere.

A: 맞아, 나도 그렇게 생각해. 그 사람은 직원들 중에서 가장 많은 문제를 일으키는 사람이야.
B: 내 말이 그 말이야. 그 사람을 다른 곳으로 보낼 때가 됐어.

>> **Speaking Practice:** (You) Took the words right out of my mouth 내가 하고 싶은 말이야

We're talking the same language (얘기가 안 통했는데) 이제 얘기가 된다

A: We need to make certain our next president represents the ideas of the people.
B: **Now we're talking the same language**. I agree one hundred percent.

A: 우린 차기 대통령이 국민들의 생각을 대변해줘야 한다는 사실을 명확히 해야 해.
B: 같은 생각이야. 나도 전적으로 동의해.

>> **Speaking Practice:** You're speaking my language 이제 얘기가 되는구만
Speak my language 알아듣게 말해봐
We are not speaking the same language 말이 안통하는군

○ 사람들과 얘기를 하거나 전화 통화를 하다보면 예기치 않게 대화가 끊기는 경우가 종종 있다. 그러다 다시 대화로 컴백하면서 꺼내는 서두 표현(p. 86 Where am I?와 비교).

A: Sorry about that. The pot on the stove was boiling over. **Where was I**?

B: You were just saying how you are going to tell your boss off.

A: 미안. 스토브의 냄비가 끓어 넘쳐서. 근데 어디까지 얘기했더라?
B: 어떻게 상사를 혼내줄 것인가에 대해서 얘기하고 있었어.

A: I'm sorry I interrupted you. Please go on with what you were saying.

B: OK. Gee, I forgot what I was saying. **Where was I**?

A: 방해해서 죄송합니다. 말씀하시던 거 계속 하세요.
B: 알겠습니다. 이런 제가 무슨 이야기를 하고 있었는지 까먹었어요. 어디까지 얘기했었죠?

>> Speaking Practice:

Where were we?
우리 어디까지 얘기했지?

What was I saying?
내가 무슨 말하고 있었지?

Get More

I was somewhere else 잠시 딴 생각했어요

A: Martin? Martin, are you alright?

B: Hmm? Oh yes, I'm OK. **I was somewhere else** for a moment.

A: 마틴? 마틴, 괜찮아요?
B: 음? 아 예, 괜찮아요. 잠깐 딴 생각하고 있었어요.

You know what?

그거 알아?, 근데 말야?

○ 대화 시작시 혹은 새로운 화제를 꺼낼 때 상대방의 주의를 집중시키기 위해 하는 말. 숱하게 만났다 헤어지면서 대화를 하는 미드에서 자연 많이 찾아볼 수 있는 표현이다.

A: I have to say that I never really liked you very much.

B: **You know what**? That doesn't matter because I don't like you either.

A: 말할 게 있는데, 난 당신이 아주 싫어요.
B: 알랑가 모르겠네, 나도 당신을 싫어하니까 상관없어요.

A: **You know what**? I'm planning on moving to your neighborhood.

B: Really? I think I'll really enjoy having you live close by.

A: 있잖아, 나 너희 동네로 이사갈 계획이야.
B: 정말? 너랑 가까이 살면 정말 좋겠다.

≫ **Speaking Practice:**

(Do) You know somethin'?
그거 알려나?

(Do you) (want to) Know something?
알고 싶지 않니, 궁금하지 않니?

Do you know about this?
이거 아니?

Check it out at Friends

You know what?

○ Season 8 Episode 3

아이의 아빠인 로스에게 임신사실을 말하려는 레이첼과 레이첼이 자기와 섹스를 한번 더 하기를 바란다고 생각하고 있는 로스가 만난다. 레이첼이 얘기 좀 해야겠다(I think there's something that we really need to talk about)고 하자 은근한 자신감있는 목소리로 그럴 것 같다(I think we do)고 말하면서 안으로 들어가자(Why don't we go inside?)고 한다. 방으로 들어선 후 로스가 네가 여기 왜 왔는지 안다(Look uh, I know why you're here)고 하는데 레이첼은 자기 임신사실을 알고 있는 줄 알고 You do?라고 한다. 하지만 다음 이어지는 로스의 대사는 실소를 금치 못하게 한다. 레이첼의 쑥스러움을 덜어주기 위해(Yeah, and to save you from any embarrassment), 자기가 먼저 얘기를 꺼내야 할 것 같다(I think maybe I should talk first)고 한다. 그날 걱정의 밤이었지(That's been one heck of a see-saw hasn't it?)라고 하자 레이첼은 혼란스러워하며 뭐라고?(What?)하면서 반문한다. 로스가 달래듯이 말을 한다. 우리의 하룻밤은 재미있었고 열정적이었지만(I mean look, that-that one night we had was fun and···and certainly passionate) 우리 친구사이로 남는게 더 낫지 않겠니?(but don't you think it's better if we just stayed friends?)라고 하고 무슨 말인지 이해가 가질 않는 레이첼은 정말이지 무슨 말이야?(Seriously. What?)라고 묻는다. 아직도 착각하고 있는 로스는 저 말이야(You know what?), 네가 원한다면 우리 한번 더 섹스할 수 있다고 한다.

◑ 대화 도중 더 좋은 생각이나 주제가 떠올라서 이를 제안할(to introduce a suggestion or a new topic of conversation) 때 사용하는 표현. 앞에 Ok나 Alright이 오는 경우가 많고 뒤로는 I am going to / I'll ~ / Why don't you ~ / Let's + V~ 등의 문장이 자연스레 따라온다.

A: Do you think the bank will loan us another $50,000?

B: **I'll tell you what**, let's go talk to the loan officer tomorrow.

    A: 은행에서 우리한테 5만불을 더 대출해줄까?
    B: 이러면 어떨까? 내일 대출 담당자한테 가서 얘기해보자구.

A: **I'll tell you what**, if I had money, I'd open my own store.

B: That's crazy. The economy is so bad right now your store would never make it.

    A: 저 말야, 돈이 있다면 내 가게를 갖고 싶어.
    B: 미쳤어? 지금 경제가 이렇게 안좋은데 잘 되기 힘들거야.

>> **Speaking Practice:**

I tell you what
있잖아

Tell you what
있지

I (will) tell you what I think
내 생각을 말하면 이래

This is what we'll do
이렇게 하자

Here's my plan
내 생각은 이래

Here's my idea
내 생각 들어봐

Mike Says:

I'll tell you what: This is usually used to propose something.
    ex. I'll tell you what. If you clean my house, I'll give you 40,000 won.

Guess what?(p. 297): This means someone is giving new information.
    ex. Guess what? I got a new job today!

You know what?(p. 386): This is used to express something the speaker is thinking about.
    ex. You know what? I'm really hungry. Let's go out to eat.

(It's a) Deal?

그럴래?, 좋아?

○ deal은 여기서 명사로 「거래 협정」이라는 의미. 따라서 (It's a) Deal? 하면 제안한 양측 모두에게 이익이 되는 어떤 거래를 할 것에 동의하는지를 묻는 표현이다.

A: Sell it to me for $1,000, that's my final offer. **Deal**?

B: No, I'm afraid that your offer is much too low.

A: 그거 나한테 천달러에 팔아라. 마지막으로 제안하는 거야. 그럴래?
B: 싫어. 네가 너무 낮게 부르는 거 같아.

A: Did you agree to the terms in our contract?

B: Yes, but I want to extend it from one year to two years. **Deal**?

A: 계약 조건에 동의하시는 거죠?
B: 네. 하지만 1년에서 2년으로 연장하고 싶은데요. 그렇게 하실래요?

>> Speaking Practice:
(It's a) Done deal
그러기로 한 거야

Get More

(It's a; That's a) Deal 그러기로 한 거야, 내 약속하지 (I agree to something)

A: What do you think about the offer we're making to you?
B: **It's a deal**.

A: 우리 제안에 대해 어떻게 생각하십니까?
B: 그렇게 합시다.

A deal's a deal 약속한 거야 (You must honor our agreement or you can't backout of this)

A: I'm not sure that I can honor our original agreement.
B: **A deal's a deal**. If you don't follow our agreement, I'll have to sue you.

A: 원래 합의했던 내용을 지킬 수 있을지 확신할 수가 없네요.
B: 약속은 약속이에요. 안 지키면 고소를 하는 수밖에 없죠.

How do you do that?

어쩜 그렇게 잘하니?, 어떻게 해낸 거야?

⊙ 생각지도 못했던 놀라운 능력을 보이는 사람에게 「어떻게 그렇게 잘할 수 있는 거야?」, 「어떻게 그것을 해낸거야?」라고 말하는 놀람과 감탄의 표현.

A: That was a great scene! And that slap looks so real! **How do you do that**?

B: Oh, just years of experience.

    A: 굉장한 장면이었어요. 게다가 뺨 때리는 건 정말 리얼했다구요! 어쩜 그렇게 잘해요?

    B: 글쎄요, 다년간의 경험 덕분이죠.

A: Just looking at you, I'd say that you probably found a new girlfriend.

B: **How do you do that**? I haven't told anyone about my girlfriend yet.

    A: 척 보니 너 새 여자친구 생겼나보구나.

    B: 어떻게 알아? 여자친구에 대해서 아직 아무한테도 말 안했는데.

Mike Says:

This means "What is your method?" or expresses surprise at someone's special talent. For example, "You always get the highest evaluations at work. How do you do that?"

》**Speaking Practice:**

How do you know that?
어떻게 안 거야?

Check it out at Friends

How do you do that?

⊙ Season 1 episode 3
Paul the wine guy와 섹스 후 입이 귀에 걸릴(hanger in her mouth) 정도로 행복에 겨워 출근한 Monica에게 직장동료인 Frannie가 섹스했냐고 묻는 장면. 자신의 은밀한 사생활(?)을 들켜버린 Monica가 화들짝 놀라 하는 말이 바로 "How do you do that?"이다. 「너 그거 어떻게 아니?」, 「너 어떻게 알어?」, 「넌 그걸 어떻게 아니?」 정도의 의미.

⊙ Season 1 episode 5
Janice와 헤어지고(break up) 싶어하는 Chandler가 Phoebe에게 감탄하는 장면. Phoebe가 남자친구와 hug 한번으로 아주 간단히 헤어졌을 뿐만 아니라 자신은 제대로 헤어지지도 못하고 쩔쩔매는 Janice를 또다시 hug 한번으로 보내버리자 이 광경을 보고서 놀란 나머지 하는 말이 "How do you do that?"이다.

How'd it go?
어떻게 됐어?, 어땠어?

○ 어떤 일(it)의 진전 상태를 물어보는 표현. 또한 누군가와의 관계가 어떻게 되어가는지를 물어보려면 How did it go with sby?를 붙여 말하면 된다.

A: I heard that you just got back from that big meeting with Microsoft. **How'd it go**?

B: Great. I got the account.

  A: 마이크로 소프트 社하고 중요한 회의를 하고 왔다면서요. 어떻게 됐
    어요?

  B: 잘 됐어요. 그 건을 따냈어요.

A: I finally met my girlfriend's parents.

B: Well, **how'd it go**?

A: Not so well. They didn't really like me.

  A: 드디어 여자친구 부모님을 뵈었어.

  B: 그래, 어떻게 됐어?

  A: 썩 좋지는 않았어. 날 별로 안좋아하셨거든.

 Mike Says:

In this case, "to go" means "to happen or develop." So if someone asks you "How'd it go?," he or she wants to know the outcome or the result of something.

》**Speaking Practice:**

How did it go with Elizabeth?
일리저빗하고 어떻게 됐어?

How did it go with Joshua last night?
어젯밤에 조슈아하곤 어떻게 됐어?

How did it go at the doctors?
병원에 간 일은 어떻게 됐어?

Get More

How was it with your friends? 네 친구들은 어땠니?

  A: In high school, my friends all wanted to go to university. **How was it with your friends**?

  B: Most of my friends just wanted to get a job and make money.

  A: 고등학교 때 내 친구들은 다 대학에 가고 싶어했어. 네 친구들은 어땠어?

  B: 내 친구들은 대부분 그냥 취직해서 돈벌고 싶어했어.

That rings a bell

313

Level 3

얼핏 기억이 나네요

○ 누가 머릿 속에서 딸랑딸랑 벨을 울려주기라도 한듯, 뭔가가 불현듯 떠오르는 것을 비유적으로 나타낸 표현으로, 주어가 「뭔가를 생각나게끔 한다」(remind one of something)라는 의미.

A: Do you remember a guy named Roy Blount? I ran into him last night.

B: **That name rings a bell**. Was he in our senior class?

A: 로이 블런트라는 남자 기억나? 어젯밤에 우연히 마주쳤어.

B: 이름을 들어본 것 같은데. 우리보다 상급생이었지?

A: Remember when there was a big festival downtown when we were kids?

B: Hmm... **That rings a bell** but I'm not sure. Where was it?

A: 우리 어렸을 때 시내에서 큰 축제 열렸던 거 기억나?

B: 음… 그랬던 듯도 한데 잘 모르겠어. 어디서 열렸지?

 Mike Says:

This phrase means something is familiar but the speaker doesn't remember everything about it.

≫ **Speaking Practice:**

Does it ring a bell?

뭐 생각나는 거 없어?

Get More

That reminds me 그러고 보니 생각나네

A: I have to go to a meeting downtown at 3:00.

B: **That reminds me**, I have to pick up a book downtown this afternoon.

A: 3시에 시내로 회의 참석하러 가야돼.

B: 그 얘길 하니 생각나는데, 나 오늘 오후에 시내로 책 사러 가야돼.

Let's cut to the chase

단도직입적으로 물어볼게, 까놓고 이야기하자고

⊙ 이리저리 에두르거나 쓸데없는 주변이야기는 거두절미하고 원하는 정보를 단도직입적으로 물어 보겠다는 표현.

A: How was your golf game today honey? It was such a beautiful day.

B: **Let's cut to the chase**. The real reason I wanted to talk to you is because I want a divorce.

A: 여보, 오늘 골프시합 어땠어? 날씨 정말 좋았는데.
B: 단도직입적으로 얘기할게. 당신하고 얘기하고 싶어한 건, 사실은 당신하고 이혼하고 싶어서야.

A: Hi Mr. Smithers. You look great today.

B: **Let's cut to the chase**. I have to fire you because your performance is down.

A: 안녕하세요 스미더스 씨. 오늘 멋있어 보이네요.
B: 단도직입적으로 얘기하지. 자네 실적이 낮아서 자넬 해고해야겠네.

>> **Speaking Practice:**
I'll come to the point
딱 잘라 말할게

Get More

Don't beat around the bush 말 돌리지 마, 핵심을 말해

A: Honey, we need to have a talk. I really love you and I like being with you.

B: **Don't beat around the bush**. What is it?

A: 여보, 얘기 좀 해. 난 정말로 당신을 사랑하고 당신하고 사는 거 좋아.
B: 빙빙 돌려 얘기하지 마. 무슨 얘긴데?

This can wait

Level 3

그건 나중에 해도 돼

○ 급하지 않은 일이니까 좀 기다렸다가 해도 늦지 않는다는 의미. 주어 자리에는 This 외에도 기다렸다가 해도 되는 일을 나타내는 명사가 다양하게 온다.

A: **This paperwork can wait**. We need to take a break for some dinner.

B: Sounds good to me. I'm starving.

**Mike Says:**

The speaker is saying that he wants to delay doing something.

A: 이 서류작업은 좀 이따가 하자. 저녁 먹으면서 좀 쉬어야겠어.

B: 그거 괜찮겠다. 나 배고파.

A: **This work can wait**. Your birthday is more important.

B: Thanks, Daddy.

A: 이 일은 좀 미루자. 네 생일이 더 중요하니까.

B: 고마워요, 아빠.

Get More

(That) Can't wait 이건 급해

A: Are you finished with that report I asked you for?

B: I was going to do it next.

A: **That can't wait**. Go ahead and do it first.

A: 내가 지시한 보고서 다 끝냈나?

B: 이거 하고 나서 하려고요.

A: 급한 거야. 이것 먼저 당장 시작하게나.

》Speaking Practice: Can't that wait? 미루면 안돼?, 급한 거야?

I am working on it

지금 하고 있어

⊙ 여기서 work on은 어떤 일을 「열심히 하다」(make an effort to do something)라는 의미. on 다음에는 사람이 오기도 하는데, 그 경우 의사가 환자를 「치료하거나」 상대를 「설득하다」라는 뜻이 된다. be working on은 음료나 음식을 「먹고 있는 중」이라고 할 때도 자주 사용된다.

A: How's the project coming along? Are you finished yet?

B: **I'm working on it**. Should be finished soon.

A: 그 프로젝트는 어떻게 되어가? 이제 끝냈어?

B: 지금 하고 있어. 곧 끝날 거야.

A: How's the boss? Have you made him happy yet?

B: **I'm working on it**. If I keep working hard this month I think he'll be satisfied.

A: 사장님은 어떠셔? 만족스럽게 해드렸어?

B: 노력 중이야. 이번 달에 계속 열심히 일하면 만족하실 것 같아.

 Mike Says:

Generally, this means the speaker is spending time repairing or improving something.

Get More

I'm on it 내가 처리 중이야 [be on sth은 「…을 진행중이다」]

A: I need someone to finish this proposal A.S.A.P.

B: **I'm on it**. It'll be done before you know it.

A: 누군가 이 제안서를 될 수 있는 대로 빨리 마무리 해줘야겠어.

B: 제가 하고 있습니다. 눈깜짝할 사이에 해치울게요.

Check it out at Friends

I am working on it

⊙ Season 1 episode 5

Chandler가 Janice와 헤어지는 장면. 어떻게 말을 꺼내야할 지 몰라 안절부절하고 있는 Chandler가 커피를 마시고 있는 Janice에게 "Can I get you another latte?"라 묻자 Janice가 「아직 마시고 있다」면서 하는 말 이 "I'm still working on mine."

It all adds up

앞뒤가 들어 맞아

317
Level 3

○ add up은 원래 「계산이 맞다」라는 뜻인데, 「이치에 맞다」, 「논리적이다」라는 비유적인 의미로도 사용된다. 그래서 어떤 일이 앞뒤 논리가 딱 맞아 떨어질 경우에 It adds up이라고 하면 된다.

A: I do not hate him!

B: Of course you do! I helped him! You're mad at me! **It all adds up**!

Mike Says:

This means something makes sense or is logical, and therefore able to be understood.

A: 난 걜 싫어하지 않아!

B: 틀림없이 싫어해! 내가 걜 도와줘서 나한테 화가 났잖아. 앞뒤가 딱 들어 맞네!

A: My husband always comes home late. He gets strange phone calls at night.

B: **It all adds up**. I think he must be seeing another woman.

A: 우리 남편은 맨날 늦게 들어와. 밤에는 수상쩍은 전화통화를 하고.

B: 종합해보면 이런 거네. 내 생각엔 너희 남편이 딴 여자를 만나고 있는 게 틀림없어.

Get More

That explains it 그럼 설명이 되네, 아 그래서 이런 거구나 [이해가 잘 안되는 상황에서 그 이야기 (that)를 듣고보니 이해가 된다]

A: Did you know that Sally has a new boyfriend?

B: **That explains it**. I was wondering why she's always smiling and daydreaming. She was in love.

A: 샐리가 새로 남자친구를 사귀는 거 알고 있었어?

B: 아 그래서 그랬구나. 걔가 왜 항상 실실 웃으면서 공상에 빠지나 했더니만, 사랑에 빠진 거였군.

That can't be

318
Level 3

뭔가 잘못된 거야, 그럴 리가 없어

○ That's impossible보다 강도가 약한 표현으로 「뭔가 잘못되었다」(must be wrong)거나 「그럴 리가 없다」고 생각될 때 사용하는 표현.

A: I'm afraid I have some bad news. Mr. Jones died last night.

B: **That can't be**! I just had lunch with him last week and he was fine.

A: 안됐지만 나쁜 소식이 있어. 존스 씨가 어젯밤에 돌아가셨대.
B: 말도 안돼! 지난 주에 같이 점심을 먹었는데, 그땐 건강하셨다구.

A: Hey. Look. You got a D in Professor Moore's class.

B: **That can't be**. Last week he told me I was doing great!

A: 야, 이거봐, 너 무어 교수님 수업에서 D를 받았구나.
B: 이럴 수는 없어. 지난 주에 나한테 잘 하고 있다고 말씀하셨는데!

 Mike Says:

That can't be vs. It can't be

I believe that these have very similar meanings. They are expressing the feeling that there is some mistake or that something is incorrect.

》**Speaking Practice:**

It can't be
이럴 수가

That can't be good[smart]
그럴 수가 없어, 그럴 리 없어

Get More

How is that possible? 어떻게 그럴 수가 있지?

A: I heard that Douglas won the election last night.

B: **How is that possible**? Nobody liked him.

A: 선거에서 어젯밤 더글러스가 당선됐대.
B: 어떻게 그럴 수 있지? 아무도 그 사람을 좋아하지 않는데.

Something's wrong 뭔가 잘못된 거야

A: I heard everybody is getting a raise next month.

B: **Something's wrong**. We have never gotten a raise before!

A: 다음 달에 다들 봉급이 오른다는 얘길 들었어.
B: 뭔가 이상해. 지금까지 한번도 봉급이 오른 적이 없었다구!

○ 우리말 「이제 죽었다」와 같은 맥락의 표현. 잘못을 저지른 사람에게 「아주 혼찌검을 내주겠다」는 의미이다.

A: It was Bill who stole the money from you last week.

B: **He's a dead man**. Just wait until I catch him.

A: 지난 주에 네 돈 훔친 사람이 바로 빌이더라구.
B: 걘 이제 죽었어. 잡기만 해봐라.

A: Alex borrowed a lot of money from some gangsters, but now he can't pay them back.

B: That's a serious problem. **He's a dead man**.

A: 알렉스가 양아치들한테 돈을 많이 빌렸는데, 지금 갚을 능력이 안돼.
B: 그거 큰 문젠데. 알렉스는 이제 죽었다.

》**Speaking Practice:**
Party's over
이제 넌 끝장이야

Get More

It's your funeral 그날로 넌 끝이야 〔무모한 행동을 하는 상대방에게 경고〕

A: I don't feel like studying for the exam. Let's go drink some beer.

B: **It's your funeral**. You'll regret it later.

A: 시험 공부하기 싫어. 맥주나 마시러 가자.
B: 그러면 넌 끝이야. 나중에 후회할걸.

Make my day! 할테면 해봐라!

A: As part of our divorce, I plan to get ownership of our house for myself.

B: Go ahead, **make my day**! You can try, but I'll never give up the house.

A: 이혼 몫으로, 집의 소유권을 내가 가질 생각이야.
B: 계속해보시지, 한번 해보자구! 네가 그래도 나도 집은 절대 포기 안해.

》**Speaking Practice:** Go ahead, make my day! 덤벼봐 한번 해보자구!

I know what I'm doing
나도 아니까 걱정하지마, 내가 다 알아서 해

○ 못미더운 눈치를 보이며 내가 하는 일마다 꼬투리를 잡고 늘어지는 사람에게 「내가 하는 일을 나 말고 누가 더 잘 알겠냐」, 「내가 하는 일에 대해선 잘 알고 있으니 걱정마라」(Don't worry, I can handle it)고 하는 표현.

A: Have you ever driven a motorcycle before?

B: It's OK. **I know what I'm doing**.

≫ **Speaking Practice:** You know what you're doing?
잘 알겠지?, 어떻게 하는지 알지?

　A: 오토바이 몰아본 적 있어?
　B: 괜찮아. 나도 다 아니까 신경 꺼.

A: Are you sure your supervisor would approve of this?

B: **I know what I'm doing**. I'm going to make huge profits for the company.

　A: 네 상사가 이걸 승인할 거라는 게 틀림없어?
　B: 내 일은 내가 알아서 해. 회사에 막대한 이익을 낼거라구.

Get More

I know what I'm saying 나도 알고 하는 말이야, 내가 알아서 얘기한다구

　A: You have been drinking all day. I don't think you should talk to your parents now.

　B: **I know what I'm saying**. I'm in full control of myself.

　A: 진종일 마셔대는군. 지금은 부모님이랑 얘기하면 안되겠다.
　B: 내가 알아서 해. 나 하나는 건사할 수 있다구.

≫ **Speaking Practice:** I know what I'm talking about 나도 다 알고 하는 얘기야

⭕ 「네가 자초한 일이다」(You're getting what you requested), 나아가 「그런 일을 당해도 싸다」 (You deserve the punishment)란 의미로 발전되기도 하는데, 뭔가 어려운 상황에 처한 사람에게 위로는 못할 망정 속을 벅벅 긁어대는 표현이다.

A: I was fired today. Can you believe that?

B: **You asked for it**. You were always late and neglecting your work.

   A: 나 오늘 잘렸어. 이게 말이 돼?

   B: 당해도 싸다. 맨날 지각에다 업무태만이었으니.

A: I can't believe she slapped me in the face.

B: **You asked for it**.

   A: 그 여자가 내 따귀를 때렸다는 게 말이나 되냐구!

   B: 맞을 짓 했지 뭘 그래!

 Mike Says:

This means "Because of your actions, this negative thing happened." The speaker is saying that someone is at fault because of his behavior.

≫ **Speaking Practice:**

You've brought this on yourself

네가 초래한 거야

Get More

That'll teach her! 그래도 싸지, 당연한 대가야

  A: Beth was caught cheating on her mid-term exam.

  B: **That'll teach her**! She can't cheat when everyone else has to study hard.

   A: 베스가 중간고사 중에 컨닝하다 걸렸어.

   B: 당연한 대가야! 다들 열심히 공부해야 하는데 컨닝을 하면 안되지.

  ≫ **Speaking Practice:** It serves you right! 넌 그런 일 당해도 싸!, 꼴 좋다!
                          You'll pay for that! 당해도 싸다!, 꼴 좋군!

You had it coming! 네가 자초한 거야!

  A: I just got dumped by Katie. Why would she do that?

  B: **You had it coming**. You were always seeing other girls behind her back.

   A: 방금 케이티한테 채였어. 케이티가 왜 그랬을까?

   B: 넌 그래도 싸. 맨날 뒤에서 다른 여자들 만나고 다녔잖아.

It completely slipped my mind
깜박 잊었어

⭕ 사람이 살다보면 또 나이가 들다보면 이러저런 일을 곧잘 잊어버리는 수가 있다. 이때 쓸 수 있는 표현이 바로 It slipped my mind. 「아, 참 내 정신 좀 봐, 깜빡했네」 정도의 말이다.

A: Did you bring the book that I lent you?

B: Oh no, I'm sorry. **It completely slipped my mind**.

A: 내가 빌려준 책 가져왔니?
B: 오 이런, 미안해. 까맣게 잊고 있었어.

A: Did you call him this morning?

B: **It completely slipped my mind**. I'll do it right now.

A: 오늘 아침에 그 사람한테 전화했니?
B: 깜빡 잊어먹었네. 지금 당장 할게.

》 **Speaking Practice:**

I totally forgot
까맣게 잊어버렸어

He lost his train of thought
그 사람, 무슨 말을 하려다가 까먹었어

Get More

(The) Cat got your tongue? 왜 말이 없어?

A: Why are you so quiet tonight? **The cat got your tongue**?

B: No, I'm just feeling tired after working all day.

A: 오늘밤에 왜 그리 조용해? 벙어리 됐어?
B: 아니, 하루 종일 일하고 나니 그냥 피곤해서.

It's on the tip of my tongue 혀 끝에서 뱅뱅 도는데 〔어떤 말이 생각 날듯 말듯 할 때 「입 안에서 맴도는데, 그게 뭐였더라?」라는 말〕

A: Can you tell me the name of the street we're looking for?

B: Sure! Just a minute, **it's on the tip of my tongue**.

A: 우리가 찾아가고 있는 거리명 좀 알려줄래?
B: 물론이지! 잠깐만, 혀 끝에서 뱅뱅 도는데.

○ 지각동사 see가 5형식으로 쓰인 경우. not see + that(목적어) + 동사의 ~ing 형태로 「that이 일어나는 것을 못본다」라는 말. 결국 「그런 일은 일어나지 않을 것이다」라는 표현이다.

A: She plans to go to L.A. and become an actress next year.

B: **I don't see that happening**. Her parents are insisting that she continue university.

 Mike Says:

The speaker is stating that he doesn't think something will occur.

    A: 그 여잔 LA로 가서 내년엔 배우가 되려고 해.
    B: 과연 그렇게 될까. 걔네 부모님은 대학에 계속 다니라고 하시잖아.

A: I'd like to open my own business and make lots of money.

B: **I don't see that happening**. You don't have any experience running a business.

    A: 자영업을 시작해서 돈을 많이 벌고 싶어.
    B: 그렇게는 안될걸. 넌 사업체를 경영해본 경험이 없잖아.

Get More

That can't happen   말도 안돼(That's impossible), 그렇지 않아

    A: The building that you designed is having serious structural problems.

    B: **That can't happen.** I did all of the calculations myself.

    A: 당신이 설계한 건물에는 심각한 구조적 결함이 있어요.
    B: 그럴리 없어요. 직접 전부 계산했는걸요.

Check it out at Friends

I don't see that happening

○ Season 1 episode 13

 샤워하고 나오는 Rachel의 가슴을 우연히 보고 난 뒤 그때의 감동을 잊지 못한 채 또다시 Rachel의 가슴을 뚫어져라 쳐다보는 Chandler에게 원통하고 분통한 Rachel은 그때 충분히 보지 않았다고 핀잔을 주는데… 이에 중재에 나선 Ross는 Chandler가 Rachel에게 거시기 (pee-pee)를 보여주면 공평하겠다는 해결책을 제시하는데, Chandler 왈 "Y'know, I don't see that happening."

He got lucky with Julie

개, 줄리랑 잤대

○ get lucky with는 여자하고 데이트한 친구에게 「걔하고 성공(?)했냐」, 즉 「갈 데까지 갔냐」(go all the way)고 물어볼 때 쓸 수 있는 슬랭 표현. 또한 *Friends*에선 Rachel이 Chandler와 섹스한 꿈 얘기를 하자 Joey가 "Excellent dream score"라고 하는데, 여기서 score도 have sex의 의미.

A: Did you hear what happened to Steve last weekend?

B: You mean **he got lucky with Julie**? It was his first time to have sex.

A: 지난 주에 스티브한테 뭔 일이 있었는지 얘기 들었어?
B: 줄리랑 잤다는 거? 걔닐이 처음이었다지.

A: I wonder if **Simon has gotten lucky with Tanya** yet.

B: I don't think so. She said she wants to wait until she gets married.

A: 사이먼이 타냐하고 같이 잤는지 몰라.
B: 아닐걸. 타냐가 결혼할 때까지 기다려 달라고 했다는데.

 Mike Says:

"To get lucky" is a phrase usually used by men to refer to women. It means to have sex with a woman that the man probably does not have a serious relationship with.

≫ **Speaking Practice:**

Your place or mine?

너희 집 아니면 우리 집? [섹스를 전제로]

Get More

You have no chance of scoring with her 네가 쟤랑 섹스할 가능성은 전혀 없어

A: I'm taking Debbie to a romantic restaurant tonight and then back to my house.

B: Don't waste your time. **You have no chance of scoring with her**.

A: 나 오늘밤에 데비랑 분위기있는 식당에 갔다가 우리 집으로 데리고 갈거야.
B: 시간 낭비하지 마라. 넌 걔랑 못할거야.

I wanna get laid 섹스하고파 [lay는 「성적인 대상」(sex partner)이고 get laid는 「성행위를 하다」 (have sex)라는 의미]

A: What do you want to do tonight?

B: Let's go to a club and find some girls. **I wanna get laid** bad.

A: 오늘밤에 뭐 할래?
B: 클럽에 가서 아가씨들이나 꼬시자. 끝내주게 한번 해야겠어.

I'm just flirting

좀 추근거린 것뿐이야, 작업 좀 들어간 것뿐인데

● flirt은 진지하게 사귀어보겠다거나 상대방을 반드시 사로잡아야겠다는 굳은 결의없이 「가볍게 작업(?)에 들어가다」, 「재미삼아 집적거리다」라는 의미로 대개 flirt with sby의 형태로 쓰인다.

A: Are you interested in dating that woman?

B: No, **I'm just flirting**.

<blockquote>
A: 너 그 여자랑 데이트하고 싶니?

B: 아니, 그냥 한번 건드려보기만 하는 거야.
</blockquote>

A: Jasmine, you know Terry is married.

B: It's OK. **I'm just flirting with him**.

<blockquote>
A: 재스민, 알다시피 테리는 유부남이야.

B: 상관없어. 그냥 추근대기만 하는 거니까.
</blockquote>

Mike Says:

"To flirt" means to behave as if sexually attracted to the opposite sex, although not seriously.

Get More

We ended up cuddling 결국 부둥켜안게 되었어

A: Did you sleep with her on your first date?

B: No, **we just ended up cuddling**.

<blockquote>
A: 그 여자랑 처음 만나서 같이 잤어?

B: 아니, 우린 그냥 껴안기만 했다구.
</blockquote>

I wanna make out with my girlfriend 애인하고 애무하고 싶어

A: **I wanna make out with my girlfriend**.

B: That's personal. Don't tell me about your private life.

<blockquote>
A: 내 여자친구랑 애무하고 싶어.

B: 사적인 문제야. 네 사생활 얘긴하지 말아줘.
</blockquote>

They're doing it

쟤네들 그거 한다

○ 우리가 성행위를 '그것'이라고 말하듯 영어에서도 do it이라고 한다. *Friends* Season 5 episode 14에서 Phoebe가 ugly naked guy의 집을 보러 갔다가 Monica와 Chandler가 사랑하는 행위를 보고 외치는 말도 They're doing it이다.

A: Have you seen Lisa and John? They disappeared an hour ago.

B: I think **they're doing it** upstairs in his bedroom.

    A: 리사하고 잔 봤니? 한 시간 전부터 안보이더라.

    B: 윗층 잔의 방에서 그 짓거리 하고 있을거야.

A: What's all that noise in the apartment upstairs? I can't sleep!

B: I think that **couple is doing it** again. They have sex almost every night.

    A: 여기 아파트 위층에서 나는 이 소리가 뭐죠? 잠을 잘 수가 없어요.

    B: 부부가 또 그거 하고 있는거 같은데. 그 사람들 거의 매일밤 하네.

>> **Speaking Practice:**
(Did you) Get(ting) any?
요즘 좀 했어?(=Did you have sex recently?)

Get More

I wanna have sex with you 너하고 섹스하고 싶어

A: **I wanna have sex with you**.

B: That's a disgusting comment. Get away from me.

    A: 나, 자기랑 섹스하고 싶어.

    B: 그런 역겨운 소릴! 당장 꺼져.

He made love to me 그 사람과 난 사랑을 나눴어

A: Do you remember our honeymoon in Hawaii?

B: How could I forget? We **made love** all night and all day for three days.

    A: 하와이에서 우리 신혼여행 기억해?

    B: 어떻게 잊을 수가 있겠어? 우린 3일 밤낮으로 사랑을 나누었잖아.

I want to have a fling 번개 좀 해야겠어 [성관계만을 전제로 2-3번 만나는 것을 의미한다]

A: I didn't think **you wanted to have a fling**.

B: Well, it's been a long time since I've been flung.

A: 네가 번개하고 싶어하는 줄은 몰랐어.

B: 그게 말야. 번개해본 지가 너무 오래됐거든.

It was just one night thing 하룻밤 잔 것뿐이야 [진지하게 발전하지 않은 「하룻밤 성관계」

를 one night stand이라 하지만, one night thing 혹은 one night together, 줄여서 one night이라고도 한다]

A: Are you serious about dating Debbie?

B: No, it was just a **one night stand**.

A: 너, 데비랑 진지하게 사귈거니?

B: 아니, 그냥 하룻밤 잔 것뿐이야.

How about a quickie? 가볍게 한번 어때?

A: Sweetheart, **how 'bout a quickie** before I go to work?

B: Are you crazy? You're late.

A: 자기야, 니 출근하기 전에 잠깐 한번 어때?

B: 제정신이야? 늦었다구.

Check it out at ~

○ 친구들끼리 거리낌없이 이야기하는 *Friends*나 성을 주제로 다양한 소재를 다루는 *Sex & the City*에서
「섹스를 하다」라는 말은 수없이 다양하게 나온다.

1. Chandler의 황당한 아니 황홀한(?) 경험담을 통해 do it의 용례를 확인해보자. "~ I've met the perfect woman. OK, we're sitting on her couch, we're fooling around, and then suddenly she turns to me and says, 'Do you ever want to **do it** in an elevator?'"

2. 다음은 섹스할 남자가 필요하다는 바람든(?) 여자 Rachel의 하소연을 들어보면서 fling의 의미를 간파해본다 "Ohh, I want somebody! Y'know, I want a man!! I mean, it doesn't even have to be a big relationship, y'know, just like a **fling** would be great."

3. 섹스에서 그 밖에 빈출도가 높은 동사들을 들라면 shag, screw, kick it, poke, hump, bang 등이 있다.
   - He's out **banging** other women over the head with a club.
   - Could you just stop **humping** me for two seconds?! [hump는 피스톤운동]

I got a crush on you
난 네가 맘에 들어

⚡ 주로 상대방이 아직 모르는 상태에서 좋아하는 감정에 휩싸이는 걸 말하며 아직 실제 만나는 관계도 아니고 그리고 진지한 사랑이 싹트지도 않은 걸 말한다.

A: Why did you write "Bob" on your notebook so many times?

B: He's a boy in my history class. **I've got a really major crush on him.**

A: 노트에다 "밥"이란 이름은 왜 그렇게 자꾸 써놓은 거야?

B: 역사 수업 같이 듣는 남자앤데, 나 걔한테 완전히 홀딱 반했거든.

A: Why does Jerry keep staying after school and helping the teacher?

B: I think **he has a crush on her.**

A: 제리는 왜 방과 후에도 남아서 그 선생님을 도와주는 거야?

B: 제리가 그 선생님한테 반한 것 같아.

Mike Says:

This indicates the speaker is very attracted to someone, but that person is probably unaware. It's not serious like love is.

≫ **Speaking Practice:**

I had a crush on a teacher once and it was so hard!
선생님을 좋아한 적이 있는데 무척 힘들었어

Get More

I'm crazy for[about] you 난 너한테 빠져있어

A: I'm sorry but I think we need to stop seeing each other.

B: Please don't break up with me! **I'm crazy about you.** I'll die!

A: 미안하지만 우리 이제 그만 만나야 할 것 같아.

B: 제발 헤어지지 말자! 난 너한테 푹 빠져있는 걸. 죽어버릴 거야!

≫ **Speaking Practice:** I am nuts about you 널 미친듯이 좋아해
I (am) mad about you 너한테 푸욱 빠졌어

I'm so into you 나, 너한테 푹 빠져 있어

A: I think I'm going to ask Gina out on a date.

B: I wouldn't do that. Derek will kill you. **He's really into her.**

A: 지나한테 데이트신청을 하려고 해.

B: 나라면 안하겠는데. 데릭이 널 죽이려 들 걸. 걘 지금 지나한테 푹 빠져있다구.

I have feelings for her

나 쟤한테 마음있어

○ have (got) a crush와 비슷한 표현으로 애정과 관심을 갖고 있다는 말. 여기서 feelings는 「사랑의 느낌」, 「이성을 좋아하는 감정」을 말한다. 참고로 feeling은 항상 복수로 feelings로 해야 하며 I have a feeling은 「…한 것 같다」라는 전혀 다른 의미가 되므로 주의요망.

A: What's the matter? You look down.

B: I just found out that my ex is going out with Dan. I guess **I still have feelings for her**.

A: 무슨 일이야? 기운이 없어 보여.

B: 헤어진 여자친구가 댄하고 데이트한다는 걸 알게 됐거든. 나 아직도 걜 사랑하고 있는 것 같아.

A: How can I let Lisa know that **I have feelings for her**?

B: Why don't you send her some flowers or write a poem for her?

A: 어떻게 하면 리사한테 내가 사랑하고 있다는 걸 알릴 수 있을까?

B: 꽃을 보내거나 시를 써서 주면 어떻겠어?

>> **Speaking Practice:**

You've had feelings for me?
너 나한테 마음있지?

I still have loving feelings for him
걜 사랑하는 마음이 아직 남아 있어

Get More

What do you see in her? 그 여자 뭐가 좋아?, 어디가 좋은 거야?

A: Nobody else likes Pamela. **What do you see in her**?

B: I find her really sexy. I can't explain it.

A: 다른 사람들은 아무도 파멜라를 좋아하지 않는데, 넌 어디가 좋은 거야?

B: 정말이지 섹시해. 설명 못하겠다.

>> **Speaking Practice:** What do you see in this guy? 이 사람 어디가 좋은 거야?

You turn me on 넌 내 맘에 쏘옥 들어, 넌 날 흥분시켜

A: Hey! Keep your hands off of me! People can see us.

B: I'm sorry honey. I can't help it. **You really turn me on**.

A: 어머! 내 몸에서 손 떼! 사람들이 쳐다보잖아.

B: 미안해 자기야. 나도 어쩔 수가 없어. 너만 보면 후끈 달아오른다니까.

>> **Speaking Practice:** He took a liking to me 걘 날 좋아해

We're kind of a thing now

우린 서로 좋아하는 사이야

○ 부부는 일심동체라는 우리말 표현을 떠올리면 이해하기 쉬울 듯. We're kind of a thing now하면 지금 우리는 둘이 아니라 마치 하나같은(kind of a thing) 사이, 결국 「서로 좋아하는 사이」라는 의미이다.

A: It seems like Dave and Mary are always together these days.

B: Yeah. I think **they're kind of a thing** now.

　A: 요즘 데이브와 메리가 항상 붙어다니는 것 같은데.
　B: 그러게. 쟤네 사귀나봐.

A: Are you dating Jeffery?

B: Yeah, **we're kind of a thing now**.

　A: 너 요새 제프리랑 만나니?
　B: 응, 우리 사귀어.

Mike Says:

The speaker is saying that he and someone else are at the beginning stage of a relationship.

≫ Speaking Practice:
We have chemistry
우린 잘 통해

Get More

He has (got) a thing for her 걘 그 여자를 맘에 두고 있어 〔have a thing for[about]은 「…를 무척 좋아하다」〕

　A: **I've really got a thing for her**.
　B: I know, but she seems a little stuck-up if you ask me.

　A: 난 그 여자가 정말 좋아.
　B: 그래, 하지만 내 생각엔, 그 여잔 좀 건방져 보여.

They really hit it off 쟤네들은 바로 좋아하더라고

　A: I'm looking forward to meeting your sister.
　B: I just know that **you'll hit it off**.

　A: 네 여동생 만날 날만 손꼽아 기다리고 있어.
　B: 넌 내 동생하고 잘 맞을 거야.

　≫ **Speaking Practice:** I (really) hit it off with her[him] 난 걔랑 정말 금세 좋아졌어

○ figure는 「사리에 합당하다」, 「당연한 것으로 여겨지다」라는 뜻으로, 사전에 충분히 예상할 수 있었던 그래서 전혀 놀랍지 않은 일이 벌어졌을 때 사용하는 표현.

A: I heard Allen Iverson injured his knee and can't play tomorrow.

B: **That figures**. Tomorrow's game is the most important game this season.

<blockquote>
A: 앨런 아이버슨이 무릎 부상으로 내일 출전할 수 없다고 하던데.

B: 내 그럴 줄 알았다니까. 내일 경기는 이번 시즌에서 제일 중요한 시합인데.
</blockquote>

A: Did you hear? The teacher said we have an extra day to finish our reports.

B: **That figures**. I stayed up all night last night working on it.

<blockquote>
A: 얘기 들었어? 선생님이 리포트 완성하라고 하루 더 주신다고 했대.

B: 그럴 줄 알았어. 난 그 리포트 쓰느라고 어젯밤을 꼬박 샜는데 말야.
</blockquote>

 Mike Says:

The speaker is saying that something makes sense, that it might have been predicted. Sometimes it is used to express cynicism.

》**Speaking Practice:**

I knew it

그럴 줄 알았어

Get More

You see that? 봤지?, 내 말이 맞지?

A: She likes me. **You see that**? She smiled at me.

B: Oh come on. She wasn't even looking at you.

A: 저 여자는 날 좋아한다구. 봤지? 날 보고 웃잖아.

B: 제발 그러지 좀 마. 널 쳐다보지도 않았다구.

》**Speaking Practice:** See, I told you 거봐. 내가 뭐랬어?

No wonder 당연하지

A: I can't believe I got an "F" in History.

B: **No wonder**. You were absent from half of the classes.

A: 내가 역사에서 "F"를 받다니 믿을 수가 없어.

B: 무리도 아니지. 수업시간의 반은 결석했잖아.

I am over you
너랑은 끝났어, 이제 괜찮아

◯ be over는 「끝내다」, 「극복하다」라는 뜻으로 특히 남녀관계에서는 「좋아하는 감정에서 벗어나다」라는 의미. 참고로 "It was unbelievable! I walked in there and she was all over me"에서 be all over~는 「온 몸을 구석구석 애무한다」는 말. 물론 Joey 대사.

A: I heard that Tom keeps calling you. Why don't you go out with him again? He seems nice.

B: **I am so over him**! I don't have any feelings for him at all.

A: 탐이 계속 전화한다면서. 다시 만나지 그래? 괜찮은 애 같은데.
B: 난 걔를 완전히 잊었어! 걔한테 아무 느낌이 없다구.

A: Did you know your ex-husband got married again?

B: Who cares? **I am over him**. He can do what he likes.

A: 네 전남편이 재혼한다는 거 알고 있었어?
B: 뭔 상관이람? 그 사람하곤 완전히 끝났어. 하고 싶으면 하면 되지 뭐.

>> Speaking Practice:

I'm through with you
너랑 이제 끝이야

I split up with my girlfriend
여자친구랑 헤어졌어

Get More

I'm gonna break up with you 우리 그만 만나자

A: Why are you still going out with Molly? You two fight almost every day.

B: I know. **I'm gonna break up with her** soon.

A: 왜 몰리하고 계속 만나는 거야? 너희 둘은 거의 매일같이 싸우잖아.
B: 맞아. 어서 정리해야겠어.

>> **Speaking Practice:** I'll break it off with her 쟤랑 헤어질거야

I dumped him 내가 쟤 찼어 [bail on sby도 「…에게서 손을 떼다」, 「…를 버리다」라는 뜻]

A: What happened to you and Scott? I heard you broke up.

B: **I dumped him** because I found out he was cheating on me!

A: 너하고 스캇, 어떻게 된 거야? 헤어졌다는 얘길 들었는데.
B: 내가 찼어. 스캇이 바람피우는 걸 알게 됐거든!

>> **Speaking Practice:** You're gonna ditch me? 날 버릴 거야?

We're on a break 잠시 떨어져 있는거야 〔연인들끼리 잠시 냉각기를 갖는 것〕

A: Are you still dating Joseph?
B: **We're on a break**. Our relationship wasn't working out well.

A: 너 아직도 조셉이랑 사귀니?
B: 냉각기야. 좀 삐걱거려서 말이야.

This is not some rebound thing 허전한 마음 때문에 만나는 건 아니야 〔헤어진 아픔을 달래려고 다른 사람과 사귀는 걸 rebound라 한다〕

A: You just broke up with Susan. Are you ready for another relationship?
B: Yes I am. **This is not some rebound thing**.

A: 수전이랑 헤어진 지 얼마 안됐잖아. 다른 사람이랑 사귈 맘의 준비가 된 거야?
B: 응 됐어. 허전한 마음 때문에 만나려고 하는 건 아니야.

It's never gonna happen 절대 그런 일 없을 거야

A: If you go out with me, I promise we'll have a great time.
B: Forget it. **It's never going to happen**.

A: 나랑 데이트하면 우린 정말 즐거운 시간을 보낼 거야.
B: 관두셔. 그런 일은 절대 없을테니까.

>> **Speaking Practice:** We're[It's] never gonna happen[work] 우린 절대 안돼

Check it out at Friends

I am over you

⊙ Season 1 episode 7 (The One Where Ross Finds Out).
Ross에 대한 감정을 정리하지 못한 Rachel이 만취한 상태에서 Ross에게 전화해 남긴 메시지 「이제 너하고 끝이야」가 바로 "I'm over you." 그러자 고등학교 때부터 Rachel을 좋아했던(have a major crush on Rachel) Ross의 명언(?)이 나오는데… 약간 당황하며 "When were you under me?"라고 대꾸하는데, over(위에; 극복한)의 대칭어인 under(밑에)를 써서 「그럼 언제 날 좋아했냐」라고 묻는 말장난.

Keep up the good work

계속 열심히 해, 계속 잘 하렴

○ keep up은 「유지하다」라는 뜻. keep it up하면 「계속 열심히 하라」고 상대방을 격려해주는 말이고 관용의 it 대신 the good work가 쓰인 keep up the good work은 과거에 잘해왔던 것처럼 「앞으로도 계속 잘하라」는 뉘앙스가 담겨져 있다.

A: I sold 10 houses last month. That's my best month this year.

B: That's great Jim. **Keep up the good work.**

A: 지난 달에 집을 열 채나 팔았어요. 올해 최고의 달이었죠.
B: 잘됐군 짐. 계속 수고하게나.

A: Dad, I got all A's on my report card this semester.

B: That's great, son. I hope you **keep up the good work**.

A: 아빠, 이번 학기 제 성적표를 보니 전부 A예요.
B: 잘했다 얘야. 계속 열심히 하렴.

Get More

Keep it up 계속 열심히 해

A: Coach. I'm getting really tired. Can I take a break?

B: **Keep it up** just a little longer then you can rest.

A: 감독님. 정말로 피곤해서 그러는데요. 잠깐 쉬어도 될까요?
B: 조금만 더 계속 해봐. 그런 다음에 쉬라구.

Mike Says:

Keep up the good work: The speaker is saying that the person has done something well in the past and should continue doing it in the same way.

Keep it up: Generally, this means that speaker is encouraging someone to continue doing something because he believes they will be successful in the future.

Give it a shot

333
Level 3

한번 해봐

○ shot은 총의 발사를 말하는 것으로 「한번 쏴보라」는 뜻이다. 여기서 출발하여 상대방에게 한번 시도해볼 것을 권유하는 표현이 된다. It was a long shot(가능성이 적다), call the shots(명령을 내리다)도 함께 외워둔다.

A: That looks really hard. I'm not sure I can do it.

B: **Give it shot**. You can do it.

> A: 정말 힘들어 보이는데. 할 수 있을지 모르겠어.
> B: 한번 해봐. 넌 할 수 있어.

A: I've never been bowling before. I probably can't do it very well.

B: Come on. Just **give it a shot**. If you don't like it we'll do something else.

> A: 전에 볼링을 해본 적이 한번도 없어서 아마 그리 잘 못할 거야.
> B: 그러지 말고 한번 해봐. 네가 만약 잘 못하면 다른 걸 하자.

Mike Says:

This means "Try your best," although it's not certain if you will succeed or fail.

>> **Speaking Practice:**

Let's give it a shot.
한번 해보자

Let me have a shot at it
내가 한번 해볼게

Get More

Go for it 한번 시도해봐 [go for it은 「시도하다, 노력하다」]

A: I want to ask that girl for her phone number. What do you think?

B: **Go for it**, man.

> A: 저 여자한테 전화번호를 물어보고 싶은데, 어떻게 생각해?
> B: 한번 시도해봐, 친구.

>> **Speaking Practice:** Let's go for it 한번 시도해보자

Check it out at Big Bang Theory

Do you think I have a shot with Penny?

○ Season 5 Episode 1
페니와 라지가 하룻밤을 보내고 나서 네명의 친구가 치고박고 하다가 라지가 하워드의 애인인 버나뎃에게 반해서, "Oh, Bernadette, please play my clarinet"이라고 하고 다녔다는 것을 레너드가 폭로한다. 이 말에 버나뎃이 라지에게 항의하려 왔는데 라지는 자기가 페니하고 사귈 가능성이 있겠냐(**Do you think I have a shot with Penny?**)고 물어본다. 그러자 버나뎃은 넌 귀여워서 너랑 사귀게 되면 어떤 여자라도 운이 좋은 걸거야(**Of course you do. You're a cutie pie. Any girl would be lucky to have you**)라고 말한다.

Look alive

잠 깨!, 빨리빨리!

◐ 비몽사몽인 상태에 있거나 진짜로 잠자고 있는 사람들에게 「일어나라」는 뜻으로 쓸 수도 있지만, 세월아 네월아 늑장을 부리며 행동이 꿈뜬 사람에게 「빠릿빠릿하게 좀 움직이라」고 다그칠 때 많이 사용되는 표현.

A: Come on boys! **Look alive**! Do you want to lose this game!

B: Sorry coach. We're trying our best.

A: 자자, 이봐! 꾸물대지 말고 빨리빨리! 이 게임 지고 싶나?
B: 죄송합니다 코치님. 저흰 최선을 다하고 있는 거라구요.

A: I'm so tired. I don't think I can make it to the top of the mountain.

B: Come on. **Look alive**! We're almost there.

A: 너무 피곤해서 산 정상까지 못 올라갈 것 같아.
B: 자자, 서둘러! 거의 다 왔다구.

Get More

Make it snappy! 서둘러, 빠릿빠릿하게 움직여

A: Betty, I need you to send this fax to the home office. And **make it snappy**!

B: Yes, sir. I'll send it right away.

A: 베티, 본사에 이거 팩스로 보내줘요. 급해요!
B: 네 알겠습니다. 지금 당장 보내죠.

》 **Speaking Practice:** Faster! 더 빨리!
Snap to it! 더 빨리 움직여, 정신차려

내가 그렇지 뭐

⏵ 재수가 없는 사람은 뒤로 넘어져도 코가 깨진다고 했던가? 지지리도 운이 없는 사람이 unlucky한 상황에 맞닥뜨렸을 때 「내가 무슨 운이 있겠어」, 「내가 그렇지 뭐」라는 자조적인 뜻으로 내뱉는 하소 연이 바로 Just my luck.

A: Do you have a quarter?

B: No. I just threw all my change into the wishing well.

A: **That's just my luck**!

 Mike Says:

The speaker is expressing unhappiness and saying that he had bad luck in the past and it is continuing.

A: 25센트 있어?

B: 아니. 방금 우물에 거스름돈을 다 던져버렸어.

A: 내가 그렇지 뭐!

A: The weatherman says there's a hurricane coming this weekend.

B: **That's just my luck**. I was going to go to the beach Saturday.

A: 기상 예보관이 그러는데 이번 주말에 허리케인이 올 거래.

B: 제기랄. 토요일에 바닷가에 가려고 했는데.

Get More

I'm out of luck 난 운이 없어

A: I would like to order a copy of the new Harry Potter book please.

B: I'm sorry. **You're out of luck**. We sold the last copy a few minutes ago.

A: 새로 나온 해리 포터를 한 권 주문하려구요.

B: 죄송합니다. 운이 없으시네요. 몇분 전에 마지막 권이 팔렸거든요.

Tough break! 재수 옴 붙었군

A: She told me she hated me and never wanted to see me again.

B: **Tough break**! I'm sorry to hear about it.

A: 걔가 날 미워한다면서 다시는 꼴도 보기 싫대.

B: 재수 옴 붙었군! 안됐다.

I'm not freaking out

안 놀랬어, 난 괜찮아

○ freak out의 가장 기본적인 출발점은 "overwhelming feelings," 즉 「감정의 과다분출」에 있다. 슬픔, 두려움, 분노, 기쁨 등 어떠한 감정이든 상관없이 그것이 strong feelings인 경우에는 두루 쓸 수 있는 다용도 표현. 따라서 이 표현을 문맥과 상황속에서 판단해야지 따로 독립적으로 해석을 하는 것은 무리이다.

A: Did you tell your father that you crashed his car?
B: Yes. He **freaked out** and started yelling at me.

A: 너희 아버지한테 차 망가뜨린 거 말씀드렸니?
B: 응. 펄펄 뛰시면서 소리치셨어.

A: My boyfriend **freaked out** when I broke up with him.
B: Really? What did he do?

A: 나랑 깨질 때 내 남자친구, 제정신이 아니었어.
B: 정말? 걔가 어쨌길래?

Mike Says:

Usually, this means to get very upset about something. Sometimes it also means that someone who is upset is acting in a strange way.

>> Speaking Practice:

Sby freaked out (a little)
··· 가 좀 흥분했어

Freaked
놀랬네

I got so freaked out
정말 아찔했어

Get More

She's gonna totally freak out! 걔, 완전히 빡 돌아버릴걸!

A: I broke Sally's computer. **She's totally gonna freak out!**
B: Can't you get it fixed before she returns?

A: 내가 샐리 컴퓨터를 망가뜨렸어. 펄펄 뛸텐데!
B: 샐리 돌아오기 전에 고쳐놓을 순 없어?

>> Speaking Practice: Now she's totally freaked out 쟤는 완전히 맛이 갔어

You freaked out! 굉장하더라, 가관이었어!

A: Do you think I seemed upset after the party?
B: Yes, I do. **You freaked out!**

A: 파티 끝나고 내가 엉망진창이었니?
B: 응. 너 정말 볼 만했어!

>> Speaking Practice: You just freaked out about our relationship 우리 사이 때문에 열받았군
Did you freak out at all? 너 괜찮아?

Please don't freak out 침착하라고

A: I can't believe I burned the food and my boyfriend's parents are coming over in one hour!

B: **Don't freak out**. We can order some food from a restaurant.

A: 이를 어째. 음식을 태웠는데 남자친구 부모님은 한시간 안에 이리로 오실거라니!

B: 흥분하지 마. 음식점에서 주문하면 돼.

≫ **Speaking Practice:** Just don't freak out 그냥 흥분하지 말라고

I don't want to freak him out 쟤를 놀래키고 싶지 않아 〔타동사 용법〕

A: Did you tell your brother that you lost his favorite DVD?

B: Not yet. **I don't want to freak him out**.

A: 너희 오빠가 제일 아끼던 DVD 잃어버린 거 이실직고했어?

B: 아직. 오빠가 광분하게 만들고 싶진 않아.

≫ **Speaking Practice:** I feel really bad about how I freaked you out before

지난번에 많이 놀래 켜서 미안해

Norma, you freaked me out 노마. 놀랬잖아

It'll totally freak her out! 그것 땜에 쟤가 정신 못차릴 걸 〔타동사〕

A: Hey, isn't that Lisa's boyfriend with another girl?

B: Oh my God. It is. I hope Lisa doesn't see them. **It'll totally freak her out**.

A: 야, 저기 여자랑 있는 사람, 리사 남자친구 아니야?

B: 이런 세상에. 그러네. 리사가 저 두 사람 못봐야 할텐데. 보면 완전히 돌아버릴텐데.

≫ **Speaking Practice:** It's nothing to freak out about 놀랄 일 아니야

You freak! 미친 놈 같으니라구! 〔freak은 「괴짜」, 「외모나 생각 행동 등이 괴상한 사람」(a very strange person who never behaves normally)을 의미〕

A: Hey baby. Do you wanna go home with me tonight?

B: Get away from me **you freak**!

A: 이봐요 아가씨. 오늘밤 우리 집에 같이 갈래요?

B: 꺼져, 이 미치광이야!

She is on a roll
그 여자 한창 잘나가고 있어

○ 둥그렇게 둘둘 말려있던 카 이 나 종이가 도르륵 굴러가며 펼쳐지는 것처럼 막힘없이 매사가 순조롭게 풀려가고 있는 상황, 즉 「요즘(한창) 잘나가고 있다」는 표현이다.

A: I heard Tina won a big golf tournament last weekend.

B: Wow, **she's on a roll**. That's the third tournament she's won this year.

A: 티나가 지난 주에 열린 대형 골프 대회에서 우승했대.
B: 와, 걔 잘 나가네. 올해 벌써 세번째 우승이잖아.

A: I've won 1,000 dollars in the casino so far today.

B: That's great! **You're really on a roll**.

A: 오늘까지 카지노에서 1,000달러를 땄어.
B: 대단하다! 너 정말 잘 풀리는구나.

Mike Says:
The speaker is saying that the person has been very lucky. This phrase is often used with gambling.

Get More

Today is my lucky day 오늘 일진 좋네

A: **This is my lucky day**! I won $20.00 in the lottery.

B: Wow, congratulations!

A: 오늘 일진 좋네! 복권에 20달러 당첨됐어.
B: 와, 축하해!

I'm on fire 잘 풀리고 있어(I'm doing really well)

A: Look at that score. **I'm on fire**!

B: You sure are. I didn't know you could bowl so well.

A: 저 점수 좀 봐. 잘 풀리네!
B: 정말 그렇네. 네가 그렇게 볼링을 잘하는지 미처 몰랐는걸.

⭕ 뜻밖의 상황이 발생했을 때(someone does something unexpected or something unexpected happens) 「황당하지 않냐?」, 「이상하지 않냐?」고 놀라면서 하는 말. 또한 뭔가 보여주면서 「맘에 드느냐」고 혹은 처벌해놓고 「(매) 맛이 어떠냐」고 물을 때도 사용된다.

A: The boss said he's going to lay off 20 employees to save money. **How do you like that**?

B: I can't believe that. That's terrible.

 Mike Says:

Usually this is used to express surprise about something. But sometimes it's also used to ask someone's opinion.

    A: 사장 말로는 비용 절감을 위해서 직원들 스무명을 정리해고한대요. 어떻게 생각해요?

    B: 믿을 수가 없군요. 끔찍한 일이에요.

A: Did you hear that it's going to snow tomorrow?

B: I thought it was too early for snow. **How do you like that?**

    A: 내일 눈 올 거라는 얘기 들었어?

    B: 눈이 오기에는 좀 이르다고 생각했는데, 황당하지 않냐?

Get More

How would you like + N?   1. …는 어때요?   2. 어떻게 (준비) 해드릴까요? (to ask how someone would like something prepared)

    A: **How would you like a puppy** for your birthday?

    B: That would be great Daddy. Can I really have one?

    A: 생일에 강아지를 사줄까?

    B: 멋져요, 아빠. 정말로 사주실 거예요?

How would you like to + V?   …하는 게 어때?

    A: **How would you like to** go skiing this weekend?

    B: Wow! That would be great.

    A: 이번 주말에 스키타러 가는 거 어때?

    B: 이야! 그거 신나겠다.

    》》Speaking Practice: How would you like if ~?   …한다면 어떻겠어?

What would you say?

어떻게 할거야?, 넌 뭐라고 할래?

○ would가 쓰인 가정법 문장으로 어떤 일이 발생했을 때 「넌 뭐라고 말하겠니?」라는 의미. 제한된 조건에서 상대방 의견을 물어보는 표현으로 이런 상황이라면 「넌 어떻게 생각하겠느냐」라는 것이다. 「…한다면」의 조건은 if절 등으로 나타낸다.

A: **What would you say** to going to Las Vegas and getting married?

B: I think that's a crazy idea!

  A: 라스 베가스로 가서 결혼하는 거 어때?
  B: 말도 안되는 생각인 것 같아!

A: **What would you say if** I told you I was going to move to Paris?

B: I say that's a great idea!

  A: 내가 파리로 이사갈 거라고 하면 뭐라고 말해줄 거야?
  B: 그거 좋은 생각이네라고 할 거야!

Mike Says:

The speaker is asking what someone's response would be in a certain situation.

≫ **Speaking Practice:**
What would you say if ~?
…한다면 어떨까?

Get More

What do you say? 어때? 〔전형적인 제안 표현. 제안내용은 앞에서 미리 언급하거나 say 뒤에 절이나 to +명사/ ~ing 로 말해주면 된다〕

A: I was thinking about going to see a movie after dinner tonight. **What do you say**?

B: Sounds like a good idea to me.

A: 오늘밤에 저녁먹고 나서 영화를 보러갈까 하는데, 어떻게 생각해?
B: 괜찮은 생각인 것 같은데.

≫ **Speaking Practice:** What do you say (that) S + V? … 어때요?
               What do you say to +명사/ ~ing? …하는 거 어때?
               Wha'dya say? 어때?

Mike Says:

What would you say?: This is used to ask someone what their response might be if a certain situation occurred in the future. It is not used to refer to a real situation.

ex. What would you say if a beautiful woman said she wanted to marry you?

What do you say?: This is usually asked when the speaker wants another person to do something. "What do you say?" is asking for the person to either accept or refuse something.

ex. Let's go to Europe in January. What do you say?

What do you think?(p.141): This is asking for someone's opinion about something.

What do you know?(p.328): Usually this is expressing surprise or wonder about something that happened.

Why would you say that?(p.176): Here the speaker is asking a person to explain why he or she said something.

Check it out at Modern Family

What do you say~?

○ Season 1 Episode 15

발렌타인데이를 맞이해 필과 클레어는 롤플레이를 해보기로 한다. 호텔로비에서 서로 다른 이름의 모르는 사이로 우연히 만나서 함께 섹스를 하는 것이다. 호텔바에서 필과 클레어는 각각 클라이브와 줄리아나라는 이름으로 통성명을 한다. 한동안 얘기를 나눈 후 줄리아나가 화장실에 가서 속옷을 포함해 옷을 다 벗고 코트만 입고 등장하면서 당신께 줄게 있어요 (Clive. I have a little something for you)라 하자 클라이브는 뭔데요?(What is it?)라고 물어본다. 줄리아나는 My dress, My bra, My underwear를 하나씩 클라이브에게 주면서 위로 올라가는 게 어때요?(Yeah. **What do you say we take this upstairs?**)라 제안하고 클라이브는 치즈 마늘 빵보다 훨씬 낫겠네요(This is so much better than cheesy garlic bread)라 한다.

You'd better run it by me

나한테 먼저 상의해

○ run sth by sby는 「…한테 ~에 대한 의견(opinion)을 물어보거나, 허락(permission)을 구하기 위해 말하다, 설명하다」라는 뜻. 참고로 Run it by me again은 「다시 한번 말해(설명해)달라」는 관용 표현.

A: I think we should discount all of our products.

B: **You'd better run that by the boss** first. He might not like that idea.

A: 우리 제품들을 모두 할인 판매해야 할 것 같아요.
B: 먼저 상사에게 물어보는 게 좋을 거야. 별로 맘에 들어할 것 같지는 않은데.

A: I'm going to cut this tree down. It's too tall!

B: **You'd better run that by Dad** first. He really likes that tree.

A: 이 나무를 베어내야겠어. 너무 크다구!
B: 먼저 아빠하고 의논해. 아빠는 그 나무를 정말 좋아한다구.

Mike Says:

You'd better run sth[it] by me: The speaker is saying the person needs to explain something to him and he will decide if it's a good idea.

Run it[that] by (me) again: The speaker wants something explained to him again so he can understand it better.

Get More

Run it[that] by (me) again 다시 한번 설명해줘요

A: Do you understand my proposal?
B: Not really. **Run it by me again**.

A: 내가 제안한 내용 알겠어요?
B: 글쎄요. 다시 한번 설명해주세요.

A: I'm going to drop out of school. I hate it!
B: What? **Run that by me again**.

A: 자퇴할래. 학교 가기 정말 싫어!
B: 뭐라구? 다시 한번 말해봐.

Does it work for you?

네 생각은 어때?, 너도 좋아?

○ 여기서 it은 앞서 말한 제안이나 의견의 내용 전체를 지칭하는 대명사로, Does it work for you? 는 그것을 받아들이거나 동의할 수 있는지 물어보는 표현이 된다.

A: I'm going to change your schedule so you won't have to work late on weekends. **Does that work for you?**

B: That's perfect. Thanks a lot.

 Mike Says:

The speaker is asking someone if they approve of something.

A: 자네 일정을 바꿔서 주말마다 늦게까지 일하지 않아도 되도록 해주지. 괜찮겠나?
B: 아주 좋죠. 감사합니다.

A: I had to rearrange the office so that there's enough room to walk through. **Does it work for you?**

B: Sure. It looks fine to me.

A: 사무실 배치를 다시 해서 지나다닐 공간을 충분하게 했어요. 괜찮죠?
B: 그럼요. 아주 좋아보이는데요.

Get More

(It) Works for me 난 괜찮아, 찬성이야

A: Can you meet me here at 3 pm tomorrow?
B: OK, **that works for me.**

A: 내일 오후 3시에서 여기서 만날래?
B: 그래, 난 좋아.

A: I hope you don't mind, but I bought tickets for the 2 o'clock movie instead of the 5 o'clock show.
B: **Works for me.**

A: 당신이 괜찮았으면 좋겠는데, 5시 영화 대신 2시 것을 샀거든요.
B: 전 괜찮아요.

I got cold feet

나 자신없어

○ cold feet이란 성공하지 못할 수도 있다는 생각에 용기를 잃고 두려움에 떨며 두 다리를 움직이지 못하고 있는 상태. 따라서 get cold feet하면 「자신감을 잃고서 나약해졌다」는 말이다.

A: I thought Hank was going to marry Darcy last month. What happened?

B: I think **he got cold feet** and canceled the wedding.

A: 행크는 지난 달에 달시하고 결혼하기로 한 것 같은데. 무슨 일 있어?
B: 행크가 겁을 먹고 결혼식을 취소한 것 같아.

A: Did you ask the boss for that pay-raise like you said you were going to?

B: No. I went into his office but then **I got cold feet**.

A: 당신이 얘기하던 대로 사장님께 봉급인상을 요청하셨나요?
B: 아뇨. 사장실에 들어가긴 했는데 덜컥 겁이 나더라구요.

 Mike Says:

This means someone had second thoughts or hesitated to do something because they thought it might be a bad idea.

》**Speaking Practice:**

Don't lose your nerve
자신없어 하지마

Don't back out on me now!
이제 와서 뒤로 물러서지 마

Don't chicken out
겁먹고 물러서지 마

It was a long shot
안될걸

Get More

I can't do this 나 이건 못해

A: Go for it! You have to go over there and ask that girl for a date.

B: **I can't do this**! I'm too nervous.

A: 힘내! 저리 가서 저 여자애한테 데이트 신청을 해야지.
B: 못하겠어! 너무 떨려.

》**Speaking Practice:** I'll never get through this 난 절대 못해낼 거야

I don't feel up to it 내 능력으론 안돼

A: I can't help you with your homework. **I don't feel up to it**.

B: Do you know someone else who can help me?

A: 난 네 숙제 도와줄 수 없어. 내 능력 밖이라구.
B: 도와줄 만한 사람 누구 없을까?

》**Speaking Practice:** I'm not up to that yet 아직 그정도는 안돼요

I want to try to make it up to you

내가 다 보상해줄게

⊙ make up은 돈이나 빌린 것들을 「갚는다」는 뜻. 따라서 make it up to you하면 「너한테 그것(it)을 갚다」가 되는데 여기서 it은 자신의 잘못이나 상대방의 도움 등을 가리키는 대명사로 결국 「보상〔보답〕하다」라는 비유적인 표현이 된다.

A: Why did you forget my birthday, honey?

B: I'm sorry. **I'll try to make it up to you**. I promise.

A: 여보, 어째서 내 생일을 잊어버린 거야?

B: 미안. 대신에 다른 걸로 보상해줄게. 정말이야.

A: I know you're angry that I went out with another girl last night. **I'll try to make it up to you**.

B: Okay, but you'd better try very hard.

A: 내가 어젯밤에 다른 여자애하고 데이트해서 화난 거 알아. 앞으로 잘 할게.

B: 좋아, 하지만 아주 열심히 해야 할 거야.

Mike Says:

The speaker wants to do something nice in order to apologize for something.

≫ **Speaking Practice:**

We'll make it up to you
우리가 다 갚아줄게

I will make it up to you
내가 다 보상할게

Cut me some slack

좀 봐줘요, 여유를 좀 줘, 너무 몰아세우지 마

○ 명사일 때 slack은 뭔가 「느슨하게 풀어진 상태」, 「여유로움」을 뜻한다. 따라서 cut me some slack은 나에게도 느슨함을 좀 나눠줘라, 즉 너무 빡빡하게 굴지 말고 「여유를 좀 달라」라는 말.

A: If you don't pay on time I'll have to take your car.

B: **Cut me some slack**. I lost my job and I have 3 children. I just need more time.

A: 제 날짜에 돈을 내지 않으면 차를 가져가야겠습니다.
B: 좀 봐줘요. 직장을 잃은데다 아이가 셋이라구요. 시간을 더 줘요.

A: You're late again.

B: **Cut me some slack**. I'll come to work early tomorrow.

A: 또 늦었군.
B: 좀 봐주세요. 내일은 일찍 출근할게요.

 Mike Says:

The speaker is asking someone not to be strict and to allow him some extra freedom to do something.

》**Speaking Practice:**

I can cut him some slack
걜 좀 봐줄 수도 있지

Cut him some slack
걔 좀 봐줘

Get More

Leave me alone 나 좀 내버려둬, 귀찮게 좀 하지마

A: What's the matter? Why are you crying?

B: **Just leave me alone**. I don't want to talk to anyone.

A: 무슨 일이야? 왜 울고 있어?
B: 그냥 내버려둬. 아무하고도 얘기하고 싶지 않아.

》**Speaking Practice:** Leave me in peace 나 좀 가만히 내버려둬

Have a heart 한번만 봐줘, 온정을 베풀라구

A: I don't like to see you anymore. Get out of here!

B: I'm not God. Everybody makes mistakes. Please **have a heart**!

A: 더이상 보기 싫으니 꺼져.
B: 내가 신도 아니고 누구나 실수는 한다구. 제발 한번만 봐주라!

○ 이미 벌어진 일에 대하여 「손해본 거 없어」, 「일이 잘못된 것은 아니야」, 그러니 걱정말라는 의미로 하는 말이다.

A: I'm really sorry that I embarrassed you in front of everybody.

B: That's okay. **No damage**.

A: 모두 다 있는 데서 당황스럽게 해서 정말 미안해요.
B: 괜찮아요. 손해본 것도 없는데.

A: Oops. I spilled wine all over your dress.

B: That's okay. **No damage**.

A: 이런. 와인을 당신 옷에다 온통 쏟아버렸네요.
B: 괜찮아요. 별일 아니에요.

Mike Says:

The speaker is saying everything is OK and there are no problems.

Get More

No harm (done) 잘못된 거 없어

A: I'm really sorry about what happened. I won't do that type of thing again.

B: **No harm done**.

A: 이런 일이 생기다니 정말 죄송해요. 다시는 이런 일 없을 거예요.
B: 손해본 건 없으니 걱정말아요.

≫ **Speaking Practice:** There's no harm 피해는 없어요
It does no harm 별일 아니에요

What's the harm? 손해볼 게 뭐야?

A: I need to get an A, too. But I think cheating is a bad idea.

B: **What's the harm**? It doesn't hurt anyone.

A: 나도 A를 받아야 돼. 하지만 컨닝한다는 건 안좋은 생각같아.
B: 손해볼 거 뭐 있어? 아무한테도 피해가 가지 않는다구.

It was meant to be

운명이었어, 하늘이 정해준 거야

○ 「…할 작정이다」라는 뜻인 mean to + V의 수동형으로 피할 수 없는 「운명이었다」라는 의미. 마치 Monica가 스트레스 풀 겸 Joey하고 do it하러 갔다가 Joey가 없어 대신 Chandler의 위로를 받고 그와 make love를 하고 그리고 사귀게 된 것처럼 말이다.

A: I can't believe our dog died. He looked so healthy.

B: Well, **it was just meant to be**.

    A: 우리 개가 죽다니. 아주 건강해보였는데.

    B: 음, 언젠가 겪을 일이었는걸.

A: Do you think you'll get the job, honey?

B: If **it was meant to be**, I'll get it.

    A: 취직하게 될 것 같아, 여보?

    B: 그럴 운명이라면 그렇게 되겠지.

Mike Says:

The speaker is saying that something was destiny, that it was going to happen and could not be stopped.

Get More

We're doomed 우린 죽었다. (그게) 우리 운명이야

A: We have to finish this report or we'll be fired.

B: There isn't enough time. **We're doomed**!

    A: 이 보고서 끝내지 못하면 우린 해고야.

    B: 시간이 부족해. 우린 죽었다!

Check it out at Friends

It was meant to be

○ Season 7 episode 6

Joey가 런던 이야기를 하면서 자신이 그날밤 Chandler와 그 방에 있었더라면 Chandler와 Monica는 이루어질 수 없었다고 말하자, Joey의 말을 이어서 사람 곤란하게 하는 데 일가견이 있는 Phoebe가 Chandler와 Monica의 결합을 운명적인(**meant to be**) 거라고 맞장구치며 폭탄선언을 한다. 런던에서 울적해진 Monica는 원래 Joey와 자려고 했는데, 때마침 Joey가 방에 없어서 Chandler와 운명적으로 섹스를 하게 되었다는 이야기를 Chandler와 Joey가 있는 데서 말하라고 Monica에게 말한다. "Tell him who you originally wanted to hook up with that night."

You did a number on me

내가 당했구만

◯ do a number on sby란 다소 생소한 이 표현은 「…에 해를 입히다」(damage), 「다치게 하다〔상처를 주다〕」(hurt or harm), 또는 「…를 속이다〔이용하다〕」(take advantage of)라는 뜻의 구어적인 표현.

A: Why don't you trust that company?

B: **They did a number on me**. They charged me too much on my insurance bill then they wouldn't pay me back.

A: 그 회사를 신뢰하지 않는 이유가 뭐야?
B: 당했거든. 보험액을 지나치게 많이 청구해놓고 안 돌려주잖아.

A: I haven't seen you since we broke up.

B: Yeah, **you did a number on me**, but I'm OK now.

A: 헤어진 뒤로 우리 처음 보는 거지.
B: 그래, 너 때문에 상처를 받았었지. 하지만 지금은 괜찮아.

Get More

You screwed me! 날 속였군 〔screw sby over는 「…를 속여넘기다」〕

A: What happened?

B: **He screwed me**. He sold me this car and later I found out it was stolen.

A: 무슨 일인데?
B: 그 녀석이 날 물먹였어. 이 차를 나한테 팔았는데 나중에 알고보니 이 차, 훔친 거였어.

I got screwed 망신 당했어, 수모를 당했어

A: I heard that you **got screwed** by your new boss.

B: Yeah, he gave me the worst hours imaginable.

A: 새로 부임한 사장한테 망신당했다면서.
B: 그래, 생각조차 하기 싫은 시간이었어.

We're going in

우리가 맡을게

⏺ 여러 사람이 모인 자리에서는 사람들 눈치를 보느라 말을 꺼내기도 어떤 행동을 취하기도 쉽지가 않다. 이런 상태에서 「누가 먼저 (이야기 혹은 행동) 할래」(Who's gonna take the first shot?; Who is going to speak first?)라는 질문에 선뜻 「하겠다」고 나설 때 사용하는 표현.

A: Will you be able to fix the broken gas pipe?
B: Sure we will. **We're going in**.

<blockquote>
A: 부서진 가스관을 고칠 수 있겠어?
B: 당근이지. 우리가 맡을게.
</blockquote>

A: OK, guys, get ready. **We're going in**.
B: Wow, this is really exciting.

<blockquote>
A: 자, 얘들아, 준비됐지. 시작하자.
B: 와, 이거 정말 재밌네.
</blockquote>

Get More

I'll go 내가 할게

A: Who wants to start the game?
B: **I'll go**, if no one else wants to.

<blockquote>
A: 누가 먼저 시작할래?
B: 아무도 안하면 나부터 할게.
</blockquote>

I'm going with it 난 그것으로 하겠다 〔여기서 go with는 choose와 동의어〕

A: I think **he is going to go with** another law firm.
B: Relax, we still have a couple of hours before he makes his decision.

<blockquote>
A: 그 사람이 다른 법률회사로 할 거 같아요.
B: 진정해요, 그 사람이 결정을 내리기까진 아직 몇 시간 남았어요.
</blockquote>

Check it out at Friends

We're going in

MONICA: *(PUTS DOWN THE LASAGNA)* I just... can't do it.

CHANDLER: Boys? **We're going in**.

○ Season 1 episode 2 (The One With the Sonogram at the End).
Rachel이 라자냐를 만들면서 실수로 자신의 반지를 넣게 되는데 Monica가 다 만들어진 라자냐를 망가뜨리
지 못하겠다고 하자 Chandler가 바로 나서서서 그럼 「우리가 해주겠다」고 하는 말.

I'll go

MONICA: Okay, let's let the Alan-bashing begin. Who's gonna take the first
shot, hmm? *(SILENCE)* C'mon!

ROSS: ...**I'll go**.

○ Season 1 episode 3 (The One With the Thumb).
Monica가 Alan과 하룻밤을 보낸 걸 알게 된 친구들에게 누가 먼저 Alan 씹을건지 묻자 Ross가 「자기가 먼
저 하겠다」고 하면서.

I'm going with it

CHANDLER: Jill says vestibule... **I'm going with** vestibule.

○ Season 1 episode 7 (The One With the Blackout).
정전으로 은행의 자동화창구에 Victoria's Secret 속옷모델인 Jill Goodacre와 함께 갇힌 Chandler가 자동
화 창구 공간을 ATM atrium로 말해야 하는지 아니면 ATM Vestibule로 말해야하는지 고민하다가…

I'll be there for you
내가 있잖아

○ *Friends*의 주제가. 직역하면 「내가 널 위해 거기 있을 거다」라는 뜻으로 누군가가 곤경에 처해 도움을 필요로 하고 있거나 외로움을 느끼고 있을 때, 믿음직한 미소를 띠면서 말해줄 수 있는 듬직한 표현으로, 「내가 옆에 있잖아」라는 의미.

A: **I'll be there for you** if you need my help.

B: I really appreciate that.

<blockquote>
A: 내 도움이 필요한 거라면 얼마든지 도와줄게.
B: 정말 고마워.
</blockquote>

A: I'm really nervous about giving this presentation in front of the directors.

B: Don't worry. **I'll be there for you** in case anything goes wrong.

<blockquote>
A: 이사님들 앞에서 설명회를 하려니까 매우 긴장됩니다.
B: 걱정말게. 잘못되더라도 내가 있어줄테니.
</blockquote>

>> **Speaking Practice:**

Be there for you
내가 여기 있잖아

We'll be there for you
우린 네 옆에 있을 거야

I'll always be there for you
늘 네 옆에 있을게

Just be there for her
걔 옆에 있어줘

Check it out at Friends

○ 다음은 *Friends*의 주제가(theme song) 중 일부로, 후렴구에 반복되고 있는 "I'll be there for you"를 확인할 수 있다.

...	
I'll be there for you	내가 곁에 있을게
when the rain starts to pour	비가 쏟아지기 시작할 때도
I'll be there for you	내가 곁에 있을게
Like I've been there before	지금까지 그랬던 것처럼 말야
I'll be there for you	내가 곁에 있을게
'Cause you're there for me too	너도 내 곁에 있어줬잖아
...	

That's it

350
Level 3

바로 그거야, 그게 다야, 그만두자

○ 내 생각을 상대가 콕 찍어서 말하거나 행동으로 옮겼을 때 「바로 그거야」(That's what I meant)
하면서 하는 말. 또한 일이나 말을 맺으면서 「그게 다야」(That's all), 혹은 어떤 문제에 대해 더 이상
말하기 싫을 때에 「그만 두자!」(Don't go there again!)라는 의미로도 쓰인다.

A: **That's it**! If he calls me one more time, I'm going to turn off my phone!

B: Oh yeah? Why don't you just tell him not to call you?

A: 더는 못 참아! 그 사람이 한번만 더 나한테 전화하면, 전화기를 꺼버
릴거야.
B: 아 그래? 그 남자한테 전화하지 말라고 말하지 그래?

A: Is this the paperwork that you've been looking for?

B: **That's it**! Thank God you found it!

A: 이게 네가 찾던 서류니?
B: 바로 그거야! 네가 찾아내다니 아이고 고마워라.

Get More

That's it? 이걸로 끝이야? 〔의문형으로 하면 상대방을 불신하는 뉘앙스로 「그게 전부야?」, 「그걸로
끝이야?」의 의미〕

A: Here is the amount we can offer you.

B: **That's it**? This is much too low.

A: 이게 우리가 너한테 줄 수 있는 양이야.
B: 그게 다야? 이건 너무 적은데.

A: I want to tell you something. You need glasses.

B: **That's it**? I thought you'd say I had a serious problem.

A: 너한테 할 말 있어. 너 안경 써야겠다.
B: 그게 다야? 난 또 심각한 문제라고 할 줄 알았지.

Last but not least
끝으로 중요한 말씀을 더 드리자면

⊙ 장황한 이야기에 지쳐있는 사람들에게 마지막 주의를 환기시킬 때 쓰는 표현. 지금부터 하는 얘기는 마지막(last)이지만 중요한(not least) 얘기니 집중해서 들어달라는 의미이다. 이와 더불어 앞서 다루진 못했지만 결코 무시할 수 없는 주옥같은 미드표현들도 함께 간략히 정리해보자.

A: **Last but not least**, I want to wish you a happy new year.
B: Thank you, sir.

A: 끝으로 한 말씀 더 드리자면, 새해 복 많이 받으십시오.
B: 고맙습니다.

A: **Last but not least**, I want to talk about your pensions.
B: Thank God, this meeting is almost over.

A: 마지막으로 여러분들의 연금에 대해 한말씀 드리고 싶습니다.
B: 이런 세상에, 회의 거의 끝났잖아요.

Get More

That's not my thing 난 그런 건 질색이야

A: Would you like to come snowboarding with us?
B: No, **that's not my thing**.

A: 우리랑 스노우보드 타러 갈래?
B: 아니, 그런 건 질색이야.

Just like that 그냥 그렇게, 그렇게 순순히

A: I heard that the car accident happened quickly.
B: Yeah, everything was normal, then we got hit. **Just like that**!

A: 그 자동차 사고가 순식간에 일어났다면서요.
B: 네, 모든 게 다 정상이었는데, 그런데 누가 우리 차를 들이받았죠. 그냥 그렇게요!

Talk about selfish! 이기적이라면 그 사람 따라갈 수가 없다 [Talk about + Adj/N 형태의 명령문은 「…라는 게 어디 있냐?」, 즉 가장 Adj/N함을 역설하는 반어적 표현법]

A: I can't help you. Ask someone else.
B: Wow, **talk about selfish**.

A: 난 널 도와줄 수 없어. 딴 사람한테 알아봐.
B: 으이구. 이기적이기는!

No strings (attached) 아무런 조건없이 [돈을 빌려주거나 아님 뭔가 하자고 제안하면서 「다른 조건 하나도 없이」 하자는 말]

A: I will give you $10,000 today.
B: Really? **No strings attached**?

A: 내가 오늘 너한테 만달러를 줄게.
B: 정말? 아무 조건도 없이?

I don't blame you 그럴 만도 해, 너도 어쩔 수 없었잖아

A: I'm going to stay inside tonight.
B: **I don't blame you**. It's cold outside.

A: 오늘밤엔 안에 있을래요.
B: 어쩔 수 없죠. 바깥 날씨가 추우니.

Like this? 이렇게 하면 돼?

A: First you need to find a piece of ribbon.
B: OK. **Like this**?

A: 우선 리본 하나를 찾아야 돼.
B: 알았어. 이렇게?

What's (there) to know? 뻔하잖아? 〔당연한 얘기를 하는 사람에게 핀잔을 줄 때〕

A: You should study math harder.

B: Why? **What's there to know**?

A: 너 수학 공부 좀 더 열심히 해야겠다.
B: 왜? 뻔한 얘기 아냐?

That (all) depends 상황에 따라 다르지, 경우에 따라 달라

A: Can you provide me with all of the materials?

B: **That depends**. What exactly do you need?

A: 자료를 전부 제공해주실 수 있습니까?
B: 상황에 따라 다르죠. 정확히 어떤 게 필요하신데요?

You name it 말만 해 〔한편 To name a few는 「몇가지 거론하면」이라는 뜻〕

A: I need to ask for some help here.

B: **You name it**. What can I do for you?

A: 이것 좀 도와줘야겠는데.
B: 말해 봐. 뭘 도와줘야 하지?

I'm not into it 그런 건 안해요 〔공간 「안으로」의 이동을 나타내는 전치사 into가 be 동사와 결합한 be into sth은 「…에 열중하다」, 「푹 빠져 있다」는 의미. 즉 뒤에 오는 대상(sth)에 「관심이 많다」, 「열중하다」, 「푹 빠져 있다」는 말이다(p.406 참고)〕

A: Do you want to go to that hip new bar after work?

B: **I'm into it**.

A: We can grab a bite to eat before we go.

A: 끝내주는 술집이 새로 생겼는데, 퇴근 후에 갈래?
B: 거, 끌리는데
A: 가기 전에 뭐도 좀 먹고 말야

Don't try to pin it on me! 나한테 뒤집어 씌우지 마 〔pin sth on sby는 「…에게 ~에 대한 책임 혹은 죄를 뒤집어 씌우다」(to place the blame for something on someone)라는 뜻〕

A: I just hope he doesn't **pin** this loss **on** me.

B: I know. You've been busting your hump in here trying to things done.

A: 그 사람이 이번 손실에 대한 책임을 나한테 떠넘기지 않기만을 바랄 뿐이야.

B: 알아. 이번 일 성사시키느라고 뼈골 빠지게 일했잖아.

Consider it done 그렇게 해주게, 그렇게 조치해줘

A: I can't do it for $200. It's just not enough money.

B: Money's not important. I'll give you $500.

A: Now you're talking. **Consider it done**.

A: 200달러로는 그걸 할 수 없네. 돈이 충분치 않다구.

B: 돈은 중요한 게 아냐. 500달러를 주겠네.

A: 이제야 말귀가 통하는구만. 그렇게 조치해 주게.

You got me beat 나보다 낫네 (You did better than me)

A: Look at my golf score!

B: Wow, **you got me beat**.

A: 내 골프 점수 좀 봐!

B: 와, 나보다 낫네.

She gave it to me   1. 나 걔한테 혼쭐이 났어   2. 나 걔하고 섹스했어

A: They really **gave it to** me at the meeting!

B: I guess they were still upset about last month's sales.

A: 그 사람들이 회의에서 날 정말 호되게 몰아세우더라구!

B: 지난 달 판매실적 때문에 그때까지도 화가 나 있었던 모양이군.

INDEX

INDEX

V

W